Azoren

Susanne Lipps

Gratis-Download: Updates & aktuelle Extratipps der Autorin

Unsere Autoren recherchieren auch nach Redaktionsschluss
für Sie weiter. Auf unserer Homepage finden Sie Updates und
persönliche Zusatztipps zu diesem Reiseführer.

Zum Ausdrucken und Mitnehmen oder als kostenloser
Download für Smartphone, Tablet und E-Reader.
Besuchen Sie uns jetzt!
www.dumontreise.de/azoren

Reise-Taschenbuch

Inhalt

Azoren persönlich	6
Lieblingsorte	12
Schnellüberblick	14

Reiseinfos, Adressen, Websites

Informationsquellen	18
Wetter und Reisezeit	20
Anreise und Verkehrsmittel	22
Übernachten	24
Essen und Trinken	26
Aktivurlaub, Sport und Wellness	28
Feste und Unterhaltung	32
Reiseinfos von A bis Z	34

Panorama – Daten, Essays, Hintergründe

Steckbrief Azoren	40
Geschichte im Überblick	42
Aktiver Vulkanismus – Risiken und Chancen	46
Lorbeer und Baumfarn, Schildkröte und Wal – Schutz der Natur	50
Ein blaues Wunder erleben – Hortensien & Co.	54
Azorenwein – ein besonderer Tropfen	56
Ein Käse mit Tradition	60
Winzerhäuser und Windmühlen – Baukunst auf dem Land	63
Repräsentative Architektur und Kunst	65
Feiern für den Heiligen Geist	69
Emigration – Abschied für lange Zeit	71
Das Verhältnis der Azorianer zu Portugal	74
Kleine Kunstwerke – azorianische Souvenirs	77

Inhalt

Unterwegs auf den Azoren

São Miguel	82
Ponta Delgada	84
Caldeira das Sete Cidades	102
Rund um die Caldeira nach Sete Cidades	103
Mosteiros und die Westküste	105
Santo António und Capelas	106
Rabo de Peixe	106
Ribeira Grande	107
Umgebung von Ribeira Grande	115
Lagoa	119
Caloura und Água de Pau	120
Ribeira Chã, Água d'Alto	122
Wanderung zur Lagoa do Fogo	123
Vila Franca do Campo	123
Furnas	128
Parque Terra Nostra	128
Umgebung von Furnas	133
Östliche Nordküste	134
Nordeste	136
Umgebung von Nordeste	137
Südlich von Lomba da Pedreira	138
Povoação	139
Santa Maria	140
Vila do Porto	142
Almagreira und Praia Formosa	145
Santo Espírito	148
Maia	149
São Lourenço und Santa Bárbara	149
São Pedro	150
Barreira da Faneca	151
Anjos	151
Faial	152
Horta	154
Flamengos	169
Die Nordküste	170
Fajã, Vulcão dos Capelinhos	174
Vulkanwanderung bei Capelo	176
Varadouro	176
Die Südküste	177

Inhalt

Caldeira	178
Wanderung rund um die Caldeira	179
Pico	**180**
Madalena und Umgebung	182
São Mateus	188
São João	189
Lajes do Pico	189
Die Ostspitze	195
Santo Amaro	197
Prainha do Norte	198
São Roque do Pico	199
Zona de Adegas	201
Montanha do Pico	201
Aufstieg zur Montanha do Pico	202
Zentrales und östliches Bergland	203
São Jorge	**206**
Velas	208
Rosais	211
Urzelina	213
Manadas	214
Calheta	215
Der Inselosten	217
Die Nordküste	219
Wanderung über den Pico da Esperança nach Norte Grande	219
Terceira	**224**
Angra do Heroísmo	226
Porto Judeu und Umgebung	241
São Sebastião, Porto Martins	245
Praia da Vitória	246
Umgebung von Praia da Vitória	249
Biscoitos	250
Altares	254
Mata da Serreta	255
São Mateus da Calheta	256
Graciosa	**258**
Santa Cruz da Graciosa	260
Praia (São Mateus)	263
Caldeira	264
Rundwanderung um die Caldeira	265
Der Inselsüden	266
Der Inselwesten	266

Inhalt

Flores und Corvo	268
Flores	270
Santa Cruz das Flores	270
Lajes das Flores	273
Die Westküste	276
Wanderung von Lajedo nach Fajã Grande	277
Der Inselnorden	281
Wanderung von Ponta Delgada nach Fajã Grande	282
Corvo	283
Vila Nova	284
Sprachführer	286
Kulinarisches Lexikon	288
Register	290
Autorin/Abbildungsnachweis/Impressum	296

Auf Entdeckungstour

Die Gärten und Parks der ›gentlemen farmers‹ auf São Miguel	92
São Miguel – wo Europas einziger Tee wächst	116
Warme vulkanische Wässer im Vale das Furnas	130
Horta – Hauptstadt der Telegrafie in Übersee	164
Azorenbiotope en miniature – Faials botanischer Garten	172
Auf den Spuren der Walfänger auf Terceira	192
Romantische Küstenstreifen – *fajãs* im Norden São Jorges	220
Heiliggeisttempel auf Terceira	232
Vulkanische Phänomene auf Terceira	242
Zu den Sete Lagoas – die Seenplatte auf Flores	278

Karten und Pläne

s. hintere Umschlagklappe

▶ Dieses Symbol im Buch verweist auf die Extra-Reisekarte Azoren

Liebe Leserin, lieber Leser,

obwohl ich schon so oft auf dem Flughafen von Ponta Delgada gelandet bin, kann ich mich auch diesmal wieder nicht sattsehen an dem Anblick der hellen, vom tiefblauen Atlantik gesäumten Strände an der Südküste von São Miguel, an den Vulkanhügeln und weißen Dörfern im Hinterland. Mein erster Weg führt wie immer in das Straßencafé auf dem Hauptplatz der Stadt, wo ich mir einen galão gönne, einen riesigen Milchkaffee. Um mich herum sitzen smarte Geschäftsleute mit dem Laptop, Frauen plaudern im Kreis ihrer Freundinnen über Gott und die Welt, Touristen genießen die milde Luft. Ponta Delgada hat das Flair einer glorreichen Vergangenheit bewahrt, doch die Stadt lebt und erfindet sich immer wieder neu.

Szenenwechsel: Bei der Wanderung auf dem Kraterrand über den Vulkanseen von Sete Cidades erfreut mich das Muhen geduldiger Kühe auf üppig grünen Weiden. Hoch zu Ross trabt ein Landwirt vorbei, die Milchkannen am Sattel festgebunden. Unten im Ort wogen Blüten: Azaleen, Montbretien, Hibiskus. Geschäftig enthülsen die Dorfbewohner Maiskolben oder dreschen auf althergebrachte Weise die Feuerbohnen mit Stöcken und finden dennoch Zeit, freundlich herüberzugrüßen und sich nach dem Woher und Wohin zu erkundigen.

Mit diesem Buch möchte ich Sie auf Ihrer Entdeckungsreise über die Azoren begleiten. Die Inseln mitten im Atlantik sind ein Eldorado für Menschen, die spektakuläre Landschaften und einen Hauch von Abenteuer lieben, sich aber auch für eine geruhsame Lebensweise mit einem gehörigen Schuss Nostalgie begeistern. Genießen Sie in Parks, Gärten und auf Wanderungen die sommerliche Hortensienblüte, tauchen Sie ein in warme Thermalpools und brandungsumspülte Felsbadebecken, erklimmen Sie mit kundigem Führer oder auf eigene Faust den oft von einer Schneehaube gekrönten Vorzeigevulkan Pico oder stemmen Sie sich mit den Whalewatchern in winzigen Booten gegen die Wellen, um Walen und Delfinen nahezukommen.

Ich wünsche Ihnen einen erlebnisreichen Aufenthalt und freue mich auf Ihre Rückmeldung!

Ihre

Susanne Lipps

Blumen prägen vielerorts die Azoren – eine Insel ist sogar danach benannt: Flores

Leser fragen, Autoren antworten
Die Azoren persönlich – meine Tipps

Welche Inseln darf ich nicht versäumen?

Ein Muss ist natürlich **São Miguel**, die lebendigste und abwechslungsreichste Insel, an der ohnehin aufgrund der Flugverbindungen niemand vorbeikommt. Absolute Highlights sind dort die Seenplatte von **Sete Cidades** und das thermalquellenreiche Tal von **Furnas**. Die Hauptstadt **Ponta Delgada** gefällt durch exotische Gärten und Parks. Auch die kleine, aber feine Insel **Faial** mit ihrer durch die internationale Seglerszene geprägten Hauptstadt **Horta**, dem zentralen Bilderbuchkrater **Caldeira** und dem erst 1957 ausgebrochenen Vulkan **Capelinhos** erfreut sich zahlreicher Besucher. Meist wird sie gemeinsam mit der nur eine halbe Fährstunde entfernten Nachbarinsel **Pico** angesteuert, die dank ihrer dunklen Lavalandschaft und den handtuchgroßen, schachbrettförmigen Weinbergen, die der UNESCO den Titel Welterbe wert waren, einen ganz eigenen Charakter besitzt. Faial und Pico sind auch die wichtigsten Standorte der Whalewatcher, die mit offenen Schlauchbooten oder bequemeren geschlossenen Booten zur Fotosafari zu Walen und Delfinen einladen. **Terceira** strahlt eine heitere Stimmung aus. Einzigartig sind hier die Heiliggeisttempel,

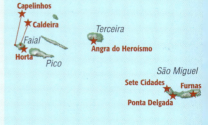

Vier Inseln – die Sehenswürdigkeiten

Die Azoren persönlich – meine Tipps

Die Azoren sind eine Wanderdestination par excellence

abenteuerlich die Vulkanhöhlen, Historie und Urbanität vereinen sich in der Hauptstadt **Angra do Heroísmo**. Während die vier genannten Inseln recht häufig bereist werden, warten die anderen fünf noch auf ihre touristische Entdeckung. Aber auch sie rücken immer mehr in den Fokus des Interesses, haben sie doch – wie etwa **Graciosa** mit dem rätselhaften Vulkanschlund **Furna do Enxofre** oder **Corvo** mit dem Riesenkrater **Caldeirão** – so manche landschaftliche oder kulturelle Besonderheit zu bieten.

Wie erreiche ich die Azoren?

Eingangstor zur Inselgruppe ist fast immer die Hauptinsel São Miguel, denn dorthin gehen die meisten Flüge, entweder ab Deutschland nonstop oder mit Umsteigen in Lissabon. Via Lissabon können Sie auch Terceira oder Horta (Insel Faial) direkt ansteuern oder von einer dieser Inseln den Rückflug antreten. Der Nonstopflug dauert mit rund vier Stunden etwa genauso lange wie ein Flug auf die Kanarischen Inseln, auch wenn man gefühlsmäßig meinen könnte, die Azoren seien viel weiter von Mitteleuropa entfernt. Zwar liegen sie tatsächlich fast auf halbem Weg nach Amerika, dafür aber wesentlich weiter nördlich als die vertrauteren Kanaren. Eine Fährverbindung auf die Azoren gibt es übrigens nicht. Per Schiff erreicht man sie nur auf einer Kreuzfahrt oder mit der eigenen Jacht.

Wie gelange ich von einer Insel auf die andere?

Propellerflugzeuge der Gesellschaft SATA sind das innerazorianische Verkehrsmittel erster Wahl. Sie verkehren häufig, die Preise halten sich in Grenzen. Günstiger wird es mit dem Fährschiff, doch bestehen Verbindungen zwischen den meisten Inseln nur im Sommer, und das Vorankommen ist langwierig. Eine wirklich attraktive Alternative zum Flugzeug stellen nur die ganzjährig verkehrenden Fähren im sogenannten »Triángulo« (Dreieck), also zwischen den nahe beieinander gelegenen Inseln Faial, Pico und São Jorge, sowie zwischen Flores und Corvo dar.

Mit welchen Verkehrsmitteln bewege ich mich vor Ort?

Ein wirklich gut ausgebautes Linienbusnetz gibt es nur auf São Miguel, und auch dort sind viele landschaftliche Highlights in den Bergen nicht per

Die Azoren persönlich – meine Tipps

Bus erreichbar. Auf den anderen Inseln verkehren Busse recht selten und oft zu Uhrzeiten, die auf die Bedürfnisse der einheimischen Bevölkerung ausgerichtet sind. Sie halten sprichwörtlich »an jeder Milchkanne«, was die Dauer der Fahrten sehr in die Länge zieht. Hier und da bietet sich eine Kombination aus Bus- und Taxifahrten an. Taxifahrer machen Pauschalpreise für bestimmte Rundfahrten oder holen Wanderer an verabredeten Stellen ab. Die meisten Azoren-Reisenden entscheiden sich allerdings für einen Mietwagen. Autovermietungen gibt es auf allen Inseln außer auf Corvo. Sie können den Wagen Ihrer Wahl problemlos von zu Hause aus vorbestellen und schon am jeweiligen Flughafen übernehmen.

Welche Wanderungen empfehlen Sie ganz besonders?

Auf **São Miguel** gehören der Kraterrandweg oberhalb der **Sete Cidades** wie auch der Aufstieg zur **Lagoa do Fogo** fast schon zum Pflichtprogramm für Wanderer. Darüber hinaus bietet die Insel noch zahlreiche andere, gut markierte Wege, sodass Sie einen kompletten Wanderurlaub hier verbringen könnten, ohne sich auf die Weiterreise zu begeben. Wenn nicht der Aufstieg zum höchsten Gipfel Portugals, dem Vulkan **Pico,** auf der gleichnamigen Insel locken würde. Auf **Faial** reizt die Umrundung der **Caldeira,** auf **São Jorge** führen alte Saumpfade steil hinab zu den **Fajãs,** einsamen Küstenebenen. Auf **Flores** sind es vor allem zwei alte Verbindungswege an der Westküste, beide mit dem Zielort **Fajã Grande,** die Sie nicht versäumen sollten.

Gibt es auf den Azoren gute Badestrände?

Ja und nein. Die Inseln sind keine wirklichen Badedestinationen. Strände mit einer gewissen Infrastruktur bietet vor allem **São Miguel**, etwa in **São Roque** bei Ponta Delgada, in **Mosteiros** oder

Die schönsten Wanderziele, Thermalbäder und Badeplätze

Die Azoren persönlich – meine Tipps

bei **Água d'Alto**. Die abseits der Touristenströme gelegene **Praia Formosa** auf der kleinen Insel **Santa Maria** gilt als vielleicht schönster Strand der Azoren. Anderswo badet man gern in natürlichen Felspools, von der Brandung in bizarre Küstengesteinsformationen genagt, etwa bei **Biscoitos** auf **Terceira**. Sollte Ihnen das Atlantikwasser zu kühl erscheinen, dann finden Sie auf **São Miguel** in **Furnas** und anderen Orten sowie auch in **Carapacho** auf **Graciosa** angenehm warme Thermalbäder in reizvoller Umgebung.

Welches sind die kulturellen Highlights?

An erster Stelle ist hier **Angra do Heroísmo** auf **Terceira** zu nennen, die ehemalige Hauptstadt der Azoren, von der UNESCO in ihrer Gesamtheit zum Welterbe erklärt. Ebenfalls auf Terceira steht in **São Sebastião** auch die älteste Kirche des Archipels mit einzigartigen, restaurierten Fresken. Und die Insel punktet mit ihren eigentümlichen **Heiliggeistfesten**, die sich im Frühjahr und Sommer rund um die dazugehörigen Tempel abspielen. **Horta** auf **Faial** ist die Stadt der Kirchen, deren markante Kolonialbarockfassaden die Seefahrer schon von Weitem begrüßen. Eher der Alltagskultur zuzurechnen ist die rund um den Atlanik bekannte Kultkneipe **Peter Café Sport**. Faial glänzt ebenso wie **Pico** und **São Jorge** mit einem großen kunsthandwerklichen Erbe. Premiumprodukte sind die filigranen Skulpturen aus Feigenmark und Fischschuppen. Demgegenüber setzt **Ponta Delgada** auf **São Miguel** auf moderne Architektur, die auch außerhalb der Inselgruppe Zeichen setzen soll. Stararchitekt Manuel Salgado schuf die **Portas do Mar,** einen gewaltigen Anlegekai für Kreuzfahrtschiffe, der die Skyline der Stadt heute prägt.

Wann ist die beste Reisesaison?

Zur Osterzeit lockt die farbenfrohe Azaleenblüte, doch kann es im Früh-

Die kulturellen Highlights

An der Weltkulturerbe-Stadt Angra do Heroísmo führt kein Weg vorbei

jahr noch recht kühl sein. Wenn Sie klimatisch auf Nummer sicher gehen möchten, wählen Sie den angenehm temperierten Sommer. Die Badesaison beginnt eigentlich erst Mitte Juli, zieht sich aber dank der ausgleichenden Wirkung des Atlantiks bis in den Oktober hinein. Zudem ist dies die Zeit der Hortensienblüte (Juli/August) und der sich im September anschließenden Ingwerblüte. In den Wintermonaten kann es bei klarer Luft wunderschön sein, häufig aber ist es auch nasskalt und stürmisch.

Wie teuer ist ein Azoren-Urlaub?

Die Preise für Unterkünfte schwanken saisonal bedingt sehr stark. Am teuersten wird es im Hochsommer, wenn viele nach Amerika ausgewanderte Azorianer auf ihren Heimatinseln urlauben. Generell liegen die Übernachtungskosten ähnlich hoch wie bei uns. Demgegenüber halten sich die »Nebenkosten«, etwa für Mahlzeiten, Getränke, Mietwagen oder Taxi, noch in Grenzen. Ein Billigreiseziel sind die Azoren allerdings nicht.

Und noch ein ganz persönlicher Tipp zum Schluss!

Wenn ich von einer Azorenreise heimkehre, dürfen zwei Mitbringsel nicht fehlen: eine vollreife Ananas aus den Gewächshäusern von Ponta Delgada und ein ordentliches Stück würziger Käse von São Jorge. Wenn Sie Freunden oder Verwandten eine Freude machen wollen, packen Sie doch einfach noch etwas schwarzen oder grünen Tee aus dem Norden von São Miguel dazu, immerhin dem einzigen Teeanbaugebiet Europas. Dazu passen gut *queijadas*, ein süßes Käsegebäck.

NOCH FRAGEN?

Die können Sie gern per E-Mail stellen, wenn Sie die von Ihnen gesuchten Infos im Buch nicht finden:
lipps@dumontreise.de
info@dumontreise.de
Auch über eine Lesermail von Ihnen nach der Reise mit Hinweisen, was Ihnen gefallen hat oder welche Korrekturen Sie anbringen möchten, würden wir uns freuen.

Capelas – alter Walfängerhafen vor grandioser Kulisse, S. 108

Jardim Duque de Terceira in Angra – Idylle in der Stadt, S. 236

Lieblingsorte!

Reserva Florestal de Recreio Luís Paulo Camacho – viel Grün, S. 274

Peter Café Sport – die schönste Kneipe im Atlantik, S. 156

**Miradouro da Macela –
Blick ins Grüne und ins Blaue, S. 147**

**Biscoitos – Badevergnügen in den
Felsen, S. 252**

Die Reiseführer von DuMont werden von Autoren geschrieben, die ihr Buch ständig aktualisieren und daher immer wieder dieselben Orte besuchen. Irgendwann entdeckt dabei jede Autorin und jeder Autor seine ganz persönlichen Lieblingsorte. Dörfer, die abseits des touristischen Mainstream liegen, eine ganz besondere Strandbucht, Plätze, die zum Entspannen einladen, ein Stückchen ursprünglicher Natur – eben Wohlfühlorte, an die man immer wieder zurückkehren möchte.

**Caldeira Velha –
Warmbad im Wald, S. 112**

**Lagoa do Capitão – Idyll an
Picos größtem Kratersee, S. 204**

Schnellüberblick

Flores und Corvo
Auf Flores gehen die Uhren anders, selbst in den Hauptorten Santa Cruz und Lajes. Wanderwege erschließen die Steilküsten und die Seenplatte im Hochland, wo Hortensien und Montbretien Farbtupfer setzen. Noch beschaulicher wirkt die Nachbarinsel Corvo mit dem Zentralkrater Caldeirão. S. 268

Faial
Kosmopolitisch geht es am Jachthafen von Horta zu – Kult ist dort das Peter Café Sport, Treffpunkt von einheimischen Fischern und Reisenden. Wanderrouten führen zum Grund der geheimnisvollen Caldeira oder in die Mondlandschaft des noch jungen Vulkans Capelinhos. S. 152

Atlantischer Ozean

Pico
Schwarze Lava prägt die Landschaft auf Pico, wo der gleichnamige Vulkan allgegenwärtig ist. Ein Schachbrettmuster aus Weinbergen überzieht die Zona de Adegas – UNESCO-Weltkulturerbe. Vor der Küste lassen sich Wale beobachten und in Höhlen bizarre Unterwelten erkunden. S. 180

São Jorge
Wie ein Walrücken ragt die Insel aus dem Atlantik. Vulkankuppen reihen sich auf einer Hochebene, wo Rinder grasen, und unter den Steilküsten liegen schmale Ebenen mit Lagunen und tropischen Obstplantagen. Ein architektonisches Kleinod ist die Hauptstadt Velas im Inselwesten. S. 206

Graciosa

Klein und beschaulich zeigt sich die Weinbauerninsel und besitzt doch mit Santa Cruz da Graciosa eine wunderschöne Stadt. Aus dem finsteren Schlund der Furna do Enxofre dringen heiße Dämpfe, während in Carapacho wohltuendes Thermalwasser aus dem Fels sprudelt. S. 258

Terceira

Angra do Heroísmo glänzt als alte Azorenhauptstadt mit Kirchen und Palästen. Im milden Südosten reihen sich Badebuchten und Hafenorte. Der Sandstrand von Praia konkurriert mit den malerischen Felspools von Biscoitos. Vulkanhöhlen und Solfataren warten auf Entdeckernaturen. S. 224

Atlantischer Ozean

Terceira

São Miguel

Santa Maria

São Miguel

Die Metropole Ponta Delgada gefällt durch Urbanität, Vila Franca do Campo durch nostalgischen Charme. Malerisch sind die in Riesenkrater eingebetteteten Seen. Urlauber zieht es in den idyllischen Nordosten, an die mediterran anmutende Südküste oder in den Thermalkurort Furnas. S. 82

Santa Maria

Die stille Insel gilt als ›Algarve der Azoren‹. Saftige Weiden überziehen das hügelige Inselinnere und Weinbergterrassen schmücken die Steilküsten. Im Sommer füllen sich die schönen Strände von Praia Formosa und São Lourenço. In der Bucht von Anjos ankerte einst Christoph Kolumbus. S. 140

Reiseinfos, Adressen, Websites

Von Natur her ein Spaßbad: Meerwasserschwimmbecken bei Maia (Insel Santa Maria)

Informationsquellen

Infos im Internet

www.visitazores.com/de
Offizielle Website der Tourismusbehörde der Azorenregierung. Viel Wissenswertes über die Inseln, Hinweise auf aktuelle Veranstaltungen (Portugiesisch und Englisch).

www.azores.gov.pt
Seite der Regionalregierung der Azoren mit aktuellen Infos über Wirtschaft, Kultur und Natur der Inseln (auf Portugiesisch und Englisch).

www.azoren-online.com
Private Seite mit sehr ausführlichen Informationen in deutscher Sprache zu allen Azoreninseln: Sehenswürdigkeiten, Ausflüge, praktische Hinweise, Adressen u. v. m.

www.trails-azores.com
Alle offiziellen Wanderwege der Azoren mit ausführlichen Beschreibungen und Karten zum Herunterladen (Portugiesisch und Englisch).

Informationsstellen

Turismo de Portugal
Das offizielle portugiesische Tourismusbüro unterhält im Ausland keine Büros für Endkunden.

Zur Einholung touristischer Informationen steht die E-Mail-Adresse info@visitportugal.com zur Verfügung.
Informationen im Internet
www.visitportugal.com

Touristeninformation auf den Azoren
Informationen über die gesamte Inselgruppe erteilt die Tourismusdirektion der Azorenregierung:

Direcção Regional de Turismo
9900-112 Horta, Rua Ernesto Rebelo 14
Tel. 292 20 05 00, Fax 292 29 36 64
turismoacores@visitazores.com
www.visitazores.com

Die Azorenregierung unterhält auf jeder Insel ein Tourismusbüro (Posto de Turismo) im jeweiligen Hauptort und/oder am Flughafen. Auf São Miguel und Pico betreiben größere Orte städtische Informationsbüros. Adressen im jeweiligen Inselkapitel.

Auf den Inseln der Mittelgruppe betreibt der Tourismusverband ART (Associação Regional de Turismo Açores) Informationspavillons in den wichtigsten Orten, Adressen bei Facebook.

Lesetipps

Tier- und Pflanzenführer
Mark Cawardine: Wale und Delfine. Bielefeld 2009. Bestimmungsbuch mit

---

Internetzugang
Auf den Azoren ist WLAN (hier Wi-Fi genannt) an vielen Stellen gratis verfügbar, etwa in den Terminals von Flughäfen und Häfen, in Einkaufszentren, vielen Cafés und Bars. Manchmal ist ein Passwort zu erfragen. Die meisten Hotels stellen ebenfalls WLAN zur Verfügung, meist in öffentlichen Zonen wie Rezeptionsbereich oder Bar, manchmal auch in Zimmern. Teilweise verlangen sie eine Gebühr. Computer mit Internetzugang findet man in den Eingangshallen vieler Hotels (ca. 2 € pro Viertelstunde) und in öffentlichen Internet-Points, etwa in Einkaufszentren, Kulturzentren oder im Rathaus (ca. 1 € pro halbe Std.).

Informationsquellen

Digitaler Ausguck in die Welt – im Internetcafé in Velas auf der Insel São Jorge

detailreichen Illustrationen und Beobachtungshinweisen.
Fabian Ritter: Wale beobachten. Welver 2010. Hinweise zum sanften, gewissenhaften Whalewatching. Die 31 häufigsten Wal- und Delfinarten in Europa und Übersee werden vorgestellt.
Helmut Debelius: Fisch-Führer: Mittelmeer und Atlantik. Stuttgart 2007. Ein sehr hilfreiches Bestimmungsbuch für Taucher mit vielen Informationen über Lebensräume und Verhalten der Fische.
Peter Wirtz und Helmut Debelius: Niedere Tiere: Mittelmeer und Atlantik. Hamburg 2003. Fauna der Wirbellosen im Atlantik von Norwegen bis zum Äquator.
Andreas Stieglitz: Azorenflora. Books on Demand 2008. Einführung in die einheimische Pflanzenwelt mit allen wichtigen Arten in Wort und Bild.

Belletristik

António Tabucchi: Die Frau von Porto Pim. Berlin 1993. Der italienische Schriftsteller lebte lange in Portugal und verfasste kleine Geschichten rund um Liebe und Abenteuer, auch über die Azoren.
Ralph Roger Glöckler: Vulkanische Reise: Eine Azoren-Saga. Berlin 2008. Literarisches Reisebuch über den Vulkanausbruch 1957 auf Faial und die folgende Auswanderungswelle in die USA.
Ben Faridi: Das Schweigen der Familie: Azoren-Krimi mit Rezepten. Münster 2009. Kommissar João Baptista ermittelt im ersten Mordfall auf der Insel Corvo und trifft auf eine Mauer des Schweigens.

Wetter und Reisezeit

Azorenhoch und Sturmtief

Die Lufttemperaturen auf den Azoren sind im Jahres- wie auch im Tagesverlauf sehr ausgeglichen. Im kältesten Monat (Feb.) werden tagsüber ca. 14 °C erreicht, im wärmsten Monat (Aug.) um 27 °C. Nachts liegen die Temperaturen nur um ca. 5 °C niedriger. Recht hoch ist generell die Luftfeuchtigkeit, im Sommer (Aug./Sept.) wird es schwülwarm.

Verantwortlich für das milde Klima ist der Golfstrom, an dessen Südrand die Azoren liegen. Allerdings gestaltet sich das Wetter ganzjährig recht wechselhaft. Das sprichwörtliche Azorenhoch verbleibt oft nur einen Tag bei den Inseln, um dann mit den vorherrschenden Westwinden nach Europa weiterzuziehen und den Fronten von Tiefs Platz zu machen. So wechselt Sonnenschein in rascher Folge mit Regen, wobei im Winter deutlich mehr Niederschläge fallen als im Sommer.

Während in den Bergen oft Nebelbänke liegen, ist das Wetter an den Küsten tendenziell besser. Die Südseiten der Inseln sind etwas sonniger und wärmer als die Nordseiten, bei höherer Luftfeuchtigkeit. Innerhalb des Archipels ist es am wärmsten auf den Ostinseln, die Westgruppe verzeichnet etwas niedrigere Temperaturen, dafür aber stärkeren Wind.

Baden oder Wandern?

Hauptsaison für Baden und Wassersport auf den Azoren ist Ende Juli bis Anfang September. Im Meer wird etwa zwischen Juni und Oktober geschwom-

Das Wetter spielt mit: Wandernde am Riesenkrater Sete Cidades auf São Miguel

Wetter und Reisezeit

Gut zu wissen

Wettervorhersage: www.wetter.com (Vorhersage für den gesamten Archipel auf Deutsch, für 3, 7 und 16 Tage); www.gisclimaat.angra.uac.pt/previsao (Kurzvorhersage für die einzelnen Inseln auf Portugiesisch, für 3 Tage).

Günstige Flüge buchen: Hauptsaison ist im Sommer. Deutlich niedriger liegen die Preise (auch für Übernachtung) im Herbst, Winter und Frühjahr.

Beste Reisezeit: Im August, wenn zahlreiche Emigranten aus Amerika in ihrer azorianischen Heimat urlauben, ist am meisten los. In diese Zeit fallen auch viele Volksfeste. Wer dem Trubel entgehen möchte, reist besser im Juli oder September auf die Inseln. Zwischen Oktober und Juni geht es ruhig zu, allerdings ist dann das Wetter ungünstiger und manche Sehenswürdigkeiten sind nur eingeschränkt zu besichtigen.

Kleidung und Ausrüstung

Allgemein empfiehlt sich wegen der häufigen interinsularen Flüge und der Quartierwechsel eine praktische, strapazierfähige Reisekleidung. In den schwülwarmen Monaten August und September sollte diese sehr luftig sein. Wegen möglichen Regenwetters und niedrigerer Temperaturen in den Bergen ist jedoch auch in dieser Zeit die Mitnahme einer winddichten Regenjacke und eines leichten Fleecepullis zu empfehlen. Dies gilt insbesondere für die übrigen Sommermonate. Selbst im Juli ist es oft noch überraschend kühl.

Im Winterhalbjahr dürfen Anorak und Pulli dann auch etwas dicker sein. Zu allen Jahreszeiten sollte zusätzlich zur regendichten Jacke ein Schirm im Gepäck sein, wobei Letzterer wegen des oft recht starken Windes nicht immer zu gebrauchen ist. Wanderer benötigen außerdem wasserabweisende Trekkingschuhe mit gutem Profil.

men. Während die Wassertemperaturen zu Beginn des Sommers bei etwa 18 °C liegen, erreichen sie im Aug./Sept. etwa 22 °C und gehen im Winter auf 14 °C zurück. Tauchen, Brandungssurfen und Seekajakfahren sind ganzjährig möglich, aber nicht unbedingt üblich, auch wegen des oft sehr starken Seegangs. Manche Tauchbasen schließen in den Wintermonaten.

Zum Wandern eignen sich die Azoren ganzjährig. Allerdings ist auch hier die Hauptsaison das regen- und nebelärmere Sommerhalbjahr (ca. Mai–Okt.). Winterliche Sturmtiefs können für extrem unfreundliches Wetter sorgen. In den vergangenen Jahren kam es durch Starkregen immer wieder zu Erdrutschen, zuletzt im Dezember 2010 auf Flores, wo Fajãzinha vorübergehend von der Außenwelt abgeschnitten war. Dann müssen auch immer wieder Wanderwege gesperrt werden (s. S. 30).

Klimadaten Ponta Delgada (São Miguel)

Anreise und Verkehrsmittel

Einreisebestimmungen

Ausweispapiere
In Portugal wird bei Einreise aus Schengen-Ländern nicht kontrolliert, die Fluggesellschaften verlangen aber Personalausweis oder Pass, ebenso wie auf den Azoren Hotels und Autovermieter. Kinder benötigen ein eigenes Reisedokument.

Zollvorschriften
Innerhalb der EU werden für den persönlichen Bedarf max. 800 Zigaretten oder 200 Zigarren und 10 l Spirituosen (pro Pers. ab 15 bzw. 17 Jahren) akzeptiert. Für die Schweiz gelten als Freigrenzen: 200 Zigaretten oder 50 Zigarren oder 250 g Tabak, 1 l Wein und 0,75 l Spirituosen sowie Geschenke im Wert von max. 175 € bzw. 300 CHF.

Anreise und Inselhopping

Flugverbindungen
Der wichtigste Flughafen der Azoren ist Ponta Delgada (São Miguel), auch Aeroporto João Paulo II genannt. Nur er wird von Deutschland aus direkt angeflogen. **Airberlin** (Hotline in Portugal Tel. 808 20 27 37, www.airberlin.com) startet ganzjährig 1 x pro Woche ab Düsseldorf, mit Zubringer von weiteren deutschen Flughäfen. Ab Frankfurt fliegt die azorianische Gesellschaft **SATA Internacional** (Hotline in Portugal Tel. 707 22 72 82, www.sata.pt) ganzjährig 2 x pro Woche. Flugzeit jeweils etwa 5 Std. Außerdem fliegt SATA Internacional 2 x pro Woche von München mit Zwischenstopp in Porto nach Ponta Delgada.

Täglich sind die Azoren mit Umsteigen in Lissabon oder Porto zu erreichen. Nach Lissabon und Porto von verschiedenen Flughäfen in Deutschland, Österreich und der Schweiz mit **TAP Portugal** (Hotline in Portugal Tel. 707 20 57 00, www.flytap.com) sowie mit Lufthansa, Germanwings, Ryanair, Austrian und Swiss, Weiterflug mit TAP Portugal, SATA Internacional oder Ryanair (www.ryanair.com). Ponta Delgada, Horta (Faial) und Terceira werden ab Lissabon täglich angeflogen, Santa Maria und Pico je ca. 1 x pro Woche. Hin- und Rückflug 500–900 €, über Veranstalter oder Spartarif ab 300–400 €, mit Ryanair z. T. unter 200 €.

Auf jeder der neun Azoreninseln gibt es einen Flughafen. Zwischen den Inseln verkehren Propellermaschinen der **SATA Air Açores** (Tel. 707 22 72 82, www.sata.pt) nach einem komplizierten, saisonal wechselnden Flugplan. Die häufigsten Verbindungen (mehrmals pro Tag nonstop) bestehen zwischen den drei Hauptinseln São Miguel (Flughafen Ponta Delgada), Faial (Flughafen Horta) und Terceira. Santa Maria ist nonstop nur von Ponta Delgada aus zu erreichen (1–2 x tgl.). Auch alle anderen Inseln werden von Ponta Delgada aus täglich oder mehrmals pro Woche nonstop angeflogen. Innerhalb des *triângulo*, des Dreiecks, das Faial, Pico und São Jorge bilden, gibt es kaum direkte Flüge. Dort ist die Fähre vor allem im Sommer das Verkehrsmittel erster Wahl (s. S. 23). Drehkreuz der Mittelgruppe ist Terceira (nach Horta, Pico, São Jorge und Graciosa je 1–2 x tgl., nach Flores mehrmals pro Woche nonstop). Auf die Westgruppe kommt man am besten ab Horta (Flores fast tgl., Corvo ca. 3 x pro Woche). Unbedingt in die Reiseplanung einbeziehen: Der Flughafen auf Flores muss im Winter häufig wegen Sturm geschlossen werden!

Anreise und Verkehrsmittel

Flüge zwischen den Inseln kosten je nach Strecke und Termin *oneway* ca. 60–90 €. Touristen erhalten ca. 20 % Rabatt bei Buchung von zu Hause aus (Reisebüro) oder vor Ort bei der SATA unter Vorlage des Anreisetickets. Die SATA unterhält Schalter an allen Flughäfen und/oder Büros in den Inselhauptorten (Adressen bei den jeweiligen Ortsbeschreibungen). Weitere Informationen zu den Flughäfen in den Infoboxen der Inselkapitel.

Fährverbindungen

Eine Fährverbindung zwischen dem europäischen Kontinent und den Azoren gibt es nicht. Innerhalb des Archipels verkehrt Anfang Mai bis Ende September eine Autofähre der **Atlânticoline** (www.atlanticoline.pt) zwischen den Inseln der Ost- und Mittelgruppe nach einem komplizierten Fahrplan. Mitte Juni bis Anfang September kommt ein zweites Fährschiff hinzu, dann wird auch Flores angelaufen. Wetterbedingt kann es bei den planmäßigen Abfahrtszeiten Änderungen geben. Ticketverkauf online, in Reisebüros vor Ort (Adressliste s. Website) oder am jeweiligen Hafenschalter (öffnet 90 Min. vor Abfahrt). Preisbeispiele (pro Pers. *oneway*): Ponta Delgada (São Miguel) – Vila do Porto (Santa Maria) ca. 30 €, Ponta Delgada – Praia da Vitória (Terceira) ca. 50 €, am Hafenschalter zuzüglich 5 € Verwaltungsgebühr. Der Blue Sea Pass für ca. 105 € ermöglicht den Besuch von drei Inseln. Fahrzeit je nach Strecke 3,5–9 Std. Normalerweise wird tagsüber gefahren. Dennoch kann man aber an Bord Kabinen zubuchen (2 Pers. pro Strecke 40 €). Leihwagen dürfen nicht mitgenommen werden, Fahrradmitnahme s. S. 29. Zwischen Flores und Corvo verkehrt ganzjährig 1–2 x pro Woche eine Personenfähre der Atlânticoline (Fahrzeit 40 Min., *oneway* 10 €, weitere Infos s. S. 273).

Die Inseln des *triângulo* (s. S. 22) sind durch Personenfähren der **Transmaçor** (Tel. 292 20 03 80, www.transmacor.pt) verbunden: Ganzjährig 5–7 x tgl. zwischen Horta (Faial) und Madalena (Pico), Fahrzeit 30 Min., 3,40 €; ganzjährig 2 x tgl. von Horta nach Velas (São Jorge) mit Zwischenstopp in São Roque (Pico), Fahrzeit ca. 1,5 Std., 15 €, von Juni–Sept. 2 x pro Woche bis Calheta (São Jorge). Tickets am Hafenschalter (60–30 Min. vor Abfahrt geöffnet) oder am Automaten, keine Reservierung. In den vergangenen Jahren kam es immer wieder vor, dass Boote ausfielen und Fahrten nicht durchgeführt werden konnten.

Verkehrsmittel auf den Inseln

Busse

Auf den bevölkerungsreichsten Inseln São Miguel und Terceira verkehren relativ viele Linienbusse, auf den anderen Inseln werden selbst Hauptstrecken oft nur an Werktagen 1–2 x tgl. bedient. Entlegene Orte, Strände und Badebuchten sowie touristisch interessante Ziele im Inselinneren sind meist gar nicht zu erreichen. Weitere Hinweise in den Infoboxen der Reisekapitel.

Taxis

Taxistände gibt es in allen größeren Ortschaften. An Flughäfen und Fährhäfen warten Taxis bei Ankünften. Sofern ein Taxameter vorhanden ist, werden 3,25–3,90 € Grundgebühr berechnet. Hinzu kommen je nach Wochentag und Tageszeit 0,60–0,75 € pro Kilometer. Bei Oneway-Fahrten zu entfernten Zielen werden Hin- und Rückfahrt berechnet. Außerdem sind Aufschläge für Anfahrt (0,30 €/km) und Gepäck (2 €) üblich. Ist kein Taxameter vorhanden, verabredet man

Reiseinfos

vor Fahrtantritt den Preis. Für manche Strecken existieren Preislisten, die von den Fahrern mitgeführt werden. Ausflüge (3–4 Std.) kosten 30–60 €. Viele Fahrer sprechen Englisch, geben gern Erklärungen und haben manchen Tipp parat. Wer eine Streckenwanderung unternehmen möchte, kann sich zum Ausgangspunkt fahren und am Endpunkt wieder abholen lassen.

Mietwagen

Einschließlich Vollkaskoversicherung und Steuern kosten Leihwagen bei unbegrenzter Kilometerzahl für einen Tag ab 45 €, bei mehrtägiger Miete über Internet ab ca. 20 €. Die Autos befinden sich in der Regel in gutem Zustand. Auf Corvo gibt es keine Mietwagen. Ansonsten findet man Büros von **Verleihfirmen** auf allen Inseln an den Flughäfen (außer auf São Jorge) sowie in den Hauptorten. In entlegenen Gebieten übernehmen Hotelrezeptionen bzw. Ferienhausvermieter meist die Vermittlung. Azorenweit operierende Verleihfirmen sind Ilha Verde (Tel. 296 30 48 91, www.ilhaverde.com) und Autatlantis (Tel. 296 20 53 40, www.autatlantis.com). Für die Hochsaison im Sommer, wenn Wagen auf den Inseln manchmal knapp werden, empfiehlt sich Vorausbuchung von zu Hause aus (Reisebüro oder Internet).

Bei Abschluss des Mietvertrags sind Führerschein, Personalausweis oder Pass und meist eine Kreditkarte (!) vorzulegen. Der Führerschein muss mindestens ein, manchmal sogar drei Jahre alt sein, das Mindestalter liegt meist bei 21 Jahren. Die Eintragung eines zweiten Fahrers in den Mietvertrag kostet bis zu 20 € pro Tag zusätzlich.

Die **Verkehrsregeln** entsprechen im Wesentlichen denen in Mitteleuropa. Im Pannenfall ist die im Auto liegende reflektierende Schutzweste anzuziehen. Die Promillegrenze liegt bei 0,5.

Übernachten

Reservierung

Spontan sind wegen des relativ geringen Angebots nur in den größeren Orten außerhalb der Hochsaison (Sommerferien, Feiertage) Zimmer zu bekommen. Für ländliche Quartiere und die Zeit zwischen Juli und September empfiehlt sich rechtzeitige Vorausbuchung per Telefon oder Internet, beides ist meist auf Englisch möglich.

Gehobene Unterkünfte sind über **Reiseveranstalter** oft preiswerter als bei Direktbuchung. Bei den Übernachtungsvorschlägen wird darauf hingewiesen (s. Ortsbeschreibungen). Man kann über Veranstalter entweder die komplette Reise zusammenstellen (Unterkunft, Flüge, Mietwagen) oder Unterkünfte separat buchen – jeweils über Reisebüro oder Internet.

Klassifizierung

In Portugal bekommen **Hotels** je nach Komfort bis zu fünf Sterne, wobei auf den Azoren Häuser mit drei oder vier Sternen überwiegen. Ausgesprochene Ferienhotels gibt es kaum. Die meisten

---

Preise in diesem Reiseführer
Bei den unter den Ortsbeschreibungen genannten Preisen für Doppelzimmer (DZ) ist das Frühstück für zwei Personen enthalten. Preise für Apartments oder Ferienhäuser gelten ohne Verpflegung.

Übernachten

So vielgestaltig wie die Inseln sind die Unterkünfte (Luxus-Pousada in Angra)

Hotels befinden sich in den Hauptorten der Inseln, wo dann Touristen und Geschäftsreisende unter einem Dach wohnen. Unter einem **Estalagem** versteht man ein exquisites kleines Hotel, meist in einem historischen Gebäude. Pensionen heißen **Pensão** (1–2 Sterne) oder **Residencial** (für gehobenere Ansprüche, 1–4 Sterne). Daneben gibt es die **Casa de Hóspedes** (auch Guest House) oder **Hospedaria,** eine meist recht preisgünstige Privatpension.

Immer öfter werden **Apartamentos** (Ferienwohnungen) angeboten. Sie firmieren ebenso wie Privatpensionen und Privatzimmer unter der Bezeichnung Alojamento Local.

Ländliche Quartiere

Im Rahmen eines EU-Programms wurden in den vergangenen Jahren zahlreiche traditionelle Landhäuser, die vom Verfall bedroht waren, in stilvolle Unterkünfte verwandelt. Bei **Turismo de Habitação (TH)** handelt es sich um *quintas* (herrschaftliche Gutshöfe), die als kleine, feine Hotels betrieben werden. Renovierte Bauernhäuser mit nur wenigen Zimmern und familiär geführt firmieren unter **Turismo Rural (TR).** Für Selbstversorger bieten sich die **Casas do Campo (CC)** an, ländliche Ferienhäuser. Zu buchen sind diese Unterkünfte z. B. über www.casasacorianas.com. Spezielle Hinweise zu Ferienhäusern in den Reisekapiteln São Miguel (Mosteiros), Faial (Vulcão dos Capelinhos), Pico (São Jõao, Prainha do Norte).

Jugendherbergen

Auf den Azoren gibt es fünf wunderschöne, in historischen Bauten untergebrachte Jugendherbergen *(Pousada de Juventude)*: in Ponta Delgada (São Miguel), Vila do Porto (Santa Maria), São Roque (Pico, Calheta São Jorge) und Angra do Heroísmo (Terceira). Übernachtung im Mehrbettzimmer je nach Saison pro Person 12,50–16,50 €. Auf São Miguel, Santa Maria, Pico und São Jorge stehen auch Doppelzimmer (mit oder ohne Bad 33–45 €) zur Verfügung, auf Terceira ein Apartment (35–47 €). Reservierung: www.pousadasjuvacores.com.

Reiseinfos

Camping

Die Campingsaison auf den Azoren dauert etwa von Juni bis September. Der Portugal-Campingführer »Roteiro Campista« (www.roteiro-campista.pt; Printausgabe mit detaillierten Informationen über die Website für 10 €) verzeichnet sieben Plätze auf den Inseln: auf São Miguel (Furnas, Tel. 296 54 90 10), Faial (Praia do Almoxarife, Tel. 292 94 98 55), Pico (Furna de Santo António, Tel. 292 64 28 84), São Jorge (Urzelina, Tel. 295 41 44 01, und Calheta, Tel. 295 41 64 24) und Terceira (Baía da Salga, Tel. 295 90 54 51, und Cinco Ribeiras, Tel. 295 90 72 00). Pro Tag für zwei Personen mit Zelt je nach Ausstattung des Platzes ca. 7–10 €. Darüber hinaus gibt es eine Reihe weiterer Campingplätze. Ein privater Platz auf São Miguel (Rabo de Peixe, Quinta das Laranjeiras, Tel. 962 82 37 66, www.azorescamp.com, auch Hütten ab 25 €, und (Nordeste, Tel. 296 48 86 80), Santa Maria (Praia Formosa, Tel. 296 88 39 59, auch 6 Hütten), Faial (Salão, Tel. 292 94 61 30, und Varadouro, Tel. 292 94 53 39), Pico (Lajes, Tel. 292 67 97 00), São Jorge (Velas, Tel. 912 73 32 85), Terceira (Biscoitos, Tel. 964 27 13 85), Graciosa (Praia, Tel. 295 71 27 79, und Carapacho, Tel. 295 71 29 59) und Corvo (Vila Nova, Tel. 292 59 02 00). Weitere Infos bei den örtlichen Rathäusern. Auf Flores gibt es keinen offiziellen Campingplatz. Wildes Zelten ist grundsätzlich verboten.

Essen und Trinken

Die Küche

In der Mehrzahl der Restaurants (deren einfachere Variante sich oft Snackbar nennt) wird regionaltypisches, deftiges Essen angeboten, übrigens gern in Buffetform. Nur wenige, meist etwas teurere Lokale auf den Hauptinseln experimentieren mit einer modernen, kreativen Küche. Internationale Restaurants sind sehr selten. Nur Pizza, Hamburger & Co. haben sich allgemein durchgesetzt.

Zur Einstimmung stellen viele Restaurants ein **Couvert** auf den Tisch, bestehend aus Brot, Butter und Käse, manchmal auch Thunfischpaste. Es wird extra berechnet (1–2 € pro Person) und ersetzt in der Regel die Vorspeise. Allerdings stehen fast immer auch kräftige **Vorsuppen** auf der Speisekarte. Deren sättigende Verwandten, die **Eintöpfe,** waren früher sozusagen das tägliche Brot in den meisten Familien. Darin wurde alles kombiniert, was gerade verfügbar war: Getreide, Hülsenfrüchte, Gemüse, Würste oder Fisch. Schmackhafte Eintopfgerichte bieten viele Restaurants an.

Die Alternative sind Tellergerichte mit Fleisch oder Fisch. Angesichts der Tatsache, dass die Rinderzucht das wichtigste wirtschaftliche Standbein der Insel ist, stammt **Fleisch** meist vom Rind. Es wird gebraten, gegrillt oder geschmort. In viele Gerichte gehört aber auch Schweinespeck und Schweinswürste sind ebenfalls recht verbreitet. Auch **Fisch** spielt bei

> **In diesem Buch**
> Die im Buch angegebenen **Essenspreise** beziehen sich, falls nicht anders angegeben, auf ein Hauptgericht ohne Getränke. Ein **kulinarisches Lexikon** finden Sie auf S. 288.

Essen und Trinken

der Ernährung eine wichtige Rolle. Frisch aus dem Atlantik kommen die verschiedensten Sorten, die gebraten, gegrillt oder gekocht werden. An **Meeresfrüchten** aus einheimischer Ernte gibt es Venusmuscheln (nur auf São Jorge, sonst meist Importware) und verschiedene Meeresschnecken. Sehr verbreitet sind **Tintenfische.** Als Beilagen werden Salzkartoffeln, Pommes frites und/oder Reis gereicht, manchmal Salat, Gemüse hingegen eher selten. **Vegetarische Gerichte** stehen nur in feineren Restaurants oder den seltenen Szenelokalen auf der Speisekarte.

Recht üppig fallen die **Desserts** aus: Pudding, Cremespeisen, Kuchen und Torten sowie Eis, außerdem Obstsalat.

Frühstück in Hotel und Pension
Hotels bauen zum Frühstück meist ein Buffet auf, mit Brötchen, hellem Brot, Marmelade und je einer Sorte Schinken/Wurst und Käse. In der Regel stehen auch Milch und Cornflakes, Joghurt, Kuchen, Äpfel oder Obstsalat, in den höheren Kategorien zudem Rühr- oder Spiegelei und gebratener Speck zur Wahl. Recht spartanisch, nur mit Brötchen, Marmelade und Butter, fällt das Frühstück in einfacheren Pensionen aus. Eine Besonderheit ist die *massa sovada*, ein süßes, mit Orangen- oder Zitronenschale gewürztes Brot. Es kommt häufig in Landhotels auf den Tisch, die typisch azorianisches Frühstück mit einheimischen Produkten (Käse, exotische Marmeladen u. a.) anbieten.

Kulinarischer Alltag

Die Azorianer nehmen das Mittagessen – meist ihre Hauptmahlzeit – üblicherweise gegen 13 Uhr ein, nur am Sonntag kann es später werden. Dann speisen ganze Familien in Ausflugslokalen, oft recht ausgiebig bis in den späten Nachmittag hinein. In den Städten füllen sich die Restaurants mittags mit Angestellten der umliegenden Büros und Geschäfte. Abends gehen die Einheimischen eher am Wochenende (Fr, Sa) aus. Je nach Geldbeutel begnügen sie sich dann mit einem Snack oder darf es auch etwas feiner sein.

Getränke

Zum Essen trinken die Azorianer meist **Wein**, entweder vom portugiesischen Festland oder von den Inseln (s. S. 56). Dazu bestellen sie **Tafel- oder Mineralwasser** ohne Kohlensäure. Wasser mit Kohlensäure *(com gás)* muss man ausdrücklich verlangen. Auch Bier ist sehr verbreitet. Die Marken Especial (Pils) und Preta (Dunkelbier) werden von der Firma Melo Abreu (www.meloabreu.com) auf São Miguel gebraut, die auch die Softdrinks Laranjada (Orangenlimonade) und Kima (Maracujalimonade) herstellt. Nach dem Essen gönnt man sich einen Schnaps *(aguardente)* oder Espresso *(café)*. Anschließend verlangt man sofort die Rechnung; für weitere Drinks wechselt man in eine Bar.

Beim **Kaffee** zum Frühstück handelt es sich oft um eine Mischung aus Bohnen- und Getreidekaffee, der durch die Beimischung von Zichorienpulver recht bitter wird. ›Richtigen‹ Kaffee trinken die Einheimischen eher zwischendurch in einer Bar, wo er aus der Espressomaschine kommt. Außer dem eigentlichen Espresso *(café)* kann man dort einen kleinen Milchkaffee in der Tasse *(meia de leite),* einen großen Milchkaffee im Glas *(galão)* oder einen großen schwarzen Kaffee *(café americano)* bestellen. **Schwarzer Tee** wird zwar auf São Miguel produziert (s. S. 116), Hotels und Lokale verwenden aber meist importierte Teebeutel.

Aktivurlaub, Sport und Wellness

Baden

Ein klassisches Badeziel sind die Azoren nicht. Wanderer und Naturtouristen nehmen aber gern die Gelegenheit wahr, hin und wieder in den Atlantik zu springen. Die Saison dauert etwa von Juni bis Oktober. Badeplätze gibt es auf allen Inseln. Oft verfügen sie über eine gute Infrastruktur (sanitäre Einrichtungen, Umkleidekabinen, Strandbar).

Der wohl schönste **Sandstrand** der Azoren, die Praia Formosa, liegt auf der Insel Santa Maria. Auf São Miguel erfreuen sich der Strand von Mosteiros und die Praia de Baía d'Alto großer Beliebtheit, auf Faial die Praia do Porto Pim (Horta) und die Praia do Almoxarife. Vorzeigestrand von Terceira ist die Praia Grande (Praia da Vitória). Wo Strände rar sind, gibt es vielerorts attraktive **Felsbadeplätze** mit natürlichen Brandungspools. Als schönste Anlagen dieser Art gelten jene von Anjos (Santa Maria), Lagoa (São Miguel), Varadouro (Faial), Furna de Santo António (Pico) und Biscoitos (Terceira).

Bootsausflüge und Whalewatching

Ein Megatrend sind Ausfahrten per Schlauch- oder Festrumpfboot zur Beobachtung von Walen und Delfinen. Bis in die 1980er-Jahre hinein wurde von den Azoren aus Walfang betrieben (s. Entdeckungstour S. 192). Heute stehen die Meeressäuger – 24 Arten wurden bisher gezählt – unter Schutz. In den ehemaligen Walfängerausgucken *(vigias)* sitzen wieder Beobachtungsposten und dirigieren die Ausflugsboote über Funk zu den besten Plätzen. Daher ist die Wahrscheinlichkeit, Wale oder zumindest die häufigeren Delfine wie auch Meeresschildkröten und verschiedene Seevögel zu Gesicht zu bekommen, sehr groß. Whalewatching wird vielerorts angeboten, speziell ab Ponta Delgada und Vila Franca do Campo (beide São Miguel), Horta (Faial) sowie Madalena und Lajes (beide Pico).

Eine Besonderheit von Flores sind die bizarren Brandungsgrotten in der Felsküste. Je nach Wetterlage ist es möglich, mit Schlauchbooten in die eine oder andere Höhle hineinzufahren – eine spannende, abenteuerliche Angelegenheit. Im Angebot ab Santa Cruz das Flores und Lajes das Flores.

Hinweise für Schwimmer

An bewachten Stränden und Badeplätzen wird Badeverbot durch ein rotes Flaggenzeichen angezeigt. Gelb bedeutet ›Vorsicht‹, bei Grün ist Baden sicher. Mit der Brandung ist je nach Wetterlage nicht zu spaßen. Allgemein unterschätzt werden die Gezeiten (port. *marés*). Der Tidenhub beträgt um 2 m und ist damit sehr viel ausgeprägter als etwa am Mittelmeer. Bei Ebbe ist es schwierig, gegen den Strom anzuschwimmen. Es empfiehlt sich daher, nur bei auflaufendem Wasser zu baden und an unbewachten Stränden besonders vorsichtig zu sein. Gezeitentabellen unter www.hidrografico.pt/previsao-mares.php (Niedrigwasser = *baixa-mar*, Hochwasser = *preia-mar*) Achtung auch vor Portugiesischen Galeeren. Die großen, lilafarbenen Seeblasen schwimmen vor allem im Frühjahr auf dem Wasser und verursachen mit ihren langen Tentakeln unangenehme Verbrennungen.

Aktivurlaub, Sport und Wellness

Golf

São Miguel kann mit zwei wunderschönen Plätzen (bei Rabo de Peixe und Furnas) und einigen gediegenen Unterkünften in deren Umgebung durchaus als Golfdestination gelten. Einen weiteren, ebenfalls attraktiven Platz besitzt Terceira (bei Fajãs da Agualva). Greenfee-Gäste sind jeweils willkommen. Infos: www.azoresgolfislands.com.

Radfahren

Die konditionellen Anforderungen an Radfahrer sind angesichts des lebhaften Reliefs der Azoreninseln durchaus nicht zu unterschätzen. Interessant für Radwanderer ist vor allem São Miguel mit seinen zahlreichen verkehrsarmen Nebenstraßen und asphaltierten Feldwegen. Auf Faial wird ein Transfer zur Caldeira per Bus angeboten, um anschließend flott zum Meer hinunterzufahren (s. S. 168). Insgesamt sind Fahrradverleihfirmen eher dünn gesät, es gibt sie aber etwa in Ponta Delgada (São Miguel), Vila do Porto (Santa Maria), Horta (Faial), Lajes (Pico), Angra (Terceira) und Santa Cruz (Graciosa). Adressen finden Sie bei den jeweiligen Ortskapiteln.

Am besten fährt es sich natürlich mit dem eigenen Drahtesel. Airberlin nimmt Fahrräder gegen Aufpreis nach Ponta Delgada mit (frühzeitig anmelden, Preis abhängig vom Tarif). Innerhalb der Azoren ist der Weitertransport per Flugzeug nicht möglich, wohl aber per Fährschiff der Atlânticoline (www.atlanticoline.pt, pro Strecke 5 €, mind. 2 Tage vorher anmelden).

Reiten

Der Reitsport geht auf den Azoren auf die ›Orangenbarone‹ des 18./19. Jh. zurück. In dieser Tradition bieten vor

São Miguel per Rad erkunden

Meridian Touristik (www.azoren-tours.de) offeriert achttägige Pakete für individuelles Radwandern (mit Mietfahrrad, Übernachtungen, Gepäcktransfers und ausführlichen Wegbeschreibungen). Eine geführte Radrundreise, Mittagspicknick inbegriffen, bietet zu vier Terminen im Jahr Amin Travel Zürich (www.amin-travel. ch) an.

allem auf São Miguel einige zu Landhotels ausgebauten Gutshöfe (z. B. Casa do Monte in Santo António, Quinta das Queimadas bei Nordeste) ihren Gästen Reitgelegenheit. Ein ausgesprochener Reiterhof (mit Unterkunft, umfangreichem Ausrittprogramm, Reithalle, Unterricht) ist die Quinta da Terça bei Ponta Delgada (Tel. 296 64 21 34, www.quintadaterca.com). Pferde für Ausritte ausleihen kann man in Ginetes (São Miguel), São Pedro (Santa Maria), Piedade (Pico) und Angra (Terceira). Einzelheiten finden Sie bei den jeweiligen Ortsbeschreibungen.

Seekajak

Der Trendsport hat auf den Azoren bereits zahlreiche Anhänger. Vermietung und geführte Touren u. a. bei Anbietern auf Faial (Horta), Pico (Lajes), São Jorge (Calheta), Terceira (Angra do Heroísmo, Praia da Vitória), Graciosa (Santa Cruz). Einzelheiten finden Sie bei den jeweiligen Ortsbeschreibungen.

Tauchen

In dem sehr sauberen Wasser rund um die Inseln erschließt sich eine artenreiche Meeresfauna. Deutschsprachige Tauchbasen gibt es auf Santa

Reiseinfos

Begegnung auf Augenhöhe: Taucher und Pottwal vor der Insel Pico

Maria (Baía de São Lourenço) und Pico (Madalena). Auch einige Basen unter einheimischer Leitung (englischsprachig) sind auf Touristen eingestellt, etwa in Vila Franca do Campo (São Miguel), Horta (Faial) oder Urzelina (São Jorge). Hotels mit angeschlossenen Tauchbasen findet man auf São Miguel (Caloura), Terceira (Angra do Heroísmo) und Flores (Santa Cruz). Einzelheiten bei den jeweiligen Ortsbeschreibungen.

Wandern

Viele Urlauber kommen speziell zum Wandern auf die Azoren, die mit ihrer abwechslungsreichen Landschaft beste Voraussetzungen dafür bieten. Auf allen Inseln gibt es offiziell ausgewiesene, beschilderte und markierte Wege verschiedener Schwierigkeitsgrade. Für Mietwagenfahrer bieten sich eine Reihe von Rundwegen an, Streckenwanderungen kann man per Linienbus oder Taxi organisieren. Auf die schönsten Touren wird in den jeweiligen Inselkapiteln hingewiesen. Ausführliche Beschreibungen (Port./Engl.) und detaillierte Karten zum Herunterladen unter www.trails-azores.com oder als Folder in den Tourismusbüros vor Ort. Auf der Website ist auch vermerkt, ob Wege vorübergehend gesperrt sind (wegen Erdrutsch o. Ä.)! In deutscher Sprache sind viele der offiziellen Wege und auch andere Touren im Führer »Wandern auf den Azoren« von Andreas Stieglitz (DuMont Aktiv) beschrieben.

Aktivurlaub, Sport und Wellness

Geführte Tageswanderungen bieten einige örtliche Veranstalter an, speziell in den Sommermonaten. Hinweise dazu bei den Ortsbeschreibungen Piedade (Pico), Calheta (São Jorge), Angra do Heroísmo (Terceira) und Santa Cruz (Graciosa). Wanderungen unter vogelkundlichem und/oder botanischem Aspekt werden auf São Miguel und Faial durchgeführt (s. S. 138 u. S. 160). Verschiedene deutsche Reiseveranstalter organisieren Gruppenreisen mit Wanderungen auf mehreren Inseln (z. B. Wikinger, Studiosus, Hauser).

Wellness

Thermalwasser sprudelt mancherorts auf São Miguel und auch auf Graciosa aus dem Fels. Bereits seit dem 18. Jh. wird es für Badekuren genutzt. Bekanntester Kurort auf São Miguel ist Furnas mit dem wohl größten Thermalschwimmbecken Europas. Mitten im Wald liegt das romantische Badebecken Caldeira Velha (s. S. 112. In Caldeiras da Ribeira Grande werden in einem nostalgischen Kurhaus Wannenbäder eingelassen.

Bei Ginetes (São Miguel) ist eine Wellnessoase für Tagesgäste entstanden, wo außer Thermalpools auch Spa-Einrichtungen und diverse Anwendungen offeriert werden. Ebenso hat sich das alte Kurhaus von Carapacho (Graciosa) zu einer schicken kleinen Therme zum Relaxen gemausert. Einzelheiten zu Wellnessmöglichkeiten finden sich bei den jeweiligen Ortsbeschreibungen.

Feste und Unterhaltung

Traditionelle Feste

Der **Karneval** *(Festas de Carnaval)* hat auf den Azoren eine lange Tradition. In Ponta Delgada (São Miguel) finden große Tanzbälle im Coliseu Micaelense (s. S. 100) statt. Auf Terceira werden Bühnenstücke aufgeführt, z. B. die *velhas* (wörtl.: die Alten), improvisierte Sprechgesänge mit Anspielungen auf die Lokalpolitik. Überall auf den Inseln veranstalten Karnevalsgesellschaften Maskenbälle und Kinderumzüge. Berühmt ist der Karneval von Graciosa (s. S. 262).

Das **Johannisfest** *(Festas Sanjoaninas)* um den 24. Juni ist auf den Azoren ein wichtiges Ereignis. Eine Woche lang feiert Angra do Heroísmo (Terceira) mit Musik-, Sport- und Kulturprogramm sowie Stierkämpfen (s. S. 241). Auf Faial findet eine große Wallfahrt zur Caldeira statt (s. S. 178) und auf Flores steht Santa Cruz drei Tage im Zeichen der Sanjoaninas. Johannes den Täufer (São João Baptista) verehrten die portugiesischen Adligen seit jeher als ihren Schutzheiligen. Sie machten das Fest im 15. Jh. unter den neuen Siedlern auf den Azoren populär.

Jede Kirchengemeinde feiert ihr **Patronatsfest** (Festa do Santo Padroeiro). Fällt der Tag des Ortsheiligen in die Sommermonate, wird das Ereignis oft zu einem tagelangen Festival erweitert, unter reger Teilnahme der auf den Azoren urlaubenden Amerika-Emigranten. In jedem Fall gehören feierliche Messen und eine Prozession dazu, begleitet von der örtlichen Blasmusikkapelle. Am Vorabend bzw. rund um den Festtag gibt es ein vielfältiges Kultur- und Sportprogramm (besonders erlebenswerte Patronatsfeste s. Ortsbeschreibungen).

Zu den **Heiliggeistfesten** *(Festas do Espírito Santo)* s. S. 69.

Weihnachten *(Natal)* kündigt sich in den Wochen zuvor mit farbenprächtiger Beleuchtung der Städte an – oft in fantasievollen Bildern. Zu Hause stellen die Menschen eine Krippe auf, immer öfter auch einen Weihnachtsbaum. Am Heiligabend wird in den Kirchen die Mitternachtsmesse gefeiert. Am 25. Dezember bleibt die Familie unter sich, traditionell gibt es dann Truthahn.

Zum **Jahresende** *(Fim do Ano)* finden Tanzbälle statt, oft in geschlossener Gesellschaft, aber auch in Lokalen und Theatern. In den Städten leitet professionelles Feuerwerk das Neue Jahr ein.

Stierkämpfe am Strick

Die *touradas à corda* lassen sich auf Terceira bis 1622 zurückverfolgen. Es gibt sie auch auf Graciosa, São Jorge und vereinzelt auf Pico und São Miguel. Siedler aus Südportugal brachten die Tradition mit auf die Inseln. Meist werden die jährlich ca. 300 Stierkämpfe im Rahmen eines Heiliggeistfestes oder anderen Volksfestes veranstaltet (Mai–Okt.). Nach einem Böllerschuss wird der erste Stier auf der Straße freigelassen. Die Zuschauer verfolgen das Geschehen von den Balkonen oder im Schutz von Mauern. Während die sechs *pastores* (Hirten) den Stier an einem Strick im Zaum halten, reizen junge Männer das Tier mit Tüchern oder plötzlich aufgeklappten Schirmen und laufen davon, bevor sie auf die Hörner genommen werden. Ist der Stier müde, wird er durch den nächsten ersetzt. Üblich ist eine Abfolge von vier Stieren. Ungefährlich ist die Sache nicht, oft werden die Kämpfer verletzt. Die Stiere dürfen anschließend wieder auf die Weide.

Feste und Unterhaltung

Nachtleben

Auf den Azoren werden die Bürgersteige meist früh hochgeklappt. Nur in Ponta Delgada gibt es eine recht große Auswahl an Kneipen, Szenebars und Discos, etwas begrenzter ist dies noch in Angra do Heroísmo und Horta der Fall. Im Sommer finden sich Nachtschwärmer auf den Volksfesten oder Festivals ein, die vor allem an Augustwochenenden in verschiedenen Inselorten stattfinden – verbunden mit nächtlichem Tanz zu DJ- oder Livemusik im Freien.

Festkalender

April
Festa do Senhor dos Enfermos: 1. So nach Ostern, Furnas (São Miguel). Fest des Patrons der Kranken und Hilfsbedürftigen, s. S. 133.
Triatlo Peter Café Sport: alle 2 Jahre Ende April, Horta (Faial). Triathlon, s. S. 168.

Mai/Juni
Procissão de São Miguel: 1. So im Mai, Vila Franca do Campo (São Miguel). Prozession, s. S. 127.
Festa do Senhor Santo Cristo dos Milagres: 5 Wochen nach Ostern, Ponta Delgada (São Miguel). Fest des Herrn der Wunder, s. S. 100.
São João da Vila: um den 24. Juni, Vila Franca do Campo (São Miguel). Johannisfest, s. S. 127.
Cavalhadas de São Pedro: 29. Juni, Ribeira Grande (São Miguel). Reiterumzug zu Ehren des hl. Petrus, s. S. 114.

Juli/August
Semana Cultural de Velas: 1. Juli-Woche, Velas (São Jorge). s. S. 211.
Festa do Emigrante: Mitte Juli, Lajes (Flores). Emigrantenfest, s. S. 211.
Festas de Santa Maria Madalena: um den 22. Juli, Madalena (Pico), s. S. 188.
Cais Agosto: Ende Juli/Anf. Aug., São Roque (Pico). Sommerfestival, s. S. 200.
Semana do Mar: 1. Aug.-Woche, Horta (Faial). Woche des Meeres, s. S. 169.
Festas da Praia: Anf. Aug., Praia da Vitória (Terceira). Stadtfest, u. a. Segelregatten, Stierkämpfe s. S. 249.
Festa do Senhor Bom Jesus Milagroso: 6. Aug., São Mateus (Pico). Hirtenfest, s. S. 189.
Festas do Senhor Santo Cristo dos Milagres: 2. So im Aug., Santa Cruz (Graciosa), s. S. 262.
Festival dos Moinhos: um den 15. Aug., Corvo. Kulturevent, s. S. 285.
Festival Maré de Agosto: 3 Tage in der 2. Aug.-Hälfte, Praia Formosa (Santa Maria). Musikfestival, s. S. 148.
Semana dos Baleeiros: Ende Aug., Lajes (Pico). Walfängerfest, s. S. 191.
Festa do Pescador: Ende Aug., Caloura (São Miguel). Fischerfest, s. S. 121.

September/Oktober
Festa da Vinha e do Vinho: 1. Sept.-Wochenende, Biscoitos (Terceira). Weinfest, s. S. 254.
Romaria de Santo Cristo: 1. So im Sept., Fajã de Santo Cristo (São Jorge). Wallfahrt, s. S. 221.
Angrajazz: Anf. Okt., Angra do Heroísmo (Terceira). mehrtägiges Jazzfestival, s. S. 241.
Wine in Azores: ein Wochenende im Okt., Ponta Delgada (São Miguel). Gourmetfestival, s. S. 100.
Festa da Castanha: letztes Okt.-Wochenende, Angra do Heroísmo (Terceira). Kastanienfest, s. S. 241.

Reiseinfos von A bis Z

Apotheken

In größeren Orten gibt es mindestens eine Apotheke *(farmácia),* zu erkennen am weißen Kreuz auf grünem Grund (meist Mo–Sa 9–13, 15–19 Uhr, z. T. auch So vormittag geöffnet). Notdienstapotheken: www.farmaciasdeservico. net (nicht immer zuverlässig).

Ärztliche Versorgung

Mitglieder einer gesetzlichen Krankenkasse in der EU oder der Schweiz können sich bei Vorlage der Europäischen Krankenversicherungskarte (EHIC), in der Regel in die nationale Versichertenkarte integriert, kostenlos behandeln lassen. In privaten Ärztezentren und Arztpraxen wird die EHIC nicht akzeptiert. Auch in öffentlichen Krankenhäusern und Gesundheitszentren (s. u.) sind nicht alle Leistungen abgedeckt. In solchen Fällen müssen die Behandlungskosten zunächst selbst bezahlt werden. Zu Hause werden sie von der Krankenkasse erstattet, jedoch nicht immer in voller Höhe. Daher bewährt sich der Abschluss einer privaten Reisekrankenversicherung. Privatversicherte zahlen Behandlungs- und Krankenhauskosten vor Ort und bekommen sie zu Hause gegen Vorlage der Rechnung erstattet (möglichst detailliert ausstellen lassen).

Krankenhäuser
São Miguel: Hospital do Divino Espírito Santo, Ponta Delgada, Arrifes, Rua da Grotinha, Tel. 296 20 30 00 (24 Std.), http://divinoespirito.pai.pt.
Faial: Hospital da Horta, Estrada Príncipe Alberto do Mónaco, Tel. 292 20 01 00 (allg.), 292 20 11 43 (Notfälle).
Terceira: Hospital de Santo Espírito da Ilha Terceira, Canada do Breado, Tel. 295 40 32 00, www.hseah.org.

Gesundheitszentren
In allen größeren Orten gibt es öffentliche Gesundheitszentren *(Centros de Saúde;* meist rund um die Uhr geöffnet). Viele Ärzte sprechen Englisch.

Diplomatische Vertretungen

Deutsches Honorarkonsulat
João Luís Cogumbreiro, Abelheira de Cima 86, Fajã de Baixo, 9500-459 Ponta Delgada (São Miguel), Tel. 918 79 26 33, ponta-delgada@hk-diplo.de, www.lissabon.diplo.de.

Botschaft der Republik Österreich in Lissabon
Av. Infante Santo 43, 1399-046 Lisboa, Tel. 213 94 39 00, Fax 213 95 82 24, lissabon-ob@bmeia.gv.at, www.aussenministerium.at/lissabon.

Botschaft der Schweiz in Lissabon
Travessa do Jardim 17, 1350-185 Lisboa, Tel. 213 94 40 90, lis.vertretung@eda.admin.ch, www.eda.admin.ch.

Elektrizität

Die Wechselstromspannung beträgt 220 Volt. Adapter sind auf den Azoren nicht notwendig.

Feiertage

1. Jan.: Neujahrstag *(Ano Novo);* **25. April:** Jahrestag der Revolution von

Reiseinfos von A bis Z

1974 *(Dia da Liberdade);* **1. Mai:** Tag der Arbeit *(Dia Internacional do Trabalho);* **10. Juni:** Portugiesischer Nationalfeiertag im Gedenken an den Dichter Camões *(Dia de Camões);* **1. Nov.:** Allerheiligen *(Todos-os-Santos);* **8. Dez.:** Mariä Empfängnis *(Imaculada Conceição);* **25. Dez.:** Weihnachten *(Natal);* **Variable Daten** haben **Karfreitag** *(Sexta-feira Santa)* und **Pfingstmontag** *(Dia da Pombinha,* auch als Tag der Autonomie der Azoren begangen). Ostermontag, Christi Himmelfahrt, Fronleichnam und Mariä Himmelfahrt sind keine gesetzlichen Feiertage. Dies gilt auch für die beiden ehemaligen Nationalfeiertage am 5. Oktober und 1. Dezember, die im Rahmen der Sparmaßnahmen wegen der Haushaltskrise in Portugal abgeschafft wurden.

FKK und ›oben ohne‹

Nacktbaden ist auf den Azoren nirgends erlaubt. Auch ›oben ohne‹ sieht man nur selten.

Geld

Währung in Portugal und damit auch auf den Azoren ist der Euro. Schweizer tauschen zum Kurs 1 € = 1,05 CHF. Bei allen Bankfilialen, an Flughäfen, in Einkaufszentren und manchen größeren Hotels stehen **Geldautomaten,** an denen man mit Bankkarte (Maestro oder VPay) und PIN maximal 200 € pro Tag abheben kann (ca. 5 € Gebühr). **Kredit- und Maestro/VPay-Karten** werden von größeren Hotels, Tankstellen, vielen Restaurants und Geschäften akzeptiert. Direktzahlung mit Maestro/VPay ist hingegen nicht immer möglich. In Autovermietungen wird in der Regel anstelle einer Kaution die Vorlage einer Kreditkarte verlangt.

Reisekosten und Spartipps
Die Azoren sind kein billiges Reiseziel. In den größeren Supermärkten speziell der Gruppen Continente und Solmar, die auf fast allen Inseln vertreten sind, entspricht das Preisniveau etwa jenem in Deutschland. Auch die Übernachtungskosten sind vergleichbar. Insgesamt etwas niedriger liegen die Preise von Restaurants, Bars, Cafés und Taxis. **Restaurantbesuch:** Hauptgericht 8–15 €, Tagesgericht oder Mittagsbuffet 6–8 €, Snack 2,50–5 €; Flasche Wein ab 10 €, kleines Bier 1–3,50 €, Tasse Kaffee 0,70–2 €. **Taxi** 0,60–0,75 €/km, min. 3,25–3,90 €; **Busfahrten** sind preiswert, z. B. Ponta Delgada–Vila Franca do Campo (35 km) etwa 2 €, innerstädtische Minibusse ca. 0,50 €; Mietwagen ab ca. 45 €/Tag o. 140 €/Woche. **Benzin:** 2015 kostete Eurosuper (95 Oktan) 1,40 €/l. **Eintritt:** Museen 2–3 €, Vulkanhöhlen u. Ä. 4–6 €, Kinderermäßigung meist 30–50 %, bis 12 oder 14 Jahre frei.

Kinder

Für Kleinkinder sind die Azoren weniger geeignet, denn es fehlt an wirklich sicheren Badeplätzen und anderen passenden Angeboten. Kinder ab drei Jahren kommen im einzigen Aquapark der Azoren in Vila Franca do Campo (São Miguel) auf ihre Kosten. Ältere Kinder haben sicher Spaß an Ausfahrten zur Walbeobachtung (s. S. 26). Manche Fahrradverleihfirmen vermieten Juniorräder (z. B. in Ponta Delgada, São Miguel). Jugendliche können auf Pico an Delfincamps teilnehmen (www.jugendwerk24.de).

Medien

Die meisten Unterkünfte bieten ihren Gästen einen **Fernseher** im Zimmer.

Reiseinfos

Deutschsprachige Sender sind via Satellit zu empfangen, werden aber eher selten in die internen Hotelkanäle eingespeist.

Deutschsprachige **Tageszeitungen** und Zeitschriften sind kaum erhältlich und wenn, dann eigentlich nur auf São Miguel, Faial und Terceira (z. B. an den dortigen Flughäfen).

Notruf

Polizei, Feuerwehr, Ambulanz: 112. **Sperrung von Bankkarten (Maestro/ VPay):** Tel. +49 116 116 (gilt nicht für alle Banken, Liste unter sperr-notruf.de).

Öffnungszeiten

Banken: Mo–Fr 8.30–14.45 Uhr.
Post: meist Mo–Fr 9–12.30, 14.30–18 Uhr.
Geschäfte: Kleinere Läden öffnen ca. Mo–Fr 9–13, 14–18, Sa 9–13 Uhr, in größeren Städten oft auch ohne Mittagspause; große Supermärkte Mo–Sa 9–21, So 9–13 Uhr. In Ponta Delgada öffnen die Läden in den Einkaufszentren Solmar (Av. Infante Dom Henrique) und Parque Atlântico (Rua da Juventude, am Nordrand der Stadt) tgl. 10–22 Uhr (dortiger Supermarkt am So nur bis 13 Uhr). Wer sonntagnachmittags in Ponta Delgada ankommt, bekommt das Nötigste an den Tankstellen.

An den offiziellen Feiertagen, teils auch am 26. Dezember und Karnevalsdienstag, sind Behörden, Banken, Post und viele Geschäfte geschlossen.

Post

Porto: Briefe bis 20 g sowie Postkarten kosten zum Normaltarif (rote Briefkästen) nach Deutschland, Österreich und in die Schweiz 0,72 €. Schnellpost (*correio azul*, 2,35 €; blaue Briefkästen) benötigt nach Mitteleuropa max. 3 Tage, normale Post 3–5 Tage. **Briefmarken** *(selos)* gibt es außer in Postfilialen an Hotelrezeptionen und bei amtlichen Verkaufsstellen (Aufkleber *Correio* oder *Posto de Venta de Selos* an der Tür).

Rauchen

In Portugal ist das Rauchen in Flughafenterminals, Hotels, Museen, Veranstaltungsräumen, Einkaufszentren, Krankenhäusern und anderen öffentlich zugänglichen Gebäuden verboten. Ausnahmen stellen bisher noch größere Restaurants, Cafés, Bars und Diskotheken dar, die Raucherbereiche ausweisen dürfen. Bis 2020 müssen auch diese abgeschafft werden. Die Regelungen werden dann auch für E-Zigaretten gelten.

Reisen mit Handicap

Auf São Miguel, Faial und Terceira gibt es mehrere barrierefrei eingerichtete Hotels (Auskünfte im Reisebüro). Weitere Informationen erteilen der Bundesverband Selbsthilfe Körperbehinderter e. V. (Altkrautheimer Str. 20, 74238 Krautheim, Tel. 06294 248 10, www.bsk-ev.org) oder auch die Bundesarbeitsgemeinschaft Selbsthilfe e. V. (Kirchfeldstr. 149, 40215 Düsseldorf, Tel. 0211 31 00 60, www.bag-selbsthilfe.de).

Sicherheit

Die Azoren gelten als verhältnismäßig sicher. Dennoch sind Wertsachen am besten im Hotelsafe (ca. 2 €/Tag) aufgehoben. Grundsätzlich empfiehlt es sich, nichts von Wert im Mietwagen liegen zu lassen.

Auf den Inseln gibt es keine Schlangen oder giftigen Skorpione. Haie

Reiseinfos von A bis Z

werden vor den Küsten gefischt, Badeunfälle mit diesen Tieren sind aber sehr unwahrscheinlich.

Souvenirs

São Miguel zeichnet sich durch die Produktion einiger exotischer Gourmetwaren aus. In Gewächshäusern bei Ponta Delgada gezogene **Ananas** wird in handgepäcktauglichen Kartons verkauft. Außerdem gibt es Konfitüre, Bonbons und Likör aus Ananas. Bei Ribeira Grande stellt eine Traditionsfirma einen aromatischen **Maracujalikör** her. Auch gedeiht dort der einzige **Tee** Europas (S. 116). Winzige Käsekuchen, die früher in Nonnenklöstern hergestellten **Queijadas,** produzieren Bäckereien in Vila Franca do Campo (São Miguel) und Praia (Graciosa).

Pico ist bekannt für seinen **Wein** (S. 56) sowie für **Schnäpse** aus Trester und Feigen. In geringeren Mengen wird hochwertiger Wein auch auf Terceira (Biscoitos) und Graciosa (Santa Cruz) gekeltert. Mehrere Fabriken auf São Miguel und São Jorge dosen **Thunfisch** ein, etwa der Marke Bom Petisco.

Kulinarische Souvenirs werden außer beim Produzenten u. a. in Flughafenshops und Supermärkten angeboten. **Kunsthandwerk** S. 77.

Telefonieren

Öffentliche **Telefonsäulen** funktionieren mit Münzen und/oder Telefonkarten (Telecom Card PT). Letztere gibt es in Postfilialen, den Filialen des Internetanbieters MEO oder in autorisierten Geschäften (s. ›Post‹). Teurer wird es vom Hotelzimmer aus.

Das **Mobilfunknetz** ist auf den Azoren sehr gut ausgebaut. Ausländische Handys wählen sich problemlos in das portugiesische Netz ein. Die früher recht hohen Aufpreise für grenzüberschreitende Gespräche wurden in den letzten Jahren kontinuierlich gesenkt. Bis 2018 werden diese sogenannten Roaming-Gebühren nach dem Willen der EU aber noch mindestens bestehen bleiben.

Internationale Vorwahlen: D 0049, AU 0043, CH 0041. **Gespräche nach Portugal:** Landesvorwahl 00351 plus neunstellige Teilnehmernummer. Ortsvorwahlen gibt es in Portugal nicht.

Trinkgeld

Zimmermädchen erhalten ca. 1 € pro Tag, Gepäckträger 0,50 € pro Gepäckstück. Taxifahrer erwarten meist kein Trinkgeld, man kann aber den Fahrpreis aufrunden. In Restaurants lässt man einige Münzen auf dem Teller mit dem Wechselgeld liegen. In Snackbars oder Cafeterias ist kein Trinkgeld üblich.

Umgangsformen

Die Menschen auf den Azoren sind zurückhaltend, aber in der Regel freundlich. Am ehesten kommt man mit urlaubenden oder dauerhaft in die Heimat zurückgekehrten Amerika-Emigranten in Kontakt. Der Tagesrhythmus der Azorianer entspricht etwa dem mitteleuropäischen.

Kleidung: Gehobene Hotels und Restaurants erwarten zum Abendessen bei den Herren lange Hosen.

Wasser

Das Leitungswasser gilt als hygienisch unbedenklich. Da es jedoch oft stark gechlort ist, empfiehlt es sich, Trinkwasser im Supermarkt zu kaufen.

Panorama – Daten, Essays, Hintergründe

Fischer im Hafen von Lagoa, São Miguel

Steckbrief Azoren

Daten und Fakten
Fläche: 2330 km²
Hauptstadt: Ponta Delgada
Amtssprache: Portugiesisch
Einwohner: 247 000
Währung: Euro
Vorwahl: 00351 plus neunstellige Teilnehmernummer
Zeitzone: Azores Time (AZOT); die Uhr ist im Sommer wie im Winter um zwei Stunden gegenüber Mitteleuropa zurückzustellen.
Flagge: Die Flagge der Azoren zeigt den Mäusebussard, der zur Zeit der Entdeckungsfahrer sehr häufig war. Diese verwechselten ihn mit dem Habicht (port. *açor*), nach dem sie den Archipel benannten.

Geografie und Natur

Größte der neun bewohnten Azoreninseln ist São Miguel (759 km²), das gemeinsam mit Santa Maria die Ostgruppe *(grupo oriental)* bildet. Zur Mittelgruppe *(grupo central)* gehören Faial, Pico, São Jorge, Terceira und Graciosa. Amerika am nächsten liegt die Westgruppe *(grupo ocidental)* mit Flores und Corvo. Der Archipel erstreckt sich zwischen 28° und 31° westlicher Länge sowie 37° und 40° nördlicher Breite. Die Entfernung von São Miguel zum portugiesischen Festland beträgt 1369 km, diejenige der Westgruppe nach Amerika (Neufundland) 2342 km. Innerhalb des Archipels liegen Santa Maria und Corvo mit 622 km am weitesten auseinander. Höchste Erhebung der Azoren und ganz Portugals ist die Montanha do Pico (2351 m) auf der Insel Pico.

Vielerorts auf den Azoren zeugen heiße Quellen, Schlammvulkane und Fumarolen von aktivem Vulkanismus. Als jüngster Vulkan entstand 1957/58 der Capelinhos auf Faial, wo sich im Jahr 1998 auch das letzte größere Erdbeben ereignete. Dank des milden, regenreichen Klimas gedeiht auf den Azoren eine üppige Vegetation. Von Natur aus wächst in tieferen Lagen eine Art Macchie. Im Inneren, wo die Inseln mittlere Höhen zwischen 600 und über 1000 m erreichen, befindet sich die Zone des Lorbeer-Wacholder-Waldes.

Geschichte und Kultur

Die Inbesitznahme der Azoren durch Portugal begann 1432 mit der offiziellen Entdeckung von Santa Maria und São Miguel. Um 1450 folgten die Inseln der Mittel- und der Westgruppe. Gegen Ende des 15. Jh. wurden die Azoren Stützpunkt für Entdeckungsfahrten nach Neufundland. Angra do Heroísmo (Terceira) wurde zur repräsentativen Hauptstadt ausgebaut. 1580 bestieg König Philipp II. von Spanien den portugiesischen Thron. Von da an häuften sich die Angriffe englischer Korsaren auf spanische Schiffe in den Azorenhäfen, trutzige Festungen entstanden. Nach der Wiederherstellung der Unabhängigkeit Portugals 1640 blühte der Export des Naturfarbstoffs Indigoblau. Im 18. Jh. sorgte dann die Ausfuhr von Orangen und Wein für Wohlstand. Kirchen und

Paläste wurden im Barockstil prächtig ausgeschmückt. Der landwirtschaftliche Niedergang im 19. Jh. konnte durch die expandierende Walfangindustrie nicht aufgefangen werden. Der Walfang wurde in den 1980er-Jahren endgültig eingestellt.

Staat und Politik

Die Azoren *(Açores)* gehören zu Portugal. Seit 1976 sind sie eine Autonome Region mit eigenem Parlament, das in Horta (Faial) tagt. Regierungssitz ist Ponta Delgada (São Miguel), wo sich auch die meisten Behörden befinden. Der *Representante da República* mit Sitz in Angra do Heroísmo (Terceira) vertritt die portugiesische Zentralregierung auf den Azoren. Die einzelnen Inseln besitzen keine Selbstverwaltungsrechte. Kleinste Verwaltungseinheit ist der Landkreis (*município* oder *concelho*), davon gibt es auf jeder Insel einen oder mehrere.

Wirtschaft und Tourismus

Wichtigstes wirtschaftliches Standbein ist heute die Viehwirtschaft. Rund 200 000 Rinder werden auf den Inseln gehalten. Schlachtvieh und Milchprodukte gehen großenteils in den Export auf das portugiesische Festland. Auch die Ausfuhr von Thunfischkonserven nach Italien spielt eine gewisse Rolle. Hingegen werden Ananas, Maracujas, Tee und Wein vorwiegend für den Inselbedarf produziert. Eine nennenswerte Industrie gibt es nicht. Der Tourismus war zuletzt wegen mangelnder Binnennachfrage rückläufig. Stabil blieb die Zahl der Gäste aus dem Ausland. Aus Deutschland kommen jährlich über 20 000 Urlauber, Tendenz steigend. Ihnen folgen zahlenmäßig die Niederländer, Spanier und Schweden. Die Hälfte der rund 10 000 Gästebetten befindet sich auf São Miguel.

Bevölkerung, Sprache und Religion

Im Durchschnitt leben auf den Azoren 105 Menschen auf dem Quadratkilometer. Über die Hälfte der Gesamtbevölkerung entfällt auf São Miguel (138 000 Einw.). Dort wiederum konzentrieren sich die Bewohner im Großraum Ponta Delgada (69 000 Einw.). Auf Terceira leben etwa 56 000 Menschen, alle anderen Inseln folgen mit weitem Abstand. Die Azoren wurden im 15. Jh. vorwiegend von Portugiesen, teilweise von Flamen besiedelt. In jüngerer Zeit ließen sich einige Hundert Deutsche auf den Azoren nieder, insbesondere auf São Miguel, Faial und Pico. Insgesamt ist der Zuwandereranteil jedoch gering. Vielmehr emigrierten viele Azorianer in der Vergangenheit in die USA und nach Kanada. Rückkehrer brachten zuweilen ihre amerikanischen Ehepartner mit. Ihre Kinder sprechen oft besser Englisch als Portugiesisch. Weit über 90 % der Inselbewohner sind römisch-katholisch, wobei die Zahl der tatsächlich praktizierenden Gläubigen deutlich niedriger liegt.

Geschichte im Überblick

Entdeckungszeit

1345 Ein Mönch aus Sevilla, der eine portugiesische Atlantikexpedition begleitet hat, berichtet von der Sichtung der Azoren auf der Rückfahrt von den Kanarischen Inseln.

1351 Der Archipel wird auf einer italienischen Seekarte verzeichnet.

1427 Der portugiesische Seefahrer Diego de Silves entdeckt die Inseln der Ost- und Mittelgruppe offiziell, geht aber nicht an Land.

1432 Gonçalo Velho Cabral landet im Auftrag Heinrichs des Seefahrers auf Santa Maria und São Miguel. Nach seiner Ernennung zum Legatskapitän (Statthalter) der beiden Inseln bringt er 1439 die ersten Siedler nach Santa Maria und 1444 auch nach São Miguel.

1452 Die Inseln Flores und Corvo werden entdeckt.

1456 Auf Terceira (wörtl.: die Dritte) lassen sich die ersten Siedler nieder, bis 1470 werden auch die anderen Inseln kolonisiert.

1493 Christoph Kolumbus ankert auf der Rückkehr von seiner ersten Atlantiküberquerung in der Bucht von Anjos (Santa Maria), um Wasser und Proviant an Bord zu nehmen. Von den dortigen portugiesischen Siedlern wird er nicht sehr freundlich empfangen.

1495 In Portugal besteigt König Manuel I. den Thron. Unter seiner Herrschaft werden wichtige Seewege nach Amerika und Asien erschlossen. Die Azoren entwickeln sich zur Drehscheibe im Atlantik, ihre Bevölkerung wächst sprunghaft an.

1501 Von Terceira aus unternimmt Gaspar Corte-Real eine Erkundungsfahrt nach Nordamerika und erreicht vermutlich Neufundland. Zwei Schiffe seiner Flotte kehren zurück. Er selbst bleibt verschollen. Für Portugal werden die Gewässer vor Neufundland zu einem wichtigen Fischfanggebiet.

1522 Ein schweres Erdbeben zerstört Vila Franca do Campo, die erste Hauptstadt von São Miguel. Daraufhin steigt Ponta Delgada zur Handelsmetropole der größten Azoreninsel auf.

1534 Angra (Terceira) wird Bischofssitz der Azoren und erste *Cidade* (Stadt mit gewissen Rechten). In der Folgezeit entwickelt sie sich zur wichtigsten Hafenstadt der Azoren, die glanzvoll im Stil der Renaissance ausgebaut wird.

Ehre, wem Ehre gebührt: 1493 wurde Christoph Kolumbus auf Santa Maria unfreundlich empfangen, doch heute erinnert ein Denkmal an ihn

Spanische Herrschaft und Restauration

1580 In Portugal tritt König Philipp II. von Spanien die Thronfolge an und herrscht nun über beide Reiche. Auf den Azoren wird zunächst heftiger Widerstand geleistet. Erst 1583 erobern spanische Truppen die Inseln vollständig. In Angra und anderen Hafenstädten machen nun spanische Galeonen, mit Gold und Silber beladen, auf dem Weg von Amerika nach Europa Station.

1588 Nach dem Untergang der Armada schwindet die spanische Macht. Angriffe englischer Korsaren auf die Häfen der Azoren häufen sich und machen den Bau mächtiger Verteidigungsanlagen erforderlich.

1640	Der portugiesische Adel ernennt einen neuen König aus seinen Reihen. Auf diese sogenannte Restauration folgt ein Unabhängigkeitskrieg. 1642 werden die Spanier von den Azoren vertrieben. Erst 1668 erkennt Spanien die Eigenständigkeit Portugals an.
1766	**Orangenbarone und Walfänger** Markgraf Pombal, der in Lissabon die Regierungsgeschäfte führt, entmachtet die Lehnsherren der einzelnen Inseln und setzt für die gesamten Azoren einen Generalkapitän mit Sitz in Angra (Terceira) ein. Es folgt eine wirtschaftliche Belebung, Orangen und Wein werden exportiert.
um 1830	Amerikanische Walfangschiffe befahren jetzt regelmäßig die Azorengewässer, in denen der Pottwal zahlreich vorkommt.
1832	Von Terceira geht der Miguelistenkrieg aus. Pedro IV., rechtmäßiger Thronerbe, der aber schon 1826 zugunsten seiner Tochter Maria II. abgedankt hat, setzt mit seinen Anhängern von Angra auf das portugiesische Festland über, wo sein jüngerer Bruder Miguel die Macht ergriffen hat. 1834 gelingt es ihm, Miguel aus Lissabon zu vertreiben und den Thron für seine Tochter zurückzugewinnen. Er selbst stirbt noch im selben Jahr. Maria II. verleiht der Stadt Angra später den Titel ›do Heroísmo‹ (des Heldenmuts).
1864	Nach schweren Rückschlägen im Orangenanbau durch Schädlingsbefall entdecken die Farmer auf São Miguel die Ananas als neues Exportprodukt. Bei Ponta Delgada wird das erste Ananas-Treibhaus errichtet.
1893	Zwischen Portugal und Faial wird ein erstes Seekabel verlegt. Horta entwickelt sich in den Folgejahren zu einer wichtigen Relaisstation für die transatlantische Nachrichtenübertragung.
1916	Portugal tritt in den Ersten Weltkrieg ein. Die Deutsch-Atlantische Telegraphengesellschaft (DAT) muss Horta verlassen, kehrt aber nach dem Krieg zurück.
1932	António Salazar errichtet eine diktatorische Herrschaft über Portugal, die bis 1974 Bestand hat.
1939	Im Zweiten Weltkrieg bleibt Portugal neutral. Dies ist die große Zeit der einheimischen Walfänger, da internationale Konkurrenz wegfällt.
ab 1943	Die Alliierten errichten Stützpunkte auf den Azoren.

Moderne Entwicklung

1957/1958	Auf Faial entsteht mit dem Vulcão dos Capelinhos der jüngste Vulkan der Azoren.
1969	Die letzte Kabelgesellschaft verabschiedet sich aus Horta.
1974	Mit der ›Nelkenrevolution‹ endet die Diktatur in Portugal. Nach anfänglichen Schwierigkeiten stabilisiert sich die junge Demokratie. Eine Unabhängigkeitsbewegung auf den Azoren kann sich nicht durchsetzen.
1976	Die Azoren erhalten den Status einer autonomen Region mit weitgehenden Selbstverwaltungsrechten, einem eigenen Präsidenten und einem eigenen Parlament.
1980	Ein Erdbeben zerstört die historische Innenstadt von Angra do Heroísmo, die daraufhin von der UNESCO zum Welterbe erklärt und mit amerikanischer Finanzhilfe wieder aufgebaut wird.
1984	Der Walfang wird offiziell beendet, nachdem die letzte Walfabrik in São Roque do Pico ihre Pforten wegen Unrentabilität geschlossen hat.
1986	Portugal tritt der Europäischen Gemeinschaft (heute EU) bei. Daraufhin erhalten die Azoren Fördermittel aus Brüssel zum Ausbau der Infrastruktur und der Schaffung von Arbeitsplätzen, z. B. im Tourismus.
1998	Das letzte große Erdbeben der Azoren erschüttert die Inseln Faial und Pico und fordert acht Menschenleben.
2004	Die Weinbaukultur auf Pico mit den charakteristischen Winzerhäusern und kleinen, von Lavasteinmauern umgebenen Feldern wird in die Liste des UNESCO-Welterbes aufgenommen.
2007–2009	Graciosa, Corvo und Flores werden UNESCO-Biosphärenreservate.
2013	Nach Jahren des touristischen Aufschwungs macht sich die Krise bemerkbar. Urlauber aus Portugal, bleiben zunehmend weg. Obwohl die Zahl der ausländischen Besucher stabil blieb, mussten bereits mehrere Hotels schließen.
2015	Die Billigflieger Ryanair und Easyjet richten Verbindungen vom portugiesischen Festland nach Ponta Delgada ein. Davon erhoffen sich die Azoren eine deutliche Zunahme der Besucherzahlen.

Aktiver Vulkanismus – Risiken und Chancen

Der Azorenarchipel ist vulkanischen Ursprungs. 1957/58 entstand der jüngste Vulkan, 1998 gab es das letzte schwere Erdbeben. Die Erdwärme birgt aber nicht nur Gefahren, sondern eröffnet auch umweltfreundliche Möglichkeiten der Energiegewinnung.

Die Azoren ragen als Bergspitzen aus dem Mittelatlantischen Rücken heraus, einem untermeerischen Gebirge an einer Nahtstelle im Ozeanboden, wo ständig flüssiges Magma aus dem Erdmantel hervordringt. Im Kontakt mit dem kalten Meerwasser erstarrt es zu Vulkangestein und drückt die Kontinente Europa und Afrika auf der einen und Amerika auf der anderen Seite mit einer Geschwindigkeit von gut 1 cm pro Jahr auseinander – ein Vorgang der sogenannten Plattentektonik.

Immer in Bewegung

Die Westgruppe mit Flores und Corvo sitzt der amerikanischen Platte auf und entfernt sich somit vom restlichen Archipel. Der dortige Vulkanismus ist zur Ruhe gekommen. Dagegen bilden die Inseln der Mittel- und Ostgruppe mit dem angrenzenden Tiefseeboden eine eigene, dreieckige Mikroplatte, eingeklemmt zwischen den großen Kontinentalplatten. Von ihrer Spitze bei São Miguel zieht eine Verwerfung bis nach Gibraltar und trennt Europa von Afrika. Die Mikroplatte ist vulkanisch hochaktiv. In der Mittelgruppe und auf São Miguel kommt es immer wieder zu Eruptionen, in historischer Zeit etwa 30 an der Zahl. Nur die mit rund 8 Mio. Jahren älteste der Azoreninseln, Santa Maria, liegt heute abseits des Geschehens.

Als jüngster Vulkan der Azoren entstand 1957/58 der Capelinhos. An der Westspitze von Faial stiegen damals gewaltige Dampf- und Schlammsäulen aus dem Atlantik empor, Felder und

Weideland verschwanden unter einer Ascheschicht. Zwei kleine Felsinseln wurden von dem aus dem Meer wachsenden Vulkan geschluckt, bevor dieser mit der Hauptinsel zusammenwuchs.

An zahlreichen Verwerfungen innerhalb der Mikroplatte staut sich Reibungsenergie auf, die sich ab und zu in Erdbeben entlädt. Ein verheerendes Beben zerstörte 1980 den historischen Stadtkern von Angra do Heroísmo. Daraufhin verteilte die Universität der Azoren seismische Messstationen über den Archipel. Via Satellit beobachtet man die Erdgezeiten, durch die sich die Inseln im Millimeter- oder gar Zentimeterbereich heben und senken. Dennoch gelang es nicht, das letzte schwere Erdbeben von 1998 in der Mittelgruppe vorauszusagen. Auf Faial, wo das Beben eine Stärke von 5,6 auf der Richterskala erreichte, gab es acht Tote. Über 3000 weitere Erdstöße wurden in den Wochen danach aufgezeichnet, davon 224 für den Menschen spürbare.

Kochend heiße Dämpfe

Auch die Vorhersage von Vulkanausbrüchen wird versucht, mittels Messungen der Aktivität der Fumarolen (Stellen, an denen heiße Dämpfe aus dem Erdinnern austreten). Ist viel – nach faulen Eiern stinkender – Schwefelwasserstoff dabei, nennt man sie auch Solfataren. So lange sie sehr aktiv sind, heißt es, seien keine Eruptionen zu erwarten. Lässt ihre Tätigkeit jedoch nach, ist Vorsicht geboten. Solfataren, z. B. jene von

Jüngste vulkanische Errungenschaft der Azoren: Vulcão dos Capelinhos (Faial)

Als erste Pflanzen erobern Moose und Farne das Lavagestein

Furnas (São Miguel) oder die Furnas do Enxofre (Terceira), zählen zu den großen Naturschauspielen der Azoren. Um sie herum zerfällt das Gestein zu Lehm, es entstehen ›Grotten‹ (port. *furnas*).

Dafür verantwortlich ist schwefelige Säure, die sich bildet, wenn Schwefelwasserstoff in Kontakt mit der Luft tritt. Zugleich reichern sich gelbe Schwefelkristalle um die Austrittsstellen an.

Seltene Versteinerungen

Santa Maria ist die einzige Azoreninsel, auf der Fossilien zu finden sind – in bis zu 5 Mio. Jahre alten Strand- und Dünenablagerungen rund 40 m über dem Meer, die früher zur Kalkgewinnung abgebaut wurden. Erst nach der Jahrtausendwende rückten sie in das Blickfeld der Geologen. Seither nahmen Hobbysammler zahlreiche Fossilien mit, die für die Wissenschaft somit verloren sind. Mittlerweile stehen die Versteinerungen unter Schutz. Einen nur per Boot erfahrbaren Meeres-Fossilienlehrpfad *(trilho de fosseis maritimo)* gibt es schon, vier weitere Lehrpfade an Land sollen folgen.

Riesenkrater und finstere Schlote

Weitere viel besuchte Naturattraktionen der Inseln sind Krater und Höhlen. Zwar heißen auch ›normale‹ Vulkankrater auf den Azoren *caldeira* (Kessel), doch im wissenschaftlichen Sinn bezeichnet der aus dem Spanischen abgeleitete Fachausdruck Caldera einen riesigen Einsturzkrater. Vermutlich bildet sich im Inneren großer Vulkane früher oder später durch Ausfluss von Lava ein instabiler Hohlraum. Eine Serie explosionsartiger Eruptionen führt schließlich zum Kollaps und lässt gewaltige Kraterlandschaften entstehen wie die Caldeira das Sete Cidades (São Miguel) oder die zentrale Caldeira auf Faial. Der imposante Vulkan Pico hat diese Entwicklung vielleicht noch vor sich.

Auf den Inseln finden sich zwei sehr unterschiedliche Typen von Höhlen: Röhren und Schlote. Lavaröhren unter erkalteten Lavaströmen wurden auf São Miguel, Pico und Terceira für Besucher erschlossen. Blieb gegen Ende eines Vulkanausbruchs der Nachschub aus, floss das flüssige Gestein unter der bereits festen Oberfläche ab und hinterließ einen langgestreckten Hohlraum. Oft bedeckt Stricklava den Höhlenboden – Hinweis darauf, dass die Lava zäh floss, bevor sie erstarrte. Zutritt zu den Höhlen gewähren die Kamine – Öffnungen in der Höhlendecke, die bei Explosionen von Gasblasen in der noch flüssigen Lava entstanden.

Im Gegensatz zu den Röhren verstopfen Schlote gegen Ende der Eruption meist durch zurücksackende Lava. Nur selten bleibt, wie auf Terceira und Graciosa, eine tiefe Höhle zurück. In Röhren wie in Schloten sind bizarre Gebilde zu bewundern, etwa Lavatropfen oder die ähnlichen, bis zu 25 cm langen Basaltstalagtiten. Es gibt auch tropfsteinähnliche, blasige Formen, die – anders als ›echte‹ Tropfsteine – nicht aus Kalk, sondern aus Quarzin (einer Quarzvarietät) bestehen.

Energie aus dem Boden

Energiegewinnung aus Erdwärme ist ein Thema auf den Azoren, allerdings mit leicht abnehmender Tendenz. Heute stammen knapp 17 % des Stroms aus Erdwärmekraftwerken, auf São Miguel sogar rund 40 %. Dort entstand in den 1980er-Jahren oberhalb von Ribeira Grande, wo schon in 500 m Tiefe Temperaturen von rund 200 °C erreicht werden, die erste *Central Geotérmica*. In einem geschlosse-

Jüngster Vulkanausbruch
Zwischen 1998 und 2001 sorgte der vorerst letzte Vulkanausbruch der Azoren für Aufregung. Etwa 9 km vor der Westküste von Terceira, bei Serreta, kam es zu einer Eruption in einer Tiefe von 500–700 m. Dampfsäulen stiegen aus dem Atlantik auf und flüssiges Gestein erstarrte unter Wasser zur wie glasiert wirkenden Kissenlava. Viele vulkanische Erscheinungen wurden damals erstmalig beobachtet, z. B. schwimmende Lavablasen.

nen Kreislauf wird Wasser nach unten geleitet und treibt nach dem Wiederaufstieg als heißer Dampf eine Turbine an. Das Kraftwerk ist, obwohl sehr klein, bis heute in Betrieb. Ein zweites, größeres folgte in den 1990er-Jahren. Der Bau eines Geothermie-Kraftwerks auf Terceira verzögerte sich immer wieder. Jetzt soll es Ende 2016 ans Netz gehen.

Noch wird Strom auf dem Archipel überwiegend aus Erdöl erzeugt (ca. 72 %). Wasserkraft, deren Potential bisher kaum genutzt wird, und Windenergie haben mit 3,5 bzw. 8 % nur einen bescheidenen Anteil. In Zukunft will die von der UNESCO zum Biosphärenreservat erklärte Insel Graciosa völlig unabhängig von fossilen Energieträgern werden. Dieses ehrgeizige Ziel soll mit Hilfe einer deutschen Firma erreicht werden, die derzeit einen Windpark, eine Fotovoltaikanlage und elektrochemische Speicher (Batterien) installiert. Insgesamt wollen die Azoren bis 2018 rund 60 % ihres Stroms aus erneuerbaren Energien gewinnen, wobei den geplanten Müllverbrennungsanlagen auf São Miguel und Terceira eine bedeutende Rolle zukommen wird.

Lorbeer und Baumfarn, Schildkröte und Wal – Schutz der Natur

Viele Pflanzen und Tiere, die auf den Azoren leben, sind nirgendwo sonst auf der Welt zu finden. Auf allen Inseln bemüht man sich inzwischen, ihren Schutz zu gewährleisten.

Wald der Aromen

Einst waren die Azoren praktisch vollständig von Wald bedeckt. Heute trifft dies nur noch auf rund 10 % der Fläche zu, wovon die Hälfte forstwirtschaftlich genutzt wird. Bepflanzt ist sie mit der Japanischen Sicheltanne (Kryptomerie), die sich bei Ökologen keiner großen Beliebtheit erfreut, da in ihrem dunklen Schatten weder einheimische Büsche oder Kräuter gedeihen noch Tiere sich ansiedeln.

Vom ursprünglich heimischen Lorbeerwald (port. *laurissilva*) blieben größere Bestände im Osten von São Miguel sowie in den Hochländern von Pico, Terceira und Flores erhalten. Ähnliche Wälder gedeihen nur auf Madeira und den Kanaren. Während die Bäume dort recht stattliche Höhen erreichen, ist der ›Wald‹ auf den Azoren meist eher ein Gebüsch. Vor Jahrmillionen gelangte die Lorbeerflora (s. S. 172) aus Mitteleuropa auf die Azoren, wo damals ein ähnlich feuchtes, mildes Klima herrschte wie auf den Inseln im Atlantik. Enge Verwandte des namengebenden Azoren-Lorbeers, des Kurzblättrigen Wacholders, des Lorbeer-Schneeballs, des Walzenförmigen Heidelbeerbaums oder der Azoren-Stechpalme wachsen noch heute in den Bergwäldern des mediterranen Raums oder in Mitteleuropa, wo sie aber nur noch Spezialstandorte

besiedeln oder im Unterwuchs von Buchen- und Eichenwäldern gedeihen.

Die Würzkraft des Azoren-Lorbeers ist übrigens eher bescheiden, weshalb die Azorianer europäischen Gewürzlorbeer verwenden. Die Beeren des Kurzblättrigen Wacholders gelten gar als giftig und die Heidelbeeren werden auf den Azoren eher selten zur Herstellung von Marmelade genutzt.

Vielerorts musste der Lorbeerwald Weideflächen weichen oder litt durch Holzeinschlag. Die verbliebenen Lorbeerwaldflächen stehen heute unter Schutz. Zu diesem Zweck schuf die Azorenregierung seit 2007 auf jeder Insel einen *parque natural,* der die bisherigen Naturschutzgebiete umfasst. Am bekanntesten ist der Aufbau des Parque Natural do Faial mit Infozentrum und Lehrpfaden (s. S. 160).

Verdrängungswettbewerb

Die Lorbeer-Wacholder-Vegetation gedeiht auf den Azoren ungefähr

Zahlreiche Pflanzen, darunter Baumfarn, gedeihen im Parque Terra Nostra (São Miguel)

Vogelbeobachtung
Auf den Azoren wird Birdwatching immer beliebter. Die portugiesische Gesellschaft für Vogelkunde (SPEA) bietet auf São Miguel Exkursionen an, um den seltenen Azoren-Gimpel zu beobachten (s. S. 138). Auch auf Faial kann man an sachkundig geführten Touren teilnehmen (s. S. 160). Wer auf eigene Faust losziehen möchte, findet unter www.birdingazores.com (engl.) ausführliche Hinweise auf Beobachtungsplätze und zu erwartende Arten.

zwischen der 400-m-Höhenlinie und den höchsten Gipfeln, die kaum über 1000 m aufragen. Ausschließlich auf Pico wächst an den Flanken des gleichnamigen Vulkans in 1500–2000 m Höhe eine Gebirgsflora aus Azoren-Baumheide und Besenheide, die an mitteleuropäische Heidelandschaften erinnert. Auf anderen Inseln ist sie hier und da auch in der Lorbeerwaldzone zu finden – an Stellen mit trockenem Mikroklima und kargen Böden, beispielsweise an den Furnas do Enxofre auf Terceira.

Während die in allen Höhenlagen vertretene Azoren-Baumheide im Gebirge ein Zwergstrauch bleibt, wächst sie in der milden Küstenzone unterhalb des Lorbeerwaldes zu Baumgröße heran. Gemeinsam mit der Wachsmyrthe (auch Gagelbaum), einem Verwandten des norddeutschen Gagelstrauchs, bildete sie dort früher große Niederwaldbestände. Soweit ihre natürlichen Standorte nicht ohnehin als Weide- oder Ackerland genutzt werden, wird sie heute immer mehr vom Krausblättrigen Klebsamen *(Pittosporum undulatum)* verdrängt, einer im 18. Jh. aus Südostaustralien eingeführten Windschutzpflanze für Orangenplantagen, die später verwilderte. Sie besitzt gewellte Blätter und orangegelbe, klebrige und ungenießbare Früchte. Dagegen erinnern die Früchte der Wachsmyrthe an Brombeeren, sind aber völlig geschmacklos.

Botanische Raritäten

Etwa 800 Arten von Blütenpflanzen und Farnen gehören zur ursprünglichen Azorenflora. Davon gelten 56 als endemisch. Von diesen sind fast die Hälfte selten oder sogar vom Aussterben bedroht, z. B. die attraktive Azoren-Glockenblume (s. S. 173), ein salzverträglicher Zwergstrauch, der an Küstenfelsen gedeiht. Man trifft ihn am ehesten auf Pico, São Jorge, Flores und Corvo an, in Gärten mittlerweile auch oft auf anderen Inseln.

Lange vermutete man, der Mensch hätte den Drachenbaum von den Kanarischen Inseln oder Madeira auf die Azoren gebracht. Inzwischen haben Botaniker jedoch einige wenige natürliche Standorte an steilen, nahezu unzugänglichen Felswänden gefunden, z. B. an der Südseite von São Jorge. In Parks und Gärten kultivierte, imposante Exemplare sind auf Faial (Jardim Florêncio Terra in Horta) und Pico (Museu do Vinho in Madalena) zu bewundern.

Um eine außerordentlich rare, endemische Pflanze des Lorbeerwaldes handelt es sich bei der Unheilvollen Wolfsmilch *(Euphorbia stygiana)*, die beispielsweise noch in der Caldeira von Faial und im Hochland von Pico vorkommt. Sie wächst zu kräftigen, bis zu 5 m hohen Sträuchern heran. Manche Botaniker reisen speziell ihretwegen auf die Azoren.

Stopover bei der Nahrungssuche: Seeschwalbe und Unechte Karettschildkröte

Gefährdete Tierwelt

Während die Meeresfauna mit Walen, Delfinen, Schildkröten und Seevögeln in großer Zahl aufwartet, nimmt sich die Tierwelt an Land auf den ersten Blick eher bescheiden aus, sieht man einmal von den Nutztieren ab, die mit dem Menschen auf die Inseln kamen. Einzige von Natur aus vertretene Säugetierart ist der nur 6 cm lange, endemische Azoren-Abendsegler, eine der wenigen tagaktiven Fledermäuse der Welt. Er ist allerdings vorwiegend bei Sonnenuntergang und in der Zeit danach auf Insektenjagd unterwegs. Wegen rückläufiger Bestände gilt er als gefährdet. Bei Furnas (São Miguel) kann man ihn noch recht häufig beobachten.

Dagegen gibt es eine Reihe von Vogelarten, allen voran den Mäusebussard (port. *milhafre*). Die Entdeckungsfahrer hielten ihn für einen Habicht (port. *açor*) und benannten den Archipel nach ihm. Die Zeiten, als er große Schwärme bildete, sind vorbei. Auf Flores und Corvo kam er nie vor, auf Santa Maria und Graciosa gilt er als ausgestorben. Über dem Rand der Caldeira von Faial dreht er noch seine Kreise. Nur im Osten von São Miguel lebt der sehr gefährdete Azoren-Gimpel. In dem entlegenen Bergmassiv des Pico da Vara findet er noch die Nahrung, die er benötigt: Knospen und Beeren einheimischer Baumarten. Der Bestand des Vogels umfasst ca. 400 Exemplare.

Die Wälder der Inseln bevölkern Vögel, die ihren mitteleuropäischen Verwandten recht ähnlich sehen und direkt von ihnen abstammen: Azoren-Amsel, Azoren-Buchfink, Azoren-Ringeltaube. Auch sie ernähren sich von den Früchten der Bäume und Sträucher. Im Verdauungstrakt der Vögel, die einst, wohl vom Wind getrieben, den Atlantik überquerten, gelangten die Pflanzensamen überhaupt erst auf die Inseln.

Ein blaues Wunder erleben – Hortensien & Co.

Unbestritten ist die Zeit der Hortensienblüte im Sommer die schönste Saison auf den Azoren, die sich dann in ein blaues Kleid hüllen. Aber auch andere farbenfrohe subtropische Gewächse säumen Wege und Straßen, zieren Parks und Gärten.

Kenntnisse der Mittelmeerflora helfen auf den Azoren nicht wirklich weiter. Zwar ist hier wie dort das Klima subtropisch, doch auf die Inseln im Atlantik haben Zierpflanzen europäischen Ursprungs nur selten den Weg gefunden. Vielmehr stammen die meisten Pflanzen des Archipels aus milden, ganzjährig feuchten Gebieten anderer Kontinente. Manche kommen sogar aus tropischen Gefilden, insbesondere aus den dortigen Bergwäldern. Andere wiederum wirken zwar vertraut, da sie auch in mitteleuropäischen Gärten gedeihen, doch sprießen sie auf den Azoren sehr viel üppiger.

Blau mit Akzenten

Viele Azorenbesucher kommen gezielt zur Hortensienblüte. Am eindrucksvollsten ist sie auf Faial, der ›ilha azul‹ (blaue Insel). Von Ende Juni bis September säumen die blauen und auch weißen Blütenkugeln die Straßen, schmücken Gärten oder trennen als dichte Hecken Weiden und Ackerland.

Um die Mitte des 19. Jh. wurde die Hortensie aus Japan eingeführt. Dort hatte man aus der ursprünglichen Form mit flachen Blütenständen, die lediglich ein Kranz dekorativer, aber steriler Außenblüten umgibt, die heute viel bekanntere Ballhortensie gezüchtet. Deren Dolden bestehen ausschließlich aus unfruchtbaren Blüten, Samen können daher nicht gewonnen werden. Die Hortensie lässt sich aber leicht durch Stecklinge vermehren.

Während Hortensien auf Weideflächen und in Wäldern oft verwildern, beschränken sich die von März bis Mai blühenden Rhododendren und Azaleen auf Gärten und Parks. Im dominanten Blau der Hortensienhecken setzen außerdem kleine Rosen Akzente. Orangerot leuchten Montbretien und in einer ganzen Farbpalette schwelgt der auch als Gartenhibiskus bekannte Straucheibisch. Im Herbst, wenn die Blüte dieser Pflanzen nachlässt, kommt die Belladonna-Lilie so richtig in Fahrt. Diese wie die Montbretie aus Südafrika stammende Amaryllis entfaltet ihre kräftig rosa gefärbten Trichterblüten lange, bevor die Blätter erscheinen.

Exotisches Unkraut

Weite Flächen im Südosten von São Miguel sind von einer Pflanze überwuchert, die mit ihren bis zu 1 m breiten Blättern und den dicht mit Stacheln besetzten, bis 2 m hohen Stängeln wie ein überdimensionaler Rhabarber aussieht und von den Portugiesen *gigante* (Riese) genannt wird. Es handelt sich um das Mammutblatt *(Gunnera tinctoria)*, das Mitte des 20. Jh. als Zierpflanze aus Brasilien eingeführt wurde und aus Gärten in Furnas verwilderte. Jetzt besiedelt es auf Kosten anderer Pflanzen Weideflächen, Rodungen und sogar Lorbeergebüsch, sehr zum Leidwesen von Land- und Forstwirten. Um die einheimische Flora besorgte Botaniker warnten schon Anfang der 1990er-Jahre vor der Gefahr. Doch erst 2008 beschloss die Azorenregierung ein Programm, um die weitere Ausbreitung zu verhindern. Ihr rasches Wachstum verdankt *Gunnera tinctoria* einer Symbiose mit Luftstickstoff bindenden Bakterien. In Mitteleuropa ist der ›Riese‹ bei Hobbygärtnern beliebt und wird, da er im Winter stark zurückfriert, nicht zum Problemfall.

Ziergewächse bestimmen
Andreas Bärtels: Tropenpflanzen. Stuttgart 2013. Viele der in Wort und Bild vorgestellten rund 330 Pflanzenarten der Tropen und Subtropen sind auch auf den Azoren zu finden, z. B. Baumfarne, Palmen, verschiedene Blütenbäume und Nutzpflanzen wie Banane, Ananas oder Maracuja.

Umstrittene Schönheit

Ob auch die Schmetterlingsblume *(Hedychium gardnerianum)* als unerwünschtes Unkraut anzusehen ist, darüber gehen die Meinungen auseinander. Ohne Zweifel zählt ihre Blüte im September zu den reizvollsten Anblicken auf den Azoren. Aus den goldgelben Ähren wachsen lange, orangefarbene Staubblätter heraus. Die knolligen, aus dem Boden ragenden Wurzelstöcke verraten die enge Verwandtschaft mit dem Ingwer, als Gewürz taugen sie aber nicht. Die aus dem östlichen Himalaya stammende Pflanze fand um die Mitte des 19. Jh. Eingang in die Gärten der Azoren. Heute wächst sie auf allen Inseln wild, vor allem auf gerodeten Waldflächen, wo ihr dichtes Wurzelwerk das Keimen einheimischer Gewächse verhindert. Die Forstbehörden versuchen ihrer Herr zu werden, indem sie mancherorts die Wurzeln herausreißen oder die Pflanzen durch lichtdichte Planen ersticken.

Azorenwein – ein besonderer Tropfen

Ungewöhnliche, aber gute Weine kommen speziell von der Azoreninsel Pico, aber auch von Terceira und Graciosa. Die vulkanischen Böden der Inseln verleihen den Trauben einen besonderen Geschmack. Berühmt ist der Aperitifwein aus der Verdelho-Rebe, früher ein wichtiger Exportartikel.

Traditionell sind auf den Azoren Gebiete für den Weinbau reserviert, auf denen andere Kulturen nicht gedeihen. Auf Pico und Terceira handelt es sich vielfach um jungvulkanische Zonen, wo auf frischen Lavaströmen aus historischer Zeit noch keine Bodenbildung stattgefunden hat. Rebstöcke kommen quasi mit nacktem Gestein zurecht, aus dessen Spalten sie Wasser und Nährstoffe mit meterlangen Wurzeln holen. Im Weinbaugebiet auf Graciosa mangelt es an Wasser, da hohe Berge fehlen, an denen sich Wolken abregnen könnten. Der Niederschlag genügt für Weinreben. Für

Mühsam ist er geblieben – der Weinbau auf den Azoren, der schon im 16. Jh. begann

Orangen hingegen, die früher auf anderen Inseln eine große Rolle spielten, wäre er zu gering.

Edle Tropfen für den Zarenhof

Berühmtheit erlangte vor allem die schon im 16. Jh. von Madeira auf die Azoren gebrachte Verdelho-Rebe. Auch die Rebsorten Arinto dos Açores und Terrantez blicken auf eine große Vergangenheit zurück. Diese drei klassischen Sorten stehen heute auf Pico unter dem Schutz der UNESCO, die sie mitsamt der kleinen, von Natursteinmauern gesäumten Weinberge und der zugehörigen Winzerhäuser *(adegas)* zum Welterbe erklärte. Auf den dunklen, Wärme speichernden Böden der Insel erreichen die Trauben einen enorm hohen Zuckergehalt und liefern dementsprechend einen alkoholreichen Wein. Dieser lagert jahrelang in Eichenfässern und reift zu einem schweren Likörwein heran (Marken Angelica und Lajido).

Der Wein von Pico wurde von Horta (Faial) im 18./19. Jh. nach New York, Brasilien, Indien und ins Baltikum ausgeführt. Ein deutscher Weinhändler namens Walter soll ihn an den englischen Königshof verkauft haben und nach der Februarrevolution 1917 fand man Flaschen mit dem Verdelho von Pico sogar im Weinkeller des russischen Zarenhofs. Der inzwischen verstorbene José Duarte Garcia schuf in Erinnerung daran den Markennamen »Czar« für einen erlesenen Likörwein, den seine Familie in kleinen Mengen produziert.

Einzelkämpfer

Von Pico stammten früher 80 % des exportierten Azorenweins. Mit großem

Weinprobe beim Winzer
Cooperativa Vitivinícola da Ilha do Pico: www.picowines.net. Winzergenossenschaft in Madalena. Rot-, Weiß- und Roséweine u. a. der Marken Terras de Lava und Basalto, Likörweine Angelica und Lajido (s. S. 184).
Curral Atlântis: Pico, Madalena, Travessa de Valverde, Tel. 292 62 25 34. Privater Produzent. Klassische Likörweine (Verdelho) sowie leichte, moderne Rot- und Weißweine aus der Rebsorte Arinto dos Açores.
Casa Agrícola Brum: Das renommierte Weingut in Biscoitos (Terceira) produziert Aperitifwein und leichten Tischwein, beide aus der Verdelho-Rebe. (s. S. 251).
Terra do Conde: Traditionskellerei in Santa Cruz da Graciosa. Die Hausmarke umfasst Weiß- und Rotwein, Aperitifwein und Brandy (s. S. 262).

Abstand war Graciosa die zweitwichtigste Weinbauregion der Inseln. Herrschaftliche Häuser zeugen dort noch heute vom einstigen Wohlstand. Doch nur ein Weingut ist geblieben, Terra do Conde, ein großer Name. Die Produktionsmenge hält sich vergleichsweise in Grenzen. Außerhalb der Insel sucht man die hier erzeugten Aperitif-, Weiß- und Rotweine oft vergeblich. Der Brandy von Terra do Conde gilt gar als Rarität und erzielt hohe Sammlerpreise.

Auf Terceira macht sich das Weingut Brum in Biscoitos um den Erhalt der Verdelho-Rebe und ihre traditionelle Verarbeitung verdient. Für besonders wertvolle Likörweine werden hier die Trauben noch wie in alten Zeiten schonend mit den Füßen gestampft, damit die Gerbsäure aus Stielen und Kernen nicht in den Most gelangt. Einige weitere Winzer scharen sich um die Familie Brum. Andere verkaufen ihre Felder in dem aufstrebenden Ferienort lieber gewinnbringend als Bauland.

Ein fruchtiges Gewächs

Die aus Amerika eingeschleppte Reblaus setzte im letzten Viertel des 19. Jh. dem Weinexport von den Inseln Pico und Graciosa in die große weite Welt ein Ende. Zahlreiche Rebstöcke fielen ihr zum Opfer. Seither produzieren viele Winzer auf den Azoren nur noch für den Eigenbedarf. Meist leben sie nicht ständig in ihrer *adega*, sondern kommen nur am Wochenende, um die notwendigen Arbeiten im Weinberg zu verrichten und den selbst gekelterten Tropfen auch gleich zu verkosten. Es handelt sich um *vinho do cheiro* (›Duftwein‹), den sie aus den sogenannten Amerikanerreben gewinnen – Hybriden nordamerikanischer Wildreben, die mit der europäischen Weinrebe verwandt sind. Sie ergeben allerdings einen von Kennern eher naserümpfend zur Kenntnis genommenen Rotwein mit niedrigem Alkoholgehalt. Geschmacklich ähnelt er Brombeer- oder Kirschwein.

Die robusten, gegen die Reblaus resistenten Amerikanerreben ersetzten im 20. Jh. weithin den edlen Verdelho. Doch der *vinho do cheiro* taugte nicht als Exportprodukt. Früher war er nur in einfachen Kneipen oder direkt vom Fass beim Winzer zu bekommen. Heute findet man ihn – in Flaschen abgefüllt – zu günstigem Preis im Supermarkt.

Die Behörden und einige ambitionierte Winzer wollten sich nicht mit diesem Niveauverlust abfinden und ergriffen Maßnahmen. So gibt es schon seit 1985 finanzielle Anreize zur Umstellung von Amerikanerreben auf die schwieriger zu kultivierenden europäi-

Typisch für die Azoren: Die currais, von Mauern eingefasste Weingärten

schen Weinreben. Seither sind Erfolge zu verzeichnen. Mittlerweile stehen auf den Weinkarten der Restaurants und in den Regalen der Läden immer öfter Qualitätsweine (VQPRD = Vinho de Qualidade Produzido em Região Demarcada) aus den Regionen Pico, Graciosa und Biscoitos (Terceira) wie auch azorianische Tischweine *(Vinho de Mesa)*. Exportiert wird so gut wie nicht. Im Gegenteil: Noch immer müssen höherwertige Weine zu einem großen Teil vom portugiesischen Festland bezogen werden.

Ein Käse mit Tradition

São Jorge ist die Käseinsel der Azoren, der Queijo São Jorge eine von der EU geschützte Marke. Aber auch auf anderen Inseln wird schmackhafter Käse hergestellt, nach flämischen Rezepten aus der Zeit der Entdecker.

Rund 200 000 schwarz-weiße Rinder grasen auf den Weiden der Azoren – knapp die Hälfte davon Milchkühe. Als die Orangen- und Weinproduktion im 19. Jh. unter Schädlingsbefall litt, wurden Rindfleisch, Käse, Butter und Milchpulver die neuen Exportgüter. Abnehmer sind das portugiesische Festland und Madeira. Geringe Mengen gehen auch in die USA, um die Nachfrage der azorianischen Emigranten zu decken.

Das Flaggschiff

Angeblich brachten bereits die ersten, mit Wilhem van der Hagen 1470 aus Flandern gekommenen Siedler ihre Käserezepte mit nach São Jorge. Jedenfalls lobte der berühmte Geschichtsschreiber Gaspar Frutuoso schon Ende des 16. Jh. die Qualität des dortigen Käses. Seinerzeit mischte man noch die Milch von Rindern, Ziegen und Schafen in mit den Jahreszeiten schwankenden Anteilen. Bereits vor 200 Jahren waren die radförmigen Laibe des Queijo São Jorge üblicherweise so groß wie heute, erreichten also bis zu 12 kg Gewicht. Wer es sich leisten konnte, bestellte seinerzeit sogar überdimen-

Rohmilch von Kühen wird vor allem auf São Jorge zu hochwertigem Käse verarbeitet

sionale Käse, für deren Transport mehrere Männer benötigt wurden. Jorge da Cunha, ein Adeliger aus Faial, soll damit im 19. Jh. den Bischof von Angra beeindruckt haben, als dieser bei ihm zu Gast war.

Heute findet ausschließlich Rohmilch von Kühen Verwendung. Das besondere Aroma verdankt der Käse der Bergminze, die reichlich auf den Weideflächen der Insel gedeiht. Auch der Salzgehalt der Luft leistet seinen Beitrag. Echter Queijo São Jorge trägt ein goldenes Etikett. Die Käselaibe lagern je nach gewünschtem Reifegrad drei bis sieben Monate im Kühlhaus, bis sie exportfähig verpackt werden. Die Azorianer reichen den Queijo São Jorge gern – gewürfelt – als Vorspeise mit Brot und Butter. Natürlich kann er auch nach dem Essen genossen oder gerieben verwendet werden.

Nicht mit diesem teuren Spitzenprodukt zu verwechseln sind die verbreiteten, billigeren Sorten Queijo Ilha und Queijo Flamengo. Sie werden vor allem auf São Miguel, Faial und Terceira produziert, aus homogenisierter und pasteurisierter Kuhmilch und erinnern im Geschmack an Gouda oder Edamer. Besonderheiten sind der pikante, mindestens neun Monate gereifte Queijo Ilha Graciosa Reserva und der mildere, bereits nach zwei Monaten genussfertige Queijo do Corvo, beide aus Rohmilch.

Kleiner Runder

Von Pico kommt ein flacher, etwa eine Handspanne breiter und 500–700 g schwerer Rundkäse aus Rohmilch, der würzige Queijo São João do Pico. Man findet ihn außerhalb von Pico nur in Spezialgeschäften. Noch bis vor wenigen Jahren reifte er nach alter Tradition ohne Kühlung auf Bambusmatten.

Käsereien
Sociedade de Produção de Lacticínios: Traditionskäserei in São João (Pico), von hier stammt der Queijo São João do Pico (s. S. 189).
Uniqueijo: www.lactacores.pt. Vereinigung von acht Käsereigenossenschaften auf São Jorge in Beira bei Velas. Besichtigung der Käsefabrik möglich (s. S. 209).
Cooperativa Agrícola e Lacticínios dos Lourais: Produziert den Queijo Lourais, eine bekannte Marke des São-Jorge-Käses. Verkostung und Verkauf (s. S. 218).
Queijo Vaquinha: Ältester Käsehersteller auf Terceira, die Produkte firmieren als Queijo da Ilha. Mit Besichtigung (s. S. 255).

Einer EU-Verordnung folgend, kommt er heute für vier Wochen in eine Klimakammer. Besonders cremig, da mit Butter angereichert, ist der Queijo Império do Pico aus pasteurisierter Milch.

Knappe Ziegenmilch

Bevor die Rinderhaltung im 19. und vor allem im 20. Jh. stark zunahm, waren Ziegen auf den Azoren sehr verbreitet. Manche Landwirte halten noch heute eine Milchziege und bereiten leicht gesalzenen Frischkäse zu, den *queijo de cabra*. Daher verkauft jeder Supermarkt Lab, womit die gesalzene Rohmilch zu Käsebruch eingedickt wird. Diesen lässt man in einem Sieb abtropfen und erhält so den verzehrfertigen Käse. Er ist mittlerweile in regionaltypischen Restaurants als Vorspeise in Mode gekommen. Dazu gehört unbedingt *piri-piri*, eine extrem scharfe Würzsauce aus der *malagueta*-Pfefferschote.

Winzerhäuser und Windmühlen – Baukunst auf dem Land

In den Dörfern der Azoren kann man liebevoll gestaltete, zum Teil ungewöhnliche architektonische Details und Konstruktionen entdecken. Oft gehen sie auf die frühen Siedler zurück und lassen auf deren jeweilige Herkunft schließen.

Die bunte Bemalung vieler Bauernhäuser wird oft auf Einwanderer aus Flandern zurückgeführt. Tatsächlich ist diese Art der Verzierung aber typisch für Südportugal (Algarve, Alentejo). Blaue, grüne, rote oder gelbe Hauskanten, Türen und Fensterrahmen kontrastieren apart mit den ansonsten weiß gekalkten Fassaden. Häufig haben Orte eine spezielle Farbe, die sich auf den Trikots der jeweiligen Fussballmannschaft wiederfindet. Ganz anderen Charakter besitzen die dunklen, aus Naturstein errichteten Winzerhäuser *(adegas)* mit ihren oft knallrot gestrichenen Holztüren, die vor allem auf Pico zu finden sind. Neben ihnen stehen Zisternen mit weiß gestrichenen Flachdächern, die den winterlichen Regen auffangen und für den Sommer speichern – in den wasserarmen Weinbaugebieten früher eine Notwendigkeit.

Zwillingsschornsteine

Vor allem auf Terceira erinnert auch die spezielle Form der Schornsteine an

Windmühlen bei Horta auf Faial

die Herkunft vieler Inselbewohner aus Algarve und Alentejo. Die wuchtigen, keilförmigen *chaminés de mãos postas* (Handteller-Schornsteine) haben oft ein Ziegeldach, um das Eindringen von Regenwasser zu verhindern. Den *chaminé de duas grotas* charakterisieren zwei Kamine, denen fantasievolle, wie kleine Minarette geformte Keramiktürmchen aufsitzen. Sie gelten als maurisches Erbe. Die Schornsteine sind den Häusern seitlich angebaut, der Backofen darunter ist von der Küche aus zu bedienen.

Schutz vor Mäusen

Eine Besonderheit im Nordwesten von São Miguel sind die *espigueiros* – hölzerne Vorratsspeicher für Getreide und Bohnen. Um Mäuse fernzuhalten, stehen sie auf Pfählen. Verwandte Konstruktionen unterschiedlichster Bauweise, aber immer mit Stelzen, findet man in der nordportugiesischen Region Minho sowie vielerorts in Nordspanien. Auf dem Festland weisen die *espigueiros* oft Luftschlitze auf, da sie dort zum Trocknen von Mais dienen.

Diese Funktion erfüllt speziell auf Terceira, aber auch auf anderen Azoreninseln die fast auf jedem Bauernhof stehende *burra de milho* (Maiskiste), ein pyramidenförmiges Holzgestell, in das die Maiskolben gehängt werden. Oft dient auch ein Baum neben dem Haus dem gleichen Zweck.

Fromme Volkskunst
Überall in den Dörfern der Azoren, besonders häufig aber auf São Miguel, sind Andachtsbilder *(registos)*, aus mehreren Fliesen zusammengesetzt, über den Haustüren zu sehen. Dargestellt ist meist die Muttergottes als Beschützerin des Heims oder der hl. Antonius von Padua, der für Fruchtbarkeit, gute Ernte und hohes Alter zuständig ist. Aber auch der zum Schutz vor Erdbeben angerufene hl. Franz von Borgia oder die *alminhas* (arme Seelen im Fegefeuer), mit denen der Verstorbenen gedacht wird, sind verbreitet. Die Einheimischen erwerben diese Fliesenbilder in Werkzeugläden oder Baustoffhandlungen.

Bauernlandschaft

Typisch für die Weinbaugebiete der Azoren sind die *currais*, winzige, von niedrigen Lesesteinmauern umgebene Felder. Wo Steine auf jungen Lavaströmen in allzu großer Zahl anfielen, wurden sie zusätzlich zu *moroiços* angesammelt, voluminösen Lesesteinhaufen, die vor allem oberhalb von Madalena auf Pico die Landschaft beherrschen.

Für Terceira charakteristisch, aber auch auf anderen Inseln zu finden, sind die etwas größeren *cerrados*, von Steinwällen eingefasste Parzellen. Bis ins 18. Jh. hinein war es weithin üblich, Vieh einfach frei weiden zu lassen. Mit dem Boom des Orangenanbaus wandelten die Großgrundbesitzer immer mehr Land in Plantagen um und trennten es von den Weideflächen ab – nicht ohne bei den landlosen Hirten auf heftigen Widerstand zu stoßen. Immer wieder wurden die Wälle niedergerissen, obwohl bald hohe Strafen darauf standen.

Von Wind und Wasser angetrieben

Auch Windmühlen gibt es auf den Inseln, besonders viele auf Faial und Graciosa, aber auch im Nordwesten von São Miguel und anderswo sind sie zu finden. Wann sie auf den Azoren eingeführt wurden, ist umstritten. Schriftliche Erwähnung fand der Bau einer Windmühle erstmals 1818 auf Graciosa. Damals war gerade das königliche Privileg des Betreibens von Mühlen aufgehoben worden, woraufhin mancher Neubau entstand. Anscheinend gab es sie aber schon mindestens seit dem 17. Jh. Meist handelt es sich um Turmwindmühlen, wie sie auch typisch für den Mittelmeerraum sind. Einem gemauerten Sockel sitzt ein drehbarer, spitzer Aufsatz aus Holz mit seitlichem Flügelkreuz auf. Nur auf Graciosa wurden Holländerwindmühlen mit zwiebelförmiger Kappe eingeführt. Längst sind die Windmühlen außer Betrieb. Viele verfielen zu Ruinen, andere wurden sorgfältig restauriert und beherbergen mitunter sogar ein Restaurant oder – in Praia auf Graciosa – ein kleines Landhotel.

In niederschlagsreichen Gebieten nutzte man stattdessen den Wasserreichtum, um Getreide zu mahlen. Restaurierte Wassermühlen *(azenhas)* sind im Nordosten von São Miguel zu besichtigen (Ribeira Grande, Parque Natural da Ribeira dos Caldeirões u. a.). Auf Flores verließ man sich stets auf die Wasserkraft, Windmühlen gab es dort im Gegensatz zu den anderen Inseln nie.

Repräsentative Architektur und Kunst

Einen ersten Höhepunkt erreichte die Baukunst auf den Azoren in der Zeit des frühen Atlantikhandels. Später entstanden barocke Prunkbauten. Kirchen, Klöster und Paläste schmückten sich mit exotischen Kunstwerken und prächtigen Azulejos. In den letzten Jahren folgten gelungene Beispiele moderner Kreativität.

Die ersten Siedler lebten auf den Inseln in einfachsten Verhältnissen. Dementsprechend schlicht fiel die Architektur der Entdeckungszeit aus: die Atlantische Gotik. Der gedrungene, mit nur wenigen Verzierungen auskommende Baustil war im 15. Jh. auf den gerade von Portugal und Spanien in Besitz genommenen Atlantikinseln (Azoren, Madeira, Kanaren, Kapverden) üblich. Beispiele sind die Igreja de São Miguel in Vila Franca do Campo (São Miguel) und die Hauptkirche von São Sebastião (Terceira). Beide besitzen Spitzbogenportale, wuchtige Fensterrosetten und wehrhafte, dicke Mauern.

Ein Beispiel der Renaissancearchitektur auf den Azoren: das Rathaus von Ponta Delgada

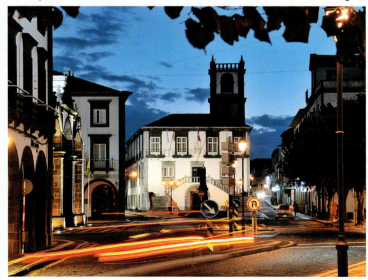

König Manuel und die Renaissance

Während der glanzvollen Regierungszeit von Manuel I. (1495–1521) und unter seinen Nachfolgern war bis um die Mitte des 16. Jh. der Emanuelstil (auch Manuelinik) in Mode, eine Sonderform der Spätgotik am Übergang zur Renaissance. Auf dem Festland entstanden prunkvolle Repräsentationsbauten, finanziert durch den lukrativen Gewürzhandel mit den asiatischen Ländern. Auch auf den Azoren setzte eine rege Bautätigkeit ein. In Ponta Delgada, Praia da Vitória (Terceira) und Santa Cruz da Graciosa blieben prächtige Hauptkirchen aus dieser Zeit erhalten. Der Emanuelstil zeichnet sich durch einen reichen Steinmetzdekor aus. Exotische Motive aus Übersee oder Symbole aus der Seefahrt weisen auf Portugals Bedeutung als Nation der Entdecker hin.

Die Renaissance nach italienischem Vorbild manifestierte sich auf den Azoren vor allem im Städtebau, speziell in Angra do Heroísmo (Terceira). In Europa selbst war das damals wiederbelebte Konzept der antiken Idealstadt kaum zu verwirklichen. Angra hingegen war bis ins 16. Jh. hinein ein unbedeutendes Dorf und konnte ab 1534 – seiner neuen Bedeutung als Bischofssitz der Azoren gemäß – auf dem Reißbrett entworfen werden. So erhielt die Stadt einen rasterförmigen Grundriss mit großzügigem Hauptplatz und diente damit als Vorbild für manche Stadtgründung in Südamerika. Die ab 1570 errichtete Kathedrale von Angra zeigt Turmaufsätze aus blau-weißen Fliesen, die in Portugal als Zeugen des maurischen Einflusses auf die Architektur der frühen Neuzeit gelten. Auch die Rathäuser von Ponta Delgada und Praia da Vitória, deren Haupteingang im Obergeschoss jeweils über zwei symmetrisch angeordnete Treppen zu erreichen ist, gelten als schöne Beispiele für die Renaissancearchitektur. Sie entstanden ab 1583 unter der Herrschaft des spanischen Königs Philipp II. Im Vergleich mit den imposanten Kirchenbauten jener Zeit nehmen sie sich allerdings recht bescheiden aus.

Staatliche Wohlfahrt

Schon 1498 gründete Leonor, Witwe von König João II. und Schwester von Manuel I., in Lissabon die erste Santa Casa de Misericórdia. Sie verwirklichte damit ein Projekt ihres Beichtvaters, des Trinitariermönchs Miguel Contreiras. Bald darauf war diese mildtätige öffentliche Einrichtung in ganz Portugal vertreten. Sie wurde von Bruderschaften unterhalten und betrieb in allen größeren Städten Hospitäler mit angeschlossenen Kirchen. Letztere zählen zu den imposantesten Baudenkmälern der Azoren. Ihre Fassaden sind vorzugsweise in den Farben Blau und Weiß gehalten. Oft findet man zwei ungleich große Schiffe, z. B. bei den Kirchen der Misericórdia in Ribeira Grande (São Miguel) oder Praia da Vitória (Terceira). Über dem Hauptportal prangt stets das königliche portugiesische Wappen. Die Institution existiert noch und finanziert sich heute aus den Einnahmen der staatlichen Lotterien.

Barocke Pracht

Nach dem Ende der spanischen Herrschaft folgte in Portugal eine weitere Zeit des Wohlstands (Ende 17. bis Mitte

Prunkvoll im Stil des Barock dekoriert: Igreja do Colégio, Ponta Delgada (São Miguel)

18. Jh.), ausgelöst durch Gold- und Diamantenfunde in der Kolonie Brasilien. Auf den Azoren leisteten sich Weinhändler und die ›Orangenbarone‹ aufwendige Stadthäuser und herrschaftliche Gutshäuser auf dem Land *(quintas)*. Vor allem aber kam der Kirchenbau wieder in Schwung. In Europa hatte inzwischen die Zeit des Barock begonnen. Eine portugiesische Kolonialvariante dieses Stils verweist nach Brasilien. Drei Kirchen in Horta (Faial) sind schöne azorianische Beispiele dafür.

Mit Blattgold verzierte, oft wandfüllende Altaraufsätze (Retabel) beherrschen das Innere der Barockkirchen. Ihre Holzdecken sind meist bunt mit Medaillons bemalt, in denen das Martyrium des Ortsheiligen, Szenen aus der Bibel oder Wappen örtlicher Adliger dargestellt sind. Die Wände insbesondere des Altarraums wurden mit ornamental verzierten oder zu Bildern zusammengesetzten Fliesen *(azulejos)* verkleidet.

Aus Asien mitgebracht

Der Prunk dieser Zeit gipfelte im Jesuitenbarock. Der Orden missionierte in den portugiesischen Überseegebieten und tätigte zugleich lukrative Geschäfte. Auch oblag ihm die Ausbildung des männlichen Nachwuchses der Adelsfamilien. Zu diesem Zweck betrieben die Ordensmänner in Ponta Delgada, Horta und Angra jeweils ein Kolleg. In Goa, einem portugiesischen Handelsstützpunkt in Indien, waren die Jesuiten bereits im 16. Jh. mit der asiatischen Kunst in Berührung gekommen. Als wenig später unter spanischer Herrschaft Produktion und Einfuhr von Luxusmobiliar untersagt wurden, nutzten sie eine Gesetzeslücke: Das Verbot galt nicht für Importe aus Übersee. Also ließen sie in Indien und anderen asiatischen Ländern Möbel aus wertvollen Tropenhölzern mit komplizierten Einlegearbeiten aus Elfenbein für ihre Kirchen und Ordenshäuser anfer-

Forum für Kunstschaffende
In Ponta Delgada (São Miguel) bildet die Academia das Artes dos Açores angehende Künstler in einjährigen Kursen (Malerei, Design, multimediale Kunst u. a.) aus und präsentiert die Werke ihrer Absolventen in Ausstellungen – eine gute Gelegenheit, aktuelle Strömungen der azorianischen Kunst kennenzulernen (Igreja da Graça, Largo de Camões, Tel. 296 28 74 02, Infos bei Facebook, Di–Sa 9.30–12, 14–19 Uhr, So/Mo/Fei geschl., Eintritt frei).

tigen. Handwerker in Brasilien griffen diese Technik auf und fügten indianische Elemente hinzu. So verschmolzen asiatische und südamerikanische Kunst zu dem, was man heute Arte indo-portuguesa nennt. Schöne Beispiele sind die Notenpulte der Igreja Matriz von Horta und der Kathedrale von Angra.

Kunsthandwerker in Portugal imitierten später die indo-portugiesischen Arbeiten. Durch sie gelangten tropische Früchte und Blumen, aber auch asiatische Symbole auf die Retabel in den Jesuitenkirchen. Das Verbot des Ordens in Portugal 1759 beendete diese Ära. Wegen ihrer Gold- und Diamantengeschäfte in Brasilien und ihres Plans, einen unabhängigen Ordensstaat in Paraguay zu gründen, mussten die Jesuiten das Land verlassen. Ihre Besitzungen wurden verstaatlicht.

Moderne Avantgarde

Nach einer langen Zeit des wirtschaftlichen Niedergangs löste die EU-Mitgliedschaft Portugals Ende des 20. Jh. einen erneuten Aufschwung auf den Azoren aus. Architektonisch profitierte davon vor allem Ponta Delgada, dessen Skyline am Meer durch die 2008 eingeweihten Portas do Mar – einen gewaltigen Anlegekai für Kreuzfahrtschiffe, flankiert von zwei großen Jachthäfen – ein neues Gesicht erhielt. Stararchitekt Manuel Salgado (geb. 1944), der auch das bombastische Centro Cultural de Belém in Lissabon schuf, zeichnet dafür verantwortlich. Das nächste prestigeträchtige Projekt liegt derzeit auf Eis: Der legendäre brasilianische Architekt Oscar Niemeyer (1907–2012), trotz seines hohen Alters bis zuletzt noch voller Schaffenskraft, entwarf das Museu de Arte Contemporânea, das am Ostrand der Uferstraße entstehen soll, sobald es die angespannte Haushaltslage zulässt. Jedes Jahr soll es eine Ausstellung aus Beständen der in Porto ansässigen Fundação Serralves (www.serralves.pt) zeigen, in deren Besitz sich hochkarätige Werke moderner Kunst befinden. Niemeyer ist vor allem für die Planung von Brasília bekannt, der in den 1950/60er-Jahren neu angelegten Hauptstadt seines Heimatlands. In Portugal baute er in den 1970er-Jahren das Casino von Funchal (Madeira).

In Angra do Heroísmo (Terceira) wurde 2011 vor der Stierkampfarena im Osten der Stadt das Monumento ao Toiro eingeweiht, das größte jemals dem Stier gewidmete Denkmal der Welt. Drei gewaltige Kampfstiere scheinen den Betrachter geradezu anzuspringen. Es stammt von dem einheimischen Bildhauer Renato Costa e Silva (geb. 1956), der für die 11 m hohe Skulptur so unterschiedliche Materialien wie Eisen, Zement, Glasfasern, Vulkanische und Bronze verwendete. Das Monument wird Teil einer für Touristen konzipierten ›Stierroute‹ (Rota do Toiro) sein.

Feiern für den Heiligen Geist

Wahrhaft typisch für die Azoren ist die Festa do Espírito Santo, das Heiliggeistfest, ein mittelalterliches Relikt, das im übrigen Portugal nahezu verschwunden ist.

Ab 1279 herrschte König Dinis I. (1261–1325) über Portugal. Er wollte die Epoche des Heiligen Geistes einläuten – ein ewig währendes Friedensreich, das schon Jesus prophezeit hatte. Die Idee eines solchen irdischen Paradieses war im Mittelalter angesichts der verschärften gesellschaftlichen Gegensätze von den Utopisten aufgegriffen worden: Mitglieder des Franziskanerordens, allen voran Franz von Assisi, stellten sich gegen den Adel und lebten den Gleichheitsgedanken vor, indem sie auf persönlichen Besitz verzichteten und die Armen betreuten. Franziskaner, die deshalb in Italien und Frankreich verfolgt wurden, kamen nach Portugal und fanden dort mit ihren Vorstellungen Gehör. Das neue Zeitalter sollte von einem gleichberechtigteren Miteinander der Menschen geprägt sein. Mit seiner den Franziskanern nahestehenden, später heilig gesprochenen Gemahlin Isabel (s. S. 186) führte Dinis Regeln für den neuen Laienkult ein, der den von Priestern geleiteten Gottesdienst und die hierarchische Ordnung der Kirche ersetzen sollte und in der Festa do Espírito Santo gipfelte. Königin Isabel initiierte das Fest, indem sie bei einer Armenspeisung einem Bedürftigen ihre Krone aufsetzte.

Starke Gemeinschaft

Die katholische Kirche zeigte sich wenig begeistert vom neuen Kult und

> **Heiliggeistspeise – das Rezept**
> Auch zu Hause lässt sich *Alcatra* zubereiten – im mitgebrachten *alguidar* (Tonschüssel) oder im Römertopf. Für 4 Pers. den Boden mit 300 g gehackten Zwiebeln und zwei gehackten Knoblauchzehen auslegen. Darauf kommen 600 g Rindergulasch, das mit Salz, drei Gewürznelken, einer Zimtstange, einer getrockneten, im Mörser zerstampften Chilischote *(malagueta)*, einem Lorbeerblatt und 3 EL Tomatenpüree gewürzt wurde. Darauf 100 g Speckwürfel schichten. Mit Rotwein auffüllen, bis das Fleisch bedeckt ist, und mit Deckel oder Alufolie bedeckt bei 250 °C im Backofen 2 Std. garen. Über Nacht ruhen lassen. Erhitzen und mit Salzkartoffeln servieren.

Den Kaiser krönen

In den Kirchengemeinden bestimmen Bruderschaften *(irmandades)* alljährlich einen *imperador* (›Kaiser‹). Früher richtete dieser die Feierlichkeiten im darauffolgenden Jahr aus. Manche Familie soll sich dabei wirtschaftlich ruiniert haben. Heute übernimmt die gesamte Heiliggeistbruderschaft die Finanzierung.

Den Höhepunkt der Festa do Espírito Santo stellt nach wie vor die Krönung des neuen Kaisers dar. Bei der vorausgehenden Prozession führen die Teilnehmer die rote Fahne des Heiligen Geistes mit seinem Symbol, der Taube, mit. Die Krone steht im Heiliggeisttempel *(império;* s. S. 232) bereit, die Krönung findet in der Dorfkirche gegenüber statt. Bis vor wenigen Jahrzehnten versuchten die Bischöfe von Angra, die Zeremonie zu untersagen. Dennoch wurde sie stets von den fest mit ihren Gemeinden verbundenen Pfarrern vorgenommen. Heute toleriert die Kirche das inzwischen eher folkloristisch zu verstehende Heiliggeistfest.

Wesentlicher Bestandteil des Festes ist die Armenspeisung *(bodo)*. Man treibt geschmückte Jungbullen durch die Dörfer und opfert sie dann dem Heiligen Geist, um ihr Fleisch zu verteilen – längst nicht mehr nur an die Armen. Heute tafelt die gesamte Gemeinde mitsamt Gästen auf der Straße vor dem Império an langen Tischen. Zuerst gibt es die Heiliggeistsuppe *(sopa do Espírito Santo)*, eine Rinderbrühe mit Gemüse. Dann speist man *alcatra* (s. Kasten links), begleitet von *vinho do cheiro* (s. S. 58). Den Abschluss bildet *massa sovada* (s. S. 27) oder ein Milchreisbrei mit Zimt. Traditionell werden die zuvor in der Kirche gesegneten Heiliggeistbrote an die Anwesenden verteilt.

schränkte ihn durch Verbote immer mehr ein. Viele Anhänger des Kults flüchteten vor der 1536 in Portugal eingeführten Inquisition nach Brasilien, wo die Festa do Espírito Santo bis heute begangen wird. Auf portugiesischem Boden konnte sich das Fest in reiner Form nur auf den Azoren halten. Die ersten königlichen Statthalter hatten es dort mit Unterstützung der Franziskaner eingeführt, um den Zusammenhalt der jungen Siedlergemeinschaften zu stärken. Vor allem auf Terceira wird noch so begeistert gefeiert wie eh und je. Die Festlichkeiten beginnen zu Ostern und erreichen ihren Höhepunkt zu Pfingsten, wenn der Herabkunft des Heiligen Geistes auf die Apostel gedacht wird. Viele Gemeinden verlegen die Feiern aber auf die folgenden Wochenenden bis weit in den Sommer hinein, damit es keine zeitlichen Überschneidungen gibt.

Emigration – Abschied für lange Zeit

Wirtschaftliche Not zwang in der Vergangenheit viele Azorianer zur Auswanderung. Sie verließen ihre Heimatinseln, auf denen sie keine Zukunftschancen sahen, in Richtung USA oder Kanada. Die Verbindungen dorthin sind bis heute eng.

Emigration gab es auf den Azoren schon im 16. Jh., wie der berühmte Chronist Gaspar Frutuoso notierte. Im 18. Jh. nahm dieses Phänomen drastisch zu. Vulkanausbrüche waren die Auslöser, aber auch Veränderungen der Sozialstruktur. Aus der verarmten Schicht der *jornaleiros* (Tagelöhner) suchten viele ihr Heil in der Auswanderung, ihr Ziel war zunächst Brasilien.

Aller Anfang ist schwer

Erst im 19. Jh. wurde es populär, in die USA zu emigrieren – nach Hawaii, Kalifornien und in die Neuengland-Staaten. Kontakte zu amerikanischen Walfängern, die damals rund um die Azoren jagten und ihre Mannschaften auf den Inseln aufstockten, trugen viel dazu bei. Mancher blieb gleich

Domingos Rebelos »Os Emigrantes« ist das berühmteste Gemälde, das die azorianische Emigration thematisiert – eine Kopie aus Azulejos ist bei Rosais (São Jorge) zu sehen

an Bord, um mit in die Neue Welt zu fahren. Andere versteckten sich in den Laderäumen von Handelsschiffen, denn meist fehlte das Geld für eine offizielle Schiffspassage.

Ein Großteil der Auswanderungen fand erst im 20. Jh. statt. Allein zwischen 1970 und 1980 verließen rund 60 000 Azorianer, 20 % der damaligen Bevölkerung, die Inseln in Richtung USA oder Kanada. Meist waren es junge Männer, die zunächst als Arbeiter in Industrie, Bergbau, Landwirtschaft oder Eisenbahnbau Fuß fassten, bevor sie eine Braut von den Azoren nachholten, so wie es ihre Familien von ihnen erwarteten.

Heimatbande

Die Verbindungen nach Hause blieben meist eng. Auch wenn ein Heimatbesuch allenfalls im Abstand von mehreren Jahren erschwinglich war, pflegten die Emigranten in Amerika sehr intensiv ihre Kultur und schickten ihren Familienangehörigen regelmäßig Geld. Diese Überweisungen sollen im 20. Jh. lange die wichtigste Einnahmequelle der Azorianer gewesen sein, weit vor ihren eigenen Einkommen.

In Amerika leben heute weit mehr Azorianer als auf den Inseln selbst, nämlich rund 1 Mio., die dort geborenen Nachkommen mitgezählt. Seit Anfang der 1980er-Jahre ist aber eine wachsende Zahl von Rückkehrern zu verzeichnen. Diese brachten ihr jahrzehntelang vom Munde abgespartes Geld mit und machten sich damit selbstständig. Restaurants, Pensionen, Taxiunternehmen und kleine Supermärkte befinden sich häufig in der Hand von Heimkehrern. Nicht selten machen sie ihren Gewinn fast ausschließlich im August, wenn die in Amerika verbliebenen Emigranten ihren Sommerurlaub in der azorianischen Heimat verbringen – wo sie übrigens die deutliche Mehrheit der Touristen stellen.

Zugleich nahm die Auswanderung drastisch ab. Zwar ist sie nicht zum Stillstand gekommen, doch die USA und Kanada lassen nur noch wenige Immigranten ins Land. Zugleich haben sich auf den Azoren nach dem EU-Beitritt Portugals 1986 mit dem darauf folgenden Aufschwung neue Beschäftigungsmöglichkeiten ergeben. Inzwischen betrachten viele Azorianer ihre ausgewanderten Verwandten in Amerika eher mitleidig, weil es jenen oft längst nicht mehr so gut geht wie ehedem.

Die zweite Generation

Unter den Kindern der Auswanderer finden sich Gewinner und Verlierer. Zu Ersteren zählt Nelly Furtado. Die Pop-

> ### Mehr erfahren
> Auf São Miguel dokumentiert das Museu da Emigração Açoriana die Auswanderung von den Azoren (s. S. 111).
>
> ### Emigranten begegnen
> Viele ehemalige Emigranten gründeten auf den Azoren Restaurants, so der Amerika-Rückkehrer Frank, dessen Lokal Vista da Baía auf Faial schon Kult ist (s. S. 177).
>
> ### Lesetipp
> Barry Moreno & Diethelm Knauf (Hrsg.): Aufbruch in die Fremde. Bremen 2009. Anschaulich geschriebene, bebilderte Essays über die europäische Auswanderung nach Amerika.

Internationaler Popstar mit azorianischen Wurzeln: Nelly Furtado

sängerin feierte seit Beginn des Jahrtausends eine Reihe internationaler Erfolge, insbesondere mit ihrem 2006 erschienenen Album »Loose«. Ihre Eltern waren in den 1960er-Jahren von São Miguel nach Kanada ausgewandert, wo sie 1978 geboren wurde. Den ersten öffentlichen Auftritt hatte sie als Kind in einer Kirche, im Duett mit ihrer Mutter am portugiesischen Nationalfeiertag. Als Teenager wirkte sie in der Blasmusikkapelle der Emigrantengemeinde mit, in der ihre Familie organisiert war. Sie ist stolz auf ihre Wurzeln und betont immer wieder, wie sie aus ihrer Herkunft Kraft für die Karriere geschöpft hat. Ihr Werk wurde nicht unwesentlich durch die portugiesische Gesangsform Fado beeinflusst und auch die azorianische Folklore schimmert immer wieder durch. Kein Wunder, dass Nelly Furtado auf den Azoren so ungeheuer populär ist.

Auch zahlreichen weniger bekannten Auswanderern der zweiten Generation gelang es, das Arbeitermilieu ihrer Eltern zu verlassen und in Politik, Wissenschaft oder Kunst in führende Positionen aufzusteigen. Andere hingegen gerieten auf die schiefe Bahn. Wer in den USA straffällig wird, dem droht – sofern er nicht die amerikanische Staatsbürgerschaft erworben hat – die sofortige Ausweisung. So leben heute auf den Azoreninseln Tausende von aus den USA abgeschobenen jungen Männern, die niemals freiwillig in die Heimat ihrer Eltern zurückgekehrt wären. In deren Herkunftsdörfern nicht wirklich gut gelitten, finden sie sich früher oder später in Ponta Delgada ein, wo sie in der Anonymität der Stadt einigermaßen untertauchen können. Meist kommen sie nur dank finanzieller Unterstützung durch ihre Verwandten in Amerika über die Runden.

Das Verhältnis der Azorianer zu Portugal

Zwar waren die Azoren seit ihrer Erstbesiedelung im 15. Jh. stets ein Teil Portugals und keine Kolonie. Dennoch nahmen die Inseln eine andere Entwicklung als das Festland. Heute besitzen die Azoren eine gewisse politische Autonomie.

Die Azoren wurden nach dem Kolonialprinzip erschlossen, das wenig später auch Anwendung in Brasilien fand. Dieses war strikt wirtschaftlich ausgerichtet. Der König ernannte Legatskapitäne (Statthalter) für die einzelnen Inseln, ein erbliches Amt, das mit dem Recht auf 10 % der Einnahmen aus dem Export verbunden war. Im Gegenzug war der Legatskapitän für die Erschließung und Verteilung des Landes sowie für die Sicherheit und Rechtsprechung verantwortlich. Verwandte und treue Gefolgsleute der Kapitäne wurden mit mehr oder weniger großen Ländereien bedacht und pflanzten Zuckerrohr oder Färberwaid *(pastel)*, eine Pflanze, die Indigoblau liefert, einen wertvollen Naturfarbstoff, für den in Europa viel Geld bezahlt wurde.

Die Kolonisten

Zunächst fanden sich nur wenige portugiesische Bauern freiwillig bereit, auf die Azoren zu gehen. Zu Beginn arbeiteten die Landgüter speziell auf São Miguel daher oft mit afrikanischen Sklaven. Doch bald drohten Revolten und die Großgrundbesitzer gingen dazu über, *colonos* (Siedler) aus Portugal anzuwerben und ihnen Ackerland zu verpachten – gegen die Hälfte des Gewinns aus den erwirtschafteten Gütern. Diese sogenannte Halbpacht war eine für die Kolonien vorgesehene Rechtsform und in Portugal selbst nicht üblich. Der koloniale Status der Azoren blieb über die Jahrhunderte fast unverändert erhalten und überdauerte die Epoche des extensiven Orangen- und Weinanbaus. In eingeschränkter Form bestand das Pachtsystem bis zur Nelkenrevolution 1974 fort. Erst danach erhielten die Pächter per Gesetz die Möglichkeit, das von ihnen bearbeitete Land mit Hilfe günstiger staatlicher Kredite käuflich zu erwerben. Allerdings soll sich fast die Hälfte der Agrarfläche der Azoren immer noch in der Hand von Großgrundbesitzern befinden.

Die verpachteten Parzellen waren meist winzig klein und konnten nicht auf mehrere Kinder aufgeteilt werden. So erbte der Älteste, die anderen mussten sich als Tagelöhner verdingen. Oft waren sie nur ein paar Monate im Jahr beschäftigt und hatten kaum ein Auskommen. Aus ihnen rekrutierten sich die meisten Amerika-Emigranten.

Pro Amerika

Angesichts der engen Verbindungen der Bevölkerung zu Amerika lag es nahe, die Beziehung zu den USA auch politisch zu intensivieren. Nach der Nelkenrevolution sah es vorübergehend so aus, als würden in Portugal sozialistisch-kommunistische Strömungen die Oberhand gewinnen. Als Gegenbewegung wurde am 8. April 1975 in London die Separatistenorganisation FLA gegründet, mit dem Ziel der Ablösung der Azoren von Portugal und des Anschlusses an die USA. Obwohl die führenden Köpfe der Freiheitsbewegung nicht aus ihren Kreisen stammten, unterstützten auch die Großgrundbesitzer dieses Vorhaben, weil sie die Enteignung ihrer Ländereien durch eine eventuelle linksgerichtete Regierung in Lissabon befürchteten. Die FLA versuchte wiederholt, mit dem US-Außenministerium wegen einer Eingliederung zu verhandeln, wurde allerdings stets abgewiesen. So beschränkte sich ihr Handeln auf die Einschüchterung ihrer politischen Gegner und auf Protestaktionen in Lissabon.

Azoreaner oder Azorianer?
Seit der Rechtschreibreform von 2009, die erstmals gemeinsame Regeln für Portugal und Brasilien vorsieht, lautet die korrekte Bezeichnung für die Inselbewohner *açorianos*. Davor war *açoreanos* ebenfalls möglich und üblich, die Aussprache ist ohnehin identisch. Auch die deutsche Sprache kennt sowohl ›Azorianer‹ wie auch ›Azoreaner‹ bzw. ›Azorianerinnen‹ und ›Azoreanerinnen‹. Im Duden sind zwar die Azoren verzeichnet, nicht aber deren Bewohner. Eine offizielle Regelung gibt es im Deutschen also nicht. Beide Begriffe sind korrekt. Sogar Azorer wäre möglich und ist zuweilen zu finden. In diesem Buch heißt es ›Azorianer‹ und ›Azorianerinnen‹.

Die Sprache auf den Azoren

Amtssprache auf den Azoren ist seit jeher Portugiesisch, das zwar Dialekte kennt, jedoch nicht sehr ausgeprägte. Dennoch haben Portugiesen vom Festland oft Schwierigkeiten, die Azorianer zu verstehen. Dies gilt speziell für die Menschen auf São Miguel, über die auch die Bewohner der anderen Inseln witzeln, sie sprächen Japanisch. So artikulieren sie jedes ›u‹ wie ein ›ü‹, einen Laut, den das Portugiesische eigentlich gar nicht kennt. Diese Eigenart wird auf französische Kreuzfahrer zurückgeführt, die auf dem Weg ins Heilige Land waren, sich dann aber auf São Miguel niederließen. Der 1527 erstmals schriftlich erwähnte Name des Ortes Bretanha (›Bretagne‹) im Nordwesten der Insel soll auf die Herkunft seiner Gründer schließen lassen. Speziell in der dortigen Gegend hört man angeblich bis heute eine französische Sprachfärbung und Betonung heraus. Doch seit einiger Zeit wird der Dialekt von São Miguel, das *micaelense*, im Zeitraffertempo durch Standard-Portugiesisch verdrängt. Vor allem in Ponta Delgada ist das ›ü‹ immer seltener zu hören.

Politik heute

Im Jahr 1976 erhielten die Azoren als *Região Autónoma* (Autonome Region) weitgehende Selbstverwaltungsrechte, inklusive eigenem Parlament und Präsidenten. Allgemeine Zufriedenheit herrschte deswegen anfangs noch nicht. Viele Azorianer empfanden die Institution des *Ministro da República* als koloniales Relikt. Als verlängerter Arm der Lissabonner Regierung auf den Inseln hatte der Minister der Republik ein Vetorecht bei allen Entscheidungen der Azorenregierung. 2006 wurde er durch den weniger umstrittenen *Representante da República* ersetzt.

Heute ist das Verhältnis zwischen den Azoren und dem portugiesischen Festland relativ entspannt. Dazu hat nicht zuletzt die EU-Mitgliedschaft Portugals beigetragen, die den Blick der Azorianer Richtung Europa lenkte, das zuvor in ihrem Bewusstsein verglichen mit Amerika eine untergeordnete Rolle gespielt hatte. Die Azoren profitierten von ihrem Status als ›ultraperiphere Region‹ der EU und erhielten großzügige Fördermittel aus Brüssel. Diese kamen der Infrastruktur zugute und schufen Arbeitsplätze.

Trotz aller noch immer vorhandenen Differenzen verläuft das Wahlverhalten auf den Azoren meist analog zu jenem in Portugal. Hier wie dort wurde Aníbal Cavaco Silva von einer überwältigenden Mehrheit bis zum Jahr 2016 zum Staatspräsidenten gewählt. Er gehört ebenso der PSD (Sozialdemokratische Partei) an wie der derzeitige Ministerpräsident in Lissabon, Pedro Passos Coelho, dessen Chancen auf eine Bestätigung im Amt bei der Wahl Herbst 2015 unterschiedlich beurteilt werden. Auf den Azoren selbst regiert seit Jahren unangefochten die PS (Sozialistische Partei).

Nach den ersten demokratischen Wahlen in Portugal 1975 sprachen sich in Lissabon nicht wenige Politiker für die Entlassung der Azoren in die Unabhängigkeit aus, nach dem Vorbild der afrikanischen Kolonien (u. a. auch Kap Verde, São Tomé). Schließlich setzten sich aber diejenigen Kräfte durch, die den Verbleib des Archipels im Staatsverbund befürworteten.

Kleine Kunstwerke – azorianische Souvenirs

Die Bewahrung des Kunsthandwerks wird auf den Azoren großgeschrieben. Von Keramik über Flechtwerk, Häkelarbeiten und Stickereien bis hin zum Gravieren von Walzähnen oder dem Modellieren mit Feigenmark und Fischschuppen reicht die Palette.

Bis vor wenigen Jahrzehnten benutzte man auf den Inseln noch von Hand gefertigte – für Wohlhabende gern auch künstlerisch gestaltete – Produkte im Alltag. Mit der Zunahme des Imports von Industrieware schwand die Bedeutung des Kunsthandwerks (port. *artesanato*). Heute spielt öffentliche Förderung eine wichtige Rolle für den Erhalt von kooperativen Werkstätten und Verkaufsstellen, die Produkte von Heimarbeitern vermarkten. In der 1986 von zwei Ordensschwestern gegründeten, heute von der Regionalregierung geführten Kunsthandwerksschule von Santo Amaro (Pico) sowie in Kursen der Academia das Artes dos Açores in Ponta Delgada (s. S. 137) erlernen junge Menschen die alten Handwerkskünste. Amerika-Emigranten, die Urlaub in der alten Heimat machen, sind heute Hauptabnehmer der Artesanato-

Fingerspitzengefühl ist gefragt bei der Herstellung von Blüten aus Feigenmark

Das kultige Wal-Logo
Der Pottwal, das beliebte Logo von **Peter Café Sport**, der berühmtesten Kneipe im Atlantik, ziert T-Shirts, Accessoires und Dekoobjekte. Erhältlich sind die Artikel in den Filialen der Loja do Peter: auf São Miguel in Ponta Delgada (Flughafen und Portas do Mar), auf Terceira in Angra do Heroísmo (Praça Velha) und auf Faial am Flughafen sowie natürlich am Stammsitz in Horta (s. S. 155).

Artikel, aber auch Festland-Portugiesen und Azorianer selbst.

Aus dem Brennofen

Beinahe jedes Landhaushotel auf den Azoren besitzt Geschirr aus Lagoa (São Miguel). Der Ort löste Mitte des 19. Jh. Vila Franca do Campo als Zentrum der azorianischen Keramikherstellung ab. Die 1862 gegründete Fábrica Cerámica Viera hatte bald einen hervorragenden Ruf wegen der Vielfalt und Qualität ihrer Produkte. Bis heute entstehen hier wie einst auf der Töpferscheibe Geschirr, Vasen und Blumentöpfe – alles weiß glasiert und mit vorwiegend blauen, inseltypischen Motiven verziert, z. B. der Hortensienblüte. Diese Ware ist als *louça da Lagoa* bekannt. Außerdem werden traditionelle *azulejos* (Fliesen) von Hand gefertigt und bemalt.

Gewebtes und Gesticktes

In Urzelina und Fajã dos Vimes auf São Jorge stellen einige Frauen immer noch auf altmodischen Webstühlen Decken und Wandteppiche *(colchas)* mit schönen geometrischen Mustern her. In einigen Küstendörfern auf Pico, in denen Fischfang und Viehhaltung nicht viel Geld einbrachten, trugen Frauen traditionell durch Häkelarbeiten *(crochet)* oder Stickereien *(bordados)* mit inseltypischen Blumenmotiven zum Familieneinkommen bei. Bis heute werden beide Künste auf der Insel gepflegt.

Auf Terceira entwickelte sich die Stickerei im 20. Jh. zu einer regelrechten Industrie. Die Stickerinnen – bis heute einige Hundert – sind in Heimarbeit beschäftigt und erhalten das Material von einer der in Angra do Heroísmo ansässigen Firmen (www.acorbordados.com, www.bordadodosacores.com). In diesen wird das Muster mit Hilfe einer Schablone in auswaschbarer Farbe auf den Stoff gezeichnet. Gestickt wird von Hand, das Qualitätssiegel »Artesanato dos Açores« bürgt dafür. Die Endfertigung (Versäumen etc.) erfolgt dann wieder in der Manufaktur. Die zarten Teile (u. a. Taschentücher, Tischdecken) aus weißem oder naturfarbenem Leinen, Baumwolle oder Batist mit floralen, geometrischen oder figürlichen Motiven sind nicht ganz billig. Sie werden zum großen Teil exportiert. Hauptabnehmerländer sind Frankreich, Großbritannien und die USA.

Filigrane Skulpturen

Seit dem 16. Jh. wurden in den Frauenklöstern von Horta (Faial) federleichte Kunstwerke aus Feigenmark *(miolo de figueira)* gefertigt. Nach Auflösung der Konvente 1834 führten weltliche Handwerker die Tradition fort. Unter ihnen ragt Euclides Silveira da Rosa (1910–79) heraus, dem das Museu da Horta einen eigenen Saal gewidmet hat. Er arbeitete zunächst als Techniker bei einer Kabelgesellschaft und beschäftigte sich nur in seiner Freizeit mit dem Modellieren. Später schuf er als selbstständiger Kunsthandwerker immer größere Skulpturen. Bis heute ist die Tradition der Feigenmarkkunst auf Faial lebendig. Sie wird in Schulen und Kursen gelehrt und gewinnt immer mehr Anhänger. Das Mark entnimmt man den Feigenästen zwischen November und Februar. In getrocknetem Zustand schneidet man es in äußerst feine, fast durchsichtige Scheiben, um es dann mit so wenig Klebstoff wie möglich weiterzuverarbeiten.

Eine Variante dieser Kunst ist das auch auf Pico und São Miguel verbreitete Modellieren mit Fischschuppen *(escamas de peixe)*. Diese werden zu zarten Blüten oder Haarschmuck zusammengefügt. Eine bekannte Künstlerin der Gegenwart, die mit beiden Materialien arbeitet, ist Helena Henriques (http://artesdahelena.com.sapo.pt). Oft bietet sich im Centro de Artesanato in Capelo (Faial) oder in der Escola Regional de Artesanato in Santo Amaro (Pico) Gelegenheit, beim Entstehen der Kunstwerke zuzuschauen.

Walfangkunst

Nordamerikanische Walfänger praktizierten im 18./19. Jh. eine Kunst, deren Ursprünge bis zu den steinzeitlichen Mammutjägern zurückreichen. Erstere polierten Zähne oder Knochen des Pottwals spiegelblank, um anschließend mit einer spitzen Nadel detailreiche Motive hineinzuritzen – häufig Schiffe, Wale oder Frauenporträts. Hineingeriebene Farbe machte die Zeichnung sichtbar.

Historische *scrimshaws* sind heute sündhaft teuer. Als Einziger führt der seit rund 30 Jahren in Horta (Faial) ansässige Niederländer John van Opstal die Tradition fort und bedient Sammler in der ganzen Welt. Noch lange nach Ende des Walfangs lieferten ihm Taucher Pottwalzähne, die sie in der Nähe der einstigen Fabriken fanden, wo die Walskelette achtlos im Meer versenkt worden waren. Inzwischen geht ihm das Material aus. Jetzt experimentiert er mit Glasgravur und empfängt Reisegruppen, denen er seine Kunst vorführt und seine Privatsammlung zeigt. Auch Einzelreisende dürfen ihn besuchen (Tel. 292 39 27 20, http://johnvanopstal.nl, ausgeschildert ab der Straße nach Espalamaca).

Ökologisch unbedenklich
Der Handel mit dem Elfenbein des Pottwals ist in der EU und vielen anderen Ländern nur erlaubt, wenn es das CITES-Zertifikat trägt. Damit wird die Herkunft des Materials aus Altbeständen bescheinigt. Tierschutzorganisationen raten aber vom Erwerb echter *scrimshaws* ab, um dem weltweiten Handel keinen Auftrieb zu geben. Analog zum sanften Whalewatching gibt es im Shop der Organisation BOCA in Lajes do Pico (s. S. 191) Kunsthandwerk aus Materialien, die eine Alternative zu Walknochen und -zähnen darstellen: Holz, Rinderknochen, pflanzliches Elfenbein. Letzteres stammt von der Steinnuss (Tagua), dem Samen einer südamerikanischen Palme, und ähnelt verblüffend dem Elfenbein von Elefanten oder Pottwalen.

Unterwegs auf den Azoren

Die Azoren aus eigener Kraft ›erfahren‹ – bevorzugtes Ziel der Radfahrer ist São Miguel

Das Beste auf einen Blick

São Miguel

Highlights!

Caldeira das Sete Cidades: Mit blühenden Hortensienbüschen im Vordergrund wird die Caldeira das Sete Cidades gerne fotografiert: ein riesiger Vulkankrater mit zwei berühmten Seen, das Wasser des einen blau, das des anderen grünlich schimmernd. S. 102

Furnas: Üppig grün präsentiert sich das Tal, in dem Dutzende von Heilquellen sprudeln. Die ergiebigste bildet einen riesigen Badesee, Kernstück eines der schönsten Parks Europas, des Parque Terra Nostra. Vulkanische Erscheinungen und Formen sind rund um den Ort allgegenwärtig. S. 128

Auf Entdeckungstour

Die Gärten und Parks der ›gentlemen farmers‹: Ponta Delgada ist eine grüne Stadt. Zu verdanken ist dies vor allem den reichen Landbesitzern des 19. Jh., die prachtvolle Gärten und Parks anlegten. Noch heute kann man dort auf Spaziergängen botanische Kostbarkeiten bestaunen. S. 92

Wo Europas einziger Tee wächst: Beim Besuch der Teeplantagen nahe Ribeira Grande erfährt man viel Interessantes über den Produktionsprozess und unternimmt zugleich eine Zeitreise. S. 116

Warme vulkanische Wässer im Vale das Furnas: In Furnas sprudelt es aus dem vulkanischen Fels. 22 Quellen liefern Heilwasser, einige ideal temperierte speisen Badetümpel – wunderbar für Pausen auf einer Wanderung. S. 130

Kultur & Sehenswertes

Igreja do Colégio de Todos os Santos: Die ehemalige Jesuitenkirche in Ponta Delgada mit üppiger Barockfassade und prächtigen Altären gehört heute zum Inselmuseum. S. 88

Plantação de Ananases ›Augusto Arruda‹: Ananas gibt es nur auf São Miguel. Plantagenbesucher können den Anbau nachvollziehen und im Shop Ananasprodukte probieren. S. 101

Zu Fuß unterwegs

Rund um die Caldeira nach Sete Cidades: Eine beliebte Tour verläuft entlang des Kraterrands der Caldeira hinab zum Ufer der Lagoa Azul und in den Ort Sete Cidades. S. 103

Wanderung zur Lagoa do Fogo: Einer der schönsten Wege auf São Miguel führt von Água d'Alto steil hinauf zu einem romantischen Wasserkanal und weiter zum stillen Bergsee Lagoa do Fogo. S. 122

Genießen & Atmosphäre

Vulkangekochtes: Der *cozido,* ein reichhaltiger Eintopf, wird im heißen Vulkanboden gegart und später im Restaurant Tony's in Furnas serviert. S. 129

Miradouro da Ponta do Sossego: Nicht nur ein Aussichtspunkt unter vielen, natürlich mit großartigem Küstenblick, sondern auch ein wunderschöner, blütenreicher Park mit Picknickplatz. S. 138

Abends & Nachts

Portas do Mar: Die gewaltige Anlegemole der Kreuzfahrer und Fährschiffe ist ein Muss für alle Nachtschwärmer in Ponta Delgada. Hier reihen sich Szenebars und trendige Esslokale aneinander. S. 85, 99

Teatro Ribeiragrandense: Im nostalgischen Traditionstheater von Ribeira Grande werden Fado und Musicals dargeboten, manchmal kann man hier auch das Tanzbein schwingen. S. 114

Vielfalt auf kleinem Raum

São Miguel ist die größte, bedeutendste und abwechslungsreichste Insel des Archipels, die auch die weitaus meisten Touristen anzieht – zum Sightseeing, Wandern, Golfen oder Wassersport. Die Hauptstadt Ponta Delgada hat mit ihrer lebendigen Urbanität, Baudenkmälern und subtropischen Parks einiges zu bieten. Ruhiger geht es auf dem Land zu, wo – etwa in der Umgebung von Mosteiros – zahlreiche Ferienhäuser vermietet werden. Fast schon mediterran wirkt die Südküste bei Caloura und Vila Franca do Campo. In Manufakturen und Plantagen lässt sich die Erzeugung bzw. Herstellung von Keramik, Tee, Ananas und Maracujalikör nachvollziehen, typischen Produkten von São Miguel. Vulkanische Erscheinungen sind allgegenwärtig. Von Seen ausgefüllte Riesenkrater charakterisieren die Landschaft. Mancherorts brodeln heiße, heilkräftige Quellen und im Tal von Furnas dampft es aus dem Erdinneren. Im abgeschiedenen Osten erhebt sich das schroffe Bergmassiv des Pico da Vara.

Ponta Delgada ▶ 6, D 4

Die Geschichte von Ponta Delgada begann im 15. Jh. als bescheidenes Fischerdorf. Nichts deutete darauf hin, dass es sich zur Metropole der Azoren (heute 69 000 Einw.) entwickeln würde. Hauptstadt von São Miguel war

Infobox

Touristeninformationen
Büros der Azorenregierung informieren in Ponta Delgada, Furnas und am Flughafen (u. a. Gratis-Inselkarte mit Stadtplänen, Beschreibungen von Wanderwegen). Städtische Infobüros in größeren Orten.

Anreise und Weiterkommen
Flughafen: Der Aeroporto de Ponta Delgada (PDL), auch Aeroporto João Paulo II, liegt 3 km westlich der Hauptstadt. Keine direkte Linienbusanbindung, aber Bushaltestelle 1 km entfernt (vgl. S. 100). Taxi in die Stadt ca. 10 €. Flüge nonstop nach Düsseldorf, Frankfurt, Porto Lissabon und zu allen Azoreninseln (s. S. 22). Fluginfos: www.ana.pt. Gepäckaufbewahrung im Ankunftsbereich (pro Tag 3,56 €).

Fähre: Im Hafen von Ponta Delgada startet Atlânticoline im Sommer etwa 2–3 x pro Woche zu allen Azoreninseln (s. S. 23 u. S. 100). Die Unterkünfte im Innenstadtbereich sind zu Fuß oder per kurzer Taxifahrt zu erreichen.
Busse: Gut ausgebautes Inselbusnetz, alle wichtigen Orte werden mehrmals am Tag bedient (am Wochenende eingeschränkt). Drehkreuz ist Ponta Delgada. Es gibt 3 Gesellschaften: AVM (Tel. 296 30 13 58) fährt in den Westen, Varela (Tel. 296 30 18 00) in den Südosten, CRP (Tel. 296 30 42 60) in den Nordosten. Infos: www.smigueltransportes.com.
Taxis: Taxistände in allen größeren Orten. Taxiruf (24 Std.): Tel. 296 30 25 30. Preisbeispiel: Ponta Delgada Vila Franca do Campo 20 (s. a. S. 23).
Mietwagen: Verleihbüros am Flughafen und in größeren Orten (s. a. S. 24).

Ponta Delgada

zunächst Vila Franca do Campo. Dort mussten die Bewohner von Ponta Delgada an der Fronleichnamprozession teilnehmen, eine Unterwerfungsgeste, die ihnen nicht mehr passte, als ihr Dorf dank seines sicheren Naturhafens an Bedeutung gewann. Aus nichtigem Grund kam es bei einem solchen Anlass in einem Jahr zum Kampf zwischen Männern aus beiden Orten. Es gab Verwundete und die Prozession musste abgebrochen werden. Zurück in Ponta Delgada, beschlossen die Dorfvorsteher, heimlich einen Boten nach Lissabon zu schicken, um die Stadtrechte zu erbitten. In der Tat verlieh König Manuel I. Ponta Delgada 1499 den Titel ›Vila‹ (etwa: Kleinstadt).

Die junge Stadt avancierte nun zunehmend zum Handelszentrum von São Miguel, wo sich das fortschrittliche Bürgertum ansiedelte. Dagegen entwickelten die alteingesessenen Großgrundbesitzer in Vila Franca do Campo keine wirtschaftlichen Ambitionen, wodurch der Ort nach und nach ins Hintertreffen geriet. Das Erdbeben von 1522, das in Vila Franca verheerende Schäden anrichtete, besiegelte das Schicksal der beiden Städte. 1546 erhob König João III. Ponta Delgada zur ›Cidade‹ (etwa: Großstadt) und damit zum neuen Hauptort von São Miguel.

Von Ponta Delgada wurden die Produkte der Insel nach Portugal, Italien, Flandern und England exportiert: zunächst Getreide und Naturfarbstoffe, später Orangen und Ananas. Ab dem 19. Jh. siedelte sich eine Nahrungs- und Genussmittelindustrie in der Stadt an, die Rübenzucker, Alkohol, Tabakwaren, Fischkonserven und Milchprodukte erzeugte. In der zweiten Hälfte des 20. Jh. kam es zu einem unaufhaltsamen Rückgang dieser Wirtschaftszweige. Aufgefangen wurde der Abwärtstrend durch die Erklärung Ponta Delgadas zum Regierungssitz der Autonomen Region Azoren (1976) und in jüngster Zeit durch den Tourismus.

Portas do Mar [1]

Die ›Meerespforten‹ sind das moderne Aushängeschild der Stadt: ein gewaltiger, keilförmiger Kai mit Geschäften, Bars, Restaurants und dem **Terminal Marítimo**, wo Autofähren und Kreuzfahrtschiffe anlegen. Er trennt die beiden Teile des Jachthafens, **Marina Nascente** im Osten und **Marina Poente** im Westen. Auf der oberen, für Veranstaltungen vorgesehenen Ebene der Portas do Mar lohnt es unbedingt, den Aussichtspunkt über der Zuschauertribüne mit Hafen- und Horizontblick zu erklimmen.

Praça Gonçalo Velho Cabral [2]

Früher legten die Schiffe unmittelbar vor diesem weitläufigen Stadtplatz an, wo die repräsentativen **Portas da Cidade**, ein dreiteiliges, 1783 errichtetes und 1952 an seine heutige Stelle versetztes Stadttor, Ankömmlinge noch heute begrüßt. Auch ein **Denkmal für Gonçalo Velho Cabral,** Initiator der Besiedelung von São Miguel, ziert den arkadengesäumten Platz, der nach dem Vorbild der berühmten Praça do Comércio in Lissabon gestaltet wurde.

Praça do Município

Landeinwärts schließt die intimere Praça do Município mit der **Câmara Municipal** [3] an, dem kleinen, aber feinen Renaissance-Rathaus (16. Jh.). Davor erhebt sich eine Statue des Erzengels Michael, des Schutzpatrons der Insel.

Igreja Matriz [4]

Largo da Matriz, tagsüber i. d. R. geöffnet
Die Hauptkirche aus dem 16. Jh. gilt als bestes Beispiel für den Emanuelstil (s. S. 66) auf den Azoren. João III. unterstützte die Bauarbeiten finanziell

Ponta Delgada

Sehenswert
1. Portas do Mar
2. Praça Gonçalo Velho Cabral/Portas da Cidade
3. Câmara Municipal
4. Igreja Matriz
5. Museu Carlos Machado
6. Núcleo de Santa Bárbara do Museo C. Machado
7. Núcleo de Arte Sacra/Igreja do Colégio de Todos os Santos
8. Jardim Antero de Quental
9. Convento da Esperança/Igreja de Santo Cristo
10. Igreja de São José
11. Forte de São Brás
12. Gruta do Carvão
13. Jardim António Borges
14. Jardim do Palácio de Sant'Ana
15. Jardim José do Canto

Übernachten
1. Gaivota
2. Royal Garden
3. Senhora da Rosa
4. Camões
5. Casa Vitoriana
6. Quinta das Acácias
7. Casa do Jardim
8. Carvalho Araújo
9. Barracuda

Essen & Trinken
1. Largo da Matriz/O Gato Mia
2. Mercado do Peixe
3. Yacht Club
4. Cervejaria Docas
5. Rotas da ilha verde
6. Super Prato
7. Bom Apetite
8. O Roberto
9. Central
10. Adega Regional
11. Nacional

Einkaufen
1. Loja Açores
2. Loja do Peter
3. Parque Atlántico
4. Mercado da Graça

Aktiv
1. ANC Moto-Rent
2. Nuno Vasco Carvalho
3. Moby-Dick Tours
4. Futurismo
5. Lagarta
6. Piscinas M. de São Pedro
7. Piscina Natural Portas do Mar
8. Sea Bottom

Abends & Nachts
1. Baía dos Anjos
2. Bar do Pi
3. Sports one Café
4. Colégio 27
5. Coliseu Micaelense

und stiftete auch die beiden prachtvoll verzierten Portale an der West- und der Südfassade. Über Letzterem prangen zwei Medaillons mit Darstellungen des Monarchen und seiner Gattin Catarina.

Kirchenpatron ist der in Portugal sehr populäre hl. Sebastian, der während der Christenverfolgungen im Römischen Reich von Bogenschützen niedergestreckt wurde. Seine Statue wird im Hauptaltar verehrt. Sehenswert ist auch die Sakristei mit blau-weißen Azulejos (17. Jh.), einer aufwendigen Stuckkonstruktion im Rokoko-Stil. Stuck ziert auch die Bögen zwischen Haupt- und Seitenschiffen. Sehenswert sind außerdem verschiedene gedrechselte Holzretabel, einige naturbelassen, andere mit Blattgold und Malereien geschmückt.

Museu Carlos Machado 5
Rua João Moreira, Tel. 296 20 29 30, http://museucarlosmachado.azores. gov.pt

São Miguel

Das Hauptgebäude des Inselmuseums im ehemaligen **Convento de Santo André** (16. Jh.) soll nach Renovierungsarbeiten im Herbst 2015 teilweise wiedereröffnen. Im Verlauf der Jahrhunderte erfuhr der beeindruckende Klosterbau mehrere Umbauten, bewahrte sich aber seine charakteristische, symmetrische Außentreppe im Stil der Renaissance. Gründer des Museums war der Gymnasiallehrer Carlos Machado, der eine umfangreiche naturhistorische Sammlung beisteuerte. Außerdem verfügt das Museum über alte Trachten, landwirtschaftliches und häusliches Gerät früherer Zeiten, Möbel, Porzellan, Spielzeug sowie Gemälde und Skulpturen azorianischer und portugiesischer Künstler. Ein Erweiterungsbau ist für 2017 geplant.

Núcleo de Santa Bárbara do Museu Carlos Machado 6
Rua Dr. Carlos Machado s/n, Di–Fr 10–12.30, 14–17.30, Sa/So 14–17.30, Mo u. Fei geschl., 2 €, Jugendliche 15–25 J. 1 €, Kinder bis 14 J. frei
Schräg gegenüber logiert ein Ableger des Inselmuseums, der Núcleo de Santa Bárbara, in einer ehemaligen, quasi klösterlichen Unterkunft für junge Mädchen. Der Bau aus dem 17. Jh., seit 1933 verwaist, wurde restauriert und beherbergt heute Wechselausstellungen.

Núcleo de Arte Sacra do Museu Carlos Machado 7
Largo do Colégio, Di–Fr 10–12.30, 14–17.30, Sa/So 14–17.30 Uhr, Mo u. Fei geschl., 2 €, Jugendliche 15–25 J. 1 €, Kinder bis 14 J. frei
Die Abteilung für sakrale Kunst des Inselmuseums ist in der ehemaligen Jesuitenkirche, der **Igreja do Colégio de Todos os Santos,** untergebracht. Der Orden gründete seine Niederlassung in Ponta Delgada im Jahr 1591. Von der ersten, wohl noch eher schlichten Kirche blieb nichts erhalten. Sie machte einem prächtigen Barockbau Platz. Allein schon dessen detailreich verzierte Front aus grauem Vulkangestein mit geschweiftem Giebel (Mitte 18. Jh.) ist mehr als einen Blick wert. Sie gilt als schönste Kirchenfassade der Azoren.

Die Rezeption befindet sich links neben der Kirche im einstigen Ordenshaus, wo ein Kolleg für Knaben untergebracht war. Dort ist in einer Galerie sakrale Kunst früherer Jahrhunderte ausgestellt, vorwiegend Skulpturen und Tafel-

bilder aus der Jesuitenkirche und anderen Kirchen auf São Miguel. Ein Bild, das die Krönung der Jungfrau zeigt, ragt heraus. Vasco Pereira Lusitano, einer der gefragtesten Künstler seiner Zeit, malte es 1604 in Sevilla. Besondere Erwähnung verdienen auch mehrere indo-portugiesische Christusfiguren (17./18. Jh.) aus Elfenbein (s. a. S. 67).

In der renovierten Kirche finden keine Messen mehr statt. Von der Originaleinrichtung sind noch prächtige Retabel zu sehen. Eines davon, aus Eichen- und Zedernholz gedrechselt mit floralen Motiven und Engelsfiguren, gilt als größte Holzschnitzarbeit in ganz Portugal. Schöne Azulejos mit Pflanzen- und Vogelabbildungen und eine Krippe aus dem 18./19. Jh. birgt die Sakristei.

Links grenzt der **Jardim Antero de Quental**  an, ein hübscher kleiner Stadtpark, der nach einem populären Dichter des 19. Jh. aus Ponta Delgada benannt ist.

Convento da Esperança
Campo São Francisco
In der **Igreja de Santo Cristo,** der üppig dekorierten Kirche des Nonnenklosters, wird die berühmteste Heiligen-

Auch vom Café lässt sich die Fassade der emanuelinischen Igreja Matriz studieren

São Miguel

figur der Azoren verehrt, der Senhor Santo Cristo dos Milagres. 1541 war eine Gruppe frommer Frauen nach Rom gereist, um die Genehmigung zur Gründung eines Klosters von Papst Paul III. zu erbitten. Dieser machte ihnen die Christusbüste zum Geschenk. Zunächst wurde sie in Caloura aufbewahrt (s. S. 120), später in Ponta Delgada. Um das Jahr 1700 breitete sich der Kult des Senhor Santo Cristo dos Milagres auf ganz São Miguel und den anderen Azoreninseln aus, eifrig propagiert von der Nonne Teresa de Anunciada (1658–1738), deren Lebensweg in der Klosterkirche auf Azulejos dargestellt ist. Sie führte das Kirchenfest zu Ehren des Heiligen ein (s. S. 100).

Die byzantinisch anmutende Christusbüste stammt ursprünglich vielleicht aus dem mittelalterlichen Konstantinopel, einen Beleg dafür gibt es aber nicht. Jedenfalls soll sie zahlreiche Wunder bewirkt haben. Von Krankheiten geheilte und von Schicksalsschlägen verschonte Gläubige stifteten zum Dank Schmuck und Edelsteine, mit denen die Holzfigur über und über behängt ist.

Igreja de São José 10

Campo São Francisco, Mo–Fr 14–18 Uhr

Schräg gegenüber birgt die Franziskanerkirche von 1709 schöne Barockretabel und Azulejos. Das angrenzende **Convento de São Francisco** wird heute als Hospiz genutzt. 1525 hatten Mönche aus Vila Franca do Campo das Kloster gegründet, nachdem ihr dortiger Sitz einem Erdbeben zum Opfer gefallen war. Die Ratsherren von Ponta Delgada warben sie regelrecht ab, da sich die Bedeutung einer Stadt damals nicht zuletzt nach der Zahl der vorhandenen Klöster bemaß.

Rechter Hand wird in der **Capela de Nossa Senhora das Dores** die Schmerzensmadonna verehrt. Bis weit ins 19. Jh. nahm hier alljährlich eine Prozession ihren Ausgang, der sich etliche Flagellanten anschlossen – Gläubige, die sich zur Buße selbst mit Peitschen geißelten. 1864 wurden derartige Praktiken vom Papst untersagt.

Forte de São Brás 11

Av. Infante Dom Henrique, www.exercito.pt/sites/musmilacores, Sommer Di–So 10–12.30, 13.30–18, Winter Di–So 10–17.30 Uhr, So/Mo/Fei geschl., 3 €, ermäßigt 1 €, Kinder 7–17 J. 1 €, bis 6 J. frei

Schutzpatron der trutzigen Hafenfestung ist der hl. Blasius. Den Grundriss des Renaissancebaus entwarf vermutlich 1567 der italienische Festungsbaumeister Tomazo Benedetto. Er war zuvor bereits im Auftrag von König Sebastião an der Befestigung von Funchal, der Hauptstadt Madeiras, beteiligt gewesen. Die Sicherung des Hafens war notwendig geworden, weil sich die Angriffe französischer und englischer Korsaren auf die Küsten der portugiesischen Atlantikinseln in der zweiten Hälfte des 16. Jh. zu häufen begannen. Das Gebäude beherbergt heute das **Museu Militar dos Açores**. Auf einem Rundgang durch die alten Gewölbe, verwinkelten Tunnelgänge und über die Wehrmauer zeigt es Uniformen, Waffen und verschiedenes militärisches Gerät aus dem 19. und 20. Jh.

Hafen

Der angrenzende Hafen ist der größte der Azoren. Erst die Erweiterung der schützenden Kaimauer auf rund 1300 m Länge machte ab 1965 die Anlage der Avenida Infante Dom Henrique möglich. Dort, wo diese breite Uferstraße vor der Skyline von Ponta Delgada verläuft, befand sich zuvor ein wellenumspülter Strand,

Ponta Delgada

auf den Fischer ihre kleinen Boote zogen.

Gruta do Carvão 12
Rua do Paim, ausgeschildert ab Umgehungsschnellstraße, Tel. 961 39 70 80, http://amigosdosacores.pt/grutadocarvao, Führungen Okt.–Mai Di–So 14.30, 15.30, 16.30 Uhr, Juni–Sept. zusätzlich 10.30 und 11.30 Uhr, 5 €, erm. 2,50 €

Auf einer Länge von 1650 m durchzieht die Lavaröhre Gruta do Carvão Ponta Delgada von Nordwest nach Südost. In starkem Gegensatz zu ihrer Länge ist sie nur etwa 8 m breit und maximal 6,4 m hoch. Ein Teilstück im oberen Bereich wurde bereits für Besucher zugänglich gemacht, ein weiterer Teil in Hafennähe soll folgen. Die ganze Palette an Strukturen, wie sie für Vulkanhöhlen typisch sind, ist hier zu sehen (s. S. 49). Schon der berühmte portugiesische Chronist Gaspar Frutuoso erwähnte im 16. Jh. die Höhle, die damals durch zwei Einsturzlöcher westlich der Festung São Brás betreten werden konnte.

Jardím António Borges 13,
Jardim do Palácio de Sant'Ana 14,
Jardim José do Canto 15
s. Entdeckungstour S. 92

Ponta Delgadas Strände
Die Badestrände von Ponta Delgada liegen im Stadtteil São Roque (3 km vom Zentrum, Busse von CRP und Varela). Dort laden bei der Kirche kleine Sandbuchten zum Strandtag ein. An der angrenzenden, etwas größeren **Praia das Melícias** steht das Aparthotel Barracuda (S. 96). Unmittelbar östlich folgt die weitgehend naturbelassene **Praia do Pópulo** (s. Abb. S. 99, mit Strandlokal). Während der Badesaison sind die Strände an den Wochenenden von Einheimischen stark frequentiert.

Übernachten

Einige moderne Großhotels mit allem Komfort, in denen vorwiegend skandinavische Reiseveranstalter ihre Gäste unterbringen, prägen die Skyline der Stadt hinter dem Jachthafen und an der Peripherie. Es gibt aber auch eine Reihe individueller Unterkünfte in zentral gelegenen Stadthäusern oder auf Landgütern in den Vororten Fajã de Baixo und Livramento. Während der Festa do Senhor Santo Cristo dos Milagres (s. S. 100) sind alle Hotels ausgebucht.

Am Meer – **Gaivota 1**: Av. Infante Dom Henrique 103, Tel. 296 30 25 10, www.hotelgaivota.com, DZ ab 80 €, Apartment für 2 Pers. um 100 €. Eines der ältesten Hotels von Ponta Delgada, komfortabel und zugleich relativ überschaubar. Renovierte Zimmer und Apartments – an der Vorderseite mit Balkon und Meerblick.

Designhotel – **Royal Garden 2**: Rua de Lisboa, Tel. 296 30 73 00, www.investa cor.com, DZ 90–130 €. Knapp 200 Zimmer, hell eingerichtet mit asiatischem Touch. Garten im japanischen Stil mit Teichen und Kaskaden. Ruhig und doch zentral.

Stilvoll – **Senhora da Rosa 3**: Fajã de Baixo, Rua Senhora da Rosa 3, Tel. 296 63 01 00, Fax 296 62 99 39, DZ 80–110 € (über Veranstalter). Landgut, zwischen Ananasplantagen, das über 28 komfortable Gästezimmer mit historischem Mobiliar verfügt. Zurzeit wegen Renovierung geschlossen.

Klein und fein – **Camões 4**: Largo de Camões 38, Tel. 296 20 95 80, www.hotelcamoes.com, DZ 70–80 €. Am Rand des historischen Kerns gelegenes 4-Sterne-Haus mit 38 Zimmern. Familiäres Ambiente. Die Einrichtung thematisiert die portugiesischen Entdeckungsfahrten. Mit Restaurant (HG ab 10 €). ▷ S. 96

Auf Entdeckungstour: Die Gärten und Parks der ›gentlemen farmers‹

Ponta Delgada ist eine grüne Stadt. Zu verdanken ist dies vor allem den reichen Landbesitzern des 19. Jh., die prachtvolle Gärten und Parks mit exotischer Bepflanzung anlegten. Auf ausgedehnten Spaziergängen lassen sich dort noch heute botanische Kostbarkeiten bestaunen.

Reisekarte: 6, D 3/4; **Cityplan:** S. 86
Dauer: ein ganzer Tag.
Startpunkt: Ponta Delgada, Südeingang des Parque António Borges (großer Parkplatz an der Rua Xavier).

Jardim António Borges 13 : Rua António Borges, Mo–Fr 9–20, Sa/So/Fei 9–21 Uhr, Eintritt frei.
Jardim do Palácio de Sant'Ana 14 : Rua José Jácome Correia s/n, Tel. 296 30 10 00, www.azores.gov.pt, April–Sept. Di–Fr 10–16, Sa 13–17, Okt.–März nur Sa 13–17 Uhr, 2 €, Ausweis muss an der Rezeption hinterlegt werden.
Jardim José do Canto 15 : Rua José do Canto 9, Tel. 296 65 03 10, www.jardimjosedocanto.com, Mai–Okt. tgl. 10–20, Nov.–April bis Sonnenuntergang, 2,50 €.
Pinhal da Paz: Fajã de Cima, www.azores.gov.pt, Nov.–Ende März Mo–Fr 8–16 Uhr, Sa/So geschl.; sonst Mo–Fr 8–18 (19), Sa/So 10–18 (20) Uhr, Eintritt frei, Taxi pro Strecke ca. 8 € (evtl. zuzüglich Wartezeit).

Die reichen und gebildeten Landbesitzer auf São Miguel, auch ›gentlemen farmers‹ genannt, mehrten im 19. Jh. mit dem Anbau und Export von Ananas, Orangen und Tabak ihr Vermögen. Manche von ihnen investierten hohe Summen, um – dem Geschmack der Zeit entsprechend – Parkanlagen im Stil englischer Landschaftsgärten, jedoch mit exotischer, dem milden Klima angepasster Bepflanzung zu schaffen. Dabei traten sie in einen Wettstreit um die neuesten botanischen Raritäten. Einige dieser Parks und Gärten sind heute öffentlich zugänglich.

Dschungelromantik

Beim Südeingang des **Jardim António Borges** 13 (s. Abb. S. 92), des Stadtparks von Ponta Delgada, erinnert ein Denkmal an seinen Gründer António Borges (1812–1880), einen bedeutenden Ananasproduzenten und Kosmopoliten. Regelmäßig bereiste er die europäischen Hauptstädte und ließ sich dort inspirieren. Sein mit Azulejos verziertes Gewächshaus, in dem er als einer der ersten Landwirte auf São Miguel mit der Aufzucht von Ananas experimentierte, steht noch rechts am unteren Gartenrand. Heute beherbergt es Bromelien.

Den südlichen, flacheren Teil des Parks prägt eine von Borges angelegte Sammlung verschiedener Palmenarten. Weiter oben ragt ein gewaltiger Gummibaum *(Ficus elastica)* auf. Auch dieser in Südostasien beheimatete Gigant stammt aus der Gründungszeit des Gartens. Mit seinen vielen Ästen wächst er mehr in die Breite als in die Höhe.

Darüber schließt eine romantische Fels- und Grottenlandschaft an. Während die Gärtner in Europa eine solche meist künstlich schaffen mussten, war sie hier durch einen Lavastrom und die Einsturzöffnungen einer Vulkanhöhle vorhanden. In den Senken mit hoher Luftfeuchtigkeit gedeihen Baumfarne, die ursprünglich in australischen Bergwäldern beheimatet waren. Rundherum stehen Araukarien – urwüchsige Nadelbäume aus Ozeanien und Südamerika. Ganz oben links führt neben einer Bougainvillea, eigentlich eine Kletterpflanze, hier aber mit viel Geduld zum Baum mit dickem Stamm erzogen, ein geheimnisvoller Höhlengang aufwärts zu einem Gartenhaus. Dessen Dachterrasse bot früher Aussicht zum Meer. Inzwischen sind die Bäume mächtig in die Höhe geschossen und der Blick fällt nur noch westwärts über die Dächer der Stadt.

Blumenteppiche

Nach Verlassen des Parque António Borges durch den oberen Ausgang wendet man sich nach rechts und erreicht – dem breiten Straßenzug Richtung Osten folgend – zunächst den **Jardim do Palácio de Sant'Ana** 14. Im Mitte des 19. Jh. von José Jácome Correia errichteten, klassizistischen Palácio de Sant'Ana befindet sich heute der offizielle Sitz des Präsidenten der Azoren. Das herrschaftliche Haus selbst ist folglich nicht zu besichtigen, wohl aber seit der Renovierung der zugehörige prachtvolle Garten. Ein Rundgang zweigt von der Palmenallee am Eingang schon bald links zu einem großen See ab, über dem Singvögel und Libellen schwirren. Den weiten Raum zwischen See und Palast füllen Blumenbeete aus, die mit ihrem vielfarbigen, sorgfältig komponierten Muster auf den Betrachter wie orientalische Teppiche wirken. Auch an der Westseite des Palastes sind Beetpflanzen in ähnlicher Weise angeordnet und liefern reichlich Fotomotive. Wer sich an den Ornamenten satt gesehen hat, kehrt durch die Hauptallee zum Eingang zurück und unternimmt vielleicht noch einmal einen Abstecher zum See, um auf einer der dortigen Parkbänke die Atmosphäre zu genießen.

Garten eines Pflanzensammlers

Gleich nebenan wartet der **Jardim José do Canto** 15 auf Besucher. Ab 1840 wurde er auf Ländereien angelegt, die den einflussreichen Vorfahren des Gründers schon im 15. Jh. zugefallen waren. Am Eingang ragt gleich rechts ein riesiger Neuseeländischer Weihnachtsbaum *(Metrosideros excelsa)* auf. Er blüht in seiner Heimat von Mitte Dezember bis Mitte Januar. Dieser Baum mit weißgrau behaarten Blättern und roten Blütenquasten ist auf den Azoren als Zierpflanze verbreitet. Sein extrem hartes Holz ist schwerer als Wasser, weshalb er auch Eisenholzbaum genannt wird.

Eine schattige Allee führt auf das **Denkmal für José do Canto** (1820–1898) zu. Der kulturell und wissenschaftlich sehr interessierte Mann lernte auf Reisen nach Paris und London die im 19. Jh. aktuellen Stilrichtungen des Gartenbaus kennen. Daraufhin engagierte er einen Landschaftsarchitekten aus England, um den Familienpark völlig neu zu gestalten, und entwickelte ihn anschließend jahrzehntelang weiter. So schön die Anlage immer noch ist, die einstige Vielfalt lässt sich nur noch erahnen. Mehr als 3000 Pflanzenarten und Sorten, für einen Privatgarten eine ungeheure Zahl, soll José do Canto zusammengetragen haben. Der gut erhaltene Baumbestand legt Zeugnis ab von seiner Sammelleidenschaft. Während er zunächst Ableger und Stecklinge aus den berühmten Kew Gardens bei London bezog, erhielt er bald Besuch von europäischen Gartendirektoren, die ihrerseits auf der Suche nach Raritäten waren.

An der linken Gartenseite steht – im viktorianischen Stil errichtet – die frühere Orangerie, heute ein Festpavillon. Weiter aufwärts passiert man einen gewaltigen Eukalyptus, dann einen Teebaum (Gattung *Melaleuca*), beide aus dem australasiatischen Raum. In einer verschwiegenen Ecke erinnert ein Denkmal an Carlos I., den vorletzten portugiesischen König, der 1901 São Miguel und bei dieser Gelegenheit auch den Jardim José do Canto besuchte. An weiteren riesigen Bäumen vorbei, darunter eine Kaurifichte *(Agathis australis)* aus Neuseeland, und durch ein Bambusdickicht erreicht man den **Palácio José do Canto**. Der klassizistische Bau, blieb bis auf den Ostflügel unvollendet. Vor dem Palast fällt der Blick von einem Aussichtsbalkon auf einen wahrhaft raumgreifenden, um 1845 gepflanzten Gummibaum, der die Ausmaße seines Artgenossen im Parque António Borges sogar noch übertrifft.

An der Rückseite des Palastes ist die Pension **Casa do Jardim** 7 (s. S. 96) zugänglich. Von der Nordostecke des Baus führen Treppenstufen hinab zu einer Rasenfläche, an der eine aus Neukaledonien stammende *Araucaria columnaris* steht. Wegen ihres schönen, säulenförmigen Wuchses ist sie heute in allen subtropischen Ländern als Zierbaum verbreitet. Nun geht es abwärts durch einen romantischen Gartenbereich, wo Palmen im Schatten höherer Bäume gedeihen. Der Goldbambus *(Bambusa vulgaris)*, dessen Halme eine Höhe von rund 15 m Höhe erreichen können, bildet hier einen dichten Bestand. Bald darauf verlässt man den Park dort, wo man ihn betreten hat.

Viel Abwechslung im Waldpark

Gleich gegenüber führt die Rua de Santana hinab Richtung Innenstadt. Dort bietet sich am Largo da Matriz die Cafeteria **Central** 9 zur Einkehr an. Am Nachmittag steht dann – per Mietwagen oder Taxi – ein Ausflug zum Waldpark **Pinhal da Paz** (▶ 6, D 4) nördlich der Stadt auf dem Programm. Dazu verlässt man die Umgehungsschnellstraße an der Anschlussstelle Fajã de Cima und fährt durch das Straßendorf aufwärts. Am Kreisverkehr oberhalb von Fajã de Cima folgt man der Beschilderung »Pinhal da Paz«. Schon ca. 500 m weiter ist die Zufahrt zu dem 49 ha großen Park erreicht, den Anfang des 20. Jh. António do Canto Brum, ein Spross der berühmten Adelsfamilie (s. S. 94), auf seinem Erbteil anlegte. Ursprünglich war er als Baumschule konzipiert. Doch schon bald erkannte der Gründer die Möglichkeiten, die ihm das durch scharfkantiges Vulkangestein gegliederte Gelände bot. Den vorhandenen Baumbestand aus Kiefern (port. *pinheiros*) und verschiedenen einheimischen Arten ergänzte er durch Japanische Sicheltannen (Kryptomerien), Eukalyptus und exotische Blütenbüsche. Darüber hinaus legte er Themengärten an.

Nach seinem Tod drohte die Anlage zu verwildern. 1988 erwarb die Azorenregierung den Pinhal da Paz und verwandelte ihn in ein Freizeitareal, wo einheimische Wochenendausflügler an Picknicktischen sitzen, Jogger und Mountainbiker ihre Runden auf einem 15 km langen Wegenetz drehen und sogar Konzerte stattfinden. Entsprechend großzügig wurde der Parkplatz ausgelegt.

Neben einer Tafel mit dem Lageplan des Parks beginnt eine Waldpiste, die bei einem Forsthaus auf einen breiten Weg trifft. An diesem reihen sich rechts die Themengärten. Der erste widmet sich den Kamelien. Im weiteren Verlauf säumen Azaleen, Klivien und Hortensien die Route und sorgen von Februar bis September für Blütenpracht.

Auf der rechten Seite verlockt ein Labyrinth zu einem Abstecher. Schmale Buchsbaumhecken trennen den ›richtigen‹ Weg von einer Vielzahl von Sackgassen. Gegenüber erstreckt sich der lauschige Farngarten. Schmale Pfade schlängeln sich zwischen kleinen Hügeln hindurch, auf denen vom winzigen, Teppiche bildenden Moosfarn bis hin zu gigantischen Baumfarnen eine erstaunliche Vielfalt an Arten gedeiht, u. a. Euphorbien und andere Sukkulenten, etwa Agaven oder Palmlilien. Die zerklüftete Oberfläche des Lavastroms ist für diese Trockenheit liebenden Pflanzen der ideale Standort.

Schließlich sollte man – an einer großen Freifläche vorbei – den Aufstieg zum höchsten Punkt des Parks nicht versäumen, wo ein **Miradouro** einen großartigen Blick auf Ponta Delgada bietet. Ein direkter Rückweg zum Parkplatz führt durch die nördliche, dicht bewaldete Zone des Pinhal da Paz.

São Miguel

Stadtidylle – **Casa Vitoriana 5**: Rua Dr. João Francisco de Sousa 34, Tel. 296 28 50 81, www.casavitoriana.com, DZ 70–110 €. Bürgerhaus aus dem 19. Jh. in Familienbesitz, mit Patio und kleiner Obstplantage. Antik eingerichtete Ferienwohnungen und Zimmer sowie ein Ferienhaus im Garten.

Zum Relaxen – **Quinta das Acácias 6**: Livramento, Rua da Lapinha 74, Tel. 296 64 21 66, www.quintadasacacias.net, Ferienhaus für 2 Pers. 65–100 €. Kleine Landhäuser mit Terrasse in einem herrschaftlichen Park. Ca. 8 km vom Stadtzentrum, 3 km vom Strand.

Im Palast wohnen – **Casa do Jardim 7**: Rua José do Canto 9, Tel. 296 65 03 10, www.residencialcasadojardim.com, DZ 52–72 €, je nach Jahreszeit. Pension im Palácio José do Canto (s. Entdeckungstour S. 92) mit freiem Parkzugang. Nette Zimmer, allerdings mit sehr kleinen Fenstern.

Pure Nostalgie – **Carvalho Araújo 8**: Rua Carvalho Araújo 63, Tel. 296 30 70 90, www.azoreshotelca.com, DZ 45–55 €. Pension mit neun recht komfortabel eingerichteten Zimmern. Familiäre Atmosphäre, ein wenig wie anno dazumal.

Hotel am Strand – **Barracuda 9**: Praia das Melícias, Tel. 296 38 14 21, www.hotel-barracuda.com, Apartment mit Frühstück für 2 Pers. 37–61 €. Aparthotel im klassischen Stil, drei Sterne, gefällige Architektur, alle Wohneinheiten mit Balkonen unmittelbar zum Meer. Wer nicht selbst kochen mag, kann im hauseigenen Restaurant essen. 4 km vom Stadtzentrum.

Essen & Trinken

Sehr gediegen – **Largo da Matriz/O Gato Mia 1**: Largo da Matriz 16, Tel. 296 28 71 26, Sa–Do 18–23 Uhr, Hauptgerichte ab 11 €, Menüs um 40 €. In der ersten Etage über der Cafeteria Central (s. S. 97). Ambitionierte Küche, korrekter Service. Schön die Tische für zwei Personen mit Blick auf den Kirchplatz (reservieren!).

Fischspezialist – **Mercado do Peixe 2**: Av. Infante D. Henrique 13/15, Tel. 296 28 12 41, tgl. 12–15, 18–23 Uhr, Hauptgerichte ab ca. 12 €, Edelfische und Meeresfrüchte ab 20 €. Originelles Kellerrestaurant mit großer Auswahl an Seafood aus einheimischen Gewässern. Schmackhafte *cataplana*. Abends oft Livemusik.

Jachtenblick – **Yacht Club 3**: Marina Poente, Loja 23, Tel. 2956 28 42 31, Pasta 10–11 €, frischer Fisch 15 €, Tagesangebot mit Getränk und Kaffee ca. 6,50 €. Hier sitzen Touristen und Einheimische einträchtig beieinander, um die innovativen Gerichte von Chefkoch Hugo Ferreira und den Blick auf den neueren Teil des Jachthafens zu genießen.

Ungezwungen – **Cervejaria Docas 4**: Portas do Mar, Loja 8, Tel. 296 70 20 00, tgl. 11–2 Uhr, Hauptgerichte ab ca. 10 €. Moderner Biergartenstil, der eine portugiesische Tradition aufnimmt. Auf der Speisekarte stehen Fleisch und Fisch.

Vegetarisch – **Rotas da ilha verde 5**: Rua Pedro Homem 49, Tel. 296 62 85 60, http://rotasilha.blogspot.com, Mo–Fr 12–15, 19–22, Sa 19–22 Uhr, So/Fei geschl., Hauptgerichte 10–13 €. Einziges rein vegetarisches Restaurant weit und breit. Trendige Speisekarte mit Köstlichkeiten wie Auberginen-Canelloni oder sautiertem Tofu, diverse Salate. Reservieren!

Unkompliziert – **Super Prato 6**: Rua Margarida de Chaves 18, Tel. 296 28 44 34, tgl. geöffnet, Hauptgerichte ab ca. 8 €, günstige Tagesgerichte. Modern und freundlich dekoriertes Restaurant mit vielen einheimischen Gästen. Auf den Tisch kommen Traditionsgerichte.

Ponta Delgada

Schlicht und gut – **Bom Apetite** 7 : Rua Tavares Resende 46, Tel. 296 28 55 08, Mo–Fr 11.30–15, 19–22, Sa 19–22 Uhr, Hauptgerichte ab 7 €. Existiert schon seit Jahrzehnten. Traditionsgerichte, etwa gegrilltes Haisteak.

Bewährt – **O Roberto** 8 : Av. Infante D. Henrique 14, Tel. 296 28 37 69, http://orobertorestaurante.wix.com, So–Fr 12–15, 18.30–23 Uhr, Hauptgerichte ab 10 €, Edelfische um 13 €. Stylisher Wintergarten an der Uferstraße. Trotz der Nähe zum Hafen mehr auf Fleischküche konzentriert, u. a. Steak-Varianten. Auf günstige Menüangebote achten.

Mitten im Geschehen – **Central** 9 : Largo da Matriz 15, tgl. bis 23 Uhr. Die Tische der Cafeteria stehen auf dem autofreien Kirchplatz. ›Leute gucken‹ ist hier angesagt, manchmal bei Livemusik. Bestellungen werden am Tresen aufgegeben. Günstige Tageseller (um 7 €), etwa Sardinen vom Grill, Snacks 2–5 €, Salatbuffet.

Einfach und gut – **Adega Regional** 10 : Rua do Melo 70, Tel. 296 28 47 40, So geschl., Hauptgerichte ab 8 €. Ein Lesertipp: Familiäre Atmosphäre, besonders lecker ist der Fisch aus dem Tagesfang.

Klassiker – **Nacional** 11 : Rua Acoreano Oriental 18, Tel. 296 62 99 49, http://restaurantenacional.pai.pt/, Hauptgerichte ab 8 €. Ein Dauerbrenner im historischen Stadtkern. Gediegene azorianische Küche, angenehmer Service, gemütliches Ambiente.

Einkaufen

Antiquarische Bücher – Falls die Urlaubslektüre ausgegangen ist: In der **Rua do Diário dos Açores** reihen sich mehrere antiquarische Buchhandlungen aneinander, in der sich auch deutschsprachige Unterhaltungsliteratur aufstöbern lässt.

Mein Tipp

Käse & Co. frisch vom Markt
Ponta Delgadas zentrale Markthalle blickt auf eine lange Tradition zurück. Der **Mercado da Graça** 4 wurde schon 1848 errichtet und Ende des 20. Jh. modernisiert. Eine Riesenauswahl an Käse von den Azoren bietet O Rei dos Queijos, der Laden des ›Käsekönigs‹ Carlos Bernardo. Andere Händler halten erntefrisches Obst und Gemüse bereit. Vieles stammt von Landwirten auf São Miguel, vor allem natürlich die berühmte Ananas (Rua do Mercado, Tel. 296 28 26 63, Mo–Do 7–18, Fr 7–19, Sa 7–14 Uhr).

Kunsthandwerk – **Loja Açores** 1 : Portas do Mar, Loja 15, Tel. 296 28 13 89, tgl. 10–22 Uhr geöffnet. Souvenirs von den Inseln: Kerzenständer aus Vulkangestein, Lavaschmuck, Maisstrohpuppen. Dazu Kulinarisches wie Tee oder Käse. Wechselnde Kunstausstellungen.

Atlantikseglerflair – **Loja do Peter** 2 : Portas do Mar, Loja 13, Tel. 296 28 50 96, www.petercafesport.com, Mo–Do, So 10–22, Fr/Sa 10–23 Uhr. Filiale des Shops von Peter Café Sport auf der Insel Faial (s. S. 168). Klamotten, Sport- und Geschenkartikel mit dem kultigen Wal-Logo (s. S. 78).

Shoppingcenter – **Parque Atlántico** 3 : Rua da Juventude, www.parqueatlanticoshopping.pt. Geschäfte So–Do 10–22, Fr, Sa u. vor Feiertagen 10–23, Supermarkt Mo–Do 9–22, Fr 9–23, Sa und vor Feiertagen 8.30–23, So 8.30–22 Uhr. Größtes Einkaufszentrum der Azoren mit zahlreichen Geschäften für Mode, Einrichtungsgegenstände, Sportartikel, Elektro-

São Miguel

nikgeräte und vieles mehr. Im OG eine Fastfood-Oase (regionale, asiatische, italienische Küche u. a.).

Aktiv

Zweiräder – **ANC Moto-Rent** 1 : Av. Dr. João Bosco Mota Amaral (Kiosk gegenüber Hotel Marina Atlântico), Tel. 967 30 99 09, www.ancmotorent.com. Vermietet Fahrräder (10–20 € pro Tag), Scooter (ab ca. 35 €), Motorräder (ab ca. 45 €). Geführte Quad-Tour inkl. Mittagessen ca. 70 € pro Person. **Nuno Vasco Carvalho** 2 : Rua António Joaquim Nunes Silva 55, Tel. 296 62 83 04. Mountainbikes für Erw. 10 € pro Tag, Juniorräder 6 €, Scooter der Marken Yamaha/Honda rund 25 €.
Walbeobachtung – **Moby-DickTours** 3 : Marina Poente, Tel. 296 58 36 43, www.mobydicktours.com. Ausfahrten zum Whalewatching bis in Gewässer außerhalb der 6-Meilen-Zone, wo die Sichtungschancen besonders groß sind, 35 € pro Person. **Futurismo** 4 : Marina Nascente, www.futurismo.pt. Punktet mit dem Festrumpfboot Cetus. Vor der Ausfahrt Einführung mit Vorstellung der rund um die Azoren vorkommenden Wale, Walbeobachtung Halbtags 55 €, Ganztagestouren 75 €.
Sightseeing – **Lagarta** 5 : Av. Infante Dom Henrique, Tel. 296 62 94 46, www.lagarta.net. Der witzige Minizug star- tet vor dem Forte de São Brás im Sommer tgl., Okt.–Mai nur Sa/So/Fei zu fünf verschiedenen, einstündigen Thementouren durch die Stadt, je 5 €. Fahrtbegleitender Kommentar auf Englisch.
Baden – **Piscinas Municipais de São Pedro** 6 : Portas do Mar, 2,50 €, Kinder 1 €. Städtisches Schwimmbad mit diversen Pools, Rutsche, Sonnendeck.
Piscina Natural Portas do Mar 7 : Portas do Mar, Juni–Sept. tgl. 10–18.30 Uhr, 1 € pro Tag, Kinder ab 4 J. 0,60 €. Betonliegeflächen und Einstiege in das Hafenbecken der Marina Pêro de Teive.
Glasbodenboot – **SeaBottom** 8 : Marina Portas do Mar, Tel. 296 30 20 30, www.seabottomazores.com. Tägliche Ausfahrten um 10.30 und 14.30 Uhr, wenn mindestens 6 Passagiere zusammenkommen. Je nach Wind und Wellen geht es in westlicher oder östlicher Richtung an der Küste entlang. Einstündige Fahrt pro Person 10–20 €, Kinder 4–11 J. 10–20 €.

Abends & Nachts

Ponta Delgada bietet das aufregendste Nightlife der Azoren. Im Stil des großen Vorbilds Lissabon werden am Wochenende die *noites* (Nächte) zum Tage gemacht. Vor Mitternacht lohnt sich das Kommen in den angesagten Bars und Discos kaum. Am meisten los ist im Sommer, speziell im August. Brennpunkte sind die **Portas do Mar** und die **Rua da Cruz/Rua Diário dos Açores**.

Azoren neu interpretiert – **Baía dos Anjos** 1 : Portas do Mar, Loja 22 (Marina Poente), Tel. 296 09 81 19, www.baiadosanjos.com, tgl. 8–6 Uhr. Einer der Hotspots des Nachtlebens von Ponta Delgada. Jeden Donnerstagabend wird ein Event mit DJ oder live geboten. Beim monatlich wechselnden Motto spielen Kunst und Kultur der Inseln eine wichtige Rolle. Dazu gibt es jeweils passende kleine Speisen und Getränke.

Jung und ungezwungen – **Bar do Pi** 2 : Portas do Mar, Loja 1, Tel. 916 46 79 46, www.facebook.com/bardopi, tgl. 14–4 Uhr. Lebhafte Bar an der Mo-

Die weitläufige Praia do Pópulo im Stadtteil São Roque hat auch ein Café mit Meerblick

São Miguel

Internetzugang in Ponta Delgada
In den Einkaufszentren Solmar Avenida und Parque Atlântico (s. Plan S. 86) gibt es Internetpoints (1 bzw. 2 € pro halbe Stunde) und es ist WLAN gebührenfrei verfügbar (Infos jeweils an der Rezeption). Gratis-WLAN außerdem vielen Cafés und Restaurants sowie am Flughafen (dort auch Computer gegen Gebühr).

lenspitze, mit Superausblick von der Terrasse und minimalistischem Ambiente. Am Wochenende oft Events. Gratis-WLAN.
Trendiges Kneipenrestaurant – **Sports one Café 3**: Rua do Diario dos Açores 16. Trendiger Treffpunkt mit Tischen in der Fußgängerzone. Wer zu später Stunde noch etwas essen möchte, kann Pasta und andere kleine Gerichte bestellen. Auf Facebook zu finden.
Antikes Flair – **Colégio 27 4**: Rua Carvalho Araújo 27, Tel. 296 28 89 30, http://colegio27.com, Mo geschl. Stilvolle Lounge in 400 Jahre altem Gebäude, das früher eine Pferdezucht und eine Salzfabrik beherbergte. Auch Restaurant (Fusion-Küche). Nach dem Dinner geht es musikalisch zur Sache: Jazz, Afro-Kubanisches, Funk. Live-Performances jeden Mi/Do 23–2 Uhr.
Theater – **Coliseu Micaelense 5**: Rua de Lisboa, Tel. 296 20 95 00, www.coliseumicaelense.pt. Seit 1917 eine feste Größe in Ponta Delgada. Vorstellungen meist samstags: Oper, Operette, Varieté, Ballett, Zirkus. Auch Tanzbälle. Vorverkauf an der Theaterkasse Mo–Sa 13–20 Uhr.

Infos & Termine

Delegação de Turismo de São Miguel: 9500-150 Ponta Delgada, Av. Infante Dom Henrique, Tel. 296 28 57 43, Fax 296 30 86 10, turismoacores@visitazores.travel, www.visitazores.com, Mo–Fr 9–18, Sa 9–13 Uhr. Informationsbüro der Azorenregierung. Filiale am Flughafen: Tel. 296 28 45 69.
Festa do Senhor Santo Cristo dos Milagres: fünf Wochen nach Ostern, www.santo-cristo.com. Das aufwendigste Fest der Azoren lockt Tausende von Gläubigen an, auch viele Emigranten. Ausgehend vom Convento da Esperança (s. S. 89) zieht am Samstag eine Prozession rund um den mit Blumenteppichen ausgelegten Campo São Francisco. Anschließend bringen die Teilnehmer Kerzen und Geschenke als Opfer dar. Am Sonntag liest der Bischof von Terceira eine Messe auf dem Platz. Tagelang geht es in der Innenstadt fast rund um die Uhr lebhaft zu. *Tasquinhas* (Buden) verkaufen schmackhafte regionale Snacks auf die Hand. Legendär ist der Lichterschmuck an Kirchen und Palästen.
Wine in Azores: Wochenende im Okt., www.wineinazores.com, Gourmetmesse an den Portas do Mar. Restaurants und Bars bieten Fischspezialitäten und Cocktails an; Showcooking und Workshops. Rund 100 Weinproduzenten aus ganz Portugal laden zum Probieren ein. Abends Musikprogramm.
Flugzeug: Flughafen 3 km westlich des Stadtzentrums. Taxi ca. 10–13 €. Keine direkte Busanbindung. Linien der AVM und Minibus A (s. S. 101) halten 1 km entfernt im Ortsteil Ramalho oberhalb des alten Flughafengebäudes am östlichen Ende der Landebahn (zum neuen Terminal 15 Min. zu Fuß). Stadtbüro der SATA: Av. Infante Dom Henrique 55, Tel. 296 20 97 00, Mo–Fr 9–17.15 Uhr.
Fähre: Autofähren der Atlânticoline ab Portas do Mar. Tickets online, am

Ponta Delg

Hafenschalter (ab 1,5 Std. vor Abfahrt) oder in Reisebüros.
Überlandbusse: Endstation der meisten Linien an der Av. Infante Dom Henrique nahe Tourismusbüro. Weitere Infos s. S. 84.
Stadtbusse: Ab Praça Vasco da Gama drehen drei Minibuslinien (A, B und C) Mo–Fr 7.30–19.30 Uhr Runden durch das Stadtzentrum (ca. alle 15 Min.); Tickets beim Fahrer Einzelfahrt 0,50 €, 10er-Block 4 €; In die Außenbezirke fahren Überlandbusse (s. o.).
Taxis: Praça Gonçalo Velho Cabral (Tel. 296 20 50 50), Praça Vasco da Gama (Tel. 296 65 21 28).
Mietwagen: Büros von Ilha Verde (www.ilhaverde.com) am Campo São Francisco 19 (Tel. 296 30 48 00) und im Einkaufszentrum Solmar an der Av. Infante Dom Henrique (Tel. 296 30 48 58). Weitere Anbieter entlang der Av. Infante Dom Henrique.

Am Stadtrand

Plantação de Ananases ›Augusto Arruda‹ ▶ 6, D 3
Fajã de Baixo (ab der Kirche ausgeschildert), Rua Dr. Augusto Arruda, Tel. 296 38 44 38, Bus 304, 306 (Varela), Taxi ab Innenstadt ca. 5 €; Mai–Sept. tgl. 9–20, Okt.–April 9–18 Uhr, Eintritt frei

Als es im 19. Jh. zum raschen Niedergang der Orangenproduktion kam, entdeckten die Farmer von São Miguel die Ananas als neues Exportprodukt. 1864 entstand die erste von vielen Ananasplantagen, die seither das Bild in einigen Außenbezirken von Ponta Delgada prägen, speziell in Fajã de Baixo. Zu erkennen sind sie an den altmodischen Gewächshäusern, die sich meist hinter hohen Mauern verbergen. Viele von ihnen sind inzwischen der Bautätigkeit zum Opfer ge-

In der Plantação ›Arruda‹ können sich Besucher ein Bild vom Ananasanbau machen

fallen, auch weil sich der Anbau nicht mehr recht lohnte. Die Plantação de Ananases ›Augusto Arruda‹ ist einen anderen Weg gegangen. Sie öffnete ihre Pforten für interessierte Besucher.

Der Rundgang durch die Plantage veranschaulicht die komplizierte Aufzucht. Für die empfindliche Tropenfrucht ist das Klima auf São Miguel keineswegs ideal. Nur der aufwendige Anbau im Treibhaus gewährleistet eine ganzjährige Ernte. So erklärt sich der relativ hohe Preis der Früchte. Die Jungpflanzen, durch Ableger gewonnen, stehen zunächst ein halbes Jahr in den *estufins* (Frühbeeten) bei rund 30 °C und müssen täglich bewässert werden. Anschließend kommen sie in die großen Treibhäuser (*estufas*), wo sie vier Monate später an mehreren aufeinanderfolgenden Abenden durch ein schwelendes Feuer geräuchert werden, um den Blütenansatz anzuregen. Acht Monate nach dieser Prozedur erfolgt die Ernte. Zwar erreicht die Azoren-Ananas keine sonderliche Süße, dafür aber ein beachtliches Aroma. Davon kann sich jeder bei der Probe verschiedener Ananasprodukte (Likör, Schnaps, Marmelade, Saft) im angeschlossenen Shop überzeugen.

Caldeira das Sete Cidades! ▶ 6, B/C 2

Von Ponta Delgada aus bestehen zwei Möglichkeiten, sich diesem eindrucksvollsten Einsturzkrater der Azoren mit seinen berühmten Seen zu nähern. Fährt man auf der EN 1 an der Küste entlang, lohnt hinter Relva ein Stopp am **Miradouro do Caminho Novo.** Der dortige Aussichtsturm bietet einen schönen Blick über ein Mosaik von Maisfeldern und saftigen Weiden hinweg zum Meer und zum Flughafen. Auch bietet sich hier die Gelegenheit zu einer lohnenden Wanderung (s. u.). Kurz vor Feiteiras biegt man dann in eine von Hortensien und Sicheltannen gesäumte Nebenstrecke Richtung Vista do Rei ein. Die weiter landeinwärts über Arrifes verlaufende Alternativstrecke ER 8 passiert auf ihrem Anstieg zur Serra Devassadem einen beliebten Aussichtspunkt, von dem man weit über die Nordküste schaut. Dann folgt der Panorama-Miradouro am Gipfel des **Pico do Carvão**, erreichbar über eine steile Piste (Schild: Lagoa Empadada). Unbestritten die schönste Aussicht bietet sich allerdings von der **Vista do Rei** (›Königsblick‹) über die Caldeira hinweg. Der Miradouro wurde anlässlich des Besuchs von König Carlos I. auf den Azoren 1901 angelegt.

An der breitesten Stelle misst der Kessel 5 km im Durchmesser, als höchster Berg des Kraterrands ragt im Osten der **Pico das Éguas** 873 m auf. Die Caldeira steht heute komplett unter Naturschutz, nicht zuletzt wegen der an den steilen Innenwänden noch gut erhaltenen ursprünglichen Vegetation.

Wanderung auf dem PRC 20 SMI Rocha da Relva

2,5 Std. inklusive Rückweg, leicht
Am Parkplatz beim Miradouro do Caminho Novo (s. o.) beginnt ein schmaler Fahrweg, der nach 800 m bei einem Parkplatz in den offiziellen Wanderweg PRC 20 SMI Rocha da Relva überleitet. Der gut ausgebaute Weg erschließt eine spektakuläre Küstenlandschaft. An einer Felswand entlang geht es sanft abwärts zu einer

Caldeira das Sete Cidades

fajã. Während schmale Strandebenen wie diese auf der Insel São Jorge häufig zu finden sind, haben sie auf São Miguel Seltenheitswert. Dank des günstigen Mikroklimas gedeihen hier Obstbäume und Weinreben. In winzigen Häusern, den *adegas*, verbringen die Winzer ihre Wochenenden und lagern die Weinfässer.

Erholung an den Kraterseen
Baden ist in den Seen der Caldeira das Sete Cidades nicht üblich. Allerdings wurden Süßwasserfische angesiedelt und am Wochenende angeln Einheimische von den Ufern aus. Damit die ganze Familie dabei Spaß hat, gibt es Picknickplätze mit Grillstellen, Spiel- und Liegewiesen.

Die Kraterseen

Der Kesselgrund entstand nicht durch plötzlichen Einsturz, sondern durch eine Reihe von Einbrüchen. Mehrere unterschiedlich hoch gelegene Kraterseen spiegeln diese Entwicklung wider. Die beiden größten, **Lagoa Azul** (›Blauer See‹) und **Lagoa Verde** (›Grüner See‹), sind miteinander wie zu einer Acht verbunden.

Auf der landschaftlich besonders reizvollen Fahrt von der Vista do Rei hinab Richtung Sete Cidades folgt der **Miradouro do Cerrado das Freiras,** nochmals mit Sicht auf beide Seen. Vom **Miradouro da Lagoa de Santiago** genießt man dagegen einen genialen Blick auf einen kleineren, von stillem Wald umgegebenen Kratersee. Dann wird die Brücke zwischen Lagoa Azul und Lagoa Verde erreicht – obligatorischer Haltepunkt aller Ausflugsfahrten in dieses Gebiet.

Eine traurige Legende rankt sich um die Seen. Es habe einst im Atlantik einen ganzen Kontinent gegeben, über den ein lange kinderloses Königspaar herrschte. Schließlich prophezeite ein Engel dem König die Geburt einer Tochter. Diese dürfe er aber nicht zu Gesicht bekommen, bevor sie erwachsen sei, andernfalls würde sein Reich untergehen. Tatsächlich wurde dem Paar ein Mädchen geboren. Es kam in die Obhut einer Amme und wuchs in den ›sieben Städten‹ (port. *sete ci-*

dades) auf, fern von den Eltern. Viele Jahre hielt sich der König an die harte Bedingung. Als jedoch sein Lebensende nahte, wollte er seine Tochter unbedingt sehen und so verschaffte er sich gewaltsam Einlass in die befestigten Städte. In diesem Augenblick erschütterten gewaltige Erdbeben und Vulkanausbrüche den Kontinent, der in tausend Teile zerbrach und im Meer versank. Nur die neun Azoreninseln blieben übrig. Es heißt, die grünen Pantoffeln der Prinzessin seien in der Lagoa Verde und ihr blauer Hut in der Lagoa Azul versunken – so hätten die Seen ihre Farben erhalten. Die wissenschaftliche Begründung lautet, dass in der kleineren, schon stärker verlandeten Lagoa Verde mehr Algen und andere Wasserpflanzen wachsen als in der Lagoa Azul.

Rund um die Caldeira nach Sete Cidades

Dauer: 3 Std., leicht; kein Busanschluss, An- und Abfahrt erfolgen am besten per Taxi

Der als **PR 4 SMI** markierte Panoramaweg führt auf dem Kraterrand der Caldeira das Sete Cidades entlang und steigt dann steil abwärts nach Sete Cidades. Ausgangspunkt ist ein Wegweiser an der östlichen Nebenstrecke von Ponta Delgada nach Sete Cidades

São Miguel

Abstieg vom Kraterrand der Caldeira nach Sete Cidades

(s. S. 102), kurz vor dem Waldfreizeitpark Mata do Canário. Ein Aquädukt begleitet den zu Beginn noch kurzzeitig asphaltierten Weg. Am Waldrand schwenkt die Route links in eine Piste ein, die steil aufwärts zum höchsten Punkt des nördlichen Caldeira-Rands bei etwa 800 m führt. Dann verliert der Weg in sanftem Auf und Ab allmählich an Höhe. Zuletzt verlässt man den Kraterrand, um steil zur Lagoa Azul abzusteigen. Kurz darauf ist das kleine Ortszentrum von Sete Cidades erreicht.

Sete Cidades ▸ 6, B 2

Das Dorf am Westufer der Lagoa Azul besteht vorwiegend aus Wochenendhäusern entlang rechtwinkliger Straßenzüge. Am nordwestlichen Ortsrand erhebt sich die neogotische **Igreja Saõ Nicolau** (Rua da Igreja). Zu ihrem Eingang führt eine Allee durch einen idyllischen kleinen Park. Immer schmücken Blumen den schlichten Innenraum. Links neben dem Altar steht eine Figur des hl. Nikolaus. In der von einem ortsansässigen Offizier gestifteten Kirche wurde 1857 die erste Messe gelesen.

Wesentlich bescheidener präsentiert sich schräg gegenüber bei der Bushaltestelle der winzige Império (Heiliggeisttempel) des Ortes. Der gedrungene Natursteinbau ist zwischen zwei Häusern (Rua da Igreja 16 und 18) leicht zu übersehen. Beachtung verdienen in der Nähe auch die auf Pfähle gesetzten Getreidespeicher, die sogenannten *espigueiros* (s. S. 63).

Essen & Trinken

Inseltypische Hausmannskost – **Lagoa Azul:** Rua da Caridade 18, Tel. 296 91 56 78, tgl. 7–2 Uhr, Buffet 11 €. In dem familiengeführten Restaurant gibt es jeden Fr/Sa ein gut bestücktes Mittagsbuffet mit einheimischen Gerichten, an anderen Tagen Hausmannskost. Weitere Infos auf Facebook.

Zentraler Treff – **Esplanada São Nicolau:** R 9-1a, tgl. geöffnet, kleine Mahlzeiten um 5 €, Snacks um 2,50 €, Sandwiches um 1,50 €. Terrassenbar bei der Kirche, wo sich gern Wanderer niederlassen. Selbstbedienung.

Wandern – **PRC 33 SMI Atalho dos Vermelhos:** www.trails-azores.com. Der beschilderte und markierte Rundweg (2 Std., leicht) beginnt in dem kleinen Ort João Bom an der Regionalstraße am Parkplatz beim Café Baleia Azul (Tel. 296 91 76 12, Snacks 1–2 €, WLAN) und erschließt u. a. den oberen Rand der Steilküste, wo zahlreiche endemische Pflanzen gedeihen.

Infos

Casa do Parque da Lagoa das Sete Cidades: am Westufer der Lagoa Azul, Tel.

295 24 90 15, http://parquesnaturais. azores.gov.pt, tgl. 9–16 Uhr. Informationen über die 23 Schutzgebiete, die den Naturpark São Miguel bilden, auch über Wanderwege. Mit Shop.

Mosteiros und die Westküste ▶ 6, B/C 1/2

Das Fischerdorf Mosteiros punktet mit zwei attraktiven Badeplätzen. Am Südwestrand der Siedlung erstreckt sich ein halbmondförmiger, oft der Brandung recht stark ausgesetzter Sandstrand (im Sommer 11–19 Uhr bewacht). Ihm sind Felsen vorgelagert, die an ein Kloster (port. *mosteiro*) mit einer Gruppe von Mönchen erinnern. Am Nordrand von Mosteiros liegen die **Piscinas naturais,** eine felsige Uferzone mit vielen kleinen Naturpools zwischen den Klippen.

Ponta da Ferraria ▶ 6, B 2

Wegen ihrer landschaftlichen Besonderheit wurde die Westspitze von São Miguel zum Naturdenkmal erklärt. Die Küstenebene mit Miniatur-Vulkankegel verdankt ihre Entstehung einem Lavastrom, den vor rund 900 Jahren der angrenzende Pico das Camarinhas, ein schwarzer Aschevulkan, entsandte. Heiße Thermalquellen erinnern daran, dass der Vulkanismus keineswegs völlig erloschen ist. Vom einsam gelegenen Kurhaus, den Termas da Ferraria, führt ein kurzer Fußweg Richtung Süden, wo eine dieser Quellen unter der Meeresoberfläche sprudelt. Die Wassertemperatur in der kleinen Badebucht (unbewacht, mit Strandbar) schwankt zwischen 18 °C bei Hochwasser und erstaunlichen 28 °C bei Niedrigwasser.

Übernachten

Mosteiros hat keine Hotels oder Pensionen, aber einige private Übernachtungsmöglichkeiten bei deutschsprachigen Vermietern in der bäuerlichen Umgebung und den Nachbardörfern **Ginetes** (▶ 6, B 2) und **Bretanha** (▶ 6, C 1). Zimmer (DZ ab 25 €), Ferienwohnungen und kleine Häuser (für 2 Pers. ab 25–85 €). Infos und Buchung:
www.ferienparadies-azoren.de
www.azoren-fassbinder.com
www.urlaub-azoren.de
www.captainslodge.com
www.casa-anneliese.de
www.quintahibiscus.com

Essen & Trinken

Schöne Aussicht – **Gazcidla:** Rua da Ponta 16, Tel. 296 91 54 69, tgl. 6–24 Uhr, Hauptgerichte ca. 10–12 €. Vom Speiseraum Panoramablick über die Küste. Einfaches Ambiente, aber ordentliche Küche. Empfehlenswert als Vorspeise *lapas*, als Hauptgericht geschmorter Oktopus oder Stockfisch.
Sonnenterrasse – **Brisa do Mar:** Mosteiros, Rua das Pensões, Tel. 296 91 54 96, Hauptgerichte ab 6 €. Beliebtes Ausflugslokal in der Nähe der Piscinas naturais. Das Angebot orientiert sich am Geschmack der Amerika-Emigranten: Gegrilltes mit Pommes sowie Tintenfisch und diverse Meeresfrüchte.

Aktiv

Reiten – **Quinta das Raiadas:** Ginetes, Estrada Regional 54, Tel. 917 78 28 36, www.quintadasraiadas.com. Halb- oder ganztägige Ausritte nach Sete Cidades oder durch die von Feldwegen durchzogene Weidelandschaft der Umgebung (40–75 €). Auch Kutschfahrten (ganztägig mit Mittagessen Erw. 50 €, Kinder 25 €).

São Miguel

Spa – **Termas da Ferraria:** Ginetes, Ponta da Ferraria, Rua Ilha Sabrina, Tel. 296 29 56 69, www.termasferraria.com, Di–So 10–19 Uhr, Mo geschl. außer Fei (dann Di geschl.), auf Anfrage Exklusivmiete. Zwei warme Thermalquellen wie auch der kühle Atlantik speisen Indoor- und Outdoorpools der Wellnessoase. Auch Jacuzzi, Sauna, Dampfbad, div. Anwendungen. Tagesprogramme ab 90 €. Mit Restaurant (Di–Do 12–15, Fr–So 12–15, 19–22 Uhr, Hauptgerichte ab 12 €, vegetarische Gerichte ab 8 €; Fusion-Küche, am Wochenende im Sommer Themenabende und Konzerte).

Santo António und Capelas ▶ 6, C/D 2

An der Nordküste beim agrarisch geprägten Dorf **Santo António** und dem vergleichsweise fast urban wirkenden **Capelas** (s. a. Lieblingsort S. 108) ist das Ufer vorwiegend felsig, während sich im hügeligen Hinterland kleine Bauernhöfe zwischen saftig grünen Viehweiden verteilen. Vom **Miradouro do Santo António** zwischen den beiden Orten schweift der Blick weit nach Osten bis hinüber nach Ribeira Grande.

Oficina-Museu das Capelas
Capelas, Rua do Loural 56, Tel. 296 29 82 02, Mo–Sa 9–12, 13–18 Uhr, 2 €
In einem hübsch restaurierten Häusergruppe im Zentrum hat der einheimische Künstler Manuel João Melo mit viel Engagement traditionelle Werkstätten und Geschäfte nachgestellt: Zu sehen gibt es eine Töpferei, eine Schmiede, eine Barbierstube, ein Lebensmittelgeschäft und sogar einen Papierwarenladen mit Zeitungen von 1907. Außerdem zeigt er seine Blumenbilder.

Übernachten

Modernst gestylt – **Vale do Navio:** Capelas, Rua do Navio 47, Tel. 296 98 00 90, www.hotelvaledonavio.com, DZ 60–90 €. Schickes Hotel in Meeresnähe, 75 komfortable Zimmer. Meerwasserpool, Spa mit Hallenbad, Sauna und Jacuzzi. Mit Halbpensionsrestaurant und Bar.
Herrschaftlich – **Solar do Conde:** Capelas, Rua do Rosário 36, Tel. 296 29 88 87, www.hotelsolardoconde.com, Bungalow oder Suite für 2 Pers. 60–150 €, je nach Ausstattung und Saison. Adelssitz (17. Jh.) mit 2,5 ha großem, artenreich bepflanztem Garten, in dem sich kleine Häuser mit gut ausgestatteten Ferienwohnungen verteilen. Haupthaus mit 27 Zimmern, Salon, Bar, Restaurant und Außenpool.
Auf dem Gutshof – **Casa do Monte:** Santo António, Estrada Regional 2, Tel. 296 29 81 44, www.casasacorianas.com/azores/houses/casa-do-monte, DZ 45–70 €. Eine Allee aus Platanen und Hortensien empfängt Besucher des 300 Jahre alten Gutshauses. Fünf stilvolle Zimmer, Fahrradverleih, Reitgelegenheit.

Essen & Trinken

Bodenständig – **O Emigrante:** Capelas, Largo do Rossio 24, Tel. 296 29 88 47, tgl. 7–22 Uhr, Hauptgerichte ab ca. 6 €. Mit regionalen Spezialitäten (u. a. Fisch, Grillhähnchen und *cozido*) richtet sich das zentral gelegene Restaurant (nicht nur) an urlaubende Emigranten.

Rabo de Peixe ▶ 6, E 3

Über den eher ärmlich wirkenden Ort (7500 Einw.) mit dem größten Fischereihafen der Azoren rümpfen die übrigen Inselbewohner ein wenig die Nase, wohl auch wegen des durchdringenden Geruchs, den eine Thunfischdosenfabrik verströmt. Ganz anders die Umgebung, eine Parklandschaft mit herrschaftlichen Villen, beginnend bei **Fenais da Luz** (▶ 6, D 2) im Westen bis nach **Santana** (▶ 6, E 3) im Osten. In dem ansonsten eher unscheinbaren Dorf Santana ist der Viehmarkt am Donnerstagvormittag ein echtes Spektakel. Pferde und Rinder, Schweine, Hühner und Jagdhunde wechseln dort den Besitzer, es wird gefeilscht und gefachsimpelt.

Übernachten

Im Garten – **Quinta de Santana:** Santana, Canada da Meca 4, Tel. 296 49 12 41, www.qsantana.com, Apartment für 2 Pers. 80–120 €. Hübsche Anlage mit 21 Wohneinheiten, die unterschiedlich schön liegen. Auf Blick in den tropischen Obstgarten achten. Pool, rustikales Restaurant.

Essen & Trinken

Tagesfang – **O Pescador:** Rabo de Peixe, Rua do Biscoito 1, Tel. 296 49 20 11, So geschl., Mo nur mittags geöffnet, Hauptgerichte ab ca. 9 €, auch günstige Tagesmenüs. Eines der renommiertesten Fischrestaurants der Insel, trotz der wenig einladenden Nähe der Thunfischfabrik am östlichen Ortsrand. Tiefgefrorener Fisch ist verpönt, die Ware kommt frisch vom Boot.

Aktiv

Golf – **Batalha Golf:** Aflitos, Rua Bom Jesús, Tel. 296 49 85 40, www.azoresgolfislands.com. Einer der landschaftlich schönsten und größten Golfplätze ganz Portugals. Kombination aus drei 9-Loch-Bahnen, eine Herausforderung auch für Fortgeschrittene. Mehrfach fanden hier schon internationale Turniere statt. Greenfee 50–80 €.

Ribeira Grande

▶ 6, F 2/3

Der zweitgrößte Inselort (10 000 Einw.) war wegen des namengebenden ›großen Flusses‹ schon für die ersten Siedler im 15. Jh. attraktiv. An seinem Lauf installierten sie etliche Wassermühlen zum Mahlen von Getreide. Sie sind heute in den **Jardim do Paraíso** einbezogen, eine Parkanlage, die von der Innenstadt zum Meer beidseitig die Flussufer säumt.

Bereits 1507 verlieh König Manuel I. Ribeira Grande die Stadtrechte einer *vila*. Um 1800 begann ein Aufschwung mit der Einführung der Leinen- und Wollweberei durch französische Einwanderer, die mit großen Manufakturen in ihrer Heimat kooperierten. Noch heute ist der Wohlstand von damals zu erahnen. Prächtige Kirchen prägen das Bild und schöne Stadthäuser säumen die lange Hauptstraße.

Trotz des interessanten Ambientes kommen nur wenige auswärtige Besucher. Zum Ziel für den Standorttourismus hat sich Ribeira Grande nicht entwickelt, obwohl mit der **Praia de Monte Verde** am westlichen Ortsrand ein naturbelassener, recht geräumiger Sandstrand existiert und unmittelbar vor der Stadt eine noch recht neue, gepflegte Promenade, der **Passeio Atlántico,** zum Flanieren einlädt. Dort gibt es auch ein Meeresschwimmbad.

Câmara Municipal (auch Paços do Concelho)

Largo do Conselheiro Hintze Ribeiro
Am Ostrand des Flusses entstand der historische Stadtkern. Bis heute befindet sich hier das eigentliche Zen-

Lieblingsort

Alter Walfängerhafen vor grandioser Kulisse ▶ 6, D 2
Abenteuerlich duckt sich der winzige Hafen von **Capelas** unter eine überhängende Felswand an der rauen Nordküste. Heute nutzen ihn nur noch ein paar Freizeitfischer. Früher liefen hier die Walfänger aus, sobald sich Pottwale am Horizont zeigten. Einheimische springen im Sommer vor der grandiosen Kulisse ins Wasser – ein Nervenkitzel für Wagemutige. Wer einen Blick in das schäumende Wasser riskieren, sich aber die steile Zufahrt auf schmalem Fahrweg ersparen möchte, parkt oben am Ortsrand und läuft zu der engen Bucht hinab (10 Min.).

São Miguel

Der ganze Ort ist auf den Beinen: Prozession vor der Igreja Matriz in Ribeira Grande

trum mit dem Largo do Conselheiro Hintze Ribeiro, einem kleinen Park mit Blumenbeeten und Sitzbänken, von den gewaltigen Baumkronen einiger Eisenholzbäume überspannt. An seinem Rand erhebt sich das barocke Rathaus (18. Jh.) mit dem unverwechselbaren, schlanken Glockenturm. Das Nebengebäude rechts in der Rua da Praça besitzt ein verspieltes emanuelinisches Fenster, das vielleicht von einem früheren Rathausbau stammt.

Igreja do Espírito Santo
auch Igreja Nossa Senhora da Estrela genannt, Rua do Espírito Santo
Die prunkvolle Barockfassade der Heiliggeistkirche schräg gegenüber vom Rathaus zeigt französische Einflüsse. Sie entstand 1827, während die Kirche selbst auf das 17. Jh. zurückgeht. Ihr Inneres erweist sich als wesentlich schlichter. Auffällig sind die beiden ungleich großen Schiffe, charakteristisch für die Architektur der Misericórdia (s. S. 66).

Igreja Matriz
Largo Gaspar Frutuoso
Inmitten einer Grünanlage steht am Ostrand der Innenstadt die Hauptkirche von Ribeira Grande, eines der schönsten und größten Gotteshäuser der Azoren. Der ursprüngliche Bau wurde Anfang des 16. Jh. errichtet und bis zum 18. Jh. mehrfach erweitert. Damals entstand die großartige

Barockfassade und das Innere wurde mit 13 üppig vergoldeten Altären ausgestattet.

Casa do Arcano
Rua da Madre do Apocalipse, Tel. 296 47 33 39, www.casadoarcano.com, Juli–Sept. Di–Sa 9–17, Okt.–Juni Mo–Fr 9–17 Uhr, 2 €
Madre Margarida Isabel do Apocalipse (1779–1858), eine Nonne aus einem 1832 aufgelösten Klarissenkloster, schuf eine Serie detailreicher Bibelszenen mit Hunderten winziger Figuren aus verschiedenen Materialien wie Reismehl, Gelatine, gemahlenem Glas oder *Gummi arabicum* (Pflanzensaft aus Akazien). Sie hätte sich auf diese Weise dem *arcano místico* (port., mystisches Geheimnis) nähern wollen, das in der Heiligen Schrift verborgen sei, schrieb sie in ihrem Testament. Im ehemaligen Wohnhaus der Madre Margarida haben die Miniaturen ein eigenes Museum erhalten. Sie stehen im ehemaligen Schlafzimmer im Obergeschoss, das in Teilen im Originalzustand erhalten blieb, ebenso wie die angrenzende Küche. In weiteren Räumen wird über das Leben der Nonne in Ribeira Grande informiert.

Ponte dos Oito Arcos
Nördlich der Innenstadt überspannt die achtbogige Brücke den Fluss. Sie ist eines der bedeutendsten Beispiele der Straßenbaukunst des 19. Jh. auf den Azoren. Verantwortlich war der Militäringenieur Sousa e Silva, nach dem die angrenzende Straße benannt ist. Wegen ihrer Schönheit ziert die Brücke das Stadtwappen.

Museu da Emigração Açoriana
Rua do Estrela, Tel. 296 47 07 30, http://mea.cm-ribeiragrande.pt, Mo–Fr 8.30–12.30, 13.30–16.30 Uhr, 1 €

Auswanderung vor allem nach gehörte in der Vergangenheit auf den Azoren zum Alltag, der Daheimgebliebenen, das Leben in Übersee und die familiären und emotionalen Bindungen nach Hause dokumentiert die Ausstellung anhand von Fotos, Einreiseanträgen und Einbürgerungsdokumenten sowie mit Exponaten zur Pflege der azorianischen Kultur in der neuen Heimat. In der ehemaligen Fischmarkthalle im Westen der Stadt.

Ribeira Seca ▶ 6, F 3
Der westliche Vorort von Ribeira Grande lohnt wegen des berühmten **Fontanário** einen Besuch. Ein Lavastrom verstopfte und verschüttete den gemauerten Brunnen auf dem Platz vor der **Igreja de São Pedro** 1563, wenige Jahrzehnte nach seiner Anlage. Erst im 20. Jh. wurde er wiederentdeckt und zur Hälfte ausgegraben, Wasser führt der Fontanário aber nicht mehr.

Übernachten

Stadtpension – **Residencial Ribeira Grande:** Rua dos Condes 8, Tel. 296 47 34 88, www.residencialribeiragrande.com, DZ 40–45 €. Recht zentral, gut für ein oder zwei Zwischenübernachtun-

Mein Tipp

Praia de Santa Bárbara
Einer der schönsten Badeplätze auf São Miguel ist der bei **Ribeira Seca** imposant vor einer Felskulisse gelegene, mit zeitgemäßer Infrastruktur versehene Naturstrand. Wegen der Brandung lieben auch die Wellensurfer diesen Küstenabschnitt. Mit der coolen Snackbar TukáTulá (ganzjährig geöffnet, WLAN).

Lieblingsort

Warmbad im Wald ▶ 6, F 3
Mitten im Wald ergießt sich eine angenehm temperierte Kaskade in einen Felspool. Riesige Farnwedel und grünes Blattwerk schaffen ein romantisches Ambiente. Im Sommer relaxen die Azorianer gern im rund 25 °C warmen Thermalwasser der **Caldeira Velha** oder in einem kleineren, sogar Badewannentemperatur erreichenden Becken und picknicken in dem gepflegten Park ringsum, zwischen dampfenden Fumarolen. Außerhalb der Saison geht es ruhiger zu (Estrada Regional da Lagoa do Fogo, 5 km südl. von Ribeira Grande, ausgeschildert), Eintritt ca. 2 €, Umkleide/Dusche/WC vorhanden, Sommer 9–21, Winter 9–17 Uhr); mit kleinem Informationszentrum zur Geologie und Flora.

São Miguel

gen. Neun Zimmer, drei Apartments, Restaurant. Kontinentales Frühstück.

Essen & Trinken

Atmosphärisch – **O Alabote:** Largo East Providence 68, Tel. 296 47 35 16, www.alabote.net, Di–So 12–2 Uhr, Küche bis 22.30 Uhr, Hauptgerichte ab 10 €, Pasta ab 7 €. Nicht weit vom Meeresschwimmbad, spektakulärer Blick zum Sonnenuntergang. Bemerkenswerte Architektur mit moderner Lavasteinfassade. Spezialität des Fisch- und Meeresfrüchtelokals ist *cataplana de cherne* (Kasserole mit Wrackbarsch, 33 € für 2 Pers.), auch Fleisch, Vegetarisches und Kinderteller. Nach dem Dinner geht es weiter, Einheimische schauen dann gern auf einen Drink vorbei. Gratis-WLAN.

Einkaufen

Azulejos – **Cerâmica Micaelense:** Rua do Rosário 42 (Straße nach Ribeirinha), Tel. 296 47 26 00, Mo–Fr 8–12, 13–18 Uhr. Die Manufaktur ist auf das Bemalen von Fliesen *(azulejos)* und Geschirr mit azorianischen Motiven spezialisiert. Auf Bestellung auch Motive eigener Wahl. Fabrikverkauf.
Likör – **Mulher de Capote:** Rua do Berquó 12 (Straße Richtung Lagoa do Fogo), ausgeschildert mit Ponto de interesse turístico, Tel. 296 47 28 31, http://mulherdecapote.pt, Mo–Fr 9–17 Uhr. Seit 1936 stellt die Firma nach traditionellen Rezepten ohne Konservierungsstoffe verschiedenste Liköre her, die zwei Jahre in Eichenfässern reifen und dann in dekorative Flaschen abgefüllt werden. Klassisch der Likör aus Maracujas, die in der Umgebung gedeihen. Auch andere Geschmacksrichtungen. Besichtigung, Probe, Verkauf. Weitere Verkaufsstelle in der Rua Gonçalo Bezerra 13 (Mo–Fr 9–12, 13–18 Uhr).

Aktiv

Baden – **Piscinas Municipais das Poças:** Passeio Marítimo, Mitte Juni–Mitte Sept. tgl. 9–20 Uhr, ca. 2 €, Kinder 2–12 J. 0,70 €. Modernes Meeresschwimmbad mit vier Pools, kleinem Sandstrand, Snackbar und sanitären Einrichtungen.

Abends & Nachts

Theater – **Teatro Ribeiragrandense:** Largo Conselheiro Artur Hintze Ribeiro, Tel. 296 47 03 40, http://cultura.cm-ribeiragrande.pt. Renoviertes Traditionshaus von 1922, regelmäßig Konzerte, Musical, Theater und Tanz. Das aktuelle Programm findet man in der »Agenda Cultural« (s. Website oder im örtlichen Tourismusbüro).

Infos & Termine

Posto Turismo: 9600-509 Ribeira Grande, Av. Luís de Camões, Tel. 296 47 43 32, postoturismo@cm-ribeiragrande.pt, www.cm-ribeiragrande.pt, Mo–Fr 8.30–12.30, 13.30–16.30 Uhr. Städtisches Informationsbüro im Busbahnhof.
Cavalhadas de São Pedro: 29. Juni. Zu Ehren von Sankt Petrus trabt ein Reiterumzug durch die Straßen, eine Tradition, die auf mittelalterliche Ritterturniere zurückgeht und im 16. Jh. nach São Miguel gelangte. Die prunkvoll gekleideten Reiter schwenken rote Fahnen, ihre Pferde tragen Schellen um den Hals. Das muntere Spektakel verfolgen mehrere Tausend Zuschauer. Gegen 12 Uhr versammeln sich die Reiter – allen voran der *rei* (›König‹) mit langem Bart – vor der Igreja de São Pedro in Ribeira Seca, wo sie, uralte Texte rezitierend, dem Heiligen huldigen. Dann geht die Prozession weiter zu anderen wichtigen Orten in der Innenstadt von Ribeira Grande.

Busse: Busbahnhof für Überlandlinien von CRP in der Rua de Luís de Camões (im Nordwesten der Innenstadt).
Taxis: am zentralen Largo Conselheiro Hintze Ribeiro, Tel. 296 47 32 96.
Parkhäuser/gebührenpflichtige Parkplätze: ca. 0,50 € pro Stunde.

Umgebung von Ribeira Grande

Lagoa do Fogo und Pico Barrosa ▶ 6, F 3
An zwei Erdwärmekraftwerken vorbei und später durch Kryptomerienwälder und an der Caldeira Velha vorbei (s. Lieblingsort S. 112) windet sich von Ribeira Grande die Gebirgsstraße ER 5 zur **Lagoa do Fogo** hinauf. Der stille See füllt einen Einsturzkrater von 6 km Durchmesser aus, der in seiner heutigen Form erst 1563 bei einem gewaltigen Vulkanausbruch entstand. Quellen speisen das Gewässer, daher neigt es weniger zur Verlandung als andere Kraterseen. Die Straße passiert einen **Miradouro** mit Tiefblick hinab zur Lagoa do Fogo. Meist belassen es Besucher bei dieser Annäherung an den See, nur wenige wagen den halbstündigen Abstieg auf schmalem, steilem Pfad zum Sandstrand am Nordufer des Sees. Nur selten wird der See zum Baden genutzt.

Weitere Miradouros mit Blick über weite Teile der Insel folgen bis zum Pass unterhalb des antennengekrönten Gipfels des **Pico Barrosa** (947 m), des zweithöchsten Bergs von São Miguel. Die Straße senkt sich dann ab zur Südküste bei Lagoa.

Caldeiras da Ribeira Grande
▶ 6, F 3
In einem engen Tal südöstlich der Stadt, in das eine von blühenden Bü-

Mein Tipp

Ehemalige Fischerkneipe
Aus einer einfachen Bar der Fischer von Porto Formoso (▶ 6, G 2) entstand mit der Zeit das Restaurant **Maré Cheia**, das den örtlichen Fang frisch zubereitet auf den Tisch bringt: *lapas* (Napfschnecken) von der Felsküste gegrillt als Vorspeise oder im Reis als Beilage zu Fisch der Saison und köstlich marinierten Zwiebeln. Auch die Fischsuppe ist einen Versuch wert. Wenig Platz, daher eventuell reservieren. Gratis-WLAN. Nebenan lockt anschließend die Praia dos Moinhos, einer der schönsten Strände im Norden von São Miguel (Rua dos Moinhos 27, Tel. 296 44 66 25, Okt.–April Mo geschl., sonst tgl. geöffnet, Fisch um 12 €).

schen und Alleebäumen gesäumte Pflasterstraße führt, steht seit 1811 ein Kurhaus. Nebenan blubbert in einem Steinbecken kochend heißes Thermalwasser. Für wohltuende Wannenbäder wird es auf eine erträgliche Temperatur heruntergekühlt. Die nostalgische Anlage wurde mit Augenmaß renoviert und ist wie anno dazumal in Betrieb. Die kleine Ansiedlung rundum erweist sich als romantischer, stiller Ort. Die Steintröge eines alten Waschplatzes sind noch zu erkennen. Daneben gibt es einen kleinen Picknickplatz und neun Löcher im heißen Boden, in denen Ausflügler ihren mitgebrachten *cozido* über mehrere Stunden hinweg garen lassen.

Eine extrem schmale Straße führt weiter bergauf, in das Hochtal von Lombadas am Oberlauf der Ribeira Grande. Diese hat hier einen eisenreichen, rostbraunen Zu- ▷ S. 119

Auf Entdeckungstour:
Wo Europas einziger Tee wächst

Zwei kleine Plantagen östlich von Ribeira Grande erzeugen Tee nach asiatischem Vorbild. Bei ihrem Besuch kann man die Teeproduktion Schritt für Schritt nachvollziehen und unternimmt zugleich eine Reise in die Vergangenheit von São Miguel – in eine Zeit, als es 14 Teefabriken auf der Insel gab.

Reisekarte: ▶ 6, G 2
Dauer: ein halber Tag.
Startpunkt und Anfahrt: Chá Porto Formoso, ER 1-1a Ribeira Grande – Nordeste. Busse von CRP ab Ponta Delgada/Ribeira Grande auf der ER 1-1a Richtung Osten. Nach Porto Formoso keine passende Busverbindung.
Infos: Chá Porto Formoso, Estrada Regional 24, Tel. 296 44 23 42, www.chaportoformoso.com, Mo–Sa 9–18, Okt.–März bis 17 Uhr, Eintritt frei; Chá Gorreana, Gorreana 304, Tel. 296 44 23 49, www.gorreanatea.com, tgl. 10–17 Uhr, Eintritt frei.

Die Teefelder erstrecken sich auf einem Streifen oberhalb der Küste zwischen Ribeira Grande und Maia. Milde Temperaturen und hohe Niederschläge sorgen hier für ein ähnlich günstiges Klima wie in den Teeanbaugebieten Chinas. Beide Plantagen liegen an der Regionalstraße R 1-1a oberhalb der gleichnamigen Orte. Hier wie dort dürfen interessierte Besucher den ehrwürdigen Maschinenpark der kleinen Fabriken besichtigen und je nach Jahreszeit auch bei Ernte, Verarbeitung und Verpackung des Tees zuschauen. Verschiedene Sorten können probiert und gekauft werden.

Nostalgische Produktion

Wer von Ribeira Grande anreist, trifft zunächst auf die Firma **Chá Porto Formoso** (▶ 6, G 2). Eine hohe Mauer schirmt Plantage und Fabrik von der Straße ab. Dank einer riesigen Metallteekanne neben dem Eingang ist die Adresse aber nicht zu verfehlen. Nach Durchschreiten der Pforte fällt der Blick sogleich auf die Teefelder unterhalb der Gebäudegruppe. Rechts geht es durch eine Platanenallee zur »Fábrica«, vor der in der Regel jeder Besucher persönlich begrüßt wird. Ein sehr informatives achtminütiges Video (auch auf Deutsch) führt in die Geschichte des Teeanbaus auf São Miguel und in die Geheimnisse der Teeproduktion ein. Der Kaiser von China soll zu Beginn des 19. Jh. dem damals im Exil in Brasilien lebenden portugiesischen König Teesträucher geschenkt haben. Von dort gelangten sie nach São Miguel. In der Krise des Orangenanbaus setzten die Großgrundbesitzer der Insel auf das neue Exportprodukt. Wenige Jahrzehnte später war der Höhepunkt der Produktion mit ca. 250 t pro Jahr erreicht. Im 20. Jh. ging es dann stetig bergab. Die beiden verbliebenen Firmen stellen insgesamt noch ca. 40 t Tee her, die vor allem auf den Azoren verkauft werden. Da es sich um ein biologisches Erzeugnis handelt, steigt die Nachfrage im deutschsprachigen Raum. Der Tee von Chá Gorreana ist inzwischen auch bei uns über den Internethandel zu bekommen.

Zwei Wörter für Tee

In der südchinesischen Provinz Guangdong (Kanton) hatten die Portugiesen schon im 16. Jh. den Tee kennengelernt und das dortige Wort *chá* für das bis dahin in Europa praktisch unbekannte Getränk übernommen. Nachdem die Niederländer im 17. Jh. eine Handelsniederlassung im nördlichen Vietnam gegründet hatten, wurde die dortige Bezeichnung *te* in den meisten europäischen Ländern eingeführt.

Im Anschluss an die Videovorführung zeigt eine Mitarbeiterin die Produktionsstätten, in denen nur vorübergehend nach der Ernte gearbeitet wird. Diese erfolgt bei möglichst trockenem Wetter insgesamt drei- bis viermal zwischen April und September, und zwar nicht mehr von Hand, sondern mit Motorscheren. Der Maschinenpark stammt aus den 1920er-Jahren, also aus der Gründungszeit der Fabrik. In den 1980er-Jahren wurde ihr Betrieb eingestellt. Doch schon im Jahr 2000 erfolgte die Wiedereröffnung, die gestiegene Nachfrage durch den Tourismus machte dies möglich.

Die Firma produziert ausschließlich schwarzen Tee der Sorten *broken leaf*, *pekoe* und *orange pekoe*. Bei Letzterem handelt es sich um die jüngsten Blätter, er ist am teuersten. Die Qualitäten werden durch Sieben getrennt. In der angeschlossenen, gemütlichen Teestube stehen alle

Weit schweift der Blick über die Teefelder bei Porto Formoso

drei Sorten in geschmackvoller Verpackung zum Verkauf. Einen *broken leaf* bekommt man zur Probe gratis serviert. Auf Wunsch werden gegen eine geringe Gebühr auch die anderen Sorten ausgeschenkt, außerdem gibt es Spezialitäten wie Tee mit Zimt oder Honig (je ca. 1 €). Anschließend lohnt es sich, durch den Garten wenige Schritte zur Aussichtsterrasse unterhalb der Fabrik zu laufen, um den Blick – jetzt aus der Nähe – über die Teefelder schweifen zu lassen und mit etwas Glück sogar bei der Ernte zuschauen zu können.

Wie der Tee seine Farbe bekommt

Einige Kilometer weiter bestehen auf der 1883 gegründeten und seither ununterbrochen betriebenen Plantage **Chá Gorreana** (▶ 6, G 2) größere Chancen, bei der Herstellung dabei zu sein. Dafür ist die Betreuung weniger persönlich. Eine Führung findet in der Regel nicht statt, es sei denn, man hat sich einem organisierten Ausflug angeschlossen. So bewähren sich nun die per Video in der vorhergehenden Plantage vermittelten Kenntnisse. Bei Chá Gorreana wird unverdrossen gearbeitet, während die Besucher nach Belieben durch die Produktionsräume schlendern und fotografieren.

Die Firma stellt sowohl Grüntee als auch Schwarztee her. Zunächst liegen die Blätter im Freien zum Welken aus und werden anschließend in zwei ehrwürdigen Maschinen aus England (links von der Rezeption) gerollt, um die Geschmacksstoffe aufzuschließen. Damit ist der grüne Tee schon fertig. Für den schwarzen Tee erfolgt anschließend in der Gärkammer im feuchten Keller bei rund 30 °C die Fermentation, bei der sich in wenigen Stunden die Blätter kupferrot färben. Dabei entsteht das typische Aroma. In einer Heißluftmaschine (rechts von der Rezeption) werden die Blätter dann getrocknet. Bei einer Runde durch die hinteren Räumlichkeiten sieht man Frauen beim Sortieren und Abfüllen. Schließlich gelangt man wieder zur Rezeption, wo eine Kostprobe ausgeschenkt und der Tee – grün oder schwarz, lose oder im Teebeutel – auch verkauft wird.

fluss, in dessen gerölliges Bachbett – ausgehend von der Ruine einer Mineralwasserfabrik – ein kurzer Abstecher zu Fuß lohnt.

Eine neue, breitere Straße verbindet Lombadas durch die raue Gebirgslandschaft rund um den Monte Escuro (889 m) mit der ER 4, auf der man die Südküste bei Vila Franca do Campo erreicht.

Essen & Trinken

Vulkangekocht – **Caldeiras:** Caldeiras da Ribeira Grande, Tel. 296 47 43 07, Mo geschl., Hauptgerichte ab 5 €, *cozido* 12 €. Dem Zeitgeist entsprechendes Ausflugslokal beim Kurhaus, wo *cozido* serviert wird, im heißen Vulkanboden gegarter Eintopf (nur auf Vorbestellung).

Aktiv

Thermalbad – **Caldeiras da Ribeira Grande:** Tel. 919 80 04 41 (Odete Melo). Wannenbäder spontan oder nach Vereinbarung. Die Bademeisterin hält sich meist vor Ort auf.

Lagoa ▶ 6, E 4

Malerischster Teil von Lagoa (9000 Einw.) ist das Fischerviertel rings um den **Porto dos Carneiros.** Seinen seltsamen Namen (›Hammelhafen‹) erhielt er, weil die frühen Siedler im 15. Jh. hier Vieh an Land setzten, um sich ernähren zu können, bevor sie Land rodeten und die erste Ernte einbrachten. Besonders reizvoll die ursprüngliche, unverfälschte Atmosphäre im Ort.

Überall in der Stadt weisen Schilder auf »Museus« hin. Gemeint sind die **Oficina de Tanoaria,** d. h. die museale Werkstatt eines Küfers (Fassmachers), die **Tenda do Ferreiro Ferrador** (eine Schmiede) sowie das **Museu do Presépio Açoreano** (Weihnachtskrippenmuseum). Die über den Ort verteilten Museumsräume sind auf Anfrage beim Tourismusbüro (s. S. 120) nur im Rahmen einer Führung zu besichtigen.

Essen & Trinken

Lagoa ist für seine zahlreichen Fischrestaurants bekannt. Spezialität vieler Lokale ist Steak vom Weißen Thunfisch *(albacora),* der sich durch helles Fleisch und feinen Geschmack auszeichnet.

Fisch vom Feinsten – **Borda d'Água:** Largo do Porto 52, Tel. 296 91 21 14, Mo–Sa 12–15, 19–23 Uhr, Hauptgerichte ab 13 €, günstige Tagesmenüs. Renommierte Adresse am Hafen, farbenfroh mit Azulejos dekoriert. Außer fangfrisch über Holzkohle gegrilltem Fisch sind auch edle Meeresfrüchte, etwa Langusten, im Angebot. Von vielen Gerichten kann man auch halbe Portionen *(meia dose)* bestellen.

Ohne Schnörkel – **A Traineira:** Rua Dr. José Pereira Botelho 55, Tel. 296 96 52 49, tgl. 12–22 Uhr. Hauptgerichte ab 8 €. Einfacher Rahmen, bekannt für ein gutes Preis-Leistungs-Verhältnis. Spezialität ist Reis mit Meeresfrüchten.

Einkaufen

Keramik – **Fábrica Cerámica Vieira:** Rua das Alminhas 12, Tel. 296 91 21 16, Mo–Fr 9–12, 13–18 Uhr (Besichtigung und Verkauf), Sa 9–12.45 Uhr (nur Verkauf); Anfahrt: Autobahnabfahrt Lagoa, dann an einem Kreisverkehr links Richtung Ortszentrum. Geschirr, Vasen, Blumentöpfe, Fliesen, alle mit inseltypischen Motiven bemalt. Interessant ist auch eine Besichtigung der recht geräumigen Manufaktur.

São Miguel

Aktiv

Baden – **Complexo de Piscinas da Lagoa:** Porto dos Carneiros, Ende Juni–Sept. tgl. 9–19 Uhr, Erw. 2 €, Kinder 2–11 J. 1,30 €. Pools, Kinderbecken und Liegeflächen an der Felsküste östlich vom Hafen. Mit zeitgemäßer Infrastruktur. Bei Wochenendausflüglern aus Ponta Delgada ist die Anlage sehr beliebt.

Infos

Posto de Turismo: 9560-047 Lagoa, Rua 25 de Abril (Nossa Senhora do Rosário) Tel. 296 96 53 46, www.lagoa-acores.pt, Mo–Fr 9.30–12, 13.30–17 Uhr. Städtischer Infokiosk vor der Kirche.

Caloura und Água de Pau ▶ 6, F 4

Dank seiner klimatisch begünstigten Lage an der Südspitze von São Miguel entwickelte sich das abgeschiedene Caloura zu einem kleinen, exklusiven Ferienort. Abgesehen von drei Hotelanlagen stehen hier Privatvillen, umgeben von subtropischen Parks und verborgen hinter hohen Mauern. Am pittoresken Hafen, dem **Porto da Caloura**, sind noch traditionelle Fischerboote mit Angeln aus Schilfrohr in Betrieb. Bei aufgewühlter See werden sie über eine Rampe an Land gezogen.

Die Fischer leben weiter oberhalb in **Água de Pau,** einem recht ursprünglichen Dorf, das von Caloura aus zu Fuß zu erreichen ist (dort Linienbusse). Dennoch kommt man bei einem längeren Aufenthalt kaum ohne Mietwagen aus.

Ermida do Convento da Caloura
Rua do Porto, i. d. R. verschlossen
Die Fassade der kleinen Kirche an der Straße zum Hafen ist vollständig mit Azulejos verkleidet. In einer Nische steht die Figur der Nossa Senhora da Conceição (Empfängnismadonna), der die Ermida geweiht ist. Der Bau entstand Anfang des 16. Jh., die heutige Form im Barockstil erhielt er aber erst im 17. Jh. Ursprünglich war die Kirche einem Nonnenkloster angeschlossen. Die frommen Schwestern verließen ihr ungeschützt am Meer gelegenes Konvent jedoch schon wenige Jahrzehnte nach der Gründung wegen der Gefahr von Korsarenüberfällen und zogen in die befestigten Städte Vila Franca und Ponta Delgada. Dorthin überführten sie auch die Büste des Senhor Santo Cristo dos Milagres (s. S. 89). Mönche übernahmen das Kloster in Caloura, 1832 wurde es aufgelöst.

Castelo Centro Cultural
Caloura, Canada do Castelo (ausgeschildert), Tel. 296 91 33 00, www.cccaloura.com, Mo–Sa 10.30–12.30, 13.30–17.30 Uhr, So/Fei geschl.
Eine der Villen von Caloura steht Besuchern offen. Der bekannte azorianische Maler Tomaz Borba Vieira (geb. 1938) zeigt im Haus und im gepflegten Skulpturengarten wechselnde Werke aus seiner Privatsammlung, die verschiedenste portugiesische Maler, Bildhauer und Fotografen der Moderne umfasst (Teeraum mit Internetpoint).

Baden & Beachen

Der **Porto da Caloura** erfreut sich am Wochenende bei Einheimischen als Badeplatz großer Beliebtheit. Man schwimmt im Felspool an der Spitze des steinernen Hafenkais oder steigt über eine Leiter ins geschützte Hafenbecken. Sanitäre Einrichtungen und eine **Strandbar** (ab 18 Uhr Fisch

Caloura und Água de Pau

vom Grill und Salatbuffet; WLAN) befinden sich in der alten Hafenfestung nebenan.

Am Westrand des Villenviertels liegt unterhalb der Steilküste die **Baixa da Areia**, ein kleiner Strand, der vor allem bei Niedrigwasser Sand bietet (sanitäre Einrichtungen/Umkleiden). Eine lange Betontreppe führt hinunter. Aus einer Felsscharte sprudelt ein Wasserfall und speist einen Gezeitentümpel. Die Zone ist nicht bewacht – Baden auf eigene Gefahr. Außerdem weisen die Behörden auf Steinschlaggefahr hin.

Übernachten

Über der Brandung – **Do Mirante:** Caloura, Quinta do Mirante, Tel. 296 96 04 20, http://aparthotelmirante.com, Apartment für 2 Pers. 90–140 € (über Veranstalter). Spektakulär gelegen, mit 29 gehoben ausgestatteten Ferienwohnungen (max. 3 Pers.). Poolterrasse mit weitem Atlantikblick, Tennisplatz. Halbpension möglich (23 €/Pers.).
Meerespanorama – **Caloura Resort:** Caloura, Rua do Jubileu, Tel. 296 96 09 00, www.calourahotel.com, DZ 90–150 €. Mittelgroßes, modernes 4-Sterne-Hotel auf einer Küstenklippe. Tauchzentrum (Mai–Okt.), Tennis, großer Garten mit Pool, Buffet-Restaurant.
Äußerst idyllisch – **Quinta Altamira:** Caloura, Tel. 296 91 39 80, www.azoren-altamira.de, Haus für 2 Pers. 50–80 € (auch über Veranstalter). Zehn individuelle Ferienhäuser in parkartigem Gelände. Pool, Tennisplatz.

Essen & Trinken

Außerhalb der Hotels gibt es in Caloura keine Restaurants, dafür aber in Água de Pau:
Hausmacherart – **Pérola do Oceano:** Água de Pau, Rua do Paúl 26, Tel. 296 91 31 61, tgl. 12–15, 18–22 Uhr, Haupt-

Bester Blick auf Caloura
Wer keine Gelegenheit hat, nach Caloura hinunterzufahren, kann sich den Blick auf den idyllischen Küstenabschnitt vom hoch gelegenen **Miradouro do Pisão** (▶ 6, F 4) an der alten Küstenstraße zwischen Água de Pau und der Praia de Baía d'Alto gönnen. Auf der parkartigen Aussichtsterrasse stehen Picknicktische, ideal für eine Pause.

gerichte ab 8 €. Die Chefin steht in einem kleinen alten Dorfhaus selbst am Herd und zaubert auch ungewöhnlichere Spezialitäten, etwa *arroz de pato* (Entenreis), *fervedor* (Eintopf mit Kohl und Blutwurst) oder *chicharro* (Stöcker) mit Pfannkuchen.
Grundsolide – **Paraíso do Milénio:** Água de Pau, Rua do Paúl 3, Tel. 296 70 23 66, tgl. geöffnet, Hauptgerichte ab 8 €. Schlichte Einrichtung, große Außenterrasse, gute regionale Küche. Vieles wird von Grund auf von Hand zubereitet – etwa die Knoblauchsauce für die gebackenen Garnelen. Wer Fleisch bevorzugt, ist mit dem *bife à Milénio* gut bedient.

Infos & Termine

Posto de Turismo: 9560-211 Caloura, Porto de Pescas, www.lagoa-acores.pt, Juni–Sept. tgl. 10–12.30, 14–19, Okt.–Mai Di–So 10–15 Uhr. Informationsbüro der Gemeinde am Hafen.
Festa do Pescador: Wochenende Ende Aug. Das Fischerfest lockt Tausende von Menschen nach Caloura. Höhepunkte sind das Folklorefestival, die Wassersportwettbewerbe

São Miguel

und eine Modenschau. Abends heizen DJs den Besuchern ein. Stände bieten Fisch an, dazu Maisbrot und Landwein. Am Sonntag heilige Messe in der Ermida de Caloura mit anschließender Prozession zum Hafen mit den Figuren des Heiligen der Fischer, Pedro Gonçalo Telmo, und der Schmerzensmadonna.

Ribeira Chã ▸ 6, F 4

Der kleine Ort östlich von Água de Pau besitzt mit den **Núcleos Museológicos** eine Reihe winziger Museen, die sich ländlichen Themen widmen: Das **Museu de Arte Sacra e Etnografia** (Museum für sakrale Kunst und Volkskunde, Rua da Igreja 39, Tel. 296 91 37 70, www.ribeiracha.com, Mo–Fr 9–12, 14–17 Uhr, Juli–Sept. auch Sa/So 14–17 Uhr, Fei geschl., 2 € bzw. inkl. Tee und regionaltypischem Gebäck 3 €) mit einer Madonnenfigur aus dem 16. Jh. und anderen wertvollen Exponaten, die **Casa Museu Maria dos Anjos Melo** (ein inseltypisch eingerichtetes Haus, das die letzte Bewohnerin der Gemeinde vermachte) und den **Quintal Etnográfico** mit kleinem Agrarmuseum, Weinmuseum, Ausstellung von Weihnachtskrippen und botanischem Garten mit endemischen Pflanzen sowie der Casa de Artesanato, wo Senioren aus der Gemeinde sich der Herstellung von Kunsthandwerk widmen, das hier auch erstanden werden kann. Die Museen sind nur im Rahmen einer Führung zugänglich (Rezeption im Museu de Arte Sacra e Etnografia, s. o.).

Wanderung rund um Ribeira Chã
3 Std., mittelschwer
Der markierte Wanderweg **PRC 19 SMI**) beginnt und endet an der Kirche von Ribeira Chã (Wandertafel). Im oberen Bereich dreht die aussichtsreiche Route eine Runde durch das von natürlicher Vegetation überwucherte Tal der **Ribeira das Barrelas**.

Água d'Alto ▸ 6, G 4

Der Ort selbst ist ein typisches azorianisches Dorf, an dessen Durchgangsstraße sich ein paar einfache Kneipen reihen. Westlich von Água d'Alto unterbricht der fast 600 m lange Sandstrand **Praia de Baía d'Alto** die ansonsten felsige Küste, einer der besten Badeplätze der Insel. Bis auf ein Großhotel blieb er unbebaut.

Wanderung zur Lagoa do Fogo ▸ 6, F/G 3/4

Dauer: 4 Std., mittelschwer, 500 Höhenmeter im Auf- und Wiederabstieg
Der markierte Wanderweg **PRC 2 SMI** beginnt und endet in einer Straßenkurve oberhalb des Hotels Bahia Palace (s. S. 123). Ein langer Anstieg führt auf Wirtschaftswegen durch Weideland bis zu einem Wasserspeicher und dort rechts weiter, einen exotischen Mischwald aus Eukalyptus und Akazien querend. Dann wird eine Levada erreicht. An diesem romantischen Wasserkanal entlang führt der Weg nun ohne weitere nennenswerte Steigung durch ein Gebiet mit endemischer Vegetation. Unterwegs ergeben sich immer wieder schöne Ausblicke Richtung Küste. Nach 2 km Wegstrecke an der Levada gelangt man in ein stilles Bergtal und durch dieses sanft aufwärts an das Südufer der **Lagoa do Fogo** (s. S. 115). Dort bietet sich eine Rast an. Wegen brütender Möwen ist dabei vor allem im April/Mai etwas Vorsicht geboten. Ein Übergang zur Nordseite des Sees ist wegen der stei-

len Ufer nicht möglich. Der Rückweg entspricht dem Hinweg.

Übernachten

Ideale Lage – **Bahia Palace:** Praia de Baía d'Alto, Tel. 296 53 91 30, www.hotelbahiapalace.com, Junior-Suite für 2 Pers. 80–120 € (über Veranstalter). Rund 100 geräumige Junior- und Senior-Suiten mit 4-Sterne-Komfort. Äußerlich eine Bettenburg. Pluspunkte sind aber der angrenzende Sandstrand und die verkehrsgünstige Lage für Inselexkursionen. Mo–Fr Hotelbus nach Ponta Delgada.

Abends & Nachts

Gediegen – **Bar Americano:** im Hotel Bahia Palace (s. o.), tgl. 11–24 Uhr. Weit und breit ist dies die einzige wirkliche Nightlife-Adresse. Mehrmals in der Woche gibt es Livemusik oder anderweitige Unterhaltung. Riesenauswahl an Cocktails.

Vila Franca do Campo ▶ 6, G 4

Als die Portugiesen São Miguel im 15. Jh. besiedelten, machten sie zunächst Vila Franca do Campo zur Inselhauptstadt. Hier residierte der Statthalter des Königs und alle Großgrundbesitzer unterhielten außer ihrem Landsitz ein Herrenhaus in der Stadt. Doch in der Konkurrenz zum aufstrebenden Ponta Delgada zog Vila Franca zunehmend den Kürzeren (s. S. 85) eine Entwicklung, die durch ein verheerendes Erdbeben 1522 beschleunigt wurde. In Chroniken ist von bis zu 5000 Todesopfern die Rede, was aber wahrscheinlich übertrieben ist. Zwar konnte der Feudalherr den Adel, der die Stadt aufgeben wollte, zum Wiederaufbau bewegen, doch ging die Hauptstadtfunktion 1546 an Ponta Delgada über. Vila Franca versank in einen Dornröschenschlaf, aus dem es bis heute nicht wirklich erwacht ist – was dem 4000-Einwohner-Ort nostalgischen Charme verleiht. Ehrwürdige Kirchen, Klöster und Paläste sind zu

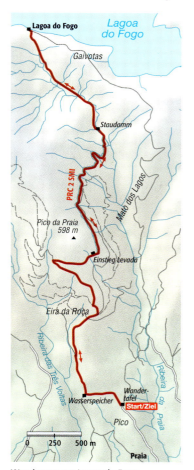

Wanderung zur Lagoa do Fogo

São Miguel

Blauer Himmel und Blumenschmuck – Vila Franca im Festtagskleid

besichtigen, am Hafen locken Fischrestaurants und am Ostrand der Stadt, an der 300 m langen **Praia Vinha d'Areia,** ist mit Marina, Wasserpark und einem Hotel ein kleiner Touristen- und Freizeitkomplex entstanden.

Igreja de São Miguel
Rua Dr. Mendonça Dias
Das dem Inselpatron geweihte Gotteshaus war ursprünglich die Hauptkirche von São Miguel. Nach dem Erdbeben von 1522 wurde sie originalgetreu im Stil der ›Atlantischen Gotik‹ (s. S. 65) wiederhergestellt. Innen stellt zur Linken ein Flachrelief sehr anschaulich das Jüngste Gericht dar. Im Hauptaltar wird eine Figur des Erzengels Michael verehrt. Fratzenhafte Gesichter zieren das emanuelinische Taufbecken.

Igreja e Hospital da Misericórdia
Rua Dr. Mendonça Dias
An den attraktiven Stadtpark **Jardim Antero de Quental** südlich der Kirche grenzt ein Baudenkmal, das auf den ersten Blick oft für ein Kloster gehalten wird. In Wirklichkeit gehen Kirche und angrenzende Gebäude aber auf das erste Krankenhaus der Azoren zurück, das die Misericórdia (s. S. 66) Ende des 15. Jh. errichtete. Der heutige Barockbau stammt aus dem 17./18. Jh.

Museu de Vila Franca do Campo
Rua Visconde do Botelho, Tel. 296 53 92 82, www.cmvfc.pt, Di–Fr 9–12.30, 14–17.30, Sa/So/Fei 14–17 Uhr, Eintritt frei
Hauptsitz des Stadtmuseums ist der renovierte Adelspalast **Solar Viscondes do Botelho** (Haus Nr. 18). Ein Ahnherr des ehemaligen Besitzers, Gonçalo Vaz Botelho, gründete Vila Franca im 15. Jh. In der heutigen Form mit dem repräsentativen Turm stammt das Gebäude allerdings aus dem frühen 19. Jh. Der Palast ist für Veranstaltungen (Konzerte u. a.) und Ausstellungen reserviert. In der **Casa Botelho**

Vila Franca do Campo

de **Gusmão** (Haus Nr. 13) sind heimatkundliche Exponate ausgestellt: Mobiliar, Hausrat, eine Sammlung einheimischer Keramik und traditionelle Fischerboote. Pferdeställe und Kutschen, die zu dem herrschaftlichen Haushalt gehörten, ergänzen das Ensemble (Haus Nr. 5).

Olaria-Museu Mestre António Batata
Rua Padre Lucindo de Andrade (ausgeschildert), unregelmäßige Öffnungszeiten, Eintritt frei
Jahrhundertelang war die Produktion von Keramik und deren Export auf andere Inseln ein wichtiger Wirtschaftszweig in Vila Franca, der Dutzende von Handwerkern ernährte. Geblieben ist eine urige Töpferei, in der Meister António Batata bis vor einigen Jahren sehr bodenständige Gebrauchsgegenstände aus Ton fertigte. Heute untersteht die Werkstatt dem Stadtmuseum. Die junge Keramikerin Alexandra Matos führt das Werk des Meisters fort.

Ganz in der Nähe blieb mit dem ebenfalls vom Stadtmuseum betreuten **Forno de Loiça** (Rua Padre Manuel José Pires 19) ein weiteres Relikt des Keramikhandwerks erhalten. In dem kollektiven Ofen ließen alle Töpfer von Vila Franca ihre Ware brennen.

In der Umgebung

Ermida de Nossa Senhora da Paz
▶ 6, G 4
Monte de Nossa Senhora da Paz unregelmäßig geöffnet
In einsamer Lage 2 km oberhalb von Vila Franca erhebt sich eine sehenswerte Wallfahrtskirche. Ein Fliesenbild mit der Aufschrift »N. S. da Paz« weist am östlichen Rand der Innenstadt die Rua da Paz hinauf. Die Straße passiert zwei Heiliggeisttempel sowie Treibhäuser für Ananas und geht dann in einen steilen, von Picknicktischen gesäumten Pflasterfahrweg über. Schließlich wird ein Wendeplatz unter der langen Treppe erreicht, die zur Kirche hinaufführt. Im 16. Jh. soll sich an dieser Stelle eine Marienerscheinung ereignet haben, ein Hirte fand die bis heute hier verehrte Madonnenfigur in einer Grotte. In vergangenen Jahrhunderten war sie den Menschen ein Trost angesichts häufiger Piraten- und Korsarenüberfälle.

Der alte Kirchenbau wurde im 18. Jh. komplett erneuert, im damals aktuellen Barockstil. Bei dieser Gelegenheit entstand der symmetrische Treppenaufgang mit Fliesenbildern, die Szenen aus dem Marienleben zeigen. Diese Architektur ist einmalig für die Azoren. Oben erwartet den Besucher eine meist verschlossene Kirche, dafür aber ein wunderbarer Ausblick über die Stadt.

Ilhéu de Vila Franca ▶ 6, G 4
Bei der kleinen, vorgelagerten Insel handelt es sich um den Rest eines vulkanischen Tuffkegels. Die Brandung hat ihr Zerstörungswerk schon recht gründlich verrichtet. Von Norden drang das Meer in den fast kreisrunden Krater ein. So entstand ein 150 m breites, vor Wind und Wellen geschütztes Becken, das zum Baden, Schnorcheln und Seekajakfahren einlädt. Im Sommer setzt regelmäßig eine Personenfähre über (s. S. 127). Das unbewohnte Eiland sicherte früher als natürliche Festung die Stadt, Boote suchten hier bei Südweststürmen Schutz, Walfänger unterhielten einen Ausguck und es wurde sogar Wein angebaut. Heute steht der Ilhéu de Vila Franca wegen der hier in großer Zahl brütenden Seevogelarten (u. a. Gelbschnabel-Sturmtaucher, Seeschwalbe)

São Miguel

auf der internationalen Liste der Important Bird Areas (IBA).

Wanderung nach Ponta Garça
▶ 6, G/H 4
Dauer: 4 Std., leicht, Rückfahrt per Taxi (Tel. 296 58 24 42)
Der Wanderweg **PRL 1 SMI** beginnt in Vila Franca do Campo. Dort hält man sich von der **Praia Vinha d'Areia** entlang der Küste nach Osten. Unterwegs ergibt sich ein großartiger Blick vom einstigen Walfängerausguck **Miradouro da Costa da Furada**. Kurz darauf wird der weitläufige, auf einer Hochfläche gelegene Ort **Ponta Garça** mit seinem markanten Leuchtturm erreicht.

Übernachten

Am Jachthafen – **Marina:** Vinha d'Areia, Tel. 296 53 92 00, DZ 60–120 €, über Veranstalter. Mittelgroßes Ferienhotel mit gefälliger Architektur zwischen Marina und Strand. Panoramablick aus dem Restaurant und den meisten Zimmern. Nur wenige Minuten zu Fuß ins Zentrum.

Exklusiv – **Convento de São Francisco:** Avenida Liberdade, Tel. 296 58 35 33, Fax 296 58 35 34, DZ 70–100 €. Zehn Zimmer im ehemaligen Franziskanerkloster (17. Jh.) am westlichen Stadtrand. Von außen trutzig, innen historisches Flair, gepaart mit modernem Komfort. Garten mit Pool und Liegewiese. Vor der Tür liegt der Jardim António Silva Cabral, ein exotisch bepflanzter, kleiner Stadtpark mit Grotten und Ententeich.

Familiengeführte Pension – **O Residencial Jaime:** Rua Teófilo Braga 102, Tel. 296 58 26 49, DZ 40 €. Zentral gelegen, acht Zimmer mit Etagenbad. Reservierung empfiehlt sich.

Essen & Trinken

Ozeanblick – **Estrela do Mar:** Rua do Baixio, Tel. 296 58 30 60, nur im Sommer, Hauptgerichte um 12 €. Großartige Terrasse über dem Fischerhafen. Fisch und Meeresfrüchte wählt man an der Theke, bevor sie gegrillt oder gebraten werden.

Seafood – **Atlântico:** Rua Vasco da Silveira 16, Tel. 296 58 33 60, Di–So 12–15, 18.30–20.30 Uhr, Tagesgerichte 6–7 €, Hauptgerichte ab 13 €. Gemütliches Lokal an der Meeresfront mit Dachterrasse. Variantenreiche Meeresfrüchte- und Fischgerichte. Schön sind die Tische vor der Tür – auch nur für einen Drink.

Für den kleinen Geldbeutel – **Universo:** Rua Dr. Augusto Botelho Simas 11, Tel. 296 53 93 00, So geschl., Hauptgerichte ab 6,50 €, Tagesgericht Mo–Sa 5 €, Angebote 3,50 €, Tagessuppe 1,50 €. In einem alten Stadthaus. Einfach, dafür aber auch äußerst günstig.

Mein Tipp

Puppen begrüßen den Frühling
In Vila Franca und den Nachbarorten wird die Tradition der *maios* wieder gepflegt, ein alter Brauch mit heidnischen Wurzeln. Zur Begrüßung des Frühlings basteln die Bewohner lebensgroße Puppen aus Stroh und Pappmaché, staffieren sie mit abgelegten Kleidern aus und umgeben sie gern mit allerlei Requisiten (Möbel, Lebensmittel u. a.). Sie stellen populäre Typen dar: den Beamten, die Krämersfrau, Handwerker und Fischer oder eine fröhliche Runde von Emigranten, die sich zum Picknick versammeln. Zu sehen am 1. Mai und in den Tagen danach.

Vila Franca do Campo

Einkaufen

Käsetörtchen – **Queijadas do Morgado:** Rua do Penedo 20 (nahe Jachthafen, in einem unscheinbaren Haus), Tel. 296 58 11 83, Mo–Fr 8–17 Uhr. Die kleinen Kuchen haben in Vila Franca Tradition und werden weit über São Miguel hinaus gerühmt. Ursprünglich stellten die Nonnen des Convento de Santo André *queijadas* her.

Aktiv

Segeln – **Azoresailing:** Rua Império dos Aflitos 9, Tel. 296 58 24 46, www.azoresailing.com. Hochseesegeln auf 12-m-Jacht mit Skipper ab der Marina von Vila Franca. Halbtagestörn 60 €, ganztags 85 €, Wochenendtörn nach Santa Maria 200 € (jeweils mind. 6 Pers.).
Tauchen – **Espírito azul:** Rua do Penedo 22, Tel. 914 89 82 53, www.espiritoazul.com. Carlos Paulos und Nélio Santos betreiben die mehrsprachige Basis (u. a. Englisch) in der Marina seit Jahren. Kurse CMAS und PADI, Tauchfahrten zu den besten Spots, Schnorcheln (eine Tauchfahrt 40 €).
Whalewatching und mehr – **Terra Azul:** Marina de Vila Franca do Campo, Loja 4, Tel. 296 58 13 61, http://terrazulazores.com. Zwei offene Festrumpfboote für Ausfahrten mit je max. 12 Pers., Erw. 57 €, Kinder 45 €. Ein Meeresbiologe an Bord gibt Erklärungen. Terra Azul bietet auch Schwimmen mit Delfinen an und engagiert sich bei der Restaurierung eines traditionellen Walfängerboots.
Wasserpark – **Aqua Parque Atlântico Splash:** Praia Vinha d'Areia, Tel. 296 53 91 60, Ende Mai–Mitte Sept. tgl. 10–19 Uhr, Erw. 5 €, Kinder/Jugendliche 11–17 J. 3 €, 3–10 J. 1,50 € (Juli/Aug.), sonst 4, 2,50, 1 €. Einziger Wasserpark der Azoren; Pools, Rutschen und pädagogischer Betreuungsbereich für Kinder (3–10 J.).
Krocket – **Jardim António Silva Cabral:** Der gepflegte Krocketplatz vor dem Landhotel Convento de São Francisco (s. unter Übernachten) ist frei zugänglich. Schläger und Bälle verleiht das Gemeindebüro der Junta da Freguesia de São Pedro (Rua Nossa Senhora da Natividade, Mo–Fr geöffnet). Spielregeln unter www.krocket.de.

Infos & Termine

Procissão de São Miguel: 1. So im Mai. Mit einer eindrucksvollen Prozession gedenken die Handwerker von Vila Franca der Inbesitznahme der Insel am Tag des hl. Michael 1432. Mit ihren Schutzheiligen und den Fahnen ihrer Bruderschaften ziehen sie durch die Stadt, allen voran die Fischer.
São João da Vila: um den 24. Juni. Vila Franca begeht das Johannisfest zwei Wochen lang mit Paraden, Tanzgruppenumzügen, Sportwettbewerben, Autorallye, Musik- und Theaterdarbietungen im Jardim Antero de Quental und am Fischerhafen. Die Bewohner schmücken Fenster und Balkone ihrer Häuser mit farbenfrohen Girlanden und Blumengestecken. Höhepunkt ist in der Nacht zum 24. Juni – dem offiziellen Stadtfeiertag – ein Tanzball auf dem Largo Bento de Góis.
Busse: Busbahnhof für Überlandlinien von Varela in der Rua Visconde do Botelho (am Ostrand der Innenstadt).
Taxis: Gegenüber der Igreja de São Miguel, Tel. 296 58 24 42.
Mietwagen: Autatlantis, Av. Liberdade (westl. Ortseinfahrt), Tel. 296 58 11 15, www.autatlantis.com.
Fähre: Personenfähre »Cruzeiro do Ilhéu« zum Ilhéu de Vila Franca, Juni–Sept. ca. 1 x pro Std. (tgl. 10–18 Uhr) ab Cais do Tagarete (bei der historischen Hafenfestung). Tickets an Bord

São Miguel

(6 € retour), Dauer der Überfahrt 10 Min.

Furnas! ▶ 6, H 3

Der nostalgische Badeort (1500 Einw.) war schon im 17. Jh. für die Heilkraft seiner Wässer bekannt. Ende des 18. Jh. kam das Kuren in Furnas dann richtig in Mode unter den Kaufleuten aus Ponta Delgada und den Großgrundbesitzern, die der Orangenexport reich gemacht hatte. Vor allem Rheuma und Übergewicht versuchte man hier zu Leibe zu rücken. Es entstanden herrschaftliche Villen, von prachtvollen Parks umgeben, oft mit eigenen Kureinrichtungen. Wer nicht darüber verfügte, der entspannte im vornehmen Kurhaus am östlichen Ortsrand, das renoviert und in ein Spa-Hotel verwandelt wurde, dessen Eröffnung sich allerdings schon seit Jahren verzögert. Furnas steht heute nicht nur auf dem Pflichtprogramm jeder Inselrundfahrt, sondern bietet sich für Golfer, Wanderer und Ruhesuchende auch für einen mehrtägigen Aufenthalt an.

Parque Terra Nostra

Largo das Tres Bicas, Mo–Sa 10–19 (Winter nur bis 17 oder 17.30) Uhr, Erw. 5 €, Kinder bis 10 J. 2,50 €
Ist schon das ganze Tal von Furnas dank seiner windgeschützten Lage und der dadurch bedingten hohen Luftfeuchtigkeit üppig grün, so gilt dies besonders für den Parque Terra Nostra.

Entstehung und Entwicklung
An dem einst sumpfigen Gelände in Furnas hatten die frühen Siedler kaum Interesse. So gab es genügend Platz zur Anlage großer Gärten, als Ende des 18. Jh. die ersten Sommerresidenzen entstanden. 1780 errichtete der amerikanische Konsul Thomas Hickling die ›Yankee Hall‹ und pflanzte rundherum Bäume aus seiner Heimat, die damals in Europa noch als Exoten galten: u. a. Sumpfeiche, Tulpenbaum, Oregonzeder, Großblütige Magnolie. Die beiden Erstgenannten bilden heute noch große Bestände im Park. 1854 wurde die Yankee Hall vom nächsten Eigentümer, dem Visconde da Praia e Monforte, durch die heutige **Casa do Parque** ersetzt. Seine Gattin entwickelte eine Leidenschaft für die Hobbygärtnerei und erweiterte den Park um Bäche, Teiche und Blumenbeete. Weitere Verschönerungen nahm nach dem Tod des Visconde 1872 dessen Sohn vor. Er ließ Fachleute aus England anreisen, die nach der neuesten Mode romantische Felsgrotten schufen und Buchsbaumhecken trimmten. Längst war ein Wettbewerb um den prächtigsten Garten auf São Miguel entbrannt.

Nach einer Phase des Niedergangs eröffnete die einflussreiche Familie Bensaúde 1935 das Hotel Terra Nostra Garden (s. S. 129) auf dem Nachbargrundstück und kaufte wenig später den Park dazu, der nun erstmals gegen ein geringes Eintrittsgeld der Öffentlichkeit zugänglich war. Vasco Bensaúde beauftragte den schottischen Gärtner des Familiensitzes in Lissabon mit der weiteren Gestaltung. Damals wurde der Park auf 12,5 ha vergrößert und der riesige Naturthermalpool (s. Entdeckungstour S. 131) erhielt seine heutige Form.

Der Park heute
In den 1990er-Jahren wurden 2485 Baumexemplare im Park gezählt und rund 3000 neue gepflanzt, um den Bestand langfristig zu sichern und

die Artenvielfalt weiter zu erhöhen. Seither führt der Park sogar die Bezeichnung ›Botanischer Garten‹. Wie in den meisten Azorengärten spielen Bäume eine größere Rolle als Blumen oder Büsche, die praktisch nur durch Kamelien und Azaleen vertreten sind. Im Sommer besticht die dschungelartige Atmosphäre, ein Eindruck, der durch Palmen, Baumfarne, Bambus und durch das reichlich vorhandene Wasser verstärkt wird.

Übernachten

Extravagant – **Furnas Lake Villas:** Lagoa das Furnas, Tel. 296 58 41 07, www.furnaslakevillas.pt, Ferienwohnung für 2 Pers. 90–150 € (auch über Veranstalter). Ensemble futuristischer Bungalows in Alleinlage nicht weit vom See, auf 100 ha großem Garten- und Waldland mit privatem Spazierwegenetz. Familiär geführt, auf Wunsch werden Sport und Ausflüge organisiert.

Parkhotel – **Terra Nostra Garden:** Rua Padre José Jacinto Botelho 5, Tel. 296 54 90 90, www.bensaude.pt, DZ 80–140 € (über Veranstalter). Klassiker im Art-déco-Stil mit modernem, harmonisch anschließendem Anbau. Nach Renovierung 2013 wiedereröffnet, jetzt mit vier Sternen. Die Hotelgäste haben freien Zugang zum angrenzenden Parque Terra Nostra mit Thermalschwimmbecken. Feines Restaurant (Halbpension ab 17 € pro Person).

Komfortpension – **Vale Verde:** Rua das Caldeiras 3, Tel. 296 54 90 10, www.residencialvaleverde.com, DZ um 50–60 €. Gepflegtes Residencial in der Nähe der blubbernden Schlammtöpfe. 10 Zimmer mit Privatbad, Balkon und Panoramablick, WLAN gratis. Mit Bar/Restaurant Bocage (regionale und internationale Küche).

Mein Tipp

Süßes Landbrot
Eine Spezialität von Furnas ist der Bolo Lêvedo, ein sättigendes süßes Weizenbrot, das nach einem von Generation zu Generation überlieferten Rezept gebacken wird. Traditionell ist die Zubereitung Frauensache. Früher trugen die Bäckerinnen das frisch aus dem Holzofen geholte Brot in Körben durch die Straßen. Heute bieten es mehrere *pastelarias* im Ort an. Der Bolo Lêvedo sollte beim Kauf noch warm sein. Zum Frühstück genießt man ihn mit Marmelade, Honig oder gesalzener Butter. Später am Tag darf es etwas herzhafter sein. Einen guten Ruf haben die Bolos Lêvedos von Nélia Furtado (Rua dos Moinhos 24) und Maria da Conceição Quental (Rua de Santana 16A).

Essen & Trinken

Vulkanküche – **Tony's:** Largo da Igreja 5, Tel. 296 58 42 90, www.restaurantetonys.pt, tgl. 11–24 Uhr, Küche 12–16, 18–21.30 Uhr. Spezialität des meist gut besuchten Hauses ist der im heißen Boden an der Lagoa das Furnas gegarte *cozido* (12,50 €, für 2 Pers. 19 €). Aber auch das *bife Tony's* mit kunterbunten Beilagen ist nicht zu verachten. Geräumiger Speisesaal, zwei Terrassen. Hauptgerichte ab 7 €.

Individuell – **O Miroma:** Rua Dr. Frederico M. Pereira 15, Tel. 296 58 45 45, Do–Di 12–15.30, 18.30–21.30 Uhr, Mitte Dez.–Mitte Jan. geschl., Omeletts ab 50–60 €, Hauptgerichte ab 8 €. Regionale Spezialitäten wie *cozido*, *chouriço com ovos*, *feijoada gratinada* oder *morcela* (Blut- ▷ S. 133

Auf Entdeckungstour: Warme vulkanische Wässer im Vale das Furnas

In Furnas sprudelt es aus dem vulkanischen Fels. 22 Quellen liefern Heilwasser verschiedensten Mineralgehalts. Einige sind kochend heiß, wie geschaffen zum Garen von Speisen, andere speisen ideal temperierte Badetümpel.

Reisekarte: ▶ 6, H 3/4
Dauer: ein halber bis ganzer Tag.
Startpunkt: am Südufer des Lagoa das Furnas. Bus 318 (Varela) Mo–Fr 5 x tgl., Sa/So/Fei 3 x tgl.
Charakter: einfache Wanderung (2 Std.) mit Badepause.
Planung: Caldeiras frei zugänglich; **Parque Terra Nostra**, Adresse s. S. 128, Handtuchverleih 2 €; **Poça da Dona Beija**, Lomba das Barracas s/n, www.pocodadonabeija.com, tgl. 7–23 Uhr, Erw. 2 €, Kinder 1,50 €; **Banhos Férreos**, Rua Maria Eugénia, Tel. 296 58 45 04, www.banhosferreosrestaurante.com, tgl. 10–22 Uhr, 2,50 €.

Südlich von Furnas liegt mit der **Lagoa das Furnas** einer der großen, berühmten Kraterseen von São Miguel. Eingebettet ist er in einen 6 km breiten vulkanischen Einsturzkessel und umgeben von Wäldern. Seine Ufer blieben weitgehend unbebaut. In dieser idyllischen Landschaft drängt es sich geradezu auf, eine Wanderung am See entlang und nach Furnas hinunter zu unternehmen. Sie berührt zwei Thermalfelder mit blubbernden Schlammlöchern und kochenden Quellen, ebenso wie angenehm warme Badeteiche.

Blubbernder Schlamm

Am Südrand der Lagoa das Furnas erhebt sich nahe der Regionalstraße ER 1-1a die neogotische **Capela de Nossa Senhora das Vitórias** (Ende 19. Jh.). Der weit gereiste Großgrundbesitzer José do Canto (s. S. 94) ließ sie auf seinem Sommersitz als Miniaturausgabe der Kathedrale von Chartres errichten. Ein breiter Weg führt an ihr vorbei zum Centro de Monitorização e Investigação das Furnas (CMIF; s. S. 134). Weiter im Uhrzeigersinn um den See kommen an dessen Nordufer nach 1 Std. die **Caldeiras da Lagoa das Furnas** (*caldeira* = port. Kessel) in Sicht – eines der beiden Thermalfelder von Furnas. Eine kochend heiße Quelle, deren Wasser aus über 100 m Tiefe an die Oberfläche dringt, bildet einen blubbernden Teich, aus dem schwefelhaltige Dämpfe steigen. Schwefelwasserstoff, den man nicht zu intensiv einatmen sollte, quillt unter Blasenbildung auch aus dem Schlammtopf daneben. Letzterer hat weniger Zufluss durch heißes Grundwasser und leitet – geologisch betrachtet – zu den Solfataren über, bei denen zwar Schwefeldampf austritt, aber kein Schlamm entsteht.

Der Boden ringsum ist heiß genug, um Speisen darin zu garen, was die Einheimischen am Wochenende auch ausgiebig tun. Bereits zu Hause haben sie große Töpfe mit den Zutaten für das *cozido,* einen reichhaltigen Eintopf, gefüllt. Ein Wärter ist für das Versenken in dafür vorgesehenen Löchern im Boden zuständig. Während die deftige Mischung aus Fleisch und Gemüse schmort, etwa vier Stunden lang, vertreibt man sich die Zeit mit Tretbootfahren (Verleih, nur im Sommer) oder am Getränkestand (ebenfalls nur im Sommer). Anschließend wird auf dem weitläufigen Picknickplatz nebenan ausgiebig getafelt.

Europas größtes Thermalbad

Vom Parkplatz bei den Caldeiras folgt man ein kurzes Stück der Zufahrtsstraße, hält sich dann links steil aufwärts auf dem ausgeschilderten Wanderweg **PR 22 SMI** Richtung Pico do Ferro (s. S. 133) und verlässt diesen schon nach 150 m rechts auf einem nicht beschilderten Pfad. Etwa eine halbe Stunde nach Verlassen der Caldeiras ist die Landstraße wieder erreicht. Auf dieser geht es links hinab bis zu einer Tankstelle und dort rechts, genau auf den Eingang zum **Parque Terra Nostra** zu (s. S. 128). Der weitläufige Park birgt das angeblich größte Thermalschwimmbecken Europas. Seine Benutzung ist im Eintrittspreis enthalten. Es wurde in seiner heutigen Form in den 1930er-Jahren angelegt und speist sich aus einer natürlichen, gut 30 °C warmen Quelle. Seine intensive, rötlich-braune Färbung verdankt das Wasser den reichlich darin enthaltenen Eisenoxiden. Dieser ›Rost‹, der auf helle Handtücher ein wenig abfärbt, sollte nicht davon abhalten, ein ausgiebiges, wohltuendes Bad zu nehmen. Umkleidekabinen und Duschen sind vorhanden.

Paradiesische Teiche

Wer lieber wie die Einheimischen baden möchte, hat in der **Poça da Dona Beija** (*poça* = port. Pfütze) dazu Gelegenheit. Vom Eingang folgt man der Rua da Igreja hinauf und biegt nach 10 Min. in die Zufahrt zum Restaurant Cantinho da Berça ein. Rechts unterhalb der Zufahrt geht es zur Badestelle. Das rund 30 °C warme Wasser soll der Haut besonders gut tun. Es sprudelt aus einer Felsgrotte in einen Bach, von dem zwei Badebecken abgeteilt wurden. Es gibt Liegeflächen und Umkleidekabinen.

Kulinarisches aus dem Vulkan

Am Hotel Terra Nostra Garden vorbei läuft man durch die Rua José J. Botelho ins überschaubare Zentrum von **Furnas**. Linker Hand ist eine alte Wassermühle zu besichtigen, die in eine kleine, frei zugängliche Parkanlage einbezogen wurde. Schräg gegenüber, auf der rechten Straßenseite, laden die **Banhos Férreos,** ein winziges, altmodisches Spa mit 36 °C warmem Wasserbecken und Massageangebot, zum Relaxen auf individuelle Art ein. Jetzt ist die Zeit für eine Einkehr gekommen, entweder auf der Gartenterrasse der Snackbar Oliverbanhos, die den Banhos Férreos angeschlossen ist, oder vielleicht am Largo do Teatro im Restaurant **Tony's** (s. S. 129), auf dessen Speisekarte natürlich der vulkangekochte *cozido* steht. Anschließend lohnt es sich, durch die Rua Dr. F. Moniz Pereira bis zum Nordrand des Ortes zu einem zweiten Thermalfeld weiterzugehen, den **Caldeiras das Furnas.** Wiederum hängt Schwefelgeruch in der Luft. Er stammt aus mehreren dampfenden Quelltöpfen, insbesondere aus der imposanten, 99 °C heißen **Caldeira Grande.** Im Sommer hängen mit Maiskolben gefüllte Säcke im kochenden Wasser. An Ständen neben den Caldeiras wird der Mais, der dem Schwefel ein spezielles Aroma verdankt, als schmackhafter Snack verkauft. Besonders beeindruckt die **Caldeira de Pêro Botelho,** ein tiefer Schlund, aus dem Schwefeldampf dringt und das Gestein zu grauem Schlamm zersetzt. Letzteren nutzen die Einheimischen seit jeher als Packung, um Rheumatismus zu kurieren. Laut einer Legende soll sich hier vor vielen Jahren allerdings eine Tragödie ereignet haben: Ein Mann namens Pêro Botelho fiel in den Schlammtopf und ward nie mehr gesehen. Doch seine Hilferufe erschallen angeblich noch immer – so jedenfalls erklärt man sich die polternden Geräusche, die aus dem Schlund dringen. Hin und wieder soll Pêro Botelho auch Steine auf Neugierige werfen, die seinen Namen rufen ...

In der Umgebung der Caldeiras das Furnas wurden im 19. Jh. etliche Quellen eingefasst. Es gleicht einem Puzzlespiel, die ehrwürdigen Brunnen zu identifizieren, aus denen Wässer unterschiedlichster Temperatur und Färbung tröpfeln. Die Einheimischen wissen um die jeweilige Heilwirkung und suchen je nach Bedarf die passende Quelle auf, um sich einen Schluck daraus zu genehmigen. Das Wasser der Quellen im Tal von Furnas wurde bereits offiziell als heilkräftig klassifiziert. 22 Quellen sind es an der Zahl – so viele wie weltweit wohl nirgendwo sonst auf so engem Raum.

wurst), vieles ›debaixo do solo‹ (unter der Erde) gekocht. Man speist auf der Straßenterrasse oder im gepflegten Inneren.
Hausmannskost – **Summer Breeze:** Rua das Caldeiras 18, Summer Breeze: Tel. 296 58 47 41, tgl. geöffnet, Hauptgerichte ab 7 €. Einfache, von außen nach nichts aussehende Bar an dem oberen Platz mit der Riesenpalme in der Mitte. Erstaunlich gutes Essen, nette Bedienung und die beste Weinauswahl weit und breit.

Aktiv

Golf – **Furnas Golf:** Achada das Furnas, Tel. 296 58 43 41, www.azoresgolfislands.com. Traumhafte Lage oberhalb von Furnas, malerisch mit Sicheltannen bestanden. Die ersten 9 Loch wurden 1939 eröffnet, entworfen von dem legendären Designer MacKenzie Ross. Heute sind es 18 Loch. Greenfee 50–80 €.
Wellness – **Slevoyre Thermal:** Rua Padre José Jacinto Botelho 36, Tel. 914 70 85 00, www.slevoyre.de. Ganzheitliches Therapieprogramm, das fernöstliche und westliche Konzepte vereint. Hilft Körper und Geist, sich zu regenerieren. Zehn Tage sollte man sich mindestens dafür Zeit nehmen. Gekurt wird in der Casa do Parque im Parque Terra Nostra. Unter deutscher Leitung.

Abends & Nachts

Kneipe – **3 Bicas Pub:** Rua Padre José Jacinto Botelho 19, Tel. 296 58 42 22, www.facebook.com/3BicasPub, wechselnde Öffnungszeiten. Abendlicher Treffpunkt im Ort, für Karaoke-Nächte, aber auch kulturelle Initiativen bekannt. An Sommerwochenenden oft Livemusik. Mit geräumiger Terrasse und Speiseraum, wo z. B. Cheeseburger serviert werden.

Umgebung von Furnas

Infos & Termine

Posto de Turismo: 9675-055 Furnas, Rua Dr. Frederico Moniz Pereira 17–19, Tel. 296 58 45 25, Fax 296 58 45 07, pt.f.smg@azores.gov.pt, www.visitazores.com, Mo–Fr 14–17.30 Uhr. Informationsbüro der Azorenregierung.
Festa do Senhor dos Enfermos: erster So nach Ostern. Zu Ehren des Schutzpatrons der Kranken und Hilfsbedürftigen legen die Bewohner von Furnas einen Teppich aus Azaleenblüten in den Straßen aus. Wenig später zieht eine Prozession über das vergängliche Kunstwerk hinweg.
Taxis: Largo do Teatro, Tel. 296 58 42 48.

Umgebung von Furnas

Wanderung auf den Pico do Ferro ▶ 6, H 3

Regionalstraße ER 2-1a Richtung Ribeira Grande, dann links abbiegen (ausgeschildert)
Hausberg von Furnas ist der Pico do Ferro (544 m) am nordwestlichen Kraterrand der Lagoa das Furnas. Dem Aussichtspunkt am Gipfel nähert man sich auf einer schmalen Straße oder zu Fuß auf dem **PR 22 SMI** (45 Min., mittelschwer, ab Caldeiras da Lagoa das Furnas ausgeschildert). Den Wanderweg säumen zahlreiche endemische Pflanzen, die man sonst auf São Miguel eher selten zu Gesicht bekommt, sowie imposante Baumfarne. Hier lebt noch der Azoren-Abendsegler, eine Fledermaus.

Miradouro Pico do Milho ▶ 6, H 3

Östlich der Lagoa do Fogo, Anfahrt ab Regionalstraße ER 1-1a Richtung ›Lagoa Seca‹

São Miguel

Der Aussichtspunkt erlaubt einen Rundumblick hinab ins Tal von Furnas wie auch auf die **Lagoa Seca** (›trockene Lagune‹), einen Krater ohne See, der 1630 beim heftigsten historischen Vulkanausbruch in diesem Gebiet entstand. Die gesamte Zone zwischen der Lagoa das Furnas und Ponta Garça war davon betroffen. Vulkanasche soll damals bis zur 550 km entfernten Insel Corvo geflogen sein. Bei einer weiteren Eruption, die sich zur Zeit der Entdeckungsfahrer etwa zwischen 1439 und 1443 ereignete, bildete sich der mitten in der Lagoa Seca aufragende **Pico do Gaspar** (373 m).

Centro de Monitorização e Investigação das Furnas (CMIF) ▶ 6, H 4

Am Südrand der Lagoa do Fogo (s. S. 131), Tel. 296 20 67 45, http://siaram.azores.gov.pt/centros-inter pretacao/mi-furnas, 15.5.–15.9. tgl. 10–18 Uhr, sonst Di–So 9.30–16.30 Uhr, 2,50 €, Kinder 13–17 J. 1,25 €, bis 12 J. frei

Das in einem extravaganten Flachbau untergebrachte Forschungszentrum befasst sich mit der ökologischen Situation des Kratersees Lagoa do Fogo und seiner Revitalisierung. Eine interaktive Ausstellung und ein Dokumentarfilm richten sich an Besucher, Führungen in deutscher Sprache sind ebenfalls möglich.

Salto do Cavalo ▶ 6, J 3

Die Bergstraße von Furnas nach Salga im Norden der Insel passiert den Salto do Cavalo (805 m) knapp unterhalb seines Gipfels. Wolkenfreies Wetter vorausgesetzt, breitet sich am **Miradouro do Salto do Cavalo** ein beeindruckendes Panorama vor dem Betrachter aus. Eigentlich bietet sich sogar auf der gesamten Strecke, die durch weitgehend waldfreies Weideland führt, ein großartiger Blick nach dem anderen.

Ribeira Quente ▶ 6, H 4

Südlich von Furnas liegt der malerische Ort an der Mündung des gleichnamigen Flusses, zwischen hohen Felswänden eingekeilt. Noch etwa 100 Männer sind hier im Hauptberuf Fischer, eine vergleichsweise hohe Zahl. Dank jüngster Modernisierungsmaßnahmen zählt der Hafen allerdings auch zu den besten Anlagen seiner Art auf den Azoren. Auf der schmalen Küstenebene verläuft eine Avenida Richtung Westen zum attraktiven Ortsstrand. Dort dringen am Ufer warme Quellen aus dem Gestein, die das Baden besonders angenehm machen.

Östliche Nordküste

Zwischen Maia und Lomba da Fazenda zeigt sich São Miguel von seiner ursprünglichsten Seite. Wer diese erleben möchte, wählt die von Blumenrabatten gesäumte, allerdings recht kurvenreiche alte Landstraße. Durch eine Schnellstraße oben am Hang wurde sie vor einigen Jahren vom größten Teil des Verkehrs entlastet. Bauerndörfer wechseln mit heckengesäumten Viehweiden und wasserreichen Tälern ab. Vielfach ergeben sich grandiose Küstenblicke.

Maia und Lomba da Maia ▶ 6, G 2

Die beiden Dörfer waren früher Zentren des Tabakanbaus auf São Miguel. Ende des 19. Jh. ersetzte die Tabakpflanze teilweise die von Schädlingen heimgesuchten Orangenbäume. 1864

Östliche Nordküste

genehmigte der König die Tabakwarenherstellung auf den Azoren. In den darauffolgenden Jahren entstanden mehrere Fabriken, von denen zwei in Ponta Delgada noch arbeiten. Diejenige in Maia, ein schon für sich sehenswerter Natursteinbau von 1871, war seit 1988 außer Betrieb und wurde zwei Jahrzehnte später in das **Museu do Tabaco** (Estrada de São Pedro, Tel. 296 44 22 93, www.museutabacomaia.webcindario.com, Mo–Fr 9–13, 14–17, Sa 9.30–12, 12.30–17 Uhr, So nur nach Voranmeldung, Erw. 2,50 €, Schüler 14–18 J. 1 €, Kinder unter 14 J. frei) umgewandelt, um Anbau und Verarbeitung zu dokumentieren. Heute kultivieren nur noch wenige Landwirte in Maia Tabak für den Eigenbedarf und trocknen die Blätter auf Holzgestellen, die früher aus dem Landschaftsbild nicht wegzudenken waren.

Übernachten

Ländlicher Stil – **Solar de Lalém:** Maia, Estrada de São Pedro, Tel. 296 44 20 04, www.solardelalem.com, Dez.–Febr. geschl., DZ 90 € (auch über Veranstalter). Jahrhundertealter Herrensitz in grüner Umgebung. Individuell mit Antiquitäten eingerichtete, komfortable Zimmer, Frühstücksbuffet.

Bei Achadinha

Miradouro do Salto da Farinha
▶ 6, H 2

Dieser besuchenswerte Aussichtspunkt liegt bei Achadinha, unweit östlich der Abzweigung Richtung Salto do Cavalo. Eine kurze Stichstraße (ausgeschildert) führt von der ER 1-1a einen Bergrücken entlang steil hinab Richtung Meer bis zu einem Wendeplatz. Man blickt Richtung Osten an der Steilküste entlang und in ein dicht bewaldetes Tal mit Wasserfall. Zu einer weiteren Aussichtskanzel mit kleinem Picknickplatz, dem **Miradouro da Pedra dos Estorninhos,** führt ein Fußweg in drei Minuten steil abwärts.

Parque Natural da Ribeira dos Caldeirões ▶ 6, J 2
ER 1-1a bei Achada

In dem parkartigen Gelände beiderseits der Regionalstraße gedeihen Hortensien und Baumfarne, zwischen denen sich schmale Wege winden. Eine Kaskade fällt die Steilwand hinab ins Tal. Die Staumauer unter dem Wasserfall ist rutschig, daher empfiehlt es sich, das Bachbett weiter unterhalb auf dem dortigen, allerdings etwas maroden Weg zu queren. Dann kann man im Bogen zum Ursprung der Kaskade hinaufsteigen, die sich aus einer Wasserleitung speist. Unterhalb der Straße nutzten das Wasser früher mehrere Getreidemühlen. Inzwischen sind sie restauriert und von einem kleinen Freizeitpark mit Goldfischteich, Kinderspielplatz und Kunsthandwerksladen umgeben. Im ehemaligen Haus des Müllers lädt ein **Café** zur Einkehr ein.

Lomba da Fazenda ▶ 6, K 2

Vom Ortszentrum zu erreichen ist der **Parque Endémico do Pelado** am **Miradouro do Pelado,** ein Naturlehrpark über der rund 100 m hohen Steilküste. Die im Gegensatz zu anderen Teilen der Insel noch gut erhaltene einheimische Küstenvegetation (s. S. 52) steht hier unter Schutz. Alle wichtigen Pflanzen sind mit botanischem Namen beschriftet. Tische und Bänke ermöglichen ein schönes Picknick. Vom Miradouro bietet sich ein großartiger Atlantikblick.

São Miguel

Wanderung durch die Küstenlandschaft bei Lomba da Fazenda
2 Std., leicht
Gegenüber der Dorfkirche **Ermida de Nossa Senhora das Dores** (Rua Doutor Vítor Cabral Macedo) beginnt und endet der Rundweg **PRC 31 SMI** bei einer Wandertafel. Er quert das tief eingeschnittene Tal der **Ribeira do Guilherme**, folgt einem alten Küstensaumpfad, passiert die Felsbadeanlage von Nordeste (s. u.) und gelangt zum Parque Endémico do Pelado. Auf dessen Zufahrtsstraße geht es zurück nach Lomba da Fazenda, wo noch ein Abstecher zum **Parque da Morgada** (Rua Doutor Vítor Cabral Macedo) lohnt, einem kleinen, üppig grünen Themenpark, wo ein alter Waschplatz mit Steinbecken zu besichtigen ist.

Jardim Botânico da Ribeira do Guilherme ▶ 6, K 2
ER 1-1a zwischen Lombo da Fazenda und Nordeste, Parkplatz unmittelbar südlich der Brücke über den Fluss
Ein breiter, von Büschen und Bäumen gesäumter Fußweg führt am Fluss entlang in den kleinen subtropischen Garten hinab. Hortensien, Hibiskus und Tibouchine gedeihen hier äußerst üppig. Man passiert einen Ententeich mit künstlichem Wasserfall und erreicht eine ehemalige Mühle, die von dem Teichwasser angetrieben wurde.

Nordeste ▶ 6, K 2

Ins Zentrum von Nordeste führt von Norden der **Viaduto** (Ponte dos Sete Arcos), eine gewagt konstruierte Brücke von 1883 mit nostalgischen Metalllampen. Sie überspannt den **Largo da Fonte,** einen Park im Bachbett mit Springbrunnen. Das Zentrum selbst markiert die Kirche. Ringsum gruppieren sich ehrwürdige Bürgerhäuser mit ein paar Lokalen und Geschäften.

Museu do Nordeste
Rua Dona Maria do Rosário 5, Tel. 296 48 00 65, Mo–Fr 9–12, 13–17, Sa 9–12, 13–16.30 Uhr; falls geschl., im Tourismusbüro (s. u.) nachfragen
Im stilvollen Rahmen eines alten Stadthauses stellt das Museum volkskundliche Objekte aus: altes Mobiliar, Keramik, Porzellan, Trachten und Gerät, das in Landwirtschaft, Handwerk und Haushalt Verwendung fand.

Übernachten

Auf einer Farm – **Quinta das Queimadas** (7 6, K 2): Richtung Pico Bartolomeu, Tel. 292 48 85 78, www.quintadasqueimadas.com, DZ 50 €, Suite 70 €, Apartment 85 € (jeweils Hochsaison). Weitläufiges Landgut, Ausgangspunkt für Wanderungen und Ausritte in die Umgebung. Wer mag, kann auf dem Bauernhof mithelfen: Melken von Ziegen und Kühen, Käseherstellung, Gartenarbeit. Abendessen möglich (15 €/Pers.). Französische und regionale, u. a. vegetarische, Küche mit lokalen Produkten.

Essen & Trinken

Lichtdurchflutet – **Tronqueira:** Estrada do Poceirão, Tel. 296 48 82 92, tgl. bis 21 Uhr, Hauptgerichte ab ca. 8 €. Großes Ausflugslokal am Ortsrand (ausgeschildert) mit sorgfältig zubereiteten regionalen Gerichten.

Aktiv

Baden – **Zona Balnear:** Ribeira do Guilherme, frei zugänglich. Attraktiver, gepflegter Badeplatz an der Flussmündung, erreichbar über eine abenteuerlich schmale Straße ab dem

Umgebung von Nordeste

Nach seinen sieben Bögen heißt der Viaduto von Nordeste auch Ponte dos Sete Arcos

Kreisverkehr am Nordrand von Nordeste. Sanitäre Einrichtungen vorhanden. Auch wenn man nicht baden möchte, lohnt die Fahrt hierher. Vom Kopf der Steinmole, die sich in den Atlantik hinausschiebt, schaut man südwärts entlang der Küste bis zum Leuchtturm (farol, s. S. 137).

Infos

Posto de Turismo: 9630-144 Vila do Nordeste, Rua Dona Maria do Rosário 11, Tel. 296 48 00 66, posto.turismo@cmnordeste.pt, www.cmnordeste.pt, Mo–Fr 9–12, 13–18, Sa 9–12, 13–16.30 Uhr. Städtische Informationsstelle hinter der Kirche. Auskünfte über die zahlreichen Wandermöglichkeiten in der Umgebung, etwa zum **Pico da Vara**, dem mit 1103 m höchsten Berg von São Miguel. Für diesen ist eine Genehmigung erforderlich (online unter http://servicos.srrn.azores.gov.pt/form/picovara).

Umgebung von Nordeste

Farol do Arnel und Porto Pesquero ▶ 6, K 2
Eine sehr schmale, extrem steile Zufahrtsstraße führt zum Leuchtturm (farol) von Nordeste an der Ponta do Arnel. Vom Befahren ist dringend abzuraten. Besser steuert man den wenig weiter südlich an der Regionalstraße gelegenen **Miradouro da Vista dos Barcos** an. Von der dortigen Aussichtskanzel ist sowohl der Farol als auch der kleine Fischerhafen von Nordeste zu sehen.

Centro Ambiental do Priolo ▶ 6, K 3
Parque Florestal de Cancela de Cinzeiro-Pedreira, bei Lomba da Pedreira ab ER 1-1a ausgeschildert (4 km), Tel. 918 53 61 23, http://centropriolo.spea.pt, Mai–Sept. Di–So 10–18 Uhr, Mitte Febr.– April, Okt./Mitte Nov. Sa/So/Fei

São Miguel

12–17 Uhr, Mitte Nov.–Mitte Feb. nur nach Voranmeldung, Eintritt frei
In einem dicht bewaldeten Hochtal informiert das Besucherzentrum der Portugiesischen Gesellschaft für Vogelkunde (SPEA) mit einer Ausstellung über den Azoren-Gimpel (port. *priolo*), eine der am stärksten gefährdeten Vogelarten Europas. Sein Vorkommen beschränkt sich auf São Miguel. Im 18./19. Jh. war er stark verfolgt worden, da er in den Orangenplantagen die frischen Knospen anknabberte. Lange galt er gar als ausgestorben, bis er 1970 am Pico da Vara wiederentdeckt wurde (s. a. S. 53).

Nebenan liegt der **Parque Florestal de Cancela de Cinzeiro-Pedreira** (Mo-Fr 8–20, Sa/So/Fei 10–20 Uhr), ein Freizeitpark mit Picknickgelände. Es lohnt sich, der Nebenstraße weitere 4 km bis zu ihrem Ende am **Pico Bartolomeu** zu folgen. Auf ihrem letzten Abschnitt entlang eines schmalen Bergrückens ist sie wahrhaft spektakulär. Vom Gipfel überblickt man den gesamten Südosten von São Miguel mit dem breiten Massiv des Pico da Vara, falls dieser sich nicht – wie so oft – in Nebel hüllt.

Aktiv

Naturschutz – **Centro Ambiental do Priolo:** s. o. Das Zentrum veranstaltet geführte vogelkundliche Exkursionen und Workshops, bei denen auch Touristen willkommen sind (Termine s. Website, Anmeldung erforderlich). Wer möchte, kann sogar im Rahmen eines Volontariats bei der Kartierung des Lebensraums der Gimpel und bei der Ausrodung verwilderter exotischer Pflanzen, die den natürlichen Lorbeerwald bedrohen, mitarbeiten.

Südlich von Lomba da Pedreira

Miradouro da Ponta do Sossego ▶ 6, K 3

An der ER 1-1a liegt der Miradouro da Ponta do Sossego, umgeben von einer gepflegten Gartenanlage mit Picknickplätzen. Sorgfältig geschnittene Buchsbaumhecken fassen Beete ein, auf denen unter Palmen und Araukarien Sommerblumen in allen Farben leuchten. Kundige Gärtner verwandelten Büsche durch Formschnitt in Tierfiguren oder Sessel, auf denen man fast Platz nehmen möchte. Mehrere Aussichtskanzeln bieten unterschiedliche Blicke hinab zur Küste. Auf einer Fliesentafel steht ein Gedicht von João Teixeira de Medeiros (1901–95), einem Dichter aus Lomba da Pedreira, der nach Fall River in den USA emigrierte. Der Autodidakt soll ein leutseliger, allseits beliebter Mann gewesen sein. In seinen humorvollen Versen schwingt oft Kritik an Ungerechtigkeiten mit, doch preisen sie auch die Schönheiten des Lebens.

Hochstraße mit bester Aussicht
Ab Nordeste bietet sich als Alternative zur Küstenstraße ER 1-1a Richtung Povoação die kurvenreiche **Ruta da Tronqueira** (ER 1-2a) an. Die großenteils nicht asphaltierte Forststraße führt durch bewaldetes Gebiet an der Ostflanke des Pico da Vara auf rund 800 m Höhe hinauf und lohnt nur bei wolkenfreiem Wetter. Dann allerdings bieten sich wunderschöne Ausblicke. Vorsicht bei Mietwagen: Die Versicherungen decken Schäden, die auf Pistenfahrten entstehen, nicht ab.

Miradouro da Ponta da Madrugada ▶ 6, K 3

Vis-à-vis vom Miradouro da Ponta do Sossego liegt südlich – durch einen Taleinschnitt getrennt – der Miradouro da Ponta da Madrugada. Auch ihn umgibt ein kleiner Park mit Picknickplätzen, ein berankter Bogen gewährt Einlass. Der Garten entfaltet seine volle Pracht Anfang des Frühjahrs zur Kamelienblüte.

Povoação ▶ 6, J 4

Hier hatten sich im 15. Jh. die ersten Siedler auf São Miguel niedergelassen. An die historische Bedeutung kann der Ort nicht mehr so recht anknüpfen. Die älteste Kirche von São Miguel, am Strand errichtet, fiel 1630 einem Erdbeben zum Opfer. Ihre Stelle westlich des heutigen Hafens nahm die **Igreja Nossa Senhora do Rosário** (Rua Gonçalo Velho) ein. Durch den historischen Kern mit renovierten Stadthäusern, Geschäften und Cafés führt eine Fußgängerzone. Landeinwärts mündet sie in den tropisch bepflanzten Flaniergarten **Jardim Municipal** (Rua Manuel José Medeiros). Hier erhebt sich der **Padrão dos Descobrimentos,** ein Denkmal für die portugiesischen Entdecker. Diese ließen, so heißt es, nachdem sie in der Bucht von Povoação Anker geworfen hatten, zunächst einen Ziegenbock am Strand frei. Erst als dieser einige Tage überlebt hatte, wagten sie es, an Land zu gehen.

Mit einem Hotel am Hafen versucht Povoação, an der touristischen Entwicklung von São Miguel teilzuhaben. Die Bademöglichkeiten sind eher bescheiden und auf einen kiesigen Strand am Ostrand des Ortes beschränkt.

Wanderwege
In der Umgebung von Povoação gibt es zahlreiche Wanderwege. Der **PR 18 SMI Trilho da Vigia da Baleia** (3 Std., mittelschwer), ein großenteils noch gepflasterter, alter Verbindungsweg, führt über den Panorama-Aussichtspunkt Miradouro do Pico dos Bodes zum alten Walfängerhafen Faial da Terra. Ein historischer Küstenweg ist der **PR 12 SMI Trilho do Agrião** (1,5 Std., mittelschwer). Er beginnt an der Regionalstraße Richtung Furnas bei Lomba do Cavaleiro und endet in Ribeira Quente. Ein weiterer alter Verbindungsweg, der Trilho da Vigia da Baleia zum Walfängerhafen Faial da Terra, musste wegen Erdrutschgefahr dauerhaft gesperrt werden.

Übernachten

Meeresnah – **Hotel do Mar:** Rua Gonçalo Velho 2, Tel. 296 55 00 10, www.hoteldomar.com, DZ ca. 50 €. Modernes, überschaubares Komforthotel. Alle Zimmer mit Balkon, die meisten mit Meerblick. Pool, Jacuzzi, Bar. Das Hausrestaurant liegt 50 m entfernt.

Essen & Trinken

Am Hauptplatz – **Jardim:** Largo D. João I 3/5, Tel. 296 58 54 13, tgl. geöffnet, Hauptgerichte ab 7 €. Traditionslokal mit gutbürgerlicher Küche. Einheimische schauen oft auch einfach auf einen Kaffee herein, den sie am Tresen oder auf der Terrasse einnehmen.

Infos

Centro de Informação – Turismo e Artesanato: 9650-422 Povoação, Rua Infante Sagres 49, Tel. 296 55 90 50, info.turismo@cm-povoacao.pt, www.cm-povoacao.pt, tgl. 10–17 Uhr. Städtische Informationsstelle. Auskünfte u. a. über Wanderwege.

Mietwagen: 7 Lombas, Largo D. João I 2, Tel. 296 55 95 60 oder 967 46 13 56, www.7lombas.com.

Das Beste auf einen Blick

Santa Maria

Highlight!

Anjos: In dem kleinen Küstenort bauten die frühen Siedler die erste Kirche der Azoren. Nur wenige Jahrzehnte später soll Christoph Kolumbus auf der Rückkehr von seiner ersten Atlantikreise hier gebetet haben. Ein attraktives Meerwasserschwimmbad und die schönsten Sonnenuntergänge weit und breit machen die Idylle perfekt. S. 151

Kultur & Sehenswertes

Museu de Santa Maria: Das Inselmuseum in Santo Espírito informiert über die frühere Keramikindustrie, Heiliggeistfeste, die Herstellung von Kleidung und manches mehr. S. 149

Ermida de Nossa Senhora de Fátima: 150 Stufen führen zu der Wallfahrtskapelle hinauf, von Blumen und Bildern gesäumt. Oben ergibt sich ein traumhafter Blick. S. 150

Zu Fuß & mit dem Rad

Radfahren: Per Trekkingrad lässt sich die Insel ab Vila do Porto bestens erkunden, die nicht ganz unerheblichen Höhenunterschiede setzen allerdings eine gute Kondition voraus. S. 144

Wanderung nach Anjos: Die abwechslungsreichste Wandertour auf Santa Maria führt über den zentralen Höhenkamm zum höchsten Gipfel, dem Pico Alto, und über den wüstenhaften Barreiro da Faneca bis nach Anjos. S. 148

Genießen & Atmosphäre

Miradouro da Macela: Ein Aussichtspunkt der Superlative, nicht nur wegen des tollen Blicks auf die Praia Formosa, sondern auch dank der unkonventionellen Möblierung mit Bänken und Sonnenschirmen. S. 147

Maia: Im Meerwasserpool vor der Kulisse von Weingärten baden, vielleicht nach einem Spaziergang zu Santa Marias schönstem Wasserfall. S. 149

Abends & Nachts

Central Pub: Die Jugend von Vila do Porto trifft sich hier auf ein abendliches Bier. Ansonsten werden auf Santa Maria die Bürgersteige früh hochgeklappt. S. 145

Die unentdeckte Insel

Der Kontrast zwischen Santa Maria und São Miguel, die die Ostgruppe der Azoren bilden, könnte kaum größer sein. Das wesentlich kleinere Santa Maria mit der stillen Hauptstadt Vila do Porto verweist zwar gern auf eine glorreiche Vergangenheit als erste Azoreninsel, die von den Portugiesen besiedelt wurde, liegt heute aber abseits vom Geschehen und wird selten von Touristen besucht. Dabei gilt das Klima als besonders mild und sonnenreich und die Küsten sind so reizvoll, dass gern von der ›Algarve der Azoren‹ gesprochen wird. Sandstrände konkurrieren mit attraktiven Felsbadeanlagen. Schnorchler, Taucher und Wellensurfer finden interessante Reviere und lauschige Wanderwege führen durch das hügelige Inselinnere mit seinen properen Dörfern und saftig grünen Weideflächen.

Vila do Porto ▸ 7, B 2

Santa Marias Hauptstadt (3000 Einw.) wirkt recht verschlafen, aber prächtige Baudenkmäler erzählen von einer bedeutenden Vergangenheit. Dicht an dicht stehen Häuser mit schmiedeeisernen Balkonen an der langgestreckten Durchgangsstraße, die landeinwärts mehrfach den Namen wechselt. Geschäfte und Lokale konzentrieren sich in ihrem oberen Abschnitt, der Rua Dr. Luís Bettencourt, beim Rathaus. Seine Ernennung zum Inselhauptort im Jahr 1472, verbunden mit den Stadtrechten, verdankt Vila do Porto dem nahezu idealen Naturhafen, in dem die Segelschiffe der Entdeckungsfahrer gefahrlos ankern konnten. Heute schaukeln hier ein paar Jachten und die Speedboote

Infobox

Touristeninformation
Ein Büro der Azorenregierung informiert am Flughafen, s. S. 145.

Anreise und Weiterkommen
Flughafen: Der Aeroporto de Santa Maria (SMA) liegt 2 km nordwestlich von Vila do Porto. Taxi in die Stadt ca. 7 €. Linienbus nach Vila do Porto und zum Hafen Mo–Fr 8–19, Sa 8–13 Uhr ca. stdl., außerdem nach Praia Formosa Juli–Mitte Sept. 4 x tgl. Flüge nach Lissabon und Ponta Delgada (São Miguel), andere Inseln nur mit Zwischenlandung/Umsteigen (s. S. 22). Fluginfos: www.ana.pt.
Fähre: Fährhafen ist Vila do Porto. Passend zu den Fähren Linienbustransfer von und zu den Hotels der Stadt. Fähren der Atlânticoline im Sommer 2–3 x pro Woche nach Ponta Delgada (São Miguel), dort Anschluss zu anderen Inseln. Weitere Infos s. S. 23 und S. 145.
Busse: Das Netz umfasst sechs Linien, die allerdings teilweise nur 2 x tgl. oder nicht zu allen Jahreszeiten verkehren. Am Sonntag kein Busverkehr. Weitere Infos s. S. 145
Taxis: Taxistand in Vila do Porto. Preisbeispiele: nach Praia Formosa ca. 9 €, nach São Lourenço ca. 13 €.
Mietwagen: Schalter mehrerer Anbieter sind im Flughafengebäude zu finden, ein weiteres Büro in Vila do Porto.

Vila do Porto

Von hier blieb kein Piratenschiff am Horizont unentdeckt: Forte de São Brás

von Hochseeanglern. Nebenan ziehen Fischer ihre Traditionsboote an Land.

Forte de São Brás
Largo Sousa e Silva
Die weiße Festung (17. Jh.) über dem Hafen, in der heute ein Motorradclub untergebracht ist, bot früher Schutz vor Piraten, von denen die abgeschiedene Insel besonders häufig ausgeplündert wurde. Innerhalb der Anlage steht die **Ermida de Nossa Senhora da Conceição,** wohl die erste Pfarrkirche der Insel. Die Überlieferung bringt sie mit einem Wunder in Verbindung, das sich 1576 anlässlich einer Korsarenattacke ereignet haben soll. Als der Vikar den Kirchenschatz durch das Südportal in Sicherheit bringen wollte, fand er dieses durch die Angreifer blockiert. Doch dann gelang es ihm, durch das Nordportal zu entkommen, das von innen eigentlich gar nicht zu öffnen war ...

Igreja Matriz Nossa Senhora da Assunção
Largo da Matriz
Bis zur Mitte des 15. Jh. lässt sich die Geschichte der im unteren, heute ruhigeren Teil von Vila do Porto gelegenen Hauptkirche zurückverfolgen. Aus dieser Zeit stammt noch das Portal mit gotischem Spitzbogen an der linken Seite. Das Innere wurde später im Barockstil reich mit Retabeln ausstaffiert. Gegenüber auf dem **Largo Coronel Costa Santos** plätschert ein Natursteinbrunnen von 1882, aus dem die Stadtbewohner bis vor wenigen Jahrzehnten ihr Trinkwasser schöpften.

Convento de São Francisco
Largo de Nossa Senhora da Conceição
Zerstörungen durch Berberpiraten 1675 machten einen Neubau des Franziskanerklosters im wuchtigen Barockstil notwendig, der im 18. Jh. fertiggestellt wurde. Heute beherbergt dieser das Rathaus von Vila do Porto. Ein Torturm

Santa Maria

gewährt Einlass zum begrünten Kreuzgang und trennt das ehemalige Ordenshaus von der dazugehörigen Kirche, der **Igreja Nossa Senhora da Vitória**.

Centro de Interpretação Ambiental Dalberto Pombo
Rua Teófilo Braga 10-14, Tel. 296 20 67 90, http://parquesnaturais.azores. gov.pt , Mitte Juni–Mitte Sept. tgl. 10–13, 14–18, sonst Di–Sa 14–17.30 Uhr, 2,50 €

Das Informationszentrum des Naturparks Santa Maria zeigt die Sammlung des einheimischen Naturforschers Dalberto Pombo (1928–2007), der sich mit den Zugvögeln, die den Azoren einen Besuch abstatten, und den Fossilien von Meereslebewesen, die auf Santa Maria in großer Zahl zu finden sind, beschäftigte.

Übernachten

Moderner Komfort – **Colombo:** Cruz Teixeira, Tel. 296 82 02 00, www.colombo-hotel.com, DZ 80–100 € (über Veranstalter). Relativ neues 4-Sterne-Hotel 1 km oberhalb der Stadt. Panoramablick über den Atlantik.

Flughafenhotel – **Santa Maria:** Rua da Horta, Tel. 296 82 06 60, www.hotelsanta-maria.pt, DZ 65–90 €. Im Motelstil. Klarer Vorteil ist die Fußgängerentfernung zum Flughafen. Aber auch ansonsten eine gute Wahl, mit Restaurant, Gartenbar, Pool und Tennisplatz. Drei-Sterne-Niveau.

Klassischer Stil – **Praia de Lobos:** Travessa Mercado, Tel. 296 88 22 86, www.hotel-praiadelobos.pt, DZ 65–80 €. Dreisterner mit 36 Zimmern. Günstige Lage im Stadtzentrum.

Für Traveller – **Travassos:** Rua Doutor Luís Bettencourt 108, Tel. 296 88 28 31, DZ 35 €. Familiäres Gästehaus, zentral, mit fünf einfachen Zimmern. Etagenbad, spartanisches Frühstück.

Essen & Trinken

In der Nähe des Rathauses reihen sich in der Hauptstraße mehrere einfache Esslokale, die günstigen Mittagstisch anbieten (um 6 €). Recht nett sitzt man etwa auf der Straßenterrasse des **O Jorge** (Rua Dr. Luís Bettencourt 15).

Gehobenes Niveau – **Os Marienses:** Rua do Cotovelo, Tel. 296 88 24 78, tgl. 12–15, 19–23 Uhr, Hauptgerichte ab 7,50 €. Gepflegtes Lokal schräg gegenüber der Markthalle. Die aufwendigen Cataplanas, etwa mit Meeresfrüchten oder Stockfisch, sollte man am Vortag vorbestellen (für 2 Pers. 20–30 €). Auch Kinderteller verfügbar. Lange Weinkarte.

Mit Innenhof – **Pub & Grill 55:** Rua Dr. Luís Bettencourt 55, Tel. 296 88 35 55, Hauptgerichte ab 7 €, Snacks 4–5 €. Ab 18 Uhr serviert die schummrige Bar Gegrilltes und kleine Gerichte.

Einkaufen

Markthalle – **Mercado Municipal:** Rua do Cotovelo, Mo–Fr 8–18, Sa 8–13 Uhr. Frühzeitig kommen, sonst ist schon alles ausverkauft.

Aktiv

Inselerkundung per Rad – **Ilha do Sol:** Salvaterra 26 (Straße Richtung Valverde), Tel. 296 88 20 21, 962 34 92 44, www.ilhadosol.com. Autovermieter, der auch Motorroller (ca. 24–29 €/Tag) und Trekkingräder (6–8 €/Tag) verleiht. Touren per Rad erfordern wegen der Höhenunterschiede eine gute Kondition.

Abends & Nachts

Szene – **Docas Bar:** Cais do Porto, Tel. 296 88 48 00, tgl. 9–24 Uhr. Treffpunkt am Hafen ist die schöne Terrasse am

Almagreira und Praia Formosa

Fährterminal. WLAN gratis, wie auch im ganzen Hafengebiet.
Amerikanisch gestylt – **Central Pub:** Rua Dr. Luís Bettencourt 20, Tel. 296 88 25 13, Sommer tgl. 12–2 Uhr, Winter tgl. 17–2 Uhr. Abendlicher Treff, von Amerika-Emigranten geführt. Wer mag, kann hier auch essen, etwa Chili con carne, Pizza oder Pasta, jeweils ab ca. 7 €.

Infos

Posto de Turismo de Santa Maria: 9580-419 Vila do Porto, Aeroporto de Santa Maria, Tel./Fax 296 88 63 55, pt.sma@azores.gov.pt, www.visitazores.com. Informationsstelle der Azorenregierung im Flughafengebäude, bei Ankünften und tagsüber in der Regel geöffnet.
Internet: www.cm-viladoporto.pt
Flugzeug: Stadtbüro der SATA, Rua Dr. Luís Bettencourt, Tel. 296 82 07 01, Mo–Fr 9–18 Uhr.
Fähre: Tickets der Atlânticoline online (s. S. 23), am Hafenschalter (ab 1,5 Std. vor Abfahrt) oder im Reisebüro Micaelense, Rua M 2 (nahe Hotel Praia de Lobos), Tel. 296 88 20 40.
Busse: Zentrale Haltestelle am Largo Nossa Senhora da Conceição. Fahrpläne und Tickets im Büro der Busgesellschaft TSM, Rua Teófilo Braga 55, Tel. 296 88 21 15, Mo–Fr 8.30–12.30, 14–18 Uhr. Fahrpläne auch online unter www.transportesdesantamaria.com.
Taxis: Rua Dr. Luís Bettencourt, beim Rathaus, Tel. 296 88 21 99. Bei Fährankünften auch am Hafen. Vierstündige Inselrundfahrt ca. 70 €.
Mietwagen: Ilha do Sol (s. S. 144).

Almagreira und Praia Formosa ▶ 7, C 2

Die Bauernhäuser von **Almagreira** verteilen sich über eine Hochfläche mit Feldern und sattgrünen Weiden. Hier wurde früher der rote Ton der Insel, *almagra,* verarbeitet. Heute gehört die Keramikherstellung der Vergangenheit an. Eine kurvenreiche Straße führt hinab zur Südküste. Unterwegs lohnt ein Halt am **Miradouro da Macela** mit Blick auf die **Praia Formosa,** den vielleicht schönsten Strand der Azoren (s. Lieblingsort S. 147). Unten am Strand sind alle üblichen Einrichtungen vorhanden. Er ist im Sommer bewacht und schmückt sich mit dem Gütezeichen Blaue Flagge.

Übernachten

Ökopension – **Francisca:** Almagreira, Brejo de Baixo, Tel. 296 88 40 33, www.azorean-spirit.com, DZ 60–70 €, Bungalow für 2 Pers. ohne Frühstück 70–80 €. Drei Zimmer (mit reichhaltigem Frühstück), ein Ferienhaus, alle gut eingerichtet. Unter deutscher Leitung. Gratis-Internetzugang, Nutzung der Waschmaschine, Vermietung von Fahrrädern und E-Bikes (5 bzw. 15 € pro Tag). Mit Hilfe einer Fotovoltaik-Anlage wird der gesamte für die Anlage benötigte Strom selbst produziert.
Strandferien – **Mar e Sol:** Praia Formosa, Largo Bom Despacho, Tel. 296 88 44 43 01, http://apartamentosmaresol.pai.pt, Apartment für 2 Pers. 60–100 €. Alle Wohnungen mit Südwestbalkon und Meerblick. Frühstück möglich. Mindestaufenthalt drei Tage.

Essen & Trinken

Schickes Strandlokal – **O Paquete:** Praia Formosa, Tel. 296 88 46 86, https://pt-br.facebook.com/opaquetepraiaformosa, tgl. 10–23 Uhr, Hauptgerichte ab 7 €. Wie ein Schiff gebaut, mit luftiger Terrasse am Bug. Die Küche ist eher bodenständig; auch Pizza.

Lieblingsort

Miradouro da Macela – Blick ins Grüne und ins Blaue
▶ 7, C 2

Der atemberaubende Aussichtspunkt mit den rot beschirmten Picknicktischen erlaubt den perfekten Blick auf eine weit geschwungene Bucht mit der **Praia Formosa,** einem der schönsten Strände der Azoren – jedenfalls im Sommer. In den Wintermonaten spült die Brandung den hellen Sand, der den Reiz dieses Badeplatzes ausmacht, ins Meer. Den zuweilen gigantischen Wellen verdankt die Praia Formosa aber auch ihre Beliebtheit bei der internationalen Wellensurferszene.

Santa Maria

Abends & Nachts

Umtriebig – **Beach Parque:** Praia Formosa, im Sommer So–Do 21–2, Fr/Sa 21–4 Uhr. Strandbar und Pub mit lauter Musik, Billardtischen und Kinderspielplatz. Snacks für den späten Hunger.

Termine

Festival Maré de Agosto: 2. Aug.-Hälfte, www.maredeagosto.com. Dreitägiges Musikfestival an der Praia Formosa, hervorgegangen aus einer ›magischen Nacht‹ 1984, als sich Musiker von allen Azoreninseln erstmals auf Santa Maria trafen. Inzwischen geht hier jedes Jahr die Post ab, mit Beteiligung aus den USA, Brasilien und Afrika. Heiße Rhythmen aktueller Stilrichtungen.

Bergland

Bei der Auffahrt ins zentrale Gebirge von Santa Maria lohnt ein Stopp am **Miradouro dos Picos** mit hübschem Rückblick auf Almagreira. Dann ist die Straßengabelung Cruz dos Picos erreicht, von der links eine gut 2 km lange Stichstraße zum **Pico Alto** (587 m) führt, Santa Marias höchster Erhebung. Kurz vor dem Straßenende folgt man einem beschilderten Fußweg bis zum antennengekrönten Gipfel. Oben bieten sich fantastische Blicke über weite Teile der Insel. Der Kontrast zwischen dem grünen, von Kryptomerienwald überzogenen und oft wolkenverhangenen Inselinneren und dem lichtdurchfluteten, im Sommer vertrockneten und braunen Wiesenland im Westen bei Vila do Porto könnte kaum größer sein.

Bei der Weiterfahrt vom Cruz dos Picos Richtung Santo Espírito bietet der **Miradouro das Fontinhas** eine ähnliche Perspektive wie der Miradouro dos Picos, punktet aber zusätzlich mit Picknicktischen. Kurz darauf passiert man den öffentlich zugänglichen Forstpark **Fontinhas,** dessen Markenzeichen einige riesige Baumfarne sind. Hier gibt es weitere Picknicktische, einen Kinderspielplatz und verschlungene Wege, die zu Aussichtspunkten führen.

Wanderung nach Anjos ▶ B/C 2
Dauer: 4 Std., mittelschwer
Beginnend am **Cruz dos Picos** (s. o.), führt der markierte **PR 2 SMA** über den Gipfel des **Pico Alto** auf dem Höhenkamm nach Norden, später dann Richtung Westen zum **Barreiro da Faneca** (s. S. 151). Dann berührt der Weg die wilde **Baía da Cré**, verläuft über Viehweiden (Orientierung erschwert) und endet schließlich in **Anjos** (s. S. 151).

Santo Espírito ▶ 7, C 2

Hier wurde im 15. Jh. die erste Messe der Azoren zu Ehren des Heiligen Geistes gelesen s. S. 69), daher der Ortsname. Die imposante **Igreja de Nossa Senhora da Purificação** (Largo Padre José Maria Amaral) ist allerdings der Muttergottes geweiht, die hier zu Mariä Lichtmess (2. Febr.) verehrt wird. Im 18. Jh. erhielt die Kirche ihre üppige Barockfassade. Mit ihrem seitlichen Glockenturm fasziniert sie durch den Wechsel von dunklem Naturstein und weißer Kalkfarbe. Bei der Kirche finden sich zwei einfache Lokale und ein Minimercado. Ansonsten ist – wie in allen Ortschaften außerhalb von Vila do Porto – wenig los.

> **Mehr über die Insel erfahren**
> Die Rezeption des Museu de Santa Maria (s. S. 149) in Santo Espírito erteilt Informationen über die Erkundung der Insel unter verschiedenen thematischen Aspekten.

Museu de Santa Maria
Rua do Museu, Tel. 296 88 48 44, Di– Fr 9.30–12, 14–17 Uhr, Sa–Mo u. Fei geschl., 1 €

Das Inselmuseum logiert links hinter der Kirche in einem Landhaus (Anfang 20. Jh.), von dem die Originalküche erhalten ist. Ess- und Schlafraum lassen sich ebenfalls noch erahnen. Grundstock der Sammlung sind Exponate rund um das Keramikhandwerk. Da nur Santa Maria innerhalb des Archipels über nennenswerte Tonvorkommen verfügt, exportierte man früher Töpferwaren und den Ton selbst in großem Stil auf andere Inseln. Außerdem thematisiert das Museum die Heiliggeistfeste sowie die Herstellung von Leinen- und Wolltextilien.

Maia ▸ 7, D 2

Eine Panoramastraße führt von Espírito Santo abwärts zur Südostküste, die dank ihres milden Klimas fast mediterran wirkt. Unterwegs ergibt sich vom ehemaligen Walfängerausguck **Vigia da Baleia** (an der ER 1, ausgeschildert; kurzer, steiler Fußweg abwärts) ein spektakulärer Blick auf den Leuchtturm an der **Ponta do Castelo** und eine ehemalige Walverarbeitungsfabrik. Zum Leuchtturm selbst läuft man von einer Straßenkurve weiter unten 10 Min. auf einem Fahrweg. Für Autos gibt es dort keine Wendemöglichkeit. Weinberge, von Steinmauern gestützt, überziehen die steilen Hänge rund um Maia. Im Zusammenspiel mit dem felsigen Ufersaum ergibt sich ein malerisches Bild. Ein geräumiges Meerwasserbadebecken (gute Infrastruktur, Strandbar) lädt zum Relaxen ein. Die ER 1 endet an der **Cascata do Aveiro**, die sich in einen Ententeich ergießt. Der Wasserfall zählt zu den landschaftlichen Hauptattraktionen der Insel, allerdings nur während der regenreichen Monate. Im Sommer ist er oft ausgetrocknet.

São Lourenço und Santa Bárbara ▸ 7, C 2

Wie ein Amphitheater mit Weinbergen als Rängen präsentiert sich, vom **Miradouro do Espigão** (Schild: Miradouro) gesehen, die geschwungene **Baía de São Lourenço**. Die Bucht gilt als Rest eines Riesenkraters, des größten der Azoren. Mit dem türkisblauen Wasser kontrastiert der helle, schmale Sandstrand, den mehrere Felsvorsprünge mit reicher Unterwasserfauna unterbrechen – ein Paradies für Taucher und Schnorchler. Zum Baden eignet sich die Zone weniger, da der Sand bei jedem größeren Unwetter fast völlig weggeschwemmt wird. Die meisten Häuser von São Lourenço gehören Amerika-Emigranten, die hier den Sommer verbringen. Die Uferzone wird derzeit völlig neu gestaltet. Dem Südrand der Baía de São Lourenço vorgelagert ist eine bizarre Felsinsel, **Ilhéu do Romeiro** – ein wichtiger Brutplatz für Seevögel.

Santa Bárbara ▸ 7, C 2
Das pittoreske Dorf liegt eingebettet in eine wellige Landschaft, über die sich Windmühlenruinen und alte Brunnen mit Viehtränken verteilen. Den besten Überblick bietet der **Miradouro da Pedra Rija** an der Straße nach Almagreira/Vila do Porto. Da in jüngerer Zeit kaum gebaut wurde, bewahrte das Ortsbild seinen Charakter. Hauskanten wie auch Tür- und Fensterrahmen sind blau gestrichen, in hübschem Kontrast zu den weißen Wänden und hellroten Ziegeldächern. Jedes Dorf auf Santa Maria hat seine eigene Farbe: Santo Espírito Grün und São Pedro Gelb.

Santa Maria

Übernachten

Landgut – **Quinta do Monte Santo:** Lagoinhas, Tel. 296 88 39 50, www.quintamontesanto.com, DZ 30–40 €, Haus 30–50 €, Mindestaufenthalt 5 Tage. Ruhige ländliche Unterkunft mit weitem Meerblick. Zwei Ferienhäuser und ein Apartment, jeweils komplett ausgestattet, sowie zwei Zimmer mit Gemeinschaftsbad im Haupthaus, wo auch die Besitzerfamilie wohnt.

Aktiv

Tauchen – **Wahoo Diving:** Forno, Tel. 296 88 40 05, www.wahoo-diving.com. Deutschsprachige Tauchbasis, individuelle Tauchgänge und Tauchausfahrten mit hohem Erlebniswert. Seit Ende 2014 neue Leitung unter Steffen Ehrath und Marcia Santos. Ganz heiße Spots befinden sich bei den **Formigas**, einer Felsinselgruppe im Norden von Santa Maria. Außerdem Hochseetauchen, Nachttauchgänge sowie Schnorcheln in Grotten. Gestartet wird je nach Windrichtung in verschiedenen Küstenorten der Insel. Normaler Tauchgang 42 €.

São Pedro ▶ 7, B 2

Dank seiner fruchtbaren Ländereien war São Pedro (800 Einw.) seit jeher ein wichtiges agrarisches Zentrum. Ein eigentlicher Ortskern ist bestenfalls zu erahnen. Rundherum unterhielten Großgrundbesitzer ihre von Parks umgebenen Herrensitze *(quintas)*. Manche wurden in jüngerer Zeit sorgfältig renoviert. Von der vor einigen Jahren ebenfalls restaurierten, einsam außerhalb von São Pedro (westlich der Straße nach Anjos) gelegenen **Ermida de Monserrate** (verblichenes Holzschild an der Straße nach Anjos nach ca. 1 km, dann noch 300 m auf einem Feldweg) heißt es, sie sei die zweite Kirche der Insel im 15. Jh. gewesen.

Ermida de Nossa Senhora de Fátima
Alto das Feteiras
Die Wallfahrtskirche von 1925 auf einem Hügel an der Straße nach Lagoinhas war angeblich das zweite Heiligtum weltweit (!) zu Ehren der Jungfrau von Fátima, die am 13. Mai 1917 in Portugal drei Kindern erschienen war. 154 Treppenstufen, Symbole für die Perlen des Rosenkranzes, führen hinauf. Auf jedem der 14 Treppenabsätze, die den großen Perlen entsprechen, beten die pilgernden Gläubigen ein Vaterunser. Eine Gartenanlage mit Bäumen, Blumen und Azulejobildern sowie zwei Skulpturengruppen mit Darstellungen der Kinder mit der Madonna bzw. einem Friedensengel säumen den Aufgang. Von oben genießt man einen schönen Blick zur Nordküste.

Übernachten

Gutshausstil – **Casa de São Pedro:** Lugar de Rosa Alta, Tel. 296 88 40 44, www.casasacorianas.com/azores/houses/casa-de-sao-pedro, DZ 75–90 €. Vier komfortable, gediegen eingerichtete Zimmer in einem herrschaftlichen Landhaus von 1840. Weitläufiger Garten mit Rasenliegefläche und Pool.

Essen & Trinken

Landhausflair – **Rosa Alta:** Lugar de Rosa Alta, Tel. 296 88 49 90, mobil 913 99 78 97, Di–Fr 19–23, Sa/So 12–15, 19–23 Uhr, Okt.–Mai geschl., Hauptgerichte ab 10 €. Gehobenes Niveau. Spezialitäten sind frischer Fisch, geschmorter Tintenfisch und Filet Mignon. Am Wochenende wird traditionelle Küche von Santa Maria geboten.

Aktiv

Reiten – **Centro Hípico de São Pedro:** Lugar de Rosa Alta, Tel. 964 37 50 49, centrohipicosaopedro@gmail.com. Drei Pferde, zwei Ponys und zwei Esel stehen für Ausritte durch die agrarisch geprägte Umgebung (2 Std. 30 €) zur Verfügung. Auch Schulung (deutschsprachig). Unter dänischer Leitung. Fraglich, wahrscheinlich nicht mehr in der Form.

Barreiro da Faneca

▶ 7, B 2

Der wüstenhafte Landstrich mit nacktem rotem Boden nahe der Nordküste von Santa Maria entstand durch Tonabbau. Von der Straße São Pedro – Anjos zweigt eine beschilderte Nebenstrecke zu diesem für die Azoren einzigartigen Gebiet ab. Gleich an der nächsten Gabelung hält man sich rechts und dann stets geradeaus, bis die Straße nach knapp 2 km bei einem von hohen Mauern umgebenen Anwesen endet. Dann sind es noch 100 m auf einer rotstaubigen Piste.

Anjos ! ▶ 7, B 2

Wegen seines großen Meeresschwimmbads (mit Strandbar, nur im Sommer) wird Anjos im Sommer gern besucht. Dann sind auch die Ferienhäuser im Ort bewohnt. Im Winter werden die Bürgersteige hochgeklappt. Früher fuhren die Dorfbewohner zum Thunfischfang aus. Doch die Dosenfabrik am Ortsrand ist längst nicht mehr in Betrieb. Heute nutzen nur ein paar Freizeitfischer den Hafen. Nirgendwo auf Santa Maria lässt sich im Sommer der Sonnenuntergang schöner genießen als hier. Vom Hafen führt Richtung Westen ein schöner Fußweg zur Furna de Santana, einem 100 m entfernten, dunklen Schlund, in den man – eine Taschenlampe vorausgesetzt – ein paar Meter hineinsteigen kann.

Ermida dos Anjos

ER 1-1a, meist tagsüber geöffnet, sonst Schlüssel im Haus nebenan
Das wohl älteste Gotteshaus der Azoren geht auf das 15. Jh. zurück, wurde aber mehrfach umgebaut, zuletzt 1893 zum 400. Jahrestag des Besuchs von Christoph Kolumbus, an den gegenüber eine Bronzeskulptur erinnert. Er ankerte auf der Rückkehr von seiner ersten Atlantiküberquerung vor Anjos, um Proviant zu ergänzen. Seine an Land gegangenen Bootsleute wurden von den Inselbewohnern nicht eben freundlich empfangen, sogar wegen des Verdachts der Piraterie inhaftiert und erst nach langen Verhandlungen wieder freigelassen. Vielleicht hat Kolumbus selbst sein Schiff gar nicht verlassen. Nach einer anderen Version heißt es, er habe in der Ermida gebetet. An der Umfassungsmauer des Kirchhofs stehen Reste eines Glockenturms von einem Vorgängerbau. In der Kirche selbst wird ein wertvolles dreiteiliges Altarbild aufbewahrt, das die Heilige Familie sowie die hl. Kosmas und Damian zeigt. Gonçalo Velho Cabral, der Santa Maria im 15. Jh. besiedeln ließ, soll es auf seiner Karavelle mitgeführt haben.

Termine

Santa Maria Blues: Drei Tage lang Mitte Juli, www.santamariablues.com. Open-Air-Festival mit Interpreten aus Portugal, Großbritannien und den USA, das regelmäßig über 1000 Besucher in seinen Bann zieht, im eigens dafür aufgebauten Blues Café.

Das Beste auf einen Blick

Faial

Highlight!

Vulcão dos Capelinhos: Der jüngste Vulkan der Azoren – erst 1957/58 entstanden – wirkt wie eine Mondlandschaft. Ein Naturlehrpfad führt hinauf, am Gipfel brüten seltene Seevogelarten. Viele Infos über den Vulkanismus liefert das zugehörige Besucherzentrum. S. 174

Auf Entdeckungstour

Horta als Hauptstadt der Telegrafie in Übersee: Ab Ende des 19. Jh. entwickelte sich Horta zum Knotenpunkt von Überseekabeln. Bis heute wandelt man auf den Spuren der Kommunikationstechniker, die der Stadt in vieler Hinsicht ihren Stempel aufgedrückt haben. S. 164

Azorenbiotope en miniature – Faials botanischer Garten: Hinter hohen Mauern verborgen liegt am östlichen Rand von Flamengos die ehemalige Orangenplantage der Quinta de São Lourenço – ein verwunschener Ort. 1986 zog hier der botanische Garten ein, der Besuchern die Inselflora nahebringt. Auf kleinem Raum wurden die Lebenswelten einheimischer Pflanzen nachempfunden. S. 172

Kultur & Sehenswertes

Fábrica da Baleia de Porto Pim: Die alte Walfabrik am Naturhafen Porto Pim in Horta ist heute ein Industriedenkmal und fungiert als Forschungszentrum zum Schutz der Meeresfauna. S. 158

Igreja Matriz São Salvador: Die ehemalige Jesuitenkirche in Horta birgt goldglänzende Altäre. Im Ordenshaus nebenan zeigt das Stadtmuseum filigrane Kunstwerke aus Feigenmark. S. 161

Zu Fuß unterwegs

Vulkanwanderung bei Capelo: Wildromantisch schließen sich die Kronen gewaltiger Heidebäume über dem Wanderweg im Westen von Faial. Er führt über drei Vulkankuppen bis zum Vulcão dos Capelinhos. S. 176

Wanderung rund um die Caldeira: Vom Riesenkrater im Inselinneren geht es über saftige Weiden sanft auf und ab, wobei auch der Cabeço Gordo berührt wird. S. 179

Genießen & Atmosphäre

Praia do Almoxarife: Bei den Einheimischen rangiert dieser Strand unter den Ausflugszielen der Insel ganz vorn. Auch schön zum Sonnenbaden und Schauen, falls die Brandung das Hinausschwimmen unmöglich macht. S. 162

Hafenflair: Um die Hochseeseglerszene von Horta auf sich wirken zu lassen, gibt es keinen besseren Platz als die Tische vor der Bar da Marina mit Blick auf dümpelnde Jachten. S. 168

Abends & Nachts

Bar do Teatro: Feiern im kultivierten Rahmen ist am Wochenende in der Cocktailbar des Theaters von Horta angesagt. Hier verkehrt die einheimische Szene. S. 168

Kosmopolitisches Flair

Eine der meistbesuchten Inseln der Azoren ist Faial. Die Reisenden kommen vorwiegend, um die lebendige Atmosphäre in der Hauptstadt Horta zu genießen, Wassersport zu treiben oder zur Walbeobachtung auszufahren. Aber auch der Rest der Insel kann sich sehen lassen, besonders zur Hortensienblüte im Sommer, wenn Faial seinem Beinamen *ilha azul* (›blaue Insel‹) alle Ehre macht. Eine Ringstraße erschließt Bauerndörfer wie Cedros im Norden oder Castelo Branco im Süden. Abstecher führen zu Stränden, Felsbadeplätzen und urigen Fischerhäfen. Ganz im Westen liegt der erst 1957/58 entstandene Vulkan Capelinhos. Mit ihm konkurriert die Caldeira um die Gunst der Besucher, ein kreisrunder Riesenkrater. Große Teile der Insel stehen als Naturpark unter Schutz, die Wandermöglichkeiten sind vielfältig.

Horta ▶ 5, C 4

Trotz der überschaubaren Größe zählt Horta (6500 Einw.) zu den drei bedeutendsten Städten der Azoren, denn hier tagt das Regionalparlament. Horta eilt der Ruf einer besonders internationalen Atmosphäre voraus. Im 18./19. Jh. lagen hier die Flotten der nordamerikanischen Walfänger vor Anker, verproviantierten sich und rekrutierten Mannschaften. In den ersten Jahrzehnten des 20. Jh., als Horta ein Knotenpunkt der Telekommunikation zwischen den Kontinenten war, prägten die Mitarbeiter der Kabelge-

Infobox

Touristeninformation
Büro der Azorenregierung und Kiosk von ART in Horta. Am Flughafen keine Touristeninformation.

Anreise und Weiterkommen
Flughafen: Aeroporto da Horta (HOR) 8 km westlich der Stadt. Taxi nach Horta ca. 12 €. Busse von Horta nach Castelo Branco (Mo–Fr 6 x, Sa 3 x tgl.) halten oberhalb des Flughafens an der Regionalstraße. Flüge nonstop nach Lissabon, Ponta Delgada, Terceira, Flores und Corvo (s. S. 22). Fluginfos: www.ana.pt.
Fähren: ab Gare Marítima (Kreuzfahrtterminal) am Nordrand der Bucht von Horta. Unterkünfte sind zu Fuß oder per kurzer Taxifahrt zu erreichen. Fährschiffe der Atlânticoline im Sommer ca. 2–3 x pro Woche zu den Inseln der Mittel- und Ostgruppe, z. T. 1 x pro Woche nach Flores. Personenfähren der Transmaçor ganzjährig nach Madalena (Pico) und Velas (São Jorge), im Sommer zusätzlich nach Calheta (São Jorge). Weitere Infos s. S. 23 u. S. 169.
Busse: Ab Horta Mo–Fr in alle wichtigen Orte mehrmals pro Tag, Sa seltener. So/Fei keine Busse.
Taxis: Am Flughafen und in Horta. Zentraler Taxiruf: Tel. 292 39 15 00. Preisbeispiele: Horta – Capelo 15 €, Cedros 16 €, zur Caldeira 27 €.
Mietwagen: Mehrere Anbieter am Flughafen und in Horta.

Horta

sellschaften verschiedener Länder das Leben in der Stadt. Die ersten Linienflüge über den Atlantik mit Flugbooten wurden in den 1930er-Jahren mit Zwischenlandung im Hafen von Horta abgewickelt. Schließlich entdeckte in jüngerer Zeit die Szene der Transatlantiksegler die Vorzüge eines Zwischenstopps in der Marina von Horta. Ihnen folgten, von dem speziellen Flair angelockt, die Individualtouristen. So richtig etwas los ist vor allem in der Sommersaison.

Rund um den Hafen

Peter Café Sport 1
Rua José Azevedo (Peter) 9, Tel. 292 29 23 27, www.petercafesport.com, Mo–Sa 8–24 Uhr, im Sommer z. T. auch So; s. a. Lieblingsort S. 156

Die urige Hafenkneipe ist erste Anlaufstelle für die meisten Besucher von Horta. José Azevedo (1925–2005) alias ›Peter‹, der seinen Spitznamen während des Zweiten Weltkriegs von einem englischen Kapitän erhielt, angeblich weil dieser José nicht aussprechen konnte, war jahrzehntelang die gute Seele der Transatlantiksegler. Er lagerte ihre Post, gab hilfreiche Tipps und wechselte Geld zum günstigen Kurs. Heute führt sein Sohn José Henrique das Café erfolgreich weiter.

Die Familie Azevedo trug über Generationen hinweg eine Sammlung von Walgravuren (s. S. 79) zusammen, die in der ersten Etage im **Scrimshaw Museum** zu besichtigen ist (Mo–Sa 9–12, 14–17 Uhr, 2 €). Wertvollstes Stück ist ein Pottwalkiefer, auf dem der Strand von Porto Pim mit zwei Dutzend davor ankernden Walfangschiffen zu sehen ist. Ebenfalls bemerkenswert: drei Pottwalzähne mit eingeritzten Porträts von Peter mit Vater und Sohn.

Mein Tipp

Originelle Seglerkunst
Eine Sehenswürdigkeit der besonderen Art sind die Wandmalereien der Transatlantiksegler im Hafen von Horta. Die ersten Gemälde entstanden in den 1950er-Jahren an der äußeren Kaimauer, wo sie mittlerweile arg verblasst sind. Seit Einweihung der Marina 1986 hat sich das Geschehen dorthin verlagert. Wer sich nicht an der Hafenmauer verewigt, beschwört Unglück auf See herauf, so heißt es. Daher pinseln alle Jachtbesatzungen, die in Horta Station machen, eifrig ihre farbenfrohen, fantasievollen Kunstwerke an die Wände der Marina.

Igreja de Nossa Senhora das Angústias 2
Rua das Angústias/Rua Vasco da Gama

Zwischen dem heutigen Hafen und dem Naturhafen **Porto Pim,** wo früher die Walfänger ankerten, erhebt sich die älteste Pfarrkirche von Faial. Josse van Hurtere, erster Statthalter im 15. Jh., hatte vermutlich in der Nähe seinen Wohnsitz. Jedenfalls ließ seine Gemahlin Brites de Macedo einen Vorgängerbau der heutigen Kirche errichten, um der Schmerzensmadonna (port. *angústia* = Beklemmung, Angst) dafür zu danken, dass es auf der Insel weder Schlangen, Skorpione noch andere gefährliche Tiere gab.

In der im 17. Jh. komplett erneuerten Kirche erinnert eine Bronzeplakette an die Vermählung des Nürnberger Patriziersohns und Fernhändlers Martin Behaim (1459–1507) mit einer Tochter Josse van Hurteres. An der Decke prangt neben anderen Adelswappen das seinige. Behaim,

Lieblingsort

Peter Café Sport 1 – die schönste Kneipe im Atlantik

Das Lokal mit der blauen Fassade ist weit mehr als ein Café, es ist eine Institution und weit über die Azoren hinaus bekannt. Zwanglos kommen Kontakte zwischen Seglern, einheimischen Fischern und Reisenden zustande, an lauen Sommerabenden auch gern auf der Außenterrasse über dem Hafen. Unzählige Jachtbesatzungen hinterließen hier Wimpel, Flaggen und Fotos, mit denen die Wände tapeziert sind. Lange Zeit schenkte die Kultkneipe ihren schon legendären Gin Tonic spottbillig aus. Mittlerweile sind die Preise etwas gestiegen, aber die Drinks sind bezahlbar geblieben. S. auch S. 155.

Horta

Sehenswert
1. Peter Café Sport
2. Igreja de Nossa Senhora das Angústias
3. Observatório Príncipe Alberto do Mónaco
4. Fábrica da Baleia de Porto Pim
5. Casa dos Dabney/Aquário do Porto Pim
6. Ermida de Nossa Senhora da Guia
7. Igreja Matriz São Salvador
8. Museu da Horta
9. Império dos Nobres
10. Jardim Florêncio Terra
11. Torre de Relógio
12. Hospital Walter Bensaúde
13. Igreja de Nossa Senhora do Carmo
14. Igreja de São Francisco
15. Trinity House
16. Colónia Alemã
17. Casa do Director
18. The Cedars

Übernachten
1. Faial Resort
2. Hotel do Canal
3. Estrela do Atlântico
4. A Casa do Lado
5. São Francisco
6. Vila Bélgica

Essen & Trinken
1. Canto da Doca
2. Kabem Todos
3. Medalhas
4. Taberna de Pim
5. Casa Chá e Bar
6. Café Volga
7. Café Internacional

Einkaufen
1. Mercado Municipal
2. Loja do Peter

Aktiv
1. Dive Azores
2. Base Peter Zee
3. Piscina Municipal

Abends & Nachts
1. Bar da Marina
2. Barão Palace
3. Teatro Faialense/Bar do Teatro

---

der eine Zeitlang auf Faial lebte, schuf während eines Heimataufenthalts um 1492 seinen berühmten Globus, wobei er auf Erkenntnisse der portugiesischen Entdeckungsfahrer zurückgriff.

Observatório Príncipe Alberto do Mónaco 3

Monte das Moças, Tel. 292 29 28 18, eingeschränkte Besichtigung

Oberhalb des Stadtviertels Angústias thront auf einem Bergrücken eine Wetterwarte mit charakteristischem Turm, die man von Weitem mit einer Kirche verwechseln könnte. 1915 ersetzte sie eine ältere meteorologische Station bei der Igreja Matriz (s. S. 161). Heute dient das Gebäude auch als seismologische Station. Jährlich werden hier über 200 Erdstöße registriert, die meisten davon sind für den Menschen unmerklich. Das Observatorium erlitt beim Erdbeben 1998 schwere Schäden und wurde mit Unterstützung des Fürstentums Monaco restauriert. Albert I. von Monaco (1848–1922), ein Ururgroßvater des regierenden Fürsten, machte sich mit ozeanografischen Forschungen im Mittelatlantik, die ihn auch immer wieder nach Horta führten, einen Namen. Ein Jahr nach seinem Tod wurde die Wetterwarte nach ihm benannt.

Fábrica da Baleia de Porto Pim 4

Encosta do Monte da Guia, an der Zufahrt zum Monte da Guia, Tel. 292 29 21 40, www.oma.pt, Mitte Juni–Mitte Sept. Mo–Fr 10–18 (sonst 9.30–17.30), Sa/So 14–17.30 Uhr, Nov.–Mitte April Sa/So geschl., 3 €

Am Südrand der Praia do Porto Pim steht die ehemalige Walfabrik von Horta. Hier hat die halbstaatliche Institution OMA ihren Sitz, die sich der Meeresforschung, Umwelterziehung und Denkmalpflege im Zusammenhang mit dem Walfang verschrieben hat. Die Walfabrik nahm 1943, mitten im Zweiten Weltkrieg, den Betrieb auf (s. Entdeckungstour S. 192). Bis 1974 wurden am Porto Pim fast 2000 Pottwale verarbeitet. Dann schloss die Fabrik wegen

des weltweiten Niedergangs der Walindustrie ihre Pforten.

Der imposante Dampfkessel (1904) für das Separieren des Öls aus der Speckschicht der Wale stammt aus einer Vorgängerfabrik. Später kamen modernere Geräte zur Herstellung von Futter- und Düngemittel aus dem Fleisch und den Knochen hinzu, beides war zuvor ungenutzt geblieben. Hinter dem Gebäude liegt die Rampe, auf der die erlegten Tiere an Land gezogen wurden.

Casa dos Dabney/Aquário do Porto Pim 5
Praia do Porto Pim, Tel. 292 20 73 82, parquesnaturais.azores.gov.pt; Casa dos Dabney Mitte Juni–Mitte Sept. tgl. 10–18, sonst Di–Fr 9.30–13, 14–17.30 Uhr, Aquarium Mitte Juni–Mitte Sept. Di–So 10–17 Uhr, sonst nur nach Voranmeldung; Kombiticket 3,50 €
Im einstigen Sommerhaus des amerikanischen Konsuls John Dabney, der im 19. Jh. eine erste Walfabrik in Horta errichtete, ist jetzt eine Ausstellung über die von ihm begründete Dynastie zu sehen. Das ebenfalls hier untergebrachte Aquário do Porto Pim zeigt die Unterwasserwelt der Azoren, auch unter umweltpädagogischen Gesichtspunkten.

Paisagem protegida Monte da Guia
Zwei Vulkankegel bilden am Südrand von Horta eine Landzunge, die den Porto Pim zum sichersten natürlichen Ankerplatz der Azoren machte. Ein schmaler Isthmus mit der Walfabrik verbindet den stadtnäheren **Monte Queimado** mit dem **Monte da Guia** (145 m). Letzterer ist mit seiner endemischen Küstenflora und wichtigen Brutplätzen für Wasservögel Teil des **Parque Natural do Faial**.

Ein **Naturlehrpfad** (1,5 Std., leicht) führt von der Casa do Parque zwei Straßenserpentinen hinauf zum sichelförmigen Kraterrand des Monte da Guia mit der **Ermida de Nossa Senhora da Guia** 6, der ehemaligen Walfängerkapelle. Von dort aus wird sichtbar, dass der Monte da Guia eigentlich ein Doppelvulkan ist, in dessen zwei Krater – die **Caldeirinhas** (auch Caldeiras do Inferno, ›Höllenkessel‹, genannt) – von Süden her das Meer eindrang. Auf dem Rückweg geht es einen steilen Pfad hinab, der in der Straßenkurve vor der Ermida abzweigt und durch Gagelstrauch- und Heidegebüsch zur Walfabrik führt.

Stadtzentrum

Hinter der ersten Häuserzeile am Meer verläuft die langgezogene Rua Conselheiro Medeiros, meist einfach **Rua Direita** (›gerade Straße‹) genannt. An ihr reihen sich die meisten Geschäfte von Horta. Im Süden beginnt sie an der **Praça do Infante** mit einem Denkmal für den Prinzen *(infante)* Heinrich den Seefahrer, der im 15. Jh. die portugiesischen Entdeckungsfahrten initiierte.

Veranstaltungen und Führungen im Parque Natural do Faial
Der Naturpark Faial veranstaltet Vorträge, Workshops, geführte Wanderungen und manches mehr. Das monatliche Programm kann unter http://parquesnaturais.azores.gov.pt, Stichwort Parque Aberto, heruntergeladen werden. Wer ins Innere der Caldeira absteigen möchte, darf dies nur in Begleitung eines Führers. Anmeldung in der **Casa dos Dabney** 5 oder unter parque.natural.faial@azores.gov.pt. Die Gruppengröße ist auf max. 12 Personen beschränkt, es werden bis zu drei Touren pro Tag durchgeführt.

Horta

Nach Norden mündet die Rua Direita in den **Largo Duque Ávila Bolama,** den repräsentativen Hauptplatz der Stadt.

Igreja Matriz São Salvador 7
Largo Duque Ávila Bolama, tgl. 17–19 Uhr
Am oberen Rand des Platzes ragt die Hauptkirche von Horta (18. Jh.) auf, ursprünglich vom Jesuitenorden erbaut, der hier seine größte Niederlassung auf den Azoren unterhielt, bis er 1759 in Portugal verboten wurde. Der sprichwörtliche prunkvolle Jesuitenbarock manifestiert sich innen durch gewaltige vergoldete Retabel und üppig mit Szenen aus dem Leben des Ordensgründers Ignatius von Loyola bemalte Azulejos. Beachtung verdient auch das Lesepult in einer Seitenkapelle rechts aus Brasilholz mit Einlegearbeiten aus Elfenbein (17. Jh.).

Museu da Horta 8
Largo Duque Ávila Bolama, Tel. 291 20 85 70, Di–Fr 10– 12.30, 14–17.30, Sa/So 14–17.30 Uhr, Mo und Fei geschl., Erw. 2 €, 14–25 J. 1 €, Kinder bis 13 J. frei
Links neben der Igreja Matriz belegt im **Palácio do Colégio,** dem ehemaligen Jesuitenordenshaus (18. Jh.), das Stadtmuseum einige Räume. Aus Platzmangel können nur wenige Stücke aus dem Bestand gezeigt werden. Wechselnde Ausstellungen thematisieren Stadtgeschichte, Kirchenkunst und Kunsthandwerk. Immer ist die typische Tracht wohlhabender Azorianerinnen zu sehen, die vereinzelt noch bis um 1950 in Benutzung war: ›Capote e Capelo‹, ein dunkler Umhang aus schwerem Wollstoff mit überdimensionaler Haube, die das Gesicht praktisch komplett verhüllte. Das Gewand wurde über Generationen hinweg vererbt und manchmal sogar von mehreren Frauen der Familie wechselweise getragen. Sie warfen es einfach über, sobald sie das Haus verließen. Den Ursprung vermuten manche Forscher in Flandern, andere im Portugal des 17./18. Jh.

Aufmerksamkeit verdient auch die ständige Ausstellung »Miolo de Figueira«. Euclides Silveira da Rosa (1910–79), dessen Vermächtnis hier zu sehen ist, brachte die Kunst des Modellierens mit Feigenmark zur Perfektion. Er schuf beachtliche Skulpturen, bildete Menschen, Schiffe und Gebäude ab (s. S. 78).

Faial für Kurzbesucher
Wer nur wenig Zeit mitbringt, etwa bei einem Stopover mit Weiterreise am selben Tag, kann Faial auf einer **Inselrundfahrt per Linienbus** kennenlernen. Der Bus startet Mo–Fr um 11.45 Uhr an der Haltestelle S, die Fahrt dauert zwei Stunden. Manchmal ist Umsteigen in Ribeira Funda erforderlich.

Praça da República
Auf dem weitläufigen Platz treffen sich die Stadtbewohner. Seine Wege streben zwischen Blumenbeeten und Tropenbäumen auf den zentralen, knallroten Musikpavillon zu, wo bei Volksfesten die Blaskapellen aufspielen. Am Westrand der Praça da República steht der barocke **Império dos Nobres** 9 (18. Jh., Rua de São Paulo), einer der ältesten Heiliggeisttempel der Azoren. Er wurde in Erinnerung an den Vulkanausbruch von 1672 im Nordwesten der Insel errichtet. Am Pfingstsonntag steht er im Mittelpunkt eines Heiliggeistfestes, ansonsten bleibt er verschlossen.

Jardim Florêncio Terra 10
Der kleine Stadtgarten von 1857 trägt den Namen eines einheimischen Schriftstellers. Seinen zentralen Teich zieren vier Marmorfiguren, Symbole

Faial

für die Jahreszeiten. Daneben ragen drei gewaltige Drachenbäume auf, deren Kronen scheinbar unentwirrbar zusammengewachsen sind.

Unterhalb des Parks erhebt sich ein Uhrturm, der **Torre de Relógio** 11 (Anfang 18. Jh.). Das dazugehörige Gotteshaus, einst die Hauptkirche der Stadt, wurde wegen Baufälligkeit 1825 abgerissen, die Pfarrei in die heutige Igreja Matriz verlegt. Oberhalb vom Garten ist das beeindruckende ehemalige **Hospital Walter Bensaúde** 12 (Jardim Florêncio Terra), ein öffentliches Krankenhaus von 1901, jetzt Sitz der Behörde für Meereskunde und Fischerei.

Igreja de Nossa Senhora do Carmo 13
Largo da Igreja do Carmo

Als Wahrzeichen thront am oberen Stadtrand die Kirche des ehemaligen Karmelitenklosters (18. Jh.). Ihre imposante Kolonialbarockfassade sieht den Vorderfronten der Igreja Matriz wie auch der **Igreja de São Francisco** 14 (Rua Direita) fast zum Verwechseln ähnlich. Gemeinsam begrüßen die drei Kirchen Seefahrer schon von Weitem und bilden quasi die Skyline der Stadt. Der Aufstieg zur Karmelitenkirche lohnt jedoch nicht. Durch die Erdbeben von 1926 und 1998 erlitt sie jeweils schwere Schäden und ist aus Sicherheitsgründen nicht zugänglich.

Trinity House 15, Colónia Alemã 16, Casa do Director 17 und The Cedars 18
s. Entdeckungstour S. 164

Baden & Beachen

Stadtstrand von Horta ist die 300 m lange, relativ hellsandige **Praia do Porto Pim**. Von den meisten Hotels ist sie bequem zu Fuß zu erreichen.

Am Nordrand der Avenida 25 de Abril lädt das städtische Hallenbad **Piscina Municipal** 4 ganzjährig zum sportlichen Schwimmen ein. Dem angrenzenden **Parque da Alagoa,** einem Freizeitpark mit Kinderspielplatz und Picknickeinrichtungen, ist ein kleiner, dunkler Sandstrand vorgelagert. Nebenan legen an einer neuen, großen Hafenmole Kreuzfahrtschiffe und Fähren an.

Weiter nördlich, durch den Bergrücken des Monte da Espalamaca (s. Tipp S. 169) von der Stadt getrennt, liegt Faials vielleicht schönster Strand, die **Praia do Almoxarife** (▶ 5, D 3). Um ihn zu erreichen, sollte man möglichst motorisiert sein. Wegen

Horta

Vom Jardim Florêncio Terra gut zu sehen: der Torre de Relógio, Überrest einer Kirche

der Strömungen und der Brandung ist beim Baden auf jeden Fall Vorsicht geboten. An der angrenzenden Promenade, die von einer imposanten Barockkirche beherrscht wird, gibt es ein paar Einkehrmöglichkeiten.

Übernachten

Traditionshaus – **Faial Resort 1** : Rua Cônsul Dabney, Tel. 292 20 74 00, www.investacor.com, DZ 70–160 € (über Veranstalter). 4-Sterne-Hotel mit 131 Zimmern in parkartigem Gelände mit Außenpool. Dazu Hallenbad, Jacuzzi. Mehrere Gebäude, in denen früher eine amerikanische Kabelgesellschaft residierte (s. Entdeckungstour S. 164).

Boutiquestil – **Hotel do Canal 2** : Largo Dr. Manuel Arriaga, Tel. 292 20 21 20, www.bensaude.pt, DZ ca. 100 € (auch über Veranstalter). Recht neues Haus mit knapp 100 Zimmern, mit Blick nach Pico. Maritim inspirierte Einrichtung, bei der Fischerboote, Segeljachten und Wasserflugzeuge Pate standen. Kein Pool, aber Sauna und Jacuzzi.

Von Künstlern dekoriert – **Estrela do Atlântico 3** : Calçada de Santo António, Tel. 292 94 30 03, www.edatlantico.com, DZ 70–95 €, je nach Saison. Sehr geschmackvoll eingerichtete Zimmer und Suiten, insgesamt fünf Wohneinheiten, alle mit schönen Ausblicken. Großer Garten und Pool. Unter deutscher Leitung stehend.   ▷ S. 167

Auf Entdeckungstour: Horta – Hauptstadt der Telegrafie in Übersee

Ab Ende des 19. Jh. entwickelte sich Horta zum Knotenpunkt von Überseekabeln. Bis heute wandelt man auf den Spuren der Kommunikationstechniker, die der Stadt in vieler Hinsicht ihren Stempel aufgedrückt haben.

Reisekarte: ▶ 5, C 4; **Cityplan:** S. 158
Dauer: ein halber Tag.
Charakter: Stadtrundgang mit Einkehr in einem Traditionscafé an der Meeresfront.
Startpunkt: bei der alten Walfabrik, **Fábrica da Baleia de Porto Pim** 4 , zu erreichen zu Fuß über die Praia do Porto Pim oder per Taxi.
Adressen: Trinity House (Rua Cônsul Dabney 6), **Colónia Alemã** (Rua Colónia Alemã s/n), **Casa do Director** (Rua Marcelino Lima) und **Villa The Cedars** (Rua Cônsul Dabney).

Wer, den Parkplatz bei der alten Walfabrik im Rücken, Richtung Porto Pim schaut, sieht in der kleinen Senke jenseits der Straße drei flache, bunkerähnliche Bauten. In diesen unscheinbaren Gemäuern trafen ab 1923 die von Europa und Amerika kommenden Kabel zusammen. Sie übertrugen bis zu fünf Nachrichten gleichzeitig in jede Richtung, insgesamt rund 500 Wörter pro Minute. Ab 1928 waren 15 Seekabel in Betrieb, die Horta mit allen Metropolen beiderseits des Atlantiks verbanden.

Drei waren sich einig

Schon 1893 war das erste Seekabel von Horta über Ponta Delgada nach Carcavelos bei Lissabon verlegt worden, zunächst um Wetterdaten durchzugeben. Damals wurde der Begriff Azorenhoch geprägt. Hoher Luftdruck, der hier gemessen wurde, setzte sich ein paar Tage später auch in Europa durch.

Etwa ab dem Jahr 1900 nahm der Nachrichtenverkehr zwischen Europa und Amerika rasant zu. In rascher Folge wurden nun weitere Seekabel in Horta installiert, das sich angesichts seiner Lage mitten im Atlantik hervorragend als Relaisstation eignete – die frühen Kabel hatten noch begrenzte Reichweiten, weshalb die Signale unterwegs verstärkt werden mussten.

Das ziemlich klotzige **Trinity House** 15, das nach seiner Renovierung als Museum dienen soll, beherrscht den unteren Teil der Rua Cônsul Dabney. Es wurde 1902 fertiggestellt, um zunächst alle drei damals in Horta vertretenen Kabelgesellschaften aufzunehmen: die private US-amerikanische Commercial Cable Company (CCC), die britische Europe & Azores Telegraph Company (EAT) und die Deutsch-Atlantische Telegraphengesellschaft (DAT), die der Reichspost unterstand. Letztere betrieb zwei Kabel von der Nordseeinsel Borkum nach Horta mit Anschluss nach New York. Die von der CCC dominierte Allianz war zwecks gegenseitiger technischer Unterstützung eingegangen worden, um auf dem hart umkämpften Telekommunikationsmarkt bestehen zu können. Ein zweites Bündnis unter Führung der britischen Gesellschaft Anglo-American Telegraph Company operierte nicht auf den Azoren, sondern verlegte seine Seekabel zum großen Teil zwischen Irland und Neufundland. Die beiden Gruppen lieferten sich einen erbitterten Preiskampf, der transatlantische Telegramme immer billiger werden ließ. Kurz vor dem Ersten Weltkrieg wurden bereits Zehntausende von Nachrichten pro Tag übermittelt.

Glanzvolle Zeiten

Seine große Zeit erlebte das Kommunikationszentrum Horta in den 1920er- und 1930er-Jahren, als mehrere Nationen hier aufwendige Einrichtungen unterhielten. Hunderte von Ausländern lebten damals auf Faial und standen in regem Austausch. Man traf sich bei Tanzbällen, Konzerten, Kunstausstellungen oder Sportwettbewerben, etwa auf einem von neun (!) Tennisplätzen.

Der Platz im Trinity House war inzwischen knapp geworden. Bereits vor dem Ersten Weltkrieg hatte die Deutsch-Atlantische Telegraphengesellschaft schräg gegenüber mit dem Bau eigener Büro- und Wohnhäuser begonnen. Während des Krieges musste die DAT Horta verlassen, ihre Kabel wurden von den Briten gekappt. 1926 verlegte die DAT dann erneut ein Kabel von Bor-

kum nach Horta und stellte die **Colónia Alemã** 16 (›Deutsche Kolonie‹) fertig. Hier lebten und arbeiteten ca. 17 Mitarbeiter der in Emden ansässigen Zentrale der DAT, die sich für den begehrten Auslandseinsatz qualifiziert hatten. Einige brachten ihre Familien mit, andere heirateten Frauen von der Insel. Die grünen Fensterläden, schmiedeeisernen Brüstungen und holzgezimmerten Gauben der insgesamt fünf Gebäude sind Stilelemente der in Horta seit Mitte des 19. Jh. populären, amerikanisch inspirierten ›Walfängerarchitektur‹. Heute befinden sich darin Büros der Azorenregierung. Am Eingang zu der Anlage ist das Kürzel DAT auf einem Pflastermosaik zu lesen. Besondere Beachtung verdient die **Casa do Relógio** mit aufgesetztem Uhrturm, Portikus und einer Jugendstilveranda an der Rückseite, deren prächtige Buntglasfenster noch aus der Zeit des Kaiserreichs stammen. Spiegelbildlich ist von außen der Reichsadler zu erkennen, flankiert von Wappen der damaligen deutschen Länder und Provinzen: Anhalt, Baden, Hessen, Waldeck …

Etwas abseits steht weiter oben an der Rua Marcelino Lima die **Casa do Director** 17 . Dort residierte der Direktor der DAT. Von 1980 bis 1990 tagte in dem Haus das Azoren-Parlament, das dann in einen benachbarten Neubau umzog.

Kommodes Wohnen

Als zweite Kabelgesellschaft bezog die US-amerikanische Western Union Telegraph Company (WU) 1928 eine eigene Büro- und Wohnanlage, umgeben von einem weitläufigen Garten. In den 1970er-Jahren wurde der Komplex in das **Hotel Fayal** (heute Faial Resort Hotel) umgewandelt.

Die Commercial Cable Company hatte schon im Jahr 1900 die **Villa The Cedars** 18 von der amerikanischen Konsulfamilie Dabney erworben, um dort ihre Direktoren einzuquartieren. Sie steht in der Rua Cônsul Dabney oberhalb der Einmündung der Rua Marcelino Lima. Nebenan errichtete die CCC für die Angestellten Wohnhäuser.

1943 musste die DAT Horta erneut verlassen und kam nach dem Zweiten Weltkrieg nicht wieder. Auch die anderen Gesellschaften verloren das Interesse. Luftpost und verbesserte Funkübertragung, später dann moderne Kabel mit verbesserter Reichweite hatten die Relaisstationen auf dem Weg über den Atlantik schrittweise schon ab 1933 überflüssig gemacht. 1969 verabschiedete sich mit der britischen Cable & Wireless die letzte Kabelgesellschaft von Horta, eine Ära ging zu Ende.

Zeitreise im Traditionscafé

Zum Abschluss der Tour bietet es sich an, durch die Rua Cônsul Dabney zur Meeresfront zurückzukehren. Dort laden zwei Traditionscafés aus der Zeit der Kabelgesellschaften zur Einkehr ein. Im **Café Volga** 6 (Praça Infante Dom Henrique 16, Tel. 292 29 23 47, Mo–Sa 7–24 Uhr) mit seinem modernen Mobiliar erinnern nur noch großformatige Fotos an den Wänden an die Zeit, als hier die Kommunikationstechniker zum Gedankenaustausch und Zeitunglesen zusammenkamen. Mehr von dem einstigen Flair bewahrt hat das **Café Internacional** 7 (Rua Conselheiro Medeiros 1/Praça Infante Dom Henrique, Tel. 292 29 30 57, tgl. geöffnet) im Erdgeschoss eines beeindruckenden, türkisfarbenen Hauses, das nach dem Erdbeben 1926 im Art-déco-Stil errichtet wurde. Im Innenraum kann man die Einrichtung aus den 1920er-Jahren mit Originalbildern des portugiesischen Jugendstilmalers Almada Negreiros (1893–1970) bewundern.

Horta

Nettes Stadthaus – **A Casa do Lado** 4: Rua Dom Pedro IV 23, Tel. 292 70 03 51, www.acasadolado.com, DZ 30–60 €. Kleines, freundlich geführtes Hotel mit schnuckeligem Innenhof, in dem bei gutem Wetter gefrühstückt wird. Zimmer mit modernem Tropenflair, großzügig zugeschnitten, unbedingt eines mit Balkon und Pico-Blick geben lassen.

Das alte Portugal – **São Francisco** 5: Rua Conselheiro Medeiros 13, Tel. 292 20 09 80, www.residencialsfrancisco.com.pt, DZ 50–80 €. Zentral und doch ruhig in einem alten Stadthaus gelegen, 32 traditionell und gut ausgestattete Zimmer, z. T. mit Meerblick.

Idyllisch – **Vila Bélgica** 6: Lomba, Estrada da Caldeira, Tel. 292 39 26 14, www.azoresvilabelgica.com, DZ 60–90 €. Oberhalb der Stadt gelegene, sehr beliebte Frühstückspension unter belgischer Leitung. Shuttle-Service nach Horta und Fahrradverleih, dennoch empfiehlt sich ein Mietwagen. Auf Wunsch werden Segeltörns organisiert.

Essen & Trinken

Außergewöhnlich – **Canto da Doca** 1: Rua Nova das Angústias, Tel. 292 29 24 44, tgl. 12–14.30, 19–23 Uhr, Hauptgerichte ab ca. 12 €. Das Besondere ist hier der ›heiße Stein‹, auf dem jeder Gast Fleisch, Fisch oder Meeresfrüchte selbst am Tisch brutzelt.

Szenetreff – **Kabem Todos** 2: Av. 25 de Abril, Tel. 292 29 21 20, Di–So 12–15, 19–23 Uhr, Hauptgerichte ab ca. 12 €. Unten Bar, oben gibt es ein Restaurant mit Atlantikblick. Die Küche orientiert sich an portugiesischen Traditionen, empfehlenswert sind die verschiedenen *cataplanas*.

Alteingesessen – **Medalhas** 3: Rua Serpa Pinto 22, Tel. 292 39 10 26, Mo–Sa 12–14, 18.30–22 Uhr, Hauptgerichte ab ca. 8 €. Bei Einheimischen seit Jahrzehnten beliebt. Mit Muräne *(moreia)* oder Wachteln *(codornizes)* kommt auch Ungewöhnliches auf die Speisekarte. Uriges Ambiente in einem Gewölbe.

Hafenschenke – **Taberna de Pim** 4: Rua Nova 3, Tel. 934 108 720, www.facebook.com/pages/taberna-de-pim, rund um die Uhr geöffnet. Snacks um 4 €, Hauptgerichte um 10 €. In einem kleinen Fischerhaus mit Terrasse am Strand von Porto Pim. Gut der Oktopussalat und das Thunfischsteak. Abends schauen Einheimische auch gern auf ein Bier vorbei. Manchmal Livemusik.

Tee und Kunst – **Casa de Chá e Bar** 5: s. u.

Traditionscafé – **Café Volga** 6: s. S. 166.

Art déco – **Café Internacional** 7: s. S. 166.

Einkaufen

Markthalle – **Mercado Municipal** 1: Praça da República/Rua Serpa Pinto, Tel. 292 20 20 74, Mo–Fr 6.30–19, Sa 6.30–13 Uhr. Kleiner Markt für Obst, Gemüse, Käse, Eier, Blumen, Fisch.

Mein Tipp

Tee und Kunst genießen
In einem wunderschön renovierten Haus aus den 1920er-Jahren ist die **Casa Chá e Bar** 5 untergebracht, die zugleich als vegetarisches Restaurant und Kunstgalerie fungiert. Man sitzt auf der lauschigen Gartenterrasse oder im geschmackvoll dekorierten Innenraum, lauscht dezenter Jazzmusik und kann zum Tee selbstgebackenen Kuchen bestellen (Rua de São João 38 A, Tel. 292 70 00 53, www.facebook.com/acasadecha, So–Di/Do 14–24, Fr/Sa 14–2 Uhr, Mi geschl.).

Faial

Hier werden traditionell auch Früchte von der Nachbarinsel Pico gehandelt. Die *mulheres da fruta* (Obstfrauen) bringen sie immer noch täglich mit der Morgenfähre herüber, wenn auch in viel geringerer Zahl als früher.

Kult – **Loja do Peter** 2 : Rua José Azevedo (Peter) 6. Dem legendären Peter Café Sport angeschlossen. Hier werden die T-Shirts mit Peter-Logo verkauft, mit denen man in allen Häfen der Welt (und nicht nur dort) Furore machen kann. Auch verschiedene andere Souvenirs mit dem Logo (meist über Mittag geschl.).

Aktiv

Tauchen – **Dive Azores** 1 : Marina da Horta, Tel. 912 58 58 03, www.diveazores.net. Unter der Leitung von zwei Meeresbiologen, die zu den besten Tauchspots rund um Faial führen, Bootsausfüge nach Pico und São Jorge mit Tauchgelegenheit sowie Whalewatching und Schwimmen mit Delfinen organisieren. Tauchgang ab 45 €, Whale Watching 60 €.

Radfahren, Whalewatching – **Base Peter Zee** 2 : Rua Tenente Valadim 9, Tel. 292 39 18 14, www.petercafesport.com. Vielfältige Aktivitäten, auch mit Abenteuercharakter, bietet die Peter Café Sport angeschlossene Basis. Fahrradverleih (12 €/Tag) und geführte Touren, beispielsweise mit Transfer zur Caldeira, von der es dann 1000 Höhenmeter *downhill* geht (ab 25 €). Ausfahrten zur Wal- und Delfinbeobachtung Erw. 60 €, Kinder 5–12 J. 40 €.

Schwimmen – **Piscina Municipal** 3 : s. S. 162.

Abends & Nachts

Legendär – **Peter Café Sport** 1 : s. S. 155.

Hafenflair – **Bar da Marina** 1 : Marina da Horta, Tel. 292 29 26 95, tgl. von morgens bis spätabends. Hier relaxen nach anstrengenden Tagen auf hoher See die ›Jachties‹. Auch alle, die Weltumseglerflair schnuppern möchten, schauen gern auf einen Drink vorbei. Drinnen läuft bei großen Sportereignissen der Fernseher. Von der offenen Terrasse schweift der Blick über sanft schaukelnde Boote.

Einfach mal feiern – **Barão Palace** 2 : Rua José Fialho 3, Tel. 292 20 01 10, http://restaurantebaraopalace.pai.pt, So/Mo geschl. Freitag- und Samstagabend geht hier die Post ab. Der moderne Vergnügungspalast beherbergt eine Diskothek, ein feines Restaurant, drei Pubs und eine *esplanada* (Terrassenbar), die von einem bunt gemischten einheimischen Publikum rege frequentiert werden.

Ambitioniert – **Teatro Faialense** 3 : Alameda Barão de Roches 31, Tel. 292 29 31 31, www.cmhorta.pt. Anspruchsvolles Kino und oft auch Livekonzerte, z. B. Fado. Die angeschlossene, plüschig dekorierte **Bar do Teatro** (tgl. ab 12 Uhr) erfreut sich am Wochenende bei der einheimischen Szene großer Beliebtheit. Programm auf der Website unter »Agenda Cultural«.

Infos & Termine

Posto de Turismo do Faial: 9900-117 Horta, Rua Vasco da Gama, Tel. 292 29 22 37, Fax 292 29 20 06, pt.fai@azores.gov.pt, www.visitazores.com, Mo–Fr 9–12.30, 14–17.30 Uhr. Informationsstelle der Azorenregierung. **Quiosque ART:** Praça do Infante, Tel. 292 29 21 67, qit.horta@artazores.com, http://pt.artazores.com. Informationskiosk der Organisation ART (s. S. 18).
Internet: www.cmhorta.pt
Triatlo Peter Café Sport: alle 2 Jahre (2016, 2018 …), 2 Tage Ende April

(meist Fr/Sa), www.petercafesport. com. Die Athleten strampeln auf dem Mountainbike über die Berge von Pico, setzen von Pico nach Horta mit dem Seekajak über und surfen ab Velas (São Jorge) über die Meerenge zwischen den Inseln.
Semana do Mar: 1. Aug.-Woche, www. semanadomar.net. Höhepunkte der ›Woche des Meeres‹ sind die Segelregatten für Jollen und Jachten, die Wettfahrt der ehemaligen Walfängerboote und die Regatten der Seekajak- und Jet-Ski-Fahrer. Außerdem gibt es Demonstrationen von Kunsthandwerk, Musikdarbietungen, Imbissbuden mit regionalen Spezialitäten u. v. m.
Flugzeug: SATA, Largo do Infante, Tel. 292 20 23 10, Mo–Fr 9–18 Uhr.
Fähre: Tickets der Atlânticoline online (s. S. 23), im Fährterminal (ab 1,5 Std. vor Abfahrt) oder in Reisebüros. Personenfähren der Transmaçor (www.transmacor.pt) nach Madalena (Pico) im Sommer 6–7 x tgl., im Winter 5 x tgl.; über São Roque (Pico) nach Velas (São Jorge) 2 x tgl.; Tickets im Fährterminal (Tel. 292 20 03 80).
Überlandbusse: Der Fahrplan ist im Posto de Turismo oder bei der Busgesellschaft Farias erhältlich (Rua Vasco da Gama 42, Tel. 292 29 24 82). Dort fahren auch die Busse Richtung Süden ab (Haltestelle S). Busse Richtung Norden starten an der Av. Marginal (Haltestelle N).
Stadtbusse: Minibusse bedienen Mo–Fr 7.45–18 Uhr vier Routen im Stadtgebiet. Fahrplan unter www.cmhorta. pt. Einzelfahrt 0,50 € (beim Fahrer erhältlich), 10er-Block 4,50 € (im Reisebüro Aerohorta, Rua Conselheiro Medeiros 2).
Taxis: Largo Dr. Manuel de Arriaga (am Anleger der Personenfähren), Rua Vasco da Gama und Praça da República (bei der Markthalle). Zentraler Taxiruf: Tel. 292 39 15 00.
Mietwagen: Ilha Verde, Rua das Angústias 70, Tel. 292 39 27 86, www. ilhaverde.com; Auto Turística Faialense, Rua Conselheiro Medeiros 12, Tel. 292 29 23 08, www.autoturisticafaia lense.com.

Mein Tipp

Geniale Aussicht
Im Norden begrenzt der **Monte da Espalamaca** (▶ 5, D 3) die Stadt. Über ihn führt die Inselringstraße ER 1-1a und berührt einen **Miradouro** mit großartigen Ausblicken sowohl über Horta wie auch hinab zur Praia do Almoxarife (s. S. 162). Wahrzeichen des exponierten Bergrückens sind drei viel fotografierte Windmühlen.

Flamengos ▶ 5, C 3

Der Name des landeinwärts von Horta in einem fruchtbaren Tal gelegenen Ortes erinnert an die Flamen, die Faial im 15. Jh. besiedelten. Josse van Hurtere aus Moerkerke im heutigen Belgien, der spätere Statthalter, brachte ein gutes Dutzend seiner Landsleute mit. Er hatte ihnen versichert, dass auf der Insel reiche Silber- und Zinnlagerstätten vorhanden seien. Diese wurden jedoch nie gefunden, daher mussten sich die Ankömmlinge mit der Landwirtschaft begnügen. Bis heute tragen viele Bewohner von Faial Namen flämischen Ursprungs wie Dutra (abgeleitet von Hurtere), Brum oder Bruges. Rund um Flamengos stehen einige *quintas* (Landgüter), die auf die ersten Siedler zurückgehen.

Faial

Übernachten

Ideal zum Relaxen – **Quinta do Vale:** Rua da Travessa 49, Tel. 292 20 07 80, www.quintadovaleazores.com, DZ 110–130 € (über Veranstalter). Landhaus mit zehn stilvoll eingerichteten Gästezimmern. Pool und Sonnenterrasse mit Pico-Blick, Fitnessraum, Sauna sowie mehrere Aufenthaltsräume. In Fußgängerentfernung liegen zwei Restaurants.

Essen & Trinken

Wie bei Muttern – **Avózinha:** Rua da Travessa 1, Tel. 292 94 87 77, So geschl. Kleines Lokal an der südlichen Ausfallstraße, das ein schmackhaftes Buffet (ca. 6,50 €) mit Salaten, Pasta, Fisch und Fleisch auf die Beine stellt. Ein Treff der Bewohner der umliegenden Häuser.

Die Nordküste

Entlang der ER 1-1a reihen sich bäuerlich strukturierte Straßendörfer, hinter denen sich Weideland weit nach Süden die Hänge hinaufzieht.

Östlich von **Ribeirinha** (▶ 5, C/D 3) befand sich das Epizentrum des Erdbebens vom Jahr 1998. Die meisten Häuser wurden zerstört und anschließend in modernem Stil wieder aufgebaut.

Hier lohnen zwei Abstecher: zum idyllischen kleinen Fischerhafen **Porto da Boca da Ribeira,** der sich in den Schutz der Landspitze **Ponta da Ribeirinha** duckt, sowie auf schmalem Fahrweg zu dem 1915 errichteten, seit dem Erdbeben baufälligen Leuchtturm **Farol da Ribeirinha,** der auf seine Restaurierung wartet. Eine Unterschriftenaktion bewahrte ihn vor dem Abriss.

Cedros und Umgebung

▶ 5, A–C 2/3

Zentrum des Nordens ist **Cedros** (▶ C 2) wo am westlichen Ortsrand die Molkereigenossenschaft der Insel ihre Butter- und Käsefabrik betreibt (keine Besichtigung). Schräg gegenüber zweigt ein Feldweg zum **Cabeço Vigia** ab, einem Hügel mit weithin sichtbarem, ehemaligem Ausguck der Walfänger. Die 800 m von der Hauptstraße bis dorthin läuft man am besten zu Fuß. Am alten Hafen von Cedros, dem Porto da Eira (am östlichen Ortsrand ausgeschildert), lockt ein Felspool bei ruhiger See zum Baden. Vielleicht noch netter ist die Atmo-

sphäre am ehemaligen Fischerhafen des Nachbarorts Salão, die Zufahrt erfolgt über einen steilen Fahrweg.

Westlich von Cedros liegt der terrassenförmige **Miradouro da Ribeira Funda** (▶ B 2) mit Picknicktischen und Tiefblick in die dicht überwucherte Schlucht der Ribeira Funda. Dahinter ist in der Ferne die Westspitze von Faial auszumachen. Es folgt der **Miradouro Ribeira das Cabras** (▶ B 2/3) am östlichen Ortseingang von **Praia do Norte** mit Blick auf den Strand von Fajã.

Übernachten

Persönlicher Stil – **Casa do Capitão:** Rua do Capitão 5, Tel. 292 94 61 21/917 56 73 73, www.casadocapitao.pt, DZ 95 €. Eine Gruppe alter Steinhäuser, liebevoll in eine ländliche Unterkunft mit fünf unterschiedlich dekorierten Zimmern verwandelt. Der sehr engagierte, portugiesische Hausherr spricht gut Deutsch. Tropischer Garten, gutes Frühstück, Bibliothek mit Büchern über die Azoren.

Essen & Trinken

Romantisch – **O Esconderijo:** Rua Janalves 3, Tel. 292 94 65 05, www.facebook.com/pages/o-esconderijo, Mi–Mo 18–21 Uhr, Okt.–April nur Fr–So 18–21 Uhr, nur mit Reservierung mind. 2 Std. im Voraus, Hauptgerichte ab ca. 13 €. Versteckt in einem grünen Tal am oberen Ortsrand. Zwei Bayern servieren hervorragende, kreative ▷ S. 174

Der Blick auf den Pico bedeutet ihnen nichts: Rinder oberhalb von Flamengos

Auf Entdeckungstour: Azorenbiotope en miniature – Faials botanischer Garten

Hinter hohen Mauern verborgen liegt am östlichen Rand von Flamengos die ehemalige Orangenplantage der Quinta de São Lourenço – ein verwunschener Ort. 1986 zog hier der botanische Garten ein, der Besuchern die Inselflora nahebringt. Auf kleinem Raum wurden die Lebenswelten einheimischer Pflanzen nachempfunden.

Reisekarte: ▶ 5, C 3
Dauer: ca. 2 Std.
Ort: Jardim Botânico do Faial, Flamengos, Rua de São Lourenço 23, Tel. 292 20 73 82, http://parquesnaturais.azores.gov.pt (mit Cafeteria und Shop).
Öffnungszeiten: 15.6.–15.9. tgl. 10–18 Uhr, 16.9.–14.6. Di–Fr 9.30–13, 14–17.30, Sa 14–17.30 Uhr, So/Mo/Fei geschl., 3,50 €. Die beste Zeit für einen Besuch ist das Frühjahr.

Im Informationszentrum veranschaulicht ein kleiner Film, wie die rar gewordenen einheimischen Pflanzen in Faials botanischem Garten erforscht und bewahrt werden – seit 2003 auch in einer Samenbank. Eine Fotoausstellung zeigt die Leitpflanzen der Vegetationsformen in den verschiedenen Höhenstufen der Azoren (s. a. S. 50).

Diese Höhenstufen wurden im Garten auf engstem Raum nachgebildet. Am Beginn des markierten Rundwegs steht die sehr gefährdete Azoren-Glockenblume *(Azorina vidalii)*. Die weißen bis rosafarbenen Blüten erscheinen von Mai bis Oktober. Sie gehört ebenso zur **Küstenvegetation** wie die folgenden Pflanzen, etwa der seltene, urzeitlich anmutende Drachenbaum *(Dracaena draco)* oder die wesentlich häufigere Wachsmyrte *(Myrica faya)*.

Kontrollierte Wildnis
Ein von Fröschen und Libellen bevölkerter Teich markiert die Grenze zur **mittleren Höhenzone** – in der Realität oberhalb von 400 m angesiedelt. Die Charakterpflanzen des dortigen Lorbeerwalds, Azoren-Lorbeer *(Laurus azorica)* und Kurzblättriger Wacholder *(Juniperus brevifolia)*, sind vertreten, ebenso die Azoren-Stechpalme *(Ilex azorica)*, der Lorbeer-Schneeball *(Viburnum subcordatum)*, der Azoren-Faulbaum *(Frangula azorica)*, der Portugiesische Kirschlorbeer *(Prunus lusitanica ssp. azorica)* und der Walzenförmige Heidelbeerbaum *(Vaccinium cylindraceum)*.

Die Azoren-Baumheide *(Erica azorica)* kommt zwar auch im Lorbeerwald vor, ist aber zudem Bestandteil einer artenarmen **Gebirgsvegetation**, die auf der Insel Pico bis in Höhen von rund 2000 m vorkommt, im Botanischen Garten durch einen kleinen Hügel symbolisiert. Zweite Charakterart dieser Formation ist die aus Mitteleuropa vertraute Besenheide *(Calluna vulgaris)*.

Zuletzt steigt man in einen regelrechten Dschungel hinab, der für die Vegetation **feuchter Schluchten** steht. Hier fallen die gewaltigen Wedel des Wurzelnden Kettenfarns *(Woodwardia radicans)* auf, des größten wild lebenden Farns der Azoren. Die vielerorts anzutreffenden Baumfarne dagegen stammen ursprünglich aus Australien.

Nostalgische Idylle
Zwischen dem Büro- und dem Museumsgebäude hindurch geht es in einen weiteren Gartenteil. Links stehen dort **aromatische Pflanzen**, die traditionell auf der Insel Verwendung als Küchenkräuter oder Heilpflanzen finden. Dahinter gedeihen im **Orquidário,** einem Glashaus, rund 30 Orchideenarten, die der einheimische Sammler Henrique Peixoto (1917–2007) zusammentrug.

Der zentrale Bereich des hinteren Gartens entspricht noch dem Park des einstigen Landguts. Um einen Teich gruppieren sich **exotische Zierpflanzen**: die Kreppmyrte *(Lagerstroemia indica)* aus China, ›Flieder des Südens‹ genannt, die Natal-Strelitzie *(Strelizia nicolai)* aus Südafrika oder die Immergrüne Magnolie *(Magnolia grandiflora)* aus dem Süden der USA.

Faial

Küche. Lauschiges Ambiente auf den Außenterrassen, gemütlicher Innenraum. O Esconderijo ist bei Facebook.

Aktiv

Wanderreiten – **Pátio:** Quinta do Moinho, Rua da Igreja s/n, Tel. 292 94 68 05, www.patio.pt. Victor Antonius Hucke und Anja Tettenborn haben ihre Quinta in einen Reiterhof verwandelt, in dem sie etwa 10 Pferde (Lusitanos und Cruzado Portuguese) artgerecht halten. Ausritte unterschiedlicher Länge für Könner haben sie ebenso im Programm wie Einführungen für absolute Anfänger. Die Teilnehmer wohnen in benachbarten Privatquartieren, essen aber auf Wunsch gemeinsam auf dem Hof. Auch Ausritte für Tagesgäste sowie Nichtreiter-Programm möglich (Halbtagesausritt 60 €).

Fajã ▸ 5, B 3

Westlich von Praia do Norte erstreckt sich die bewaldete **Zona do Mistério.** 1672 machte ein breiter Lavastrom das Gebiet für die Landwirtschaft unbrauchbar. Eine schmale Straße führt dort abwärts nach **Fajã,** wo einige Sommervillen stehen. Der dunkle Kiesstrand liegt landschaftlich wunderschön, ist zum Baden aber wegen starker Unterströmung kaum zu empfehlen (im Sommer Strandbar). Am Westrand der Zona do Mistério erstreckt sich das noch sehr ursprüngliche Dorf **Norte Pequeno,** das im Gegensatz zu den meisten Orten auf Faial nicht durch das Erdbeben 1998 in Mitleidenschaft gezogen wurde. Hier stehen daher noch vorwiegend traditionelle Natursteinhäuser. Teilweise wurden sie von neuen Besitzern geschmackvoll restauriert.

Vulcão dos Capelinhos ! ▸ 5, A 3

Neues, bis heute wüstenhaftes Land entstand an der Westspitze von Faial bei einem untermeerischen Vulkanausbruch, der von September 1957 bis Oktober 1958 ein spektakuläres Schauspiel bot, aber auch über 500 Häuser in den umliegenden Dörfern zerstörte und die Bevölkerung der ganzen Insel in Angst und Schrecken versetzte (s. S. 46). Am Straßenende unten am **Cais,** einem alten Bootsanleger, sind noch die Ruinen einiger verschütteter Häuser zu sehen. Mittlerweile hat die Brandung kräftig an dem weichen Tuffgestein des Vulcão dos Capelinhos genagt und ihn auf ein Drittel seiner ursprünglichen Größe reduziert.

Der Aufstiegspfad auf den Vulcão dos Capelinhos (2 Std., mittelschwer)

Vulcão dos Capelinhos

beginnt am Centro de Interpretação (s. S. 175), wo man sich vorher anmelden muss, da die Zahl der zugelassenen Wanderer begrenzt ist. Der Steilkante zum Meer hin sollte man sich nicht nähern, da dort Abbruchgefahr besteht. Am Gipfel brüten Mai–Juli rund 160 Paare der Atlantikmöwe, einer Unterart der Mittelmeermöwe. Außerdem befindet sich am Capelinhos eine Brutkolonie der sehr gefährdeten Rosenseeschwalbe.

Centro de Interpretação do Vulcão dos Capelinhos

Farol dos Capelinhos, Tel. 292 20 04 70, http://parquesnaturais.azores. gov.pt; 15. Juni–15. Sept. tgl. 10–18, 16. Sept.–14. Juni Di–Fr 9.30–16.30, Sa/So/Fei 14–17.30 Uhr; 1. Jan., Karnevalsdienstag, Ostersonntag, 24., 25. u. 31. Dez. geschl.; ständige Ausstellung 6 €, Aufstieg zum Leuchtturm 1 €, Kombiticket 10 € (inkl. temporäre Ausstellung und Film über die Erdentstehung), Kinder/Jugendliche 13–17 J. jeweils die Hälfte, bis 12 J. frei; mit Cafeteria und Shop

Das dezent unter dem Leuchtturm, dem **Farol dos Capelinhos** verborgene Besucherzentrum informiert über den Vulkanismus. Die ständige Ausstellung *(Exposição Interpretativa)* bietet eine Hologrammvorführung über den Ausbruch des Vulcão dos Capelinhos-Vulkans und Schautafeln mit den einzelnen Eruptionsphasen. Videos und Fotos visualisieren vulkanische Landschaften der Azoren. Auch das Erdbeben von 1998 mit seinen verheerenden Auswirkungen auf die Insel Faial wird dokumentiert.

Aus dem Inneren des Zentrums führt eine steile Wendeltreppe zum Leuchtturm hinauf. Er leitete früher Schiffe sicher um die klippenreiche

Beim Ausbruch des Capelinhos entstanden 1957 im Inselwesten 2,4 km² neues Land

Faial

Vulkanwanderung bei Capelo

Westspitze von Faial. Seit der Entstehung des neuen Vulkans ist er von See her kaum noch auszumachen und daher außer Betrieb.

Vulkanwanderung bei Capelo
▶ 5, A 3
Dauer: 2,5 Std., mittelschwer
Der Wanderweg **PR 1 FAI** beginnt in **Capelo**; an der Straße nach Praia do Norte und führt durch wildromantische, von Baumheide überwucherte Landschaft über drei Vulkankuppen Richtung Westen. Zunächst gewinnt er am Abhang des **Cabeço Verde** allmählich an Höhe. An einer Gabelung hält man sich rechts, um zum Kraterrand des »grünen Kopfes«, wie der Vulkan bezeichnenderweise heißt, zu gelangen. Er wird vollständig umrundet, dann geht es zum Fuß des Berges zurück und dort rechter Hand weiter zu einem kleineren Gipfel, dem **Caldeirão**. Der Weg passiert seine Südflanke und hält dann über eine Kreuzung hinweg auf den dritten Vulkan, den **Cabeço do Canto**, zu. Sein Kraterrand erweist sich als großartiger Aussichtspunkt mit Blick auf den **Vulcão dos Capelinhos**. Zurück zur Kreuzung und rechts gelangt man zur Zufahrtstraße zum Capelinhos, wo es nicht mehr weit bis zum dortigen **Centro de Interpretação**, dem Besucherzentrum, ist.

Einkaufen

Kunsthandwerk – **Centro de Artesanato:** Capelo, Alto dos Cavacos, Tel. 292 94 50 27, i. d. R. Mo–Fr 10–12.30, 14–19, Sa/So 14–17.30 Uhr. Laden der lokalen Kunsthandwerkervereinigung an der Landstraße. Typisch für Faial sind filigrane Skulpturen aus Feigen- und Hortensienmark (s. S. 78), Stickereien und Holzarbeiten.

Varadouro ▶ 5, B 3

In der Vergangenheit war Varadouro dank seiner Heilquelle ein Thermalbadeort. Das Kurhaus am Meer soll demnächst reaktiviert werden. Bis es soweit ist, schwimmen Tagesgäste und

Bewohner der umstehenden Ferienhäuser im Meerwasser an der **Zona de Banhos**. Bei ruhiger See kann man sich direkt in den Atlantik begeben, ansonsten beschränkt man sich auf den natürlichen Lavapool (getrennte Beflaggung beachten; mit Kinderbecken und sanitären Einrichtungen, Eintritt frei).

Übernachten

Am Badeplatz – **Residências Varadouro:** Varadouro-Capelo, Tel. 29 29 45 55, www.varadouro.com, DZ 30–65 €, Apartment für 2 Pers. 60–85 €. Oberhalb des Meeresschwimmbads. 14 funktionale Zimmer, ein paar Apartments sowie Ferienhäuser. Mit Restaurant.

Essen & Trinken

Grillhähnchen – **Vista da Baía:** Rua Tem. Simas, Tel. 292 94 51 40, Do–Di 12–16, 18–21 Uhr, im Winter nur Sa/So/ Fei geöffnet, Hauptgerichte ab ca. 10 €. Das vom zurückgekehrten Emigranten Frank betriebene Meerblicklokal ist seit über 35 Jahren (!) auf Huhn vom Grill spezialisiert – auf ›kalifornische‹ Art mit Knoblauchbrot. Hervorragend gewürzt, dazu schmeckt das in großen Krügen gereichte Bier.

Die Südküste

Hier an der Leeseite von Faial ist es oft windstill und das Klima feuchter als im Norden. Daher gedeihen sogar Bananen, allerdings in winzigen Plantagen hinter hohen Windschutzhecken verborgen. Im 18./19. Jh. wurden in diesem Landstrich Orangen angebaut. Damals entstanden die Quintas, herrschaftliche Anwesen, die heute teilweise als stilvolle Hotels fungieren.

Lombega (▶ 5, B 4) besitzt einen auffällig schönen, blau angestrichenen Heiliggeisttempel (an der ER 1-1a). Westlich von **Castelo Branco** (›weiße Burg‹) ragt ein hell schimmernder, mächtiger Felsblock aus hartem Trachytgestein ins Meer, der **Morro de Castelo Branco** (149 m). Es handelt sich um den Rest eines Vulkans, der vor rund 30 Mio. Jahren ausbrach. Als Brutgebiet zahlreicher Meeresvögel ist er Teil des Naturparks Faial. Der Rundwanderweg **PRC 5 FAI** (1,5 Std., leicht, ab Regionalstraße in Lombega ausgeschildert) führt zum Fuß des Morro de Castelo Branco. Da der Aufstieg zum Gipfel als gefährlich gilt, wurde er nicht in die Wanderroute einbezogen.

Um einen beschaulichen Fischerhafen gruppieren sich die Häuser von **Feteira** (▶ C 4). Der östlich angrenzende, flache, felsige Küstenabschnitt erfreut sich bei Anglern großer Beliebtheit.

Übernachten

Landvergnügen – **Quinta das Buganvílias:** Castelo Branco, Rua do Jogo 60,

Mein Tipp

Auf der Vulkanroute
Die **Ruta dos Vulcões** für Autofahrer ist rings um Faial ausgeschildert. Ein reizvoller Abschnitt beginnt zwischen Areeiro und Castelo Branco, wo sie von der Regionalstraße linker Hand als breite, aber gut befahrbare Erdpiste abzweigt. Diese führt durch völlig unbesiedelte Landschaft. Felder und Weiden wechseln mit Wäldern ab. Zuletzt passiert man ein Forsthaus und erreicht bei der Ermida de São João (s. S. 178) die Zufahrtsstraße zur Caldeira.

Faial

Tel. 292 94 32 55, www.quintadasbuganvilias.com, DZ 70–85 €. Ländliches Anwesen (Mitte 20. Jh.) mit acht Zimmern und riesigem Obst- und Ziergarten. Aufenthaltsräume, Bar.

Natur pur – **Quinta da Meia Eira:** Castelo Branco, Rua dos Inocentes 1, Tel. 292 94 30 37, www.meiaeira.com, DZ 70–92 €, Apartment für 2 Pers. 85–110 €. Sieben einfach ausgestattete Zimmer und Apartments in zwei restaurierten Landhäusern, umgeben von einem riesigen, agrarisch genutzten Gelände. Schöner Garten und ein überdachtes Schwimmbad.

Familiärer Komfort – **Casa da Japoneira:** Feteira, Rua da Igreja 67, Tel. 292 39 21 65, www.casadajaponeira.com, DZ 70–80 €. Klassisches Wohnhaus aus dem 19. Jh., das in ein kleines, feines Landhotel verwandelt wurde. Ausblicke zum Pico, großer Kameliengarten, reichhaltiges azorianisches Frühstück.

Essen & Trinken

Hafennähe – **A Salgueirinha:** Feteira, Canada do Porto, Tel. 292 94 35 53, Mi–Mo 12–15, 19–22 Uhr, Hauptgerichte ab ca. 10 €, Menüs um 16 €. Regionaltypische Speisekarte, vorwiegend Fisch und Meeresfrüchte. Gepflegtes Ambiente, Terrasse für schöne Tage.

Caldeira ▸ 5, B 3

Die Auffahrt ins Inselzentrum führt an der **Ermida de São João** vorbei, einer Kirche in einsamer Lage. Sie wurde in den Jahren zwischen 1921 und 1944 als Station für Wallfahrer errichtet, die traditionell am Johannistag zur Caldeira pilgern (s. S. 32). Man passiert die **Casa do Cantoneiro** (Estrada da Caldeira, in der Hochsaison meist Mo–Sa 10–12 Uhr, aktuelle Zeiten erfragen unter Tel. 292 20 73 82, Eintritt frei), ein ehemaliges Straßenmeisterhaus, das heute als Besucherzentrum des Naturparks fungiert. Im weiteren Verlauf säumen Hortensien die Straße. Sind sie unten in Küstennähe schon verblüht, so öffnen sich weiter oben gerade erst die Blütenstände.

Wie aus einem Bilderbuch wirkt die Caldeira, der fast kreisrunde, 2 km breite Riesenkrater im Zentrum von Faial. Ihr durchweg um 1000 m hoch gelegener Kraterrand wird weder

Ein Felsblock aus hartem Trachytgestein: der 149 m hohe Morro de Castelo Branco

Caldeira

durch Taleinschnitte noch durch aufgesetzte Vulkankegel unterbrochen. Vermutlich entstand der Kessel vor etwa 1000 Jahren (s. S. 48).

Vom Parkplatz am Straßenende wird durch einen kurzen Fußgängertunnel ein gewagt angelegter **Miradouro** erreicht. Er ist durch Geländer gut gesichert, denn es geht hier steil, fast senkrecht, 400 Höhenmeter ins Innere der Caldeira hinab. Auf deren Grund sind sumpfige Stellen zu erkennen, Reste von Seen, die nach dem Ausbruch des Capelinhos 1957 in dabei entstandenen Gesteinsspalten versickerten. Ihre Ufer und die Hänge überzieht ein vom Menschen unberührtes Gebüsch, das die natürliche Vegetation repräsentiert, die einst in den Höhenlagen der Insel sehr viel verbreiteter war s. S. 50).

Miradouro do Cabouco

Dieser Miradouro ist an der Zufahrt zur Caldeira ausgeschildert, kurz vor dem Straßenende. Auf einer Nebenstrecke wird der große Aussichtsbalkon nach 350 m erreicht. Hier fällt der Blick in die andere Richtung, nach Nordosten, in den **Graben de Pedro Miguel**. Der dem Deutschen entlehnte Name steht für eine tektonische Senke bei dem Ort Pedro Miguel. Rechts im Hintergrund ist der Hafen von Horta zu erkennen.

Wanderung rund um die Caldeira
2,5 Std., mittelschwer

Nicht markiert wurde der 8 km lange, nicht zu verfehlende **PRC 4 FAI**, der die Caldeira entgegen dem Uhrzeigersinn umrundet. Gestartet wird am Parkplatz vor dem Aussichtspunkt der Caldeira, in knapp 900 m Höhe. Neben einer Wandertafel führen Treppenstufen zum Kraterrand hinauf. Dort hält man sich rechts auf einem schmalen, durch Vieh zertretenen Pfad. Der Blick nach rechts schweift zum Vulkan Pico

Wanderung rund um die Caldeira

auf der gleichnamigen Insel. Erstes Ziel ist der flache Gipfel **Alto do Cabouço** (917 m). Dann geht es zum Westrand des Kraters, zum **Alto do Brejo** (926 m). Nun beginnt ein allmählicher Anstieg über den **Alto do Guarda-Sol** (997 m) und weiter auf einem Fahrweg zum höchsten Punkt der Insel, dem **Cabeço Gordo** (1043 m) am südlichen Kraterrand. Bald ist nun, auf einem stufigen Pfad absteigend, der Ausgangspunkt wieder erreicht.

Weitere Wanderwege

Der PR 6 FAI **Trilho dos 10 vulcões** (Infotafel am Parkplatz, 8 Std., anspruchsvoll) folgt zunächst wie der PRC 4 FAI dem nördlichen Kraterrand, setzt sich später aber westwärts fort über eine Kette von immer jünger werdenden Vulkanen hinweg bis zum Vulcão dos Capelinhos. Nur in Begleitung eines Naturparkrangers (s. S. 160) darf der Abstieg zum Kraterboden, der ebenfalls am Aussichtspunkt beginnt, begangen werden (mit Rückweg 3,5 Std., mittelschwer bis anspruchsvoll).

Das Beste auf einen Blick

Pico

Highlights!

Zona de Adegas: Das Mosaik winziger Weinberge, umgeben von unzähligen dunklen Lavasteinmauern, war der UNESCO das Prädikat ›Welterbe‹ wert. Seit Jahrhunderten wird hier der feurige Aperitifwein Verdelho gekeltert. S. 201

Montanha do Pico: Portugals höchster Berg ist immer fotogen, egal von welcher Seite aus betrachtet. Seine vulkanische Entstehung kann er nicht verleugnen. In historischer Zeit quollen aus seinen Flanken mehrfach dunkle Lavaströme hervor. S. 201

Auf Entdeckungstour

Auf den Spuren der Walfänger: Bis weit ins 20. Jh. hinein war Pico die Walfängerinsel schlechthin. In zwei sehr unterschiedlichen Museen in Lajes erfährt man u. a., wie der Walfang ablief und welche Produkte aus Walen hergestellt wurden. Direkten Kontakt mit Walen und Delfinen ermöglicht eine Bootsexkursion. S. 192

Kultur & Sehenswertes

Gruta das Torres: Abenteuerlich gestaltet sich die Erkundung der mit 5 km längsten Vulkanhöhle der Azoren. Mit Schutzhelmen und Stirnlampen ausgestattet, tauchen Besucher in die schummrige Unterwelt ab. S. 185

Escola Regional de Artesanato: Pico ist die azorianische Hochburg des Kunsthandwerks. In Santo Amaro entstehen filigrane Skulpturen aus Feigenmark, Strohpuppen und zarte Spitzen. S. 197

Zu Fuß unterwegs

Wanderung von der Furna de Frei Matias nach Madalena: Eine geheimnisvolle Höhle ist Startpunkt für den Abstieg zur wildromantischen Quinta das Rosas und weiter Richtung Küste. S. 186

Aufstieg zur Montanha do Pico: Eine echte Herausforderung ist die Besteigung des Pico. Oben bietet sich ein Panoramablick über den ganzen Archipel. S. 202

Genießen & Atmosphäre

Parque Matos Souto: Für ein Picknick während einer Inselrundfahrt gibt es keinen idealeren Platz als diesen wildromantischen Park. S. 197

Furna de Santo António: Der vielleicht schönste Badeplatz von Pico bietet auch Gelegenheit zum Birdwatching und punktet mit einem Restaurant, das deftige Inselküche serviert. S. 200

Abends & Nachts

Esplanada Dark: In Madalena die unangefochtene Anlaufstelle Nr. 1, eine Szenebar am Hafen mit Riesenterrasse und Latinomusik. S. 188

Discoteca Skipper in Santo António: Wer in der ältesten Disco der Azoren das Tanzbein schwingen möchte, sollte erst gegen 3 Uhr morgens kommen, dann geht es richtig zur Sache. S. 200

Von Vulkanen geprägt

Wegen ihrer bizarren Landschaft und der reichen Meeresfauna ist die dünn besiedelte Insel Pico das Lieblingsziel von Naturtouristen. Der namengebende Vulkan ist eine feste Größe, wenn man in die Berge schaut, seine Besteigung ein sportliches Abenteuer. Reizvolle Wege erschließen Felsküsten und Lavaströme, Kraterseen, Vulkankuppen und geheimnisvolle Höhlen. Dazwischen erstrecken sich Weinberge mit malerischen Winzerhäusern. Den Walfang der Vergangenheit dokumentieren Museen, so das Museu dos Baleeiros in Lajes do Pico. In der Gegenwart wird Whalewatching betrieben. Die meisten Unterkünfte gibt es in Madalena oder Lajes.

Madalena und Umgebung ▶ 5, D 4

Häufig wird Madalena (2000 Einw.) als Hauptstadt von Pico bezeichnet, obwohl es das nie war. Der erste Legatskapitän im 15. Jh. verwaltete Pico von Madeira aus. Sein Nachfolger wurde Josse van Hurtere, Statthalter des Königs in Horta. Seither war Pico

Infobox

Touristeninformation
In Madalena Büro der Azorenregierung am Fährhafen und Kiosk von ART in der Stadt, in Lajes do Pico und São Roque do Pico gemeinsame Büros der Gemeinde und der Organisation ART. Am Flughafen keine Touristeninformation.

Anreise und Weiterkommen
Flughafen: Aeroporto do Pico (PIX) an der Nordküste, 8 km östlich von Madalena. Keine Linienbusse. Taxi nach Madalena ca. 13 €. Flüge nonstop nach Lissabon (nur im Sommer), Terceira, Ponta Delgada und Horta (Details s. S. 22). Fluginfos: www.sata.pt.
Fähre: Fährhäfen sind Madalena und São Roque. Mit Atlânticoline im Sommer ab São Roque ca. 2–3 x pro Woche zu den Inseln der Mittel- und Ostgruppe. Personenfähren der Transmaçor von Madalena nach Horta (Faial) und von São Roque nach Velas (São Jorge) ganzjährig, von São Roque nach Calheta (São Jorge) nur im Sommer. Weitere Infos S. 23 u. S. 188.
Busse: Von Madalena auf der Nordroute über São Roque nach Piedade, auf der Südroute über Lajes nach Ribeirinha (Mo–Sa je 4 x, So je 2 x tgl.). Inselrundfahrt mit Umsteigen in Piedade möglich.
Taxis: Taxistände in Madalena, Lajes und São Roque. Kein zentraler Taxiruf. Listen mit Telefonnummern von Taxifahrern in den Tourismusbüros, auf den Websites der Gemeinden oder unter www.azoren-online.com. Preisbeispiele: Madalena – São Roque ca. 16 €, Madalena – Lajes ca. 27 €, Madalena – Casa de Apoio da Montanha do Pico ca. 25 €.
Mietwagen: Am Flughafen: Ilha Verde (Tel. 292 62 20 02, www.ilhaverde.com). Weitere Anbieter in Madalena und São Roque.

Madalena und Umgebung

Blickfang aus der Ferne: der Pico, eine der Hauptattraktionen der gleichnamigen Insel

von Faial abhängig, das den Löwenanteil der Zolleinnahmen aus den Weinexporten der Insel, nämlich 70 %, einkassierte. Großgrundbesitzer aus Faial unterhielten bei Madalena Landgüter und Sommersitze. Ansonsten stagnierte die Entwicklung. Erst in jüngerer Zeit erfolgte eine Belebung durch den Tourismus.

Igreja Matriz de Santa Maria Madalena
Largo Cardeal Costa Nunes
Hinter dem alten, kleinen Naturhafen von Madalena ragt weithin sichtbar die repräsentative Fassade der Pfarrkirche (17. Jh.) auf. Zwei gewaltige Araukarien zu ihrer Linken übertreffen sogar die schlanken Türme noch ein wenig an Höhe. Die mit weißen Fliesen aus Lissabon verkleidete Front entstand bei Restaurierungsarbeiten Ende des 19. Jh. Innen ist die Igreja Matriz reich mit Retabeln ausgestattet. Den Altarraum schmücken zwei Azulejo-Bilder von 1723, bunte Glasfenster tauchen sie in ein besonderes Licht.

Museu de Cachalotes e Lulas
Av. Machado Serpa, Tel. 292 62 39 34, Mo–Fr 9.30–17.30, Sa/So 13.30–17 Uhr, Eintritt frei
Das Wal- und Tintenfischmuseum im Fußballstadion am Hafen beherbergt die Sammlung des verstorbenen englischen Meeresbiologen Malcolm Clarke, der gemeinsam mit seiner Frau Dorothy, einer Biologielehrerin, fünf Jahrzehnte lang über Pottwale *(cachalotes)* und ihre Beutetiere, die in der Tiefsee lebenden Riesenkraken, forschte. Seinen Lebensabend verbrachte er auf Pico. Die modern arrangierte Ausstellung zeigt Skelette sowie eine Reihe von Modellen, die fast jeden Aspekt des Lebens der Tiere erläutern. Infos bei Facebook.

Pico

Museu do Vinho
*Rua do Carmo, Tel. 292 62 21 47,
Di–Fr 9.15–12.30, 14–17.30,
Sa/So 9.15–12 Uhr, Fei geschl., 2 €,
am So frei, Kombiticket s. S. 185*
Die **Casa Conventual dos Carmelitas**, ein ehemaliges Karmelitenkloster (17./18. Jh.) mit dem wohl größten Drachenbaum der Azoren davor, bildet den würdigen Rahmen für das Weinmuseum. Es zeigt Gerätschaften der Winzer; außerdem dokumentieren Fotos, wie es früher bei der Weinlese und beim Keltern zuging. Schon die Karmeliten erzeugten hier Wein. Zu ebener Erde war die *adega* (›Weinkeller‹) eingerichtet, oben befanden sich Wohnräume. Im Nebengebäude steht eine Kupferretorte zum Destillieren des *bagaço* (Tresterschnaps – ähnlich wie Grappa) und des *aguardente* (wörtl. Feuerwasser) aus Feigen oder auch aus *groselhas*, den johannisbeerähnlichen Früchten der Korallen-Ölweide, eines aus Asien eingeführten und dann auf den Azoren verwilderten Strauchs.

Cooperativa Vitivinícola da Ilha do Pico
Av. Padre Nunes da Rosa 29, Tel. 292 62 22 62, www.picowines.net, Okt.–Aug. Mo–Fr 14–16.30, Sa/So 15–17 Uhr, während der Weinlese im Sept. keine Besichtigung, 1,50 €, Sa 2 €, So 2,50 € (jeweils mit Weinprobe)
Die Winzergenossenschaft von Pico im Süden von Madalena lohnt vor allem

Ein einladender kleiner Ort: Madalena mit seinem Naturhafen und der Pfarrkirche

Madalena und Umgebung

im Oktober einen Besuch. Dann läuft die Produktion auf vollen Touren. Hier werden die azorenweit bekannten Marken Terras de Lava (weiß oder rosé) und Basalto (rot) gekeltert.

Ausflugsziele und Wanderungen

Gruta das Torres ▶ 5, D 4
Criação Velha (3 km südl. von Madalena), Tel. 924 40 39 21, Juli/Aug. tgl. 10–2, 14.30–17.30, Juni u. Sept. tgl. 14.30–17.30, Mai u. Okt. Sa/So 14.30–17.30 Uhr, 7 €, Führungen ca. alle 30 Min.
1990 entdeckten Höhlenforscher den mit 5150 m längsten bisher bekannten Vulkantunnel der Azoren. Er entstand

Kombiticket für Museen
Das Museu do Vinho in Madalena (s. S. 183) ist mit dem Museu dos Baleeiros in Lajes und dem Museu da Indústria Baleeira in São Roque zum Museu do Pico zusammengeschlossen. Für alle drei Museen gibt es ein Kombiticket für 5 € (48 Std. gültig).

vor etwa 1000 Jahren unter einem Lavastrom, der sich von der Flanke des Pico Richtung Westen ergoss. Die rund 4500 m lange Hauptröhre ist bis zu 15 m hoch. Außerdem sind etliche kürzere, niedrigere Nebenröhren bekannt. Die Besichtigung beginnt am **Centro de Interpretação** (Besucherzentrum), das 2007 für den Mies-van-der-Rohe-Architekturpreis nominiert wurde. Dort wird in die Benutzung von Schutzhelm und Stirnlampe eingewiesen (am besten Trekkingschuhe anziehen). Dann folgt eine 45-minütige, recht abenteuerliche Erkundung der naturbelassenen Höhle, geleitet von einem fachkundigen Guide. Den Einstieg ermöglicht ein geheimnisvolles, zugewuchertes Einsturzloch in der Höhlendecke, der **Algar da Ponte.** Man tritt in völlige Dunkelheit ein. Im Schein der Lampen tauchen bizarre Formen auf (s. S. 46). Die Höhlenfauna hält für künftige Forschungen sicher noch Überraschungen bereit. Entdeckt wurden schon zwei endemische Insektenarten: ein Laufkäfer *(Trechus)* und eine Glasflügelzikade *(Cixius)*.

Wanderung im Weinbaugebiet von Criação Velha ▶ 5, D 4
Dauer: 2 Std., leicht; Anfahrt mit Linienbus bis zum Ort Monte, dann 15 Min. zu Fuß
Der Einstieg in den **PR 5 PIC** befindet sich am idyllischen kleinen Fischerhafen **Porto do Calhau,** von dort geht es an der Küste entlang nordwärts. Ba-

Pico

demöglichkeit besteht am Strand von **Pocinho,** vor der Kulisse des Vulkans **Monte** (135 m). Diesen umgeht die Route landeinwärts und dreht später eine Runde durch die Weinberge von **Criação Velha.** Eine pittoreske Windmühle steht am Weg. Bei **Areia Larga** wird der Stadtrand von Madalena erreicht, bis ins Zentrum sind es 1,5 km.

Quinta das Rosas ▶ 5, D 4
Parque Florestal da Quinta das Rosas, ab ER 1 Richtung São Roque nach 1 km ausgeschildert (rechts), dann noch 2 km auf schmaler Straße, tagsüber geöffnet

Der verwunschene Forstpark ist ein beliebtes Freizeitgelände. Verschlungene Pfade führen an Froschteichen, Blumenrabatten und Picknicktischen vorbei. Exotische Baumarten wie Tulpenbaum, Erdbeerbaum oder Neuseeländischer Weihnachtsbaum spenden Schatten. Etwa 250 Pflanzenarten aus aller Welt hatten die früheren Besitzer auf dem 3 ha großen Gelände zusammengetragen, darunter einige äußerst selten gewordene, im 19. Jh. in England gezüchtete Sorten, etwa die panaschierte Eibe *(Taxus baccata variegata).*

Mittendrin steht die neugotische **Ermida de Santa Isabel.** Sie ist der *Rainha Santa* geweiht, der heiliggesprochenen Königin Isabel, die 1282–1325 gemeinsam mit ihrem Mann, König Dinis I., über Portugal herrschte. Mit ihr verbindet sich die Legende vom Rosenwunder, ähnlich wie mit ihrer Großtante, Elisabeth von Thüringen: An einem Wintermorgen soll Isabel heimlich das Schloss verlassen haben, um Brot unter die Armen zu verteilen. Von ihrem Gemahl überrascht und zur Rede gestellt, behauptete sie, nicht Brot, sondern Rosen unter ihrem Gewand zu verbergen. Als sie dieses öffnete, kam tatsächlich ein Strauß Rosen hervor. Daher der Name der Quinta.

Fußgänger können den Rückweg auf einer anderen Route antreten: außen an der linken Mauer des Parks entlang bis zu dessen Rückseite, dort links hinab bis zur ER 3 gut 1 km oberhalb von Madalena.

Furna de Frei Matias ▶ 5, E 4
ER 3 ca. 8 km oberhalb von Madalena, nicht ausgeschildert, frei zugänglich

Bei Frei Matias handelt es sich der Legende nach um einen Mönch *(frei = port.* Bruder), der von Faial aus eine leuchtende Marienerscheinung am Pico gesehen haben soll. Daraufhin setzte er auf die damals noch unbewohnte Insel über und ließ sich als Eremit in der später nach ihm benannten Lavahöhle nieder.

Die unerschlossene Höhle liegt unter einem Lavastrom, den der 50 m oberhalb aufragende, zweigipfelige Vulkan aussandte. Auf diesen gilt es bei der Anfahrt südlich der Straße zu achten. Von der dortigen Wiesenparkbucht geht man durch ein Weidegatter und erreicht nach etwa 100 m den Höhleneingang. Der Einstieg erfolgt durch einen ›Kamin‹, eine von Moosen und Farnen überwucherte Öffnung in der Höhlendecke. Die Lavaröhre lässt sich auf einem kurzen Abschnitt erkunden (ideal ist eine Taschenlampe). Am Boden ist Stricklava zu erkennen (s. S. 49). Wenige Meter weiter kann man den Tunnel durch einen zweiten Kamin verlassen. Achtung: In der Umgebung der Kamine können Löcher im Boden zu bösen Stolperfallen werden!

Wanderung von der Furna de Frei Matias nach Madalena ▶ 5, D/E 4
Dauer: 3 Std., mittelschwer, 600 Höhenmeter Abstieg, nicht markiert; Anfahrt per Taxi

Madalena und Umgebung

In der Straßenkurve unterhalb der Wiesenparkbucht geht es einen steilen Feldweg hinunter, der die Straße noch einmal quert, dann weiter bergab bis zu einem asphaltierten Fahrweg. Auf diesem wenige Meter rechts, dann gleich wieder links gehen. Eine halbe Stunde später kommt man an einen weiteren Asphaltweg, auf diesem ist rechts nach wenigen Minuten abermals die ER 3 erreicht. Auf der Straße kurz links und bei einem größeren *moroiço* rechts – einem pyramidenartigen Lesesteinhaufen, wie sie in diesem Gebiet recht zahlreich von den Landwirten aufgeschichtet wurden, um ihre Äcker von den gröbsten Brocken zu befreien. Der Feldweg windet sich zwischen zwei Vulkankegeln hindurch. Man folgt immer dem breiten Weg, um schließlich auf die **Quinta das Rosas** zu treffen. Von dort weiter s. S. 186 (Rückweg).

Übernachten

Exzentrisch – **Pocinhobay:** Monte, Pocinho, 5 km südlich von Madalena, Tel. 292 62 91 35, www.pocinhobay.com, DZ 155–195 €. Inmitten von Weinbergen auf einem Landgut mit Kiesstrand vor der Tür; Süßwasserpool mit Sonnenterrasse und vielen lauschigen Rückzugsmöglichkeiten auf dem 13 ha großen Gelände. Sechs Zimmer in Natursteinhäusern mit allem Komfort, in schummrigem Designerstil. Kein Restaurant.

Ökologisch konzipiert – **Aparthotel Baía da Barca:** Lugar da Barca, Tel. 292 62 87 50, www.baiadabarca.com, Apartment für 2 Pers. 100–180 €. Zehn exklusive Wohneinheiten für Selbstversorger in ruhiger Lavabucht unweit von Madalena Richtung Norden. Der Pool wird mit unbehandeltem Meerwasser befüllt, warmes Wasser durch Sonnenenergie gewonnen. Hotelbar, Spa mit Sauna, Jacuzzi.

Mittelklassekomfort – **Caravelas:** Rua Conselheiro Terra Pinheiro 3, Tel. 292 62 85 50, www.hotelcaravelas.com.pt, DZ 55–100 € (über Veranstalter evtl. günstiger). Das einzige größere Hotel auf Pico, zwischen Hafen und Stadtzentrum. Pool, Hallenbad, kein eigenes Restaurant.

Travellerquartier – **Mini Bela:** Av. Machado Serpa 18, Tel. 292 62 22 86, Fax 292 62 35 21, DZ ca. 30 €. Einfache, etwas abgewohnte Zimmer, dafür aber günstig. Einige mit Privatbad, andere mit Etagenbad. Zentrale Lage.

Essen & Trinken

Am Wasser gebaut – **O Ancoradouro:** Areia Larga, Rua João de Lima Whitton, Tel. 292 62 34 90, Do–Di 12–15, 19–22 Uhr, Hauptgerichte ab ca. 13 €. Sicherlich eines der besten Restaurants der Azoren. Mit Sonnenterrasse am Meer. Feinstes Seafood, etwa in Form von *cataplana* (für 2 Pers. 30 €). Gut auch die Suppe im Brot, das Fleisch vom Jungbullen *(novilho)* und der Stockfisch.

Gepflegt – **O Luís:** Areia Larga, Av. Padre Nunes da Rosa, Tel. 292 62 20 28, tgl. mittags sowie abends ab 19 Uhr geöffnet, Hauptgerichte ab ca. 9 €. In einem modernen Lavasteinbau am Südrand von Madalena. Ordentliche, regionaltypische Küche. An Werktagen Mittagsbuffet.

Große Auswahl – **A Parisiana:** Rua A. Herculano, Tel. 292 62 37 71, https://pt-pt.facebook.com/aparisiana, Do geschl., Hauptgerichte à la carte ab ca. 9 €. Nicht weit vom Meeresschwimmbad. Geräumiger Speisesaal mit Art-déco-Einrichtung. Viele Gruppen. Manchmal begleiten Folkloregruppen das Dinner. Oft wird ein gut bestücktes Buffet aufgebaut (12–15 €).

Pico

Aktiv

Wal- und Delfinbeobachtung – **Pico Sport:** Porto Velho, Tel. 292 62 29 80, www.whales-dolphins.net. 3-stündige Exkursionen per Offshoreschlauchboot mit Frank Wirth, seit 1994 auf sanftes Whalewatching spezialisiert (54 €/Pers.). Auch spezielle Ausfahrten zur Kontaktaufnahme mit Delfinen (65 €).
Baden – **Piscina Municipal:** Rua A. Herculano (am Südrand des alten Hafens), 15. Juni–15. Sept. geöffnet, Eintritt frei. Ein Naturpool in den Küstenfelsen wurde zum städtischen Schwimmbad mit Strandbar und guter Infrastruktur ausgebaut.

Abends & Nachts

Angesagt – **Esplanada Dark:** Bêco Trás Castelo, Tel. 292 62 24 13, tgl. 7–2 Uhr (bei Events bis 4 Uhr), im Winter eingeschränkt. Szenebar zwischen altem und neuem Hafen mit überdachter Terrasse. Vom Frühstück bis in die Nacht hinein wird ein bunt gemischtes Publikum mit brasilianischen Snacks, kühlen Drinks und Latinomusik versorgt. Im Sommer DJ-Events.

Infos & Termine

Posto de Turismo do Pico: 9950-329 Madalena, Gare Marítima, Tel./Fax 292 62 35 24, pt.pic@azores.gov.pt, www.visitazores.com, Juni–Sept. tgl. 8–18, sonst Mo–Do 9–12.30, 14.30–17.30 Uhr. Informationsstelle der Azorenregierung am Fährhafen.
Quiosque ART: Largo Cardeal Costa Nunes, Tel. 292 62 33 45, qit.madalena@artazores.com, http://pt.artazores.com. Informationskiosk der Organisation ART (s. S. 18).
Internet: www.cm-madalena.pt
Festas da Madalena: um den 22. Juli, www.cm-madalena.pt. Etwa viertägiges Kirchweihfest mit vielen traditionellen Elementen: feierliche Messen und Prozession, Auftritte von Folkloregruppen und studentische ›Tuna-Musik‹. Imbissbuden am alten Hafen bieten regionale Spezialitäten wie Stockfisch oder frischen Thunfisch an, dazu trinkt man *vinho do cheiro*. Dazu gibt es ein Kulturprogramm mit Kunst- und Handwerksausstellungen, Buchmesse. Nächtliche Liveauftritte portugiesischer Popmusiker.
Flugzeug: Stadtbüro der SATA, Rua D. Maria da Glória Duarte, Tel. 292 62 83 91, Mo–Fr 9–18 Uhr.
Fähre: Personenfähren der Transmaçor (www.transmacor.pt) nach Horta (Faial) im Sommer 6–7 x tgl., im Winter 5 x tgl.; Tickets am Hafenschalter (Tel. 292 62 33 40). Tickets für Atlânticoline ab São Roque (s. S. 200) in Reisebüros.
Busse: Zentrale Haltestelle in der Av. Machado Serpa (bei der Kirche). Fahrplan bei der Busgesellschaft Cristiano, Av. Dr. Machado Serpa 2, Tel. 292 62 21 26.
Taxis: Largo Cardeal Costa Nunes (bei der Kirche) und am Hafen.
Mietwagen: Ilha Verde, Cais (Hafen), Tel. 292 62 26 01 oder 918 61 17 65, www.ilhaverde.com; Tropical, Largo Cardeal Costa Nunes, Tel. 292 62 33 70, www.rentacartropical.com.

São Mateus ▸ 5, E 5

In dem Fischer- und Hirtendorf am steilen Südabhang des Pico steht mit der **Igreja de São Mateus** eine der ältesten und bedeutendsten Kirchen der Insel. Nachweislich existierte ein Vorgängerbau schon vor 1542. Das heutige Gebäude stammt allerdings aus dem 19. Jh. Hier wird seit dem Jahr 1862 der Senhor Bom Jesus Milagroso verehrt, der Wundertätige

Christus, dessen Figur ein Emigrant aus Brasilien mitbrachte.

Einkaufen

Kunsthandwerk – **Picoartes:** Estrada Regional (Ortsausgang Richtung Lajes), Tel. 292 69 94 00, www.picoartes. com, tgl. 9–19, im Winter bis 18.30 Uhr. Produkte der örtlichen Kunsthandwerkerinnen (s. S. 77). Typisch für São Mateus sind Spitzenkragen, umhäkelte Taschentücher, bestickte Sets und Tischdecken. Außerdem Dekorationsartikel aus Muscheln, Knochen, Fischschuppen und Basaltgestein.

Termine

Festa do Senhor Bom Jesus Milagroso: 6. Aug. Eines der größten religiösen Feste der Azoren in der Tradition eines uralten Hirtenfestes. Am Vorabend Viehmarkt, begleitet von Blasmusik. Gegen 1 Uhr morgens treffen Pilgerzüge aus Madalena und São João ein. Nach dem feierlichen Empfang wird eine Messe gelesen. Im Tagesverlauf weitere Messen und abendliche Prozession.

São João ▶ 5, F 6

Die Umgebung von São João eignet sich kaum für den Ackerbau. Die Bewohner halten oben in den Bergen Rinder, das wichtigste wirtschaftliche Standbein des Dorfes. Traditionell wird hier der *queijo do Pico* hergestellt (s. S. 61). Der **Bauernhofkomplex Casa do Pico** (Rua da Igreja 8, Tel. 927 49 53 98, Mi–Mo 11–18 Uhr, nur nach Voranmeldung, Eintritt frei) dokumentiert das Leben im Dorf in vergangenen Jahrzehnten. Das kleine, in der Casa do Pico untergebrachte **Museu O Alvião** befasst sich mit Viehzucht und Käseproduktion.

Zwei erkaltete Lavaströme flankieren den Ort, die der Pico 1718 aussandte: **Mistério de São João** im Westen und **Mistério da Silveira** im Osten. Ihre Oberfläche besteht aus zerbrochenen Gesteinsschollen, in den Ritzen wuchert Gebüsch. Die Entstehung dieser Formen konnten sich die Menschen früher nicht erklären, daher der seltsame Name *(mistério* = port. Geheimnis). Die Lavamassen des Mistério de São João begruben den Ort seinerzeit unter sich, der daraufhin mitsamt Kirche ein Stück nach Osten verlegt werden musste. Heute befindet sich im Mistério de São João ein Picknickgelände, an dessen Rand der **Nicho de São João Pequenino** – ein stets blumengeschmückter Heiligenschrein – an die alte Kirche erinnert.

Übernachten

Eigenes Natursteinhaus – **Glicinias do Pico:** Rua da Igreja 8 A, Tel. 292 67 32 70, www.gliciniasdopico.com, 4 restaurierte Häuser für max. 6 Pers (für 4 Pers. 80–180 €), über den Ort verteilt. Von der Regionalregierung gefördertes Projekt des innovativen Tourismus.

Einkaufen

Pico-Käse – **Sociedade de Produção de Lacticínios:** ER 1 (gegenüber vom Rathaus), tgl. geöffnet. Wenn Milch geliefert wurde, kann man zuschauen, wie der Käsebruch in Ringformen gepresst wird. Dank seiner fluggepäcktauglichen Größe eignet sich der *queijo São João do Pico* gut als Mitbringsel.

Lajes do Pico ▶ 5, G 6

Für Touristen ist der ehemalige Walfängerort Lajes (1900 Einw.) neben Madalena die zweite wichtige Anlauf-

Pico

stelle auf Pico. Es gibt einige Unterkünfte und viel zu sehen und zu erleben. In der flachen Küste mit ihren weit ins Meer reichenden Felsplatten südlich vom Hafen haben sich natürliche Badebecken gebildet. Ihnen verdankt der Ort seinen Namen (port. *lajes* = Steinplatten).

In Lajes gingen 1460 die ersten Siedler an Land, angelockt vom günstigen Klima im Windschatten des Inselgebirges und dem fruchtbaren Boden, der hier – im Gegensatz zum Westen von Pico – nicht von jungen Lavaströmen überflossen wurde. Sie setzten Schweine aus, die sich in den Wäldern von den Früchten der Bäume ernährten. Das Fleisch half den Siedlern über die ersten Monate hinweg, bis sie Land gerodet und eine Getreideernte eingebracht hatten.

Ermida de São Pedro
Largo de São Pedro
Dieses älteste Gotteshaus der Insel entstand gleich nach der Gründung des Ortes 1460. Heinrich der Seefahrer, im selben Jahr verstorben, ließ die Errichtung in seinem Testament verfügen. Der sehr schlichte Bau hatte ursprünglich ein Strohdach, das im 17. Jh. durch Ziegeln ersetzt wurde. Bis 1506 diente die Ermida de São Pedro als Pfarrkirche, dann ging dieser Status auf die heutige Igreja Matriz im Stadtzentrum über.

Wahrscheinlich verdankt die Ermida ihren Namen dem Franziskanermönch Pedro Gigante, der als Kaplan auf dem ersten Siedlerschiff mitfuhr und in Lajes die Aufgabe des Pfarrers wahrnahm. Ein Jahr später folgten ihm weitere Franziskaner, die am nördlichen Ortsrand ein Kloster gründeten (das heutige Rathaus). Die Mönche machten sich sehr verdient um das Schulwesen und die kulturelle und wirtschaftliche Entwicklung der Insel. Pedro Gigante ging in die Annalen ein, weil er die wertvolle Weinrebe Verdelho aus Madeira einführte.

Forte de Santa Catarina
Rua do Castelo, geöffnet wie Posto de Turismo (s. S. 191), Eintritt frei
Am Nordrand des Hafens, wo zuvor ein Posten stationiert war, der nach Piratenschiffen Ausschau hielt, entstand 1792 die einzige noch existierende Verteidigungsanlage auf Pico. Damals befahl der portugiesische König den Bau von Festungen auf allen Azoreninseln, da er eine Invasion französischer Revolutionstruppen befürchtete. Die Festung Santa Catarina musste sich aber nie bewähren. 1885, als sie endgültig nutzlos geworden war, ging sie in Privatbesitz über. Die neuen Eigentümer bauten einen Kalkofen hinein, um von der Insel Santa Maria importierten Kalkstein zu brennen. Schließlich übernahm die Gemeinde das mittlerweile zu einer Ruine zerfallene Gemäuer und eröffnete es 2006 wieder – renoviert und wie ein Garten gestaltet – als Miradouro und Veranstaltungsort.

Museu dos Baleeiros
s. Entdeckungstour S. 192

Centro de Artes e de Ciências do Mar
s. Entdeckungstour S. 192

Übernachten

Azorendorf – **Aldeia da Fonte:** Silveira, Caminho de Baixo (?), Tel. 292 67 95 00, www.aldeiadafonte.com, DZ ab 75 €, Studio für 2 Pers. ab 85 €. Im Weinbaugebiet 4 km westlich von Lajes gelegen, 6 große Steinhäuser mit insgesamt 32 Wohneinheiten. 500 m entfernt gibt es ein Naturschwimmbad.

Lajes do Pico

Ambiente – **Whale'come ao Pico:** Rua dos Baleeiros, Te. 292 67 20 10, http://hotel.espacotalassa.com, DZ 43–75 €. Pension des Whalewatching-Veranstalters Espaço Talassa am Hafen, traditionelles Haus, alle Zimmer mit Bad und WLAN, die meisten mit Meerblick.

Familiär geführt – **Bela Vista:** Rua do Saco 1, Tel. 292 67 20 27, www.lajesbelavista.com, DZ 35–70 €. Modernes, freundliches Residencial in der Nähe des Walmuseums. Außer normalen Gästezimmern sind auch Apartments mit Kitchenette für bis zu 4 Pers. verfügbar.

Essen & Trinken

Lange bewährt – **A Lagoa:** Largo de São Pedro 2, Tel. 292 67 22 72, www.facebook.com/restlagoa, tgl. 12–15, 19–22 Uhr. Praktisch eingerichtetes Lokal mit großer Terrasse. Regionale Küche, spezialisiert auf Tintenfische *(polvo, lulas)*. Tagesmenü 6 €, im Sommer meist als Mittagsbuffet.

Einkaufen

Walsouvenirs – **BOCA (Espaço Talassa):** Rua do Saco. Alternative Walfangkunst aus Holz, Rinderknochen oder ›Pflanzen-Elfenbein‹ (s. S. 79).

Aktiv

Whalewatching – **Espaço Talassa:** Rua do Saco, Tel. 292 67 20 10, www.espacotalassa.com. Pionierorganisation der sanften Wal- und Delfinbeobachtung. Dreistündige Ausfahrten (etwa April–Okt., tgl. 10 und 15 Uhr, saisonabhängig 40–60 €), s. auch Entdeckungstour S. 192. Auch Ganztagesausflüge und individuell gestaltete Fahrten für max. 12 Personen sowie Wochenpakete möglich. Außerdem Vermietung von **Fahrrädern** und **Seekajaks**.

Abends & Nachts

Alternativlos – **Onda Azul:** Largo de São Pedro, Tel. 292 67 20 24, Mo–Fr 7.30–24, Sa 8–24, So 9–24 Uhr. Die einzige Örtlichkeit in Lajes do Pico, wo abends noch etwas los ist und garantiert früher oder später bekannte Gesichter auftauchen. Man kann hier Pizza, Burger oder andere kleine Gerichte (um 6 €) essen und wird dazu mit Popmusik berieselt.

Infos & Termine

Posto de Turismo: 9930-138 Lajes do Pico, Rua do Castelo, Tel. 292 67 24 86, pt.lajesdopico@gmail.com, http://cm-lajesdopico.pt, Mo–Fr 9–12.30, 14–17.30, Sa 9.30–13 Uhr, So/Fei geschl. Städtische Informationsstelle im Forte de Santa Catarina, mit Verkauf von Kunsthandwerk. Falls geschlossen, kann man sich schräg gegenüber im Centro de Artes e das Ciências do Mar erkundigen. **Quiosque ART:** Rua do Castelo, Tel. 292 67 24 86, qit.lajes@artazores.com, http://pt.artazores.com. Informationsstelle der Organisation ART (s. S. 18) im Forte de Santa Catarina.
Semana dos Baleeiros: letzte Aug.-Woche, http://semanadosbaleeiros.cm-lajesdopico.pt. Das Walfängerfest wird seit 1883 gefeiert, heute eine ganze Woche lang und unter begeisterter Beteiligung der Whalewatcher. Höhepunkte sind die Regatta der Walfängerboote sowie die Musikveranstaltungen, allen voran die legendäre »Noite de Fado« (Nacht des Fado) vor der Ermida de São Pedro, aber auch Folklore, Blasmusik und Pop. Kulturprogramm mit Ausstellungen, Kunsthandwerk, Theater und Literaturlesungen.
Taxis: am zentralen Platz, dem Largo E. Ávila. ▷ S. 195

Auf Entdeckungstour:
Auf den Spuren der Walfänger

Bis weit ins 20. Jh. hinein war Pico die Walfängerinsel schlechthin. In zwei sehr unterschiedlichen Museen in Lajes erfährt man u. a., wie der Walfang ablief und welche Produkte aus Walen hergestellt wurden. Direkten Kontakt mit Walen und Delfinen ermöglicht eine Bootsexkursion.

Reisekarte: ▶ 5, G 6
Dauer: ein ganzer Tag.
Museu dos Baleeiros: Lajes do Pico, Rua dos Baleeiros 13, Tel. 292 67 22 76, Di–Fr 9.15–12.30, 14–17.30, Sa/So 14–17.30 Uhr, Mo/Fei geschl., Eintritt 2 €, So frei.
Centro de Artes e de Ciências do Mar: Lajes do Pico, Rua do Castelo, Tel. 292 67 93 30, tgl. 10–18, Fei 10–12.30, 13.30–18 Uhr, Eintritt Erw. 3 €, Kinder bis 12 J. frei.
Whalewatching s. S. 194.

Lajes do Pico steht ganz im Zeichen des hier bis in die 1980er-Jahre betriebenen Walfangs. Vis-à-vis vom Hafen sind drei Bootshäuser (19. Jh.) zu sehen, in denen früher *canoas* lagerten, schlanke, mit sieben Mann besetzte Ruderboote. Mit ihnen pirschten sich die Walfänger mit bis zu 35 km/h an ihre Beute an, um sie mit Harpunen und Lanzen zu erlegen.

Ein blutiges Geschäft
In den Bootshäusern dokumentiert heute das **Museu dos Baleeiros** (Wal-

fängermuseum) den mit einfachen Mitteln von Pico aus betriebenen Walfang. Im zentralen Saal steht eine *canoa* samt Fanggeräten. Modelle, Fotos und ein Video zeigen, wie blutig es beim Töten der Wale zuging, aber auch in welche Gefahr sich die Männer begaben. Etwa 200 Wale erlegten die rund 250 Walfänger von Pico in den 1950er-Jahren, dann ging es mit dem Geschäft bergab – kurz vor Einstellung des Fangs 1984 waren es 50 Tiere pro Jahr.

Vielseitige Verwendung
In Vitrinen sind Pottwalprodukte ausgestellt. Die größte Bedeutung hatte das aus dem Speck gewonnene Öl, der Tran, etwa 3–4 t pro Wal. Er diente früher als Lampenöl. Fleisch und Knochen verarbeitete man zu Viehfutter und Düngemittel. Besonders wertvoll war der Walrat, eine wachsartige Masse aus dem überdimensionalen Kopf des Pottwals, die es diesem ermöglicht, seinen Auftrieb beim Tauchen in großen Tiefen zu verändern. Walrat diente zur Herstellung von Kerzen und Salben sowie als Schmiermittel für Maschinen. Manche Pottwale hüllen im Magen unverdauliche Nahrungsbestandteile, etwa Tintenfischschnäbel, in Klumpen von sog. Ambra ein. Diese Substanz wurde früher mit Gold aufgewogen. Wegen des angenehmen Geruchs mischte man Ambra teuren Parfüms bei. Die Galerie über der Museumsrezeption ist den Scrimshaws gewidmet (s. S. 79). Zum Museum gehört auch eine ehemalige Schmiede. Sie fertigte die Spitzen der Harpunen und Lanzen.

Beim Verlassen des Museums lohnt ein Blick auf die blau-weißen Azulejos neben dem Eingang, die Kopie eines barocken Fliesenwandbildes aus der Franziskanerkirche in Horta (Faial). Es veranschaulicht die biblische Geschichte von Jonas und dem Wal.

Wie die Walprodukte entstanden
Vom Walfängermuseum gut zu Fuß erreichbar, lädt beim Forte de Santa Catarina das **Centro de Artes e de Ciências do Mar** zum Besuch ein. Von 1955 bis Anfang der 1980er-Jahre arbeitete hier die Firma SIBIL. Sie war während der Blütezeit des handwerklichen Walfangs auf Pico gegründet worden. Dieser hatte im Zweiten Weltkrieg einen Aufschwung erlebt, als die Krieg führenden Nationen ihren Walfang praktisch einstellten und das neutral gebliebene Portugal in die Bresche sprang. Zwar waren bereits im 18./19. Jh. Wale in den

Gewässern der Azoren im großen Stil gejagt worden, jedoch von nordamerikanischen Segelschiffen aus.

Die Walfänger schleppten die erlegten Pottwale mit einer Motorbarkasse heran und zogen sie auf einer Rampe an Land. In der Fabrik wurden *óleos e farinhas* (Öl und Mehl) aus den Tierkörpern gewonnen, wie heute noch an der Fassade zu lesen steht. Das zur Ruine verfallene Fabrikgebäude wurde vor einigen Jahren restauriert und in ein Museum verwandelt, unter Bewahrung der verbliebenen Gerätschaften und Maschinen: Dampfkessel und Zentrifuge für die Ölgewinnung, Trockner und Mühle für das Mehl aus Fleisch und Knochen. Im Untergeschoss lagerte das Öl, bis einmal jährlich ein Tankschiff kam, um es abzuholen. Eine Multimedia-Schau informiert über die Verarbeitung der Wale sowie über ihre Verbreitung, Umwelt und Biologie. Außerdem finden Kunstausstellungen und andere kulturelle Events statt. Ein Shop hält Bücher über Wale sowie über verschiedene andere Azoren-Themen bereit.

Ausguck über dem Meer
Jetzt kann man der **Vigia da Queimada** einen Besuch abstatten. Sie steht seit 1939 auf der gleichnamigen Landspitze, der südlichsten Stelle von Pico, ca. 1 km außerhalb von Lajes an der Straße nach Piedade (ausgeschildert). Weiße Hütten wie diese standen früher rund um die Insel an exponierten Stellen hoch über der Küste. Sie waren mit Wachposten besetzt, die durch einen Sehschlitz per Fernglas den Horizont nach Walen absuchten, die sie meist an ihrem Blas – einer bis zu 5 m hoch in die Luft gepusteten Atemfontäne – erkannten. Bei Sichtung gaben sie die genaue Position per Funk durch. Eine halbe Stunde später waren bereits von allen IHäfen aus Walfänger in ihren Booten unterwegs.

Die Vigia da Queimada wird heute wieder benutzt. Vom Ausguck der Whalewatching-Anbieter aus werden deren Boote zu den Stellen gelotst, wo Wale gesichtet werden. Er ist in der oberen Etage stationiert, das Untergeschoss steht von Mai bis September Besuchern offen.

Wale in Sicht …
Nach einer Pause in einem der traditionellen Walfängercafés, etwa dem **O Baleeiro** (Rua Capitão-Mor Madrugada), geht es bei geeigneter Wetterlage mit **Espaço Talassa** (s. S. 194) nach einer Multimediaeinführung (1 Std.) aufs Meer hinaus, um den Meeressäugern hautnah zu begegnen. Nicht immer werden es Pottwale sein, denn in den Gewässern rund um Pico lassen sich auch etliche andere Walarten und vor allem Delfine blicken. In jedem Fall ist die Annäherung an die Riesen der Meere per Schlauchboot ein unvergessliches Erlebnis. Man sollte mit spritzdichter Kleidung und bequemen Schuhen ausgerüstet sein. Außerdem ist damit zu rechnen, dass man in den Wellen kräftig durchgeschüttelt wird.

Moderne Hafenkunst
Zum Schluss lohnt ein Spaziergang zur Spitze des Hafenkais, um das 2001 hier aufgestellte **Monumento aos Baleeiros** zu betrachten. An der 4 m hohen Skulptur stehen die Namen aller Walfänger von Lajes seit 1954, geordnet nach Booten und Mannschaften. Der international bekannte Lissabonner Bildhauer Pedro Cabrita Reis (geb. 1956), dessen Werk um die Themen Haus und Architektur kreist, gestaltete das Walfängerdenkmal wie ein wellenförmiges Tor und schlug damit eine Brücke zwischen Land und Meer. Das leuchtende Weiß der Skulptur symbolisiert die Gischt der Brandung.

Die Ostspitze

Auf den fruchtbaren, vom jungen Vulkanismus nicht beeinflussten Böden des Inselostens bieten sich für den Ackerbau beste Voraussetzungen. Zudem ist auf den sanften Hängen reichlich Platz vorhanden. So ist **Piedade** (900 Einw.; ▶ 5, K 5) das bedeutendste landwirtschaftliche Zentrum von Pico. In der Umgebung werden Obst, Gemüse und Getreide angebaut. In den kleinen Nachbarorten **Manhenha** (▶ 5, K 6) und **Calhau** (▶ 5, K 5) häufen sich die *adegas* (Weinkeller), in den Weinbergen rundum reifen die berühmten Verdelho-Trauben. Beide Orte besitzen auch winzige Häfen mit Badegelegenheit im Meer.

Nur bei **Calheta de Nesquim** (▶ 5, K 6) weicht die Steilküste weiter zurück, weshalb dort ein größeres Fischerdorf entstehen konnte, früher auch ein wichtiger Standort der Walfänger. Heute zeichnet sich Calheta rund um den mit bunten Booten bestückten Hafen durch eine ausgesprochen urige Atmosphäre aus.

Ponta da Ilha ▶ 5, K 6

Die 22 m hohe Landspitze bildet den östlichsten Punkt der Insel. Hier erhebt sich ein vergleichsweise junger Leuchtturm, der 1946 erbaute **Farol de Manhenha**. Der angrenzende Küstenabschnitt lässt sich auf dem Wanderweg **PR 3 PIC**, der Trittsicherheit und stellenweise auch Schwindelfreiheit erfordert, in beiden Richtungen erkunden. Von Mai bis Juli ist er gesperrt, da in den Küstenfelsen Möwen brüten.

Übernachten

Wunderschön – **L'Escale de l'Atlantic:** Calhau, Morro de Baixo, Tel. 292 66 62 60, www.escale-atlantic.com, geöffnet 15.5.–15.9., DZ um 100 €. Idyllisches Anwesen mit Atlantikblick unter schweizerischer Leitung. Fünf geräumige, individuell eingerichtete Zimmer. Abendessen auf Vorbestellung möglich.
Meerblick – **O Zimbreiro:** Piedade, Caminho do Cruzeiro 83, Tel. 292 66 67 09, www.zimbreiro.com, DZ ab 65 €. Unter belgischer Leitung, von Natur pur umgeben. Terrasse mit wunderbarem Ozeanblick, Pool, Gratis-WLAN. Auf Wunsch Abendessen (regionale oder Bio-Produkte finden Verwendung).
Selbstversorger – **Pico Holiday Chalets:** Caminho do Calhau 37, Tel. 292 66 65 99, www.picourlaub.de, Apartment für 2 Pers. 30–50 €. Die deutschen Gastgeber vermieten auf ihrer Quinta eine Ferienwohnung (2 Pers.) sowie drei Häuser für 4–10 Gäste. Gerne organisieren sie verschiedene Aktivitäten, etwa Wanderungen oder Segeltörns.

Essen & Trinken

Fisch aus eigenem Fang – **Ponta da Ilha:** Farol da Manhenha, Tel. 292 66 67 08, tgl. geöffnet, Hauptgerichte ab ca. 8 €. Terrasse mit Meerblick am Leuchtturm. Wenig Auswahl, dafür gute Qualität.

Einkaufen

Keramik – **Barro & Barro:** Rua José Vieira Alvernaz 43, Ribeirinha, Tel. 911 82 82 70, https://de-de.facebook.com/pages/barro-barro. Ein niederländisches Paar stellt geschmackvolle Keramik her. Objekte und Gefäße unglasiert oder in fröhlichen Farben. Auch Raku, eine spezielle Brenntechnik aus Japan, findet Anwendung. Außerdem Schmuck aus Ton und Glas.

Aktiv

Reiten – **Turispico:** Piedade, Caminho de Cima 17, Tel. 912 62 21 98, 919 89

04 85, www.turispico.pt. Ausritte zu Pferd oder mit dem Esel durch die unberührte Landschaft in Picos Osten, zu Vulkankegeln und Kraterseen. Außerdem werden Kutschfahrten, Wanderungen und Radtouren organisiert.

Santo Amaro ▶ 5, H 5

Neben São Mateus ist Santo Amaro (300 Einw.) das zweite wichtige Kunsthandwerkerzentrum auf Pico (s. S. 77). Über 100 Dorfbewohner, meist Frauen, bestreiten mit dem Kunsthandwerk in Heimarbeit ihren Lebensunterhalt.

Escola Regional de Artesanato
Rua Manuel Nunes de Melo 9, Tel. 292 65 51 15, Mo–Fr 9–18, im Winter bis 17 Uhr, z. T. auch Sa/So, Eintritt frei

In der Kunsthandwerksschule sind stets einige Frauen damit beschäftigt, aus Feigenmark oder Fischschuppen filigrane Dekorationsgegenstände – vorwiegend Blüten – zu schaffen. Andere basteln Trachtenpuppen, flechten traditionelle Strohhüte oder sticken. Ein kleines Museum zeigt die Originaleinrichtung eines Wohnhauses von anno dazumal. Im Shop stehen die Produkte der Kunsthandwerker von Santo Amaro zum Verkauf, außerdem Liköre in verschiedenen Geschmacksrichtungen, etwa *amora* (Brombeere) oder *nêveda* (Bergminze), die auch probiert werden können.

Museu Marítimo – Construção Naval
Rua António Maria Teixeira 23, Tel. 292 65 51 09, i. d. R. tgl. 9–18 Uhr Eintritt frei (Spende erwünscht)

Einst ein Walfängerhafen: Calheta de Nesquim

Mein Tipp

Picknick im Grünen
Mit seinen Tischen und Bänken ist der wildromantische **Parque Matos Souto** (▶ 5, K 6) wie geschaffen für eine ausgiebige Mittagspause. Bei einer Inselrundfahrt bewährt es sich, in São João (s. S. 189) Käse zu erstehen und die restliche Verpflegung in Lajes zu kaufen. Der Parkgründer Manuel Matos de Sousa Souto hatte im 19. Jh. als Emigrant in Brasilien ein Vermögen gemacht. Er hinterließ das Gelände der öffentlichen Hand, um die Einrichtung einer Landwirtschaftsschule zu ermöglichen. Auf dem 3 ha großen Gelände stehen einheimische und exotische Bäume harmonisch nebeneinander, es gibt Vogelvolieren und einen Teich, eine Baumschule und Versuchspflanzungen. Auch werden traditionelle Details der Agrarlandschaft von Pico dokumentiert (Caminho do Matos Souto, nahe ER 1, tgl. geöffnet, Eintritt frei).

José Silva Melo schuf das Privatmuseum in Erinnerung an seinen Vater, einen Holzbootbauer. Bis in die 1990er-Jahre entstanden nebenan auf der Werft, die heute nur noch Reparaturarbeiten ausführt, Boote für den Fisch- und früher auch für den Walfang, Transportkähne, Personenfähren und sogar Thunfischtrawler. Mit rund 30 Beschäftigten handelte es sich um den größten Schiffsbaubetrieb der Azoren. Die Konstruktionstechniken gingen auf das 17. Jh. zurück, als Schiffe für den Weinexport benötigt wurden. Nicht jede Holzart war für alle Zwecke gleichermaßen geeignet. Für den Kiel kamen sehr feste Sorten zum Einsatz, während die Planken aus weicherem, flexiblerem

Mein Tipp

Tiefblick zum Atlantik
An der Regionalstraße zwischen Piedade und Santo Amaro gewährt der **Miradouro Terra Alta** (▶ 5, J 5) einen spektakulären Blick aus rund 415 m Höhe hinab zum Meer. Auch die Nachbarinsel São Jorge ist gegenüber bestens auszumachen.

Holz geschnitten wurden – eine Wissenschaft für sich. Im Museum sind Modelle verschiedener Bootstypen zu sehen, die in Santo Amaro vom Stapel liefen, von Herrn Silva Melo eigenhändig angefertigt. Geräte und Fotos dokumentieren den Bootsbau.

Prainha do Norte

▶ 5, H 5

Der Ortskern von Prainha do Norte, etwas oberhalb des Meeres, bietet nicht viel. Umso sehenswerter ist die westlich angrenzende Weinbaugegend. Viele alte Natursteinhäuser und *adegas* stehen verstreut zwischen den Weinfeldern. Durch besondere Schönheit zeichnet sich das Gebiet um die **Baía das Canas** aus. Ein dunkler Naturstrand mit großen Lavakieseln schmiegt sich in die Bucht (nicht bewacht, keine Infrastruktur).

Mistério da Prainha

Der stark überwucherte und in Teilen mit Kiefern aufgeforstete, gewaltige Lavastrom entstand zwischen 1562 und 1564 beim längsten in historischer Zeit verzeichneten Vulkanausbruch auf Pico. Mittendrin liegt der **Parque Florestal da Prainha** ausgeschildert), ein wildromantischer Freizeitpark mit Picknicktischen, Grillstellen, Spiel- und Sportplätzen. Ein traditionelles Haus und eine alte *adega* fungieren als ethnografischer Museumskomplex.

Wanderung durch den Mistério da Prainha

3,5 Std., mittelschwer
Der Wanderweg **PR 2 PIC** erschließt den Mistério da Prainha von oben bis unten, beginnend in rund 800 m Höhe an der Straße zur Lagoa do Caiado (s. S. 203; Anfahrt per Taxi). Er entspricht einem Abschnitt des **Caminho dos Burros** (»Eselsweg«), eines alten Verbindungswegs quer über die Insel von Süd nach Nord. Zunächst berührt die Route die **Cabeços do Mistério**, eine Zone kleiner Vulkane, aus denen sich die Lavamassen im 16. Jh. Richtung Nordküste wälzten. Dann folgt sie einem alten Viehauftriebsweg am Rand des Mistério hinab, quert den Parque Florestal da Prainha und endet an der Baía das Canas.

Übernachten

Bei Prainha do Norte werden restaurierte Winzerhäuser vermietet (ab 50 € für 2 Pers.). Infos und Buchung: www.adegasdopico.com, www.domusadepta.com, www.a-abegoaria.com, www.quintadaribeiradaurze.com.

Essen & Trinken

Innovativ rustikal – **Canto do Paço:** Rua do Ramal, Tel. 292 65 50 20, tgl. 11–15, 19–22 Uhr, Hauptgerichte ab 7 €, Mittagsbuffet ca. 9 €. Geschmackvoll renoviertes Natursteinhaus. Klassische Regionalgerichte, etwa *arroz de cherne* (Wrackbarschreis). Auf Bestellung *cabrito* (Zicklein). Auch Kinderteller, sonst auf den Azoren eher selten.

São Roque do Pico

▶ 5, G 4

Im historischen Zentrum von São Roque do Pico (1400 Einw.), an der Abzweigung der ER 2 Richtung Lajes, steht zwar die Hauptkirche **Igreja Matriz de São Roque**, ansonsten ist aber nicht viel los. Das Geschehen spielt sich im 1 km westlich gelegenen Ortsteil **Cais do Pico** ab, wo sich Geschäfte, Behörden und Betriebe angesiedelt haben und die meisten Stadtbewohner leben. Dort befindet sich der wichtigste Hafen von Pico. An der starken Kaimauer legen Containerschiffe und Autofähren an, Fischerboote nutzen die alte Mole vor dem Walmuseum (s. u.).

Museu da Indústria Baleeira
Cais do Pico, Praceta dos Baleeiros, Tel. 292 64 20 96, Di–Fr 9.15–12.30, 14–17.30, Sa/So 9.15–12.30 Uhr, Fei geschl., 2 €, So frei
Cais do Pico war früher ein wichtiges Zentrum der azorianischen Walindustrie (s. Entdeckungstour S. 192). In der Fabrik am Hafen wurden von 1946 bis 1984 Pottwale zerlegt und zu Öl und Tierfutter verarbeitet. Heute ist sie ein interessantes Industriemuseum. Zwei große Dampfkessel zum Auslassen des Specks, Öltanks, Trockenofen und Mühle für Fleisch und Knochen sowie weitere Geräte und Maschinen der Originaleinrichtung sind zu besichtigen. Auch der Walfang wird anhand von Modellen und Fotos dokumentiert.

Vor dem Museum erhebt sich das **Monumento ao Baleeiro**. Der Bildhauer Domingos Soares Branco (geb. 1925 in Lissabon), dessen Plastiken in ganz Portugal zu sehen sind, schuf die Bronzeskulptur im Jahr 2000. Sie zeigt einen Walfänger mit Harpune in seinem Boot.

Convento de São Pedro de Alcântara
Rua João Bento de Lima
Das Franziskanerkloster entstand ab 1718, als die Mönche aus dem Ordenshaus in Lajes die dortige Schule wegen wiederholter Vukanausbrüche im Süden der Insel an die Nordküste verlegten. Der kurze Aufstieg vom Stadtgarten (s. S. 200) lohnt schon wegen des guten Überblicks, der sich vom Klosterhof über den Ort bietet. In der Barockkirche (18. Jh.) sind wertvolle Retabel und Azulejos mit Szenen aus dem Leben des hl. Franziskus zu bewundern. Das sorgfältig restaurierte Kloster fungiert heute als Jugendherberge von Pico (s. S. 25).

Adega »A Buraca«
Santo António, Estrada Regional 35, Tel. 292 64 21 19, www.adegaabura ca.com, Sommer tgl. 8–20, Winter Mo–Fr 8–12, 13–17 Uhr, 2,50 €, inkl. Probe (s. u.) 6 €
Eine ehemalige Winzerei beherbergt heute ein Bauernhofmuseum, in dem Besucher die Traditionen der Insel sowie typisches Handwerk und Kunsthandwerk kennenlernen. Die Werkstätten eines Fassmachers und eines Schmieds sind nachgestellt. Letzterer fertigte Geräte für die Arbeit in den Weinbergen. Weitere Räume widmen sich der Flechtkunst und der Wollweberei. In einer Küche von anno dazumal werden Kompott aus Früchten von den eigenen Feldern, süßes Gebäck und Maisbrot hergestellt. Diese und andere azorianische Produkte, auch Wein, Likör und Schnaps, kann man probieren und kaufen.

Pico

Baden & Beachen

Am Ostrand von Cais do Pico liegt direkt am Meer der sorgfältig angelegte **Jardim Municipal** (auch Jardim dos Serviços Florestais, Rua do Cais), ein Stadtgarten mit einheimischen und tropischen Pflanzen, Springbrunnen, Picknicktischen, Kinderspielplatz und der **Piscina Natural,** einem natürlichen Lavapool. Eine weitere, ähnliche Felsbadeanlage, **Poças** (wörtl. Pfützen), liegt unterhalb der Hauptkirche von São Roque. Einer der beliebtesten Badeplätze von ganz Pico, **Furna de Santo António,** befindet sich etwas außerhalb, nahe dem westlichen Nachbarort Santo António (▶ 5, F 4). Eine Lavazunge floss hier ins Meer, wobei im Zusammenspiel mit der Brandung bizarre Felsbecken entstanden. Sie wurden durch künstliche Pools und Liegeflächen ergänzt (frei zugänglich). Der umgebende Küstenabschnitt ist ein wichtiger Brutplatz für verschiedene Seevögel. Alle drei Badeplätze mit Infrastruktur, frei zugänglich.

Übernachten

Unverdorbene Umgebung – **Casa do Comendador:** São Miguel Arcanjo, Rua de Baixo 17, Tel. 292 64 29 50, www.casadocomendador.com, DZ 70–100 €. Gediegenes Landhaus (19. Jh.) mit acht hell eingerichteten, komfortablen Zimmern in einem ruhigen Dorf östlich von São Roque.

Essen & Trinken

Viele einheimische Gäste – **O Rochedo:** Furna de Santo António 7, Tel. 292 64 23 68, www.facebook.com/restaurante.orochedo, Di–So 7–24 Uhr, Hauptgerichte ab ca. 8 €. Ausflugslokal am Schwimmbecken mit deftiger Inselküche, etwa *linguiça com inhames.* Dazu wird hervorragendes Fladenbrot aus Maismehl gereicht. Am Wochenende gibt es oft Spanferkel vom Grill. Die Portionen sind mehr als reichlich.

Abends & Nachts

Tanztempel – **Discoteca Skipper:** Santo António, Nariz de Ferro, Tel. 292 64 21 85. Dauerbrenner auf Pico und älteste Disco der Azoren überhaupt sie wurde im Jahr 1986 gegründet. Jedes Wochenende gibt es besondere Events, etwa Schaumpartys oder Liveauftritte. Füllt sich erst gegen 3 Uhr!

Infos & Termine

Quiosque ART: 9940-353 São Roque do Pico, Cais do Pico, Rua do Cais 25, Tel. 292 64 25 07, qit.saoroque@artazores.com, www.municipiosrp.pt, http://pt.artazores.com. Informationsstelle der Stadt und der Organisation ART (s. S. 18) in Hafennähe.
Cais Agosto: Ende Juli/Anfang Aug. Viertägiges Sommerfestival am Hafen mit hochkarätiger Beteiligung portugiesischer und internationaler Popmusiker, DJ-Events, Bootsregatta, Kulturprogramm. Infos bei Facebook.
Fähre: Tickets der Atlânticoline online, am Hafenschalter (ab 1,5 Std. vor Abfahrt) oder im Reisebüro Aerohorta, Cais do Pico, Rua João Bento de Lima, Tel. 292 64 24 50. Personenfähren der Transmaçor (www.transmacor.pt) 2 x tgl. nach Horta (Faial) und Velas (São Jorge), Juni–Sept. auch 2 x pro Woche nach Calheta (São Jorge); Tickets am Hafenschalter (Tel. 292 64 24 82).
Taxis: Cais do Pico, Rua do Cais (nahe Hafen).
Mietwagen: Oásis, Cais do Pico, Estrada Regional 91, Tel. 292 64 23 72, www.rentacaroasis.com.

Zona de Adegas!

▶ 5, E/F 3/4

Bei **Santa Luzia** (▶ 5, F 4) entstand durch Lavaströme eine steinige Küstenebene, die sich als außerordentlich brauchbar für den Weinbau erwies. Unzählige Steinmauern, mühselig von Generationen aufgeschichtet, umgeben die kleinen Felder *(currais)* mit oft nur vier oder fünf flach am Boden liegenden Rebstöcken. Die Mauern schützen vor Wind und Meeresgischt. Zudem speichert das dunkle Gestein die Sonnenwärme und gibt sie nachts an die Pflanzen ab. Die UNESCO erklärte das Mosaik winziger Weinberge zum Weltkulturerbe.

Das Gebiet der Weinberge und Winzerhäuser, die sogenannte Zona de Adegas, erstreckt sich an der Nordostküste von Pico zwischen den Weinbauerndörfern **Cabrito** (▶ 5, F 3) und **Cais do Mourato** (▶ 5, E 3) Alle Orte in dieser Zone verfügten früher über kleine Häfen, wo im 18./19. Jh. der Wein direkt nach Faial verschifft wurde. Von dort erfolgte der eigentliche Export. Eines regen Besucherstroms erfreut sich vor allem **Porto do Cachorro** (▶ 5, E 3), nicht zuletzt wegen der hier besonders bizarren Lavaformationen am Meer. Der namengebende Felsen am westlichen Ortsrand ist dank angeklebter ›Ohren‹ als Hund (port. *cachorro*) zu identifizieren. Von 1682 stammt die gedrungene Dorfkirche Ermida de Nossa Senhora dos Milagres.

Insbesondere lohnt auch **Lajido** (▶ 5, E 3) einen Abstecher. Hier wurde die für die Zona de Adegas charakteristische Architektur (s. S. 63) am reinsten bewahrt. Beachtung verdient die Ermida de Nossa Senhora da Pureza (1760) mit zwei recht eigenwillig in die Fassade integrierten Glockengiebeln. Winzerhäuser und Kirche stehen unter Denkmalschutz und wurden sorgfältig restauriert.

Núcleo Museológico do Lajido de Santa Luzia

Santa Luzia, Rua do Lajido, Tel. 292 20 73 75, http://parquesnaturais.azores. gov.pt, 15. Juni–15. Sept. tgl. 10–18, sonst Di–Sa 9.30–12.30 Uhr, Erw. 7 € (45-minütige Führung durch Museum und Ort, Infozentrum, Weinprobe), 5 € (ohne Weinprobe), Kinder bis 12 J. frei, 13–17 J. halber Preis

In dem Gutshofkomplex keltern die Dorfbewohner bis heute Wein, lagern ihn in Fässern und brennen Schnaps aus dem Trester bzw. den Feigen. Ziel des Museums ist, Begegnungen zwischen den Winzern und den Besuchern zu ermöglichen. Das angeschlossene **Centro de Interpretação da Cultura da Vinha** des **Parque Natural da Ilha do Pico** liefert mit einem Film und Ausstellungen Informationen zum Weinbau.

Wanderwege

Zwei offizielle, markierte Wanderwege erschließen die Zona de Adegas. Der **PR 1 PIC** (3 Std., mittelschwer) beginnt in **Maragala** an der ER 1, führt quer durch die Weinberge über **Lajido** nach **Santa Luzia** und dreht noch eine Runde durch ein idyllisches Landschaftsschutzgebiet südlich des Orts. Der **PR 10 PIC** (knapp 3 Std., leicht) verläuft von **Santana** nach **Lajido** entlang der Küste, allerdings großenteils auf Asphalt.

Montanha do Pico!

▶ 5, E/F 5

Der gewaltige Vulkan beherrscht den Westteil der Insel und wird wie die-

Pico

se meist einfach **Pico** genannt. Mit 2351 m ist er der höchste Berg ganz Portugals. Die vom Pico ausgesandten Lavaströme reichen bis ans Meer. In historischer Zeit quollen sie nicht mehr aus dem Hauptkrater, sondern aus kleinen Nebenkratern und Spalten in den Flanken. Serien von Ausbrüchen wurden in den Jahren 1562–1564 und 1718–1720 verzeichnet. Zuletzt kam es 1963 zu einer untermeerischen Eruption vor Santa Luzia.

Casa da Montanha
Tel. 967 303 519, Juni–Mitte Sept. tgl. rund um die Uhr geöffnet, Mai und 2. Hälfte Sept. Mo–Do 8–20 Uhr, Fr 8 Uhr bis So 20 Uhr durchgehend, Okt.–April nur Sa/So 8.30–18.30 Uhr, Eintritt frei; mit Bar; Taxi ab Madalena pro Strecke ca. 25 €
Von der ER 3 abzweigend windet sich eine schmale Straße zu der 1200 m hoch gelegenen Berghütte hinauf, wo der Wanderweg zum Kraterrand des Pico beginnt (s. rechts). Hier wird eine kleine Ausstellung zur Geologie und Vegetation des Vulkans und zum Verlauf des Aufstiegswegs gezeigt. Außerdem gibt es eine Bar mit Panoramablick über die Westküste von Pico und nach Faial.

Aufstieg zur Montanha do Pico
Dauer: mit Rückweg 6 Std., anspruchsvoll, ca. 1000 Höhenmeter im Auf- und Abstieg, mit Pflöcken markiert, Zugang auf max. 160 Wanderer pro Tag beschränkt, vorherige Anmeldung in der Casa de Apoio (bzw. Okt.–Mai bei der Feuerwehr in Madalena, ER 1 Richtung Flughafen, Tel. 292 62 83 00)
Die Besteigung des Pico auf dem PRC 4 PIC, dem einzigen erlaubten Aufstiegsweg, setzt gute Kondition und Trittsicherheit sowie warme Kleidung (u. a. Handschuhe!) voraus. Nicht selten gibt es oben Frost oder gar Schnee. Bei aufziehendem Nebel kann die Orientierung erschwert sein. Schwierig gestaltet sich auch der Abstieg auf rutschigem Lavagrus. Man kann die Tour allein oder in Begleitung eines ortskundigen Führers (s. Kasten S. 203) unternehmen.

Lohn der Mühe ist an wolkenfreien Tagen eine überwältigende Aussicht. Mit etwas Glück liegt fast der gesam-

Weiße Fugen, rote Tür – so kommen die Vulkansteine der adegas voll zur Geltung

Zentrales und östliches Bergland

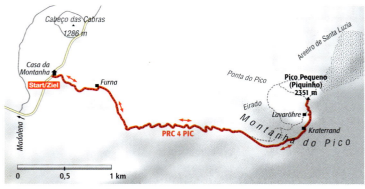

Aufstieg zur Montanha do Pico

te Archipel dem Betrachter zu Füßen. Der Weg erreicht zunächst den südlichen, etwa 2250 m hohen Kraterrand und schaut in den 700 m breiten, aber nur 30 m tiefen Krater. Wer mag, besteigt jetzt noch den **Pico Pequeno** (auch **Piquinho**, 2351 m), einen dem Krater nordöstlich aufsitzenden Vulkankegel – den eigentlichen Gipfel.

Zentrales und östliches Bergland

Richtung Osten schließt der **Planalto Central** an, eine ca. 800 m hohe, unbewohnte Ebene mit Karterseen und flachen Vulkankuppen. Von hier aus zieht ein Bergrücken mit kleineren, längst erloschenen Vulkanen längs durch die Insel und läuft an der Ostspitze aus.

Lagoa do Capitão ▶ 5, F/G 4
Ab ER 3 ausgeschildert, s. Lieblingsort S. 204

Lagoa do Caiado ▶ 5, G 5
Ab ER 2 als »Lagoas« ausgeschildert, dann noch 5 km auf Asphaltfahrweg

Größter eines ganzen Ensembles von Karterseen ist die schon stark verlandete Lagoa do Caiado. Auch sie wird gern von Anglern aufgesucht. An der Zufahrt beginnt nach etwa 3 km der Wanderweg **PR 2 PIC** (s. S. 198). Dort stehen beiderseits der Straße einige Exemplare der äußerst raren Unheilvollen Wolfsmilch (s. S. 52).

Auf dem holprigen Fahrweg über die Lagoa do Caiado passiert man die höchsten Gipfel des östlichen Bergrückens, **Grotões** (1008 m), **Cabeço Escalvado** (1004 m) und **Caveiro** (1076 m), und trifft auf eine weitere Gruppe von Karterseen. Geradeaus geht es, allmählich bergab, an weiteren Vulkangipfeln vorbei nach **Prainha** (etwa 30 km ab ER 2).

Bergführer für den Pico-Aufstieg
Das Tourismusbüro in Madalena vermittelt Bergführer. Man kann sie auch über Aventura Abegoaria (Tel. 292 64 28 34, http://aventura.a-abegoaria.com) oder Turispico (Tel. 912 62 21 98, www.turispico.pt) und Turangra (Tel. 295 40 40 15) buchen.

Lieblingsort

Idyll an Picos größtem Kratersee ▶ 5, F/G 4

Die mächtige Kulisse des Pico, an dessen Flanken oft Nebelschwaden wabern, beherrscht den idyllischen Kratersee **Lagoa do Capitão** auf der Inselhochebene. Saftig grüne Weiden säumen die tiefblaue Wasserfläche. Während sich der See selbst bei einheimischen Anglern großer Beliebtheit erfreut, die hier Süßwasserfische ausgesetzt haben, steht die Umgebung unter Naturschutz. Hier bieten knorrige Lorbeerbäume, Wacholder und Baumheide urige Fotomotive.

Das Beste auf einen Blick

São Jorge

Highlight!

Fajã de São João: Die schönste unter den berühmten Küstenebenen von São Jorge punktet mit mildem Klima, tropischen Obstbaumkulturen und den wohl nördlichsten Kaffeeplantagen der Welt. Steilwände, an denen Kaskaden herabschießen, bilden die grandiose Kulisse. S. 218

Auf Entdeckungstour

Romantische Küstenstreifen – fajãs im Inselnorden: Charakteristisch für São Jorge sind die *fajãs* – schmale Küstenebenen unterhalb der Steilküste. Eine Wanderung im wilden Norden der Insel berührt die besonders attraktive Fajã da Caldeira de Santo Cristo, in deren Lagune seltene Muscheln leben. S. 220

Kultur & Sehenswertes

Käsefabrik Uniqueijo in Beira: Hier wird der bekannte Queijo de São Jorge hergestellt und gelagert, bis er den richtigen Reifegrad erreicht hat. Besichtigung, Käseprobe und Verkauf. S. 209

Igreja Santa Bárbara: Zahlreiche Pilger suchen das Inselheiligtum in Manadas auf. Die Kirche ist äußerst prächtig im Barockstil gestaltet. S. 214

Zu Fuß unterwegs

Wanderung über den Pico da Esperança nach Norte Grande: Ein besonderes Erlebnis ist diese Tour über die höchsten Gipfel von São Jorge, von denen sich außergewöhnliche Panoramen bieten. S. 219

Rundwanderung zur Fajã de Além: Eine der für São Jorge so charakteristischen Küstenebenen erschließt diese attraktive Tour, die auf steilen, alten Pflasterwegen verläuft. S. 219

Genießen & Atmosphäre

Idyllischer Waldpark: Im Parque Florestal das Sete Fontes sind die Voraussetzungen für ein gelungenes Picknick gut – zwischen Azaleen, Hortensien und Baumfarnen. Kühle Quellen sprudeln, zwei Miradouros bieten großartige Ausblicke. S. 212

Fischerambiente: Fisch und Meeresfrüchte aus eigenem Fang serviert das O Amílcar in Fajã do Ouvidor auf seiner genialen Atlantikterrasse. S. 223

Abends & Nachts

Calhetense Bar: Ein junges, sportorientiertes Publikum bevölkert im Sommer die unkomplizierte Bar in Calheta. Oft gibt es Livemusik. S. 216

Eine grüne Unbekannte

Wegen seiner Ursprünglichkeit und den Besonderheiten seiner Natur ist São Jorge schwer im Kommen. Wie der Rücken eines riesigen Wals ragt die Insel aus dem Atlantik. Vulkankuppen reihen sich auf einer Hochebene, wo Rinder grasen. Ihre Milch wird zu einem berühmten Käse verarbeitet (s. S. 58). Ringsum fallen Felshänge steil hinab zum Meer. Unten liegen schmale, schwer zugängliche Küstenebenen – die *fajãs*. Nur hier und da weicht die Steilwand zurück, um Platz für die beschaulichen Kleinstädte Velas und Calheta oder pittoreske Dörfer zu schaffen. Unterkünfte bietet vor allem der Haupt- und Hafenort Velas.

Velas ▶ 5, H 2

Der Hauptort von São Jorge ist zwar mit 2000 Einwohnern so groß wie ein Dorf, hat aber dennoch ein gewisses urbanes Flair. Großzügig gestaltet wurde der zentrale Kirchplatz, der **Largo da Matriz**. Hübsche kleine Häuser säumen die angrenzenden Altstadtgassen. Die mit Pflastermosaik verzierte Fußgängerzone und Einkaufsstraße Rua M. F. Lacerda verbindet den Largo da Matriz mit der **Praça da República,** an der das Herz der Stadt schlägt. Mitten in dem exakt quadratischen, im 19. Jh. gestalteten Platz mit gepflegten Blumenbeeten, exotischen Bäumen und Sitzbänken spielen in einem orientalisch inspirierten, roten Pavillon bei Volksfesten die Blasmusikanten auf.

Am Meer steht noch der **Portão do Mar,** das alte Hafentor von 1799, einst Teil einer Stadtmauer. Im Hafen geht es umtriebig zu, wenn Fähren, Fracht- oder Fischerboote einlaufen. Angeschlossen ist eine kleine Marina.

Infobox

Touristeninformation
Büro der Azorenregierung und Kiosk der Organisation ART in Velas. In Calheta Büro der Organisation ART (nur im Sommer). Am Flughafen keine Touristeninformation.

Anreise und Weiterkommen
Flughafen: Aeródromo de São Jorge (SJZ), 7 km südöstlich von Velas. Keine Linienbusse. Taxi nach Velas ca. 9 €. Flüge nonstop nach Terceira, Ponta Delgada und Horta (Details s. S. 22). Fluginfos: www.sata.pt.
Fähre: Ab Velas mit Atlânticoline im Sommer ca. 2–3 x pro Woche zu den Inseln der Mittel- und Ostgruppe. Nach Pico und Faial ganzjährig mit Personenfähren der Transmaçor ab Velas, im Sommer auch ab Calheta. Weitere Infos s. S. 23.
Busse: Alle drei Buslinien starten in Velas – auf der Nordroute Mo–Sa 2 x tgl. nach Calheta, auf der Südroute Mo–Sa 1 x tgl. über Calheta nach Topo, Richtung Westen Mo–Sa 1 x tgl. nach Rosais. Am So kein Busverkehr.
Taxis: Taxistände in Velas und Calheta. Preisbeispiel: Velas – Calheta ca. 22 €.
Mietwagen: Am Flughafen Büro von Ilha Verde, Tel. 910 54 64 93, www.ilhaverde.com.

Velas

Moderne Architektur inmitten jahrhundertealter Mauern: Auditório Municipal

Unweit westlich liegt an der Avenida da Conceição eine angenehme Felsbadeanlage (mit Kiosk). Vielleicht noch schöner ist die **Piscina Natural da Preguiça,** eine von bizarren Lavafelsen gerahmte Badebucht an der Rua do Mar (nahe Hotel São Jorge Garden).

Igreja Matriz de São Jorge
Largo da Matriz, vormittags geöffnet
Hier stand schon 1460 eine erste Kirche, deren Bau Heinrich der Seefahrer verfügt hatte. Das heutige Gotteshaus, die Hauptkirche der Stadt, stammt aber aus dem 16./17. Jh. und die Fassade wurde zu Beginn des 19. Jh. nach einem Erdbeben erneuert. Im Inneren fällt sofort das elegante, vergoldete Renaissance-Retabel mit einer Statue des Inselpatrons Sankt Georg ins Auge. König Sebastião soll es der Stadt 1570 geschenkt haben. Außerdem ist die Sammlung von Holzkommoden (17. Jh.) mit komplizierten Einlegearbeiten in indo-portugiesischem Stil bemerkenswert.

Auditório Municipal
Av. da Conceição
Das städtische Auditorium ist dank seiner auffälligen Architektur das Wahrzeichen von Velas. Es wurde Ende des 20. Jh. in die alte Hafenfestung **Forte de Nossa Senhora da Conceição** von 1644 hineingebaut. Von See her wirkt es mit seinen Bullaugen und einem segelförmigen Flügel wie ein riesiges Schiff. Bis zu 200 Zuschauer können hier Theateraufführungen, Kino, Konzerte und Literaturlesungen verfolgen.

In der Umgebung

Uniqueijo ▶ 5, H 2
Beira, Tel. 295 43 82 74, www.lactacores.pt, Mo–Fr 9–12, 14–17 Uhr, 1,50 €

São Jorge

In dem kleinen Ort Beira, der 4 km von Velas entfernt auf der zentralen Inselhochebene liegt, betreibt die Vereinigung, in der alle Käsereigenossenschaften auf São Jorge organisiert sind, eine Käsefabrik. Interessierten Besuchern werden Führungen angeboten. Eine Probe verschiedener Sorten ist im Eintrittspreis enthalten.

Übernachten

Erstes Haus am Platz – **São Jorge Garden:** Rua Dr. Machado Pires, Tel. 295 43 01 00, hotelsjgarden@mail.telepac.pt, DZ 70–100 € (über Veranstalter). Einziges größeres Hotel der Insel, 58 gut ausgestattete Zimmer. Pool, Restaurant, Bar. Oberhalb einer Felsbadeanlage am Stadtrand.

Kleines Resort – **Cantinho das Buganvilias:** Queimada, Rua Padre Augusto Teixeira, Tel. 917 54 28 88, www.cantinhodasbuganvilias.com, Apartment für 2 Pers. 70–100 €. Recht neues Haus mit 19 Ferienwohnungen für maximal sechs Personen zwischen Velas und dem Flughafen. Außenpool, Hallenbad und Fitnessraum sowie Restaurant und Bar. Auf Wunsch werden Ausflüge und sportliche Aktivitäten organisiert.

Typisch azorianisch – **Quinta do Canavial:** Av. do Livramento, Tel. 295 41 29 81, www.aquintadocanavial.com, DZ 70–85 €, Apartment für 2 Pers. 60–95 €. Bauernhofkomplex mit traditionell eingerichteten Zimmern und Ferienwohnungen, Garten mit Pool, Sonnenterrasse. Regionale Spezialitäten zum Frühstück, gern auch zum Abendessen.

Praktikabel – **Neto:** Rua Conselheiro Dr. José Pereira, Tel. 295 41 24 03, www.acores.com/residencialneto, DZ 45 €. Pension in typischem Stadthaus am Hafen. Einfache Zimmer mit Privatbad, teilweise mit Meerblick. Pool, Gratistransfer zum Flughafen.

Essen & Trinken

Zeitgemäß – **Açor:** Largo da Matriz 4, Tel. 295 41 23 62, tgl. 8–2 Uhr, Hauptgerichte ab ca. 9 €. Moderner Cafeteria-Stil. Diverse Salatteller um 7 €, Pasta um 8 €. Außerdem typische Regionalgerichte. Auf der Terrasse mit Blick auf den Kirchplatz treffen sich die wenigen Touristen im Ort.

Gut geführt – **Velense:** Rua Dr. José Pereiro 5, Tel. 295 41 21 60, Mo–Fr 7–22, Sa 7–12, So 7–19 Uhr, Hauptgerichte ab ca. 8 €, Edelfisch 12 €. In einem schönen alten Stadthaus in Hafennähe. Der Speisesaal im ersten Stock ist ein uriges Gewölbe mit Ventilatoren an der Decke. Persönliche Beratung durch die Chefin nach Marktlage.

Superfrischer Fisch – **Clube Naval das Velas:** Rua Dr. José Pereira, Tel. 295 41 29 45, Mo–Fr 12–16, 19–24 Uhr, Hauptgerichte ab 8 €, bei Fisch variable Preise. Restaurant des örtlichen Wassersportclubs am Hafen, mit nüchtern-moderner Einrichtung, aber unschlagbarer Auswahl an Seafood. Spezialität ist *feijoada do mar* (Bohneneintopf mit Meeresfrüchten). Auch Venusmuscheln *(amêijoas)* von São Jorge stehen regelmäßig auf der Speisekarte.

Deftig – **Cervejaria S. Jorge:** Rua Maestro Francisco Lacerda 31, Tel. 295 41 28 61, tgl. 7–22 Uhr, Hauptgerichte ab ca. 7 €. Landestypisches Bierstubenambiente, preislich kaum zu toppen. Der kulinarische Schwerpunkt liegt auf Fleisch: Spanferkel, *entremeada* (durchwachsener Speck vom Grill). Empfehlenswert auch die *lapas*.

Einkaufen

Kunsthandwerk – **Associação Regional de Turismo (ART):** Largo da Matriz, Mo–Fr 9–12, 13.30–18, Sa 9.30–12 Uhr. Die Organisation ART (s. S. 18 u. S. 211) verkauft hier Kunsthandwerk von São Jorge, insbesondere Holzarbeiten. Manchmal führen Handwerker interessierten Besuchern ihre Künste vor, beispielsweise die Glasgravur.

Abends & Nachts

Etwas anders – **Café Flor do Jardim:** Jardim da República 4, Tel. 295 41 25 61. Am Wochenende finden sich hier die jungen Stadtbewohner auf einen Drink ein. Hin und wieder Livekonzerte, gern mit alternativen Stilrichtungen.
Disco-Klassiker – **Zodíaco:** Av. do Livramento, Tel. 295 41 26 77, www.facebook.com/discotecazodiaco, nur am Wochenende (Fr/Sa) und vor Feiertagen. Einer der ältesten Tanzschuppen der Azoren und immer noch aktuell. Häufig Livemusik oder Themenfeste.

Infos & Termine

Posto de Turismo de São Jorge: 9800-530 Velas, Rua Conselheiro Dr. José Pereira 3, Tel./Fax 295 41 24 40, pt.sjo@azores.gov.pt, www.visitazores.com, Mo–Fr 9–12.30, 14–17.30 Uhr. Informationsstelle der Azorenregierung.
Quiosque ART: Largo Dr. João Pereira (Praça Velha), Tel. 295 43 23 95, qit.velas@artazores.com, http://pt.artazores.com. Informationskiosk der Organisation ART (s. S. 18 u. S. 210).
Semana Cultural de Velas: 1. Juli-Woche. Während der Kulturwoche präsentieren Musiker von den Azoren traditionelle und moderne Musik, speziell auch studentische Tuna-Klänge. Anspruchsvolle Filmvorführungen, Ausstellungen und Workshops. In den Straßen finden unblutige Stierkämpfe nach dem Vorbild von Terceira statt.
Flugzeug: Stadtbüro der SATA, Rua Maestro Francisco de Lacerda 40, Tel. 295 43 03 51, Mo–Fr 9–18 Uhr. Schalter nur bei Ankünften/Abflügen geöffnet.
Fähre: Tickets der Atlânticoline online, am Hafenschalter (ab 1,5 Std. vor Abfahrt) oder in Reisebüros. Personenfähren der Transmaçor (www.transmacor.pt) nach São Roque (Pico) und Horta (Faial) 2 x tgl.; Tickets am Hafenschalter (Tel. 295 43 22 25).
Busse: Zentrale Haltestelle in der Rua Dr. Miguel, unterhalb des Auditório Municipal. Fahrplan im Posto de Turismo. Busgesellschaft José Pinto Azevedo: Tel. 295 41 41 65.
Taxis: Jardim da República (Tel. 295 41 26 80). Außerdem warten Taxis am Hafen bei Fährankünften.
Mietwagen: Ilha Verde, Largo Dr. João Pereira 21, Tel. 295 43 21 41, www.ilhaverde.com.

Rosais ▶ 5, G 1

Im äußersten Westen der Insel liegt das Bauerndorf Rosais (800 Einw.) auf einer fruchtbaren, landwirtschaftlich

Mein Tipp

Landgasthof mit Panorama

Zu einer Quinta im Bauerndorf Santo Amaro (▶ 5, H 2) gehört das Restaurant **Fornos de Lava.** Der originelle Steinbau steht auf dem ehemaligen Dreschplatz. Fleisch und Fisch von der Insel garen im Ofen oder auf dem Holzkohlengrill, so auch die Spezialität des Hauses: warmes Brot mit Knoblauchwurst. Von der *cataplana* gibt es eine vegetarische Variante. Das Gemüse stammt aus eigenem biologischen Anbau (Travessa de São Tiago 46, Tel. 295 43 24 15, www.ilha-da-aventura.pt, tgl. 12–15, 18–23 Uhr, Hauptgerichte ab ca. 12 €, Riesenportionen, Reservierung empfohlen).

São Jorge

Lesesteinmauern strukturieren die Landschaft bei Rosais

intensiv genutzten Hochebene. Der Ort selbst bietet wenig, dafür gibt es lohnende Ziele in der Umgebung.

Parque Florestal das Sete Fontes ▶ 5, G 1

Das 50 ha große Freizeitgelände ist am Wochenende ein beliebtes Ziel der Einheimischen, die hier Picknickeinrichtungen, Spielplätze, Tiergehege und die **Capela de São João Baptista** aus den 1970er-Jahren vorfinden. Im Frühjahr blühen Azaleen, im Sommer freut man sich über den Schatten gewaltiger Baumfarne und das kühle Wasser einiger Quellen (port. *fontes*). Das **Monumento ao Emigrante** – eine Betonskulptur eines Walfangbootes – zieren Azulejos mit einer Kopie des azorenweit bekannten Gemäldes *Os Emigrantes* von Domingos Rebelo (1891–1971), dessen Original dem Museu Carlos Machado in Ponta Delgada (São Miguel) gehört. So nimmt die Skulptur Bezug auf zwei Bevölkerungsgruppen, die in der Vergangenheit eine wichtige Rolle spielten: Walfänger und Auswanderer. Der **Miradouro da Fajã de Fernando Afonso** bietet einen atemberaubenden Blick die 300 m hohe Steilküste hinunter auf die gleichnamige Fajã und andere kleine Küstenebenen. Vom **Miradouro do**

Pico da Velha auf dem gleichnamigen, 493 m hohen Hügel schaut man nach Velas und auf weite Teile des Inselinneren.

Ponta dos Rosais ▸ 5, G 1

Die Westspitze von São Jorge markiert der **Farol dos Rosais,** besser gesagt seine einsturzgefährdete Ruine, die sich 200 m über dem Atlantik erhebt. Seit dem Erdbeben von 1980 ist der Leuchtturm außer Betrieb. Vom alten Walfängerausguck nebenan, zu dem ein Trampelpfad führt, blickt man über Küste und Meer. Die Umgebung steht wegen der endemischen Küstenvegetation unter Naturschutz. Über der Felskante kreisen Mäusebussarde und im Gebüsch lebt die Azoren-Ringeltaube. Da der Fahrweg zur Ponta dos Rosais nicht asphaltiert ist, wird die Landspitze auch gern erwandert (ab der Kapelle im Parque das Sete Fontes mit Rückweg insgesamt ca. 4 Std., leicht).

Urzelina ▸ 5, J 2

Der gepflegte Küstenort (800 Einw.) war in der Vergangenheit immer wieder von Vulkanausbrüchen betroffen, zuletzt 1808, als er großenteils zerstört wurde. Von der alten Kirche ragt nur noch der Turm aus den erstarrten Lavamassen in einem Garten am Largo Dr. Duarte Sá. Die heutige **Igreja de São Mateus** (Estrada Regional) wurde 1822 errichtet. Mehrere Herrenhäuser aus dem 19. Jh. zeugen vom Wohlstand, den der Orangenexport nach England und in die USA der Insel brachte. Wer es sich leisten konnte, ließ sich damals wegen der reizvollen Lage und des milden Klimas in Urzelina nieder. Auch heute leben viele wohlhabende Inselbewohner hier. Neben dem Hafen gibt es eine Felsbadeanlage (Eintritt). Hinter der restaurierten Ruine der Hafenfestung **Forte de Castelinho** (17. Jh., Caminho do Cais) steht ein altes Lagerhaus für Orangen mit einem Fliesenbild an der Fassade, das die Anlieferung der Ernte und ihre Verpackung zeigt.

Übernachten

Idyllische Ruhe – **Jardim do Triângulo:** Terreiros 91, Tel. 295 41 40 55, www.ecotriangulo.com, DZ 50–80 €, Studio für 2 Pers. 70–90 €. Zwischen Urzelina und Manadas gelegen. Vier Zimmer und ein Studio in kleinen Traditions-

São Jorge

häusern in einem weitläufigen Garten. Die deutschen Gastgeber helfen gern bei der Organisation von Outdoor-Aktivitäten.

Essen & Trinken

Ausflugslokal – **O Manezinho:** Canada do Açougue, Tel. 295 41 44 84, Di–So 12–15.30, 18–22 Uhr. Inselküche in großzügigen Portionen, etwa Steak mit São-Jorge-Käse oder *cataplana*. In der Hochsaison gibt es tgl. ein reichhaltiges Mittagsbuffet (12 €), sonst nur sonntags.

Einkaufen

Kunsthandwerk – **Cooperativa de Artesanato Senhora da Encarnação:** Ribeira do Nabo, Tel. 295 41 42 96, http://senhoradaencarnacao.wix.com/senhoradaencarnacao, tgl. 9–18 Uhr. Etwas außerhalb, ab Urzelina ausgeschildert. Drei Frauen fertigen hier Web- und Stickarbeiten und verkaufen sie im angeschlossenen Shop.

Aktiv

Tauchen und mehr – **Urzelinatur:** Rua do Porto, Tel. 295 41 42 87, www.urzelinatur.com, Preise auf Anfrage. Victor Soares organisiert Tauchgänge, Brandungssurfen, Exkursionen zur Beobachtung von Seevögeln und anderen Meerestieren sowie Bootsausflüge zu den Nachbarinseln.

Manadas ▸ 5, J 3

Obstgärten und Felder, zwischen denen herrschaftliche Landhäuser stehen, umgeben den netten Küstenort (500 Einw.). Pittoresk ist das von hohen Araukarien überragte Hafenviertel Cais das Manadas. Oberhalb von Manadas ragt die Kette der höchsten Gipfel von São Jorge auf. An ihren Hängen wird Rinderhaltung betrieben.

Igreja Santa Bárbara
Cais das Manadas, Mo–Fr 9–12, 14–17 Uhr, Schlüssel im nahe gelegenen Haus Nr. 6
Wallfahrer von der ganzen Insel zieht es regelmäßig nach Manadas, um in der Igreja Santa Bárbara (18. Jh.) Andacht zu halten oder der Messe beizuwohnen. Dank ihrer Spenden gilt die reich dekorierte Kirche als eine der schönsten der Azoren. Sie zeigt im Inneren alle für den portugiesischen Barock typischen Elemente (S. 66). Ihre Holzdecke aus einheimischem Wacholderholz ist mit Medaillons bemalt, die den Inselpatron Sankt Georg und den Heiligen Geist abbilden. Azulejobilder zeigen Szenen aus dem Leben der hl. Barbara. Das Taufbecken aus Basalt (16. Jh.) stammt aus einem Vorgängerbau. In der Sakristei stehen wertvolle Möbel, u. a. ein Tisch von 1799 mit Einlegearbeiten, die Symbole der Märtyrerin Barbara zeigen: den Turm, in dem ihr Vater sie einsperrte, um ihre Unschuld zu bewahren, oder das Schwert, mit dem er sie später hinrichtete.

Fajã das Almas ▸ 5, K 3

Über eine Stichstraße von Manadas zu erreichen, liegt 1 km östlich die winzige Siedlung Fajã das Almas unterhalb eines hier beginnenden Steilküstenabschnitts. Der letzte Abschnitt des Fahrwegs erweist sich als extrem steil und eng, daher legt man ihn besser zu Fuß zurück. Das Klima ist hier besonders günstig, daher werden auf dem knappen Platz tropische Obstbäume und Kaffeesträucher kultiviert, Letztere nur noch für den Eigenbedarf. Am kleinen Fischerhafen besteht Bademöglichkeit.

Essen & Trinken

Fischerglück – **Maré Viva**: Fajã das Almas, Tel. 295 41 44 95, tgl. 7–22 Uhr, Hauptgerichte um 12 €. Großartige Lage am Meer, traditionelle Gerichte wie Fischsuppe oder geschmorter Tintenfisch. Reservierung empfohlen.

Calheta ▶ 5, K 3

Einige Häuser mit aufgesetzten Gauben im Stil der Walfängerarchitektur (s. Entdeckungstour S. 166) säumen in Hafennähe die Hauptstraße von Calheta (1200 Einw.). Sie überdauerten das Erdbeben von 1980, im Gegensatz zu vielen anderen Gebäuden, die anschließend neu errichtet werden mussten. Der Ort wurde schon 1483 als einer der ersten auf São Jorge gegründet, denn die ›schmale Bucht‹ – so die wörtliche Übersetzung von *calheta* – war ein sicherer Naturhafen und lag verkehrsgünstiger als Velas im Hinblick auf Verbindungen nach Terceira.

Das Rathaus von Calheta verwaltet die Osthälfte der Insel. Dennoch geht das Leben in der Stadt einen ruhigen Gang. Die Portale der **Igreja Matriz Santa Catarina** (17. Jh., Rua Doutor António Martins Ferreira) öffnen sich nur zu Messen und besonderen Anlässen. An der Hafenbucht steht eine seit Jahren geschlossene Thunfischfabrik, die jetzt zum Inselmuseum (s. rechts) umgebaut werden soll. Hingegen wird in der Fábrica Santa Catarina im westlichen Nachbarort **Fajã Grande** weiterhin Thunfisch eingedost.

Jardim Maestro Francisco de Lacerda

Der hübsche Stadtgarten im Zentrum wurde wegen des steil ansteigenden Geländes terrassenförmig angelegt. Hier gedeiht eine große Vielfalt subtropischer und tropischer Zierpflanzen. Eine Skulptur erinnert an Francisco de Lacerda (1869–1934), einen bedeutenden portugiesischen Komponisten, der aus einer der einflussreichsten Familien von São Jorge stammte und im Nachbarort Ribeira Seca geboren wurde. Schon als Vierjähriger erhielt er die ersten Klavierstunden. Später lebte er in Lissabon und Paris und war in verschiedenen französischen Städten als Konzertdirektor engagiert.

Museu Francisco de Lacerda

Rua José Azevedo da Cunha, Tel. 295 41 63 23, Mo–Fr 9–17.30 Uhr, Sa/So/Fei geschl., 1 €

Das Inselmuseum ist derzeit noch in einem schönen Stadthaus untergebracht, das der Pfarrer und Lateinlehrer Francisco de Azevedo Machado Neto 1811 erbauen ließ. Demnächst soll es in einen extravaganten Neubau umziehen, den das Architektenbüro Rui Pinto und Ana Robalo errichtet. Über die Bewahrung von Kulturgut aus mehreren Jahrhunderten hinaus widmet sich das Museum auch der Forschung und Pädagogik. Im Innenhof finden manchmal kleine musikalische Events statt. Wechselnde Ausstellungen dokumentieren u. a. die Käseherstellung, das Weben von Stoffen, die Trachten verschiedener Bevölkerungsgruppen und den Heiliggeistkult. Weit über die Insel hinausweisend ist der Bestand an Exponaten,, die sich mit dem Komponisten Francisco de Lacerda (s. S. 215) befassen, aus Platzgründen aber bisher nicht immer gezeigt werden können.

São Jorge

Die Meeresbrise als Wäschetrockner: bei Ribeira Seca an der Südküste

Übernachten

Angenehmes Stadthaus – **Solmar:** Rua Domingos d'Oliveira 4, Tel. 295 41 61 20, www.residencialsolmar.com, DZ 60 €. Schlicht und funktional, aber ordentliche renovierte Pension mit 16 Zimmern und einem Apartment.

Essen & Trinken

Über dem Meer – **Os Amigos:** Rua José Azevedo da Cunha, Tel. 295 41 64 21, Mo 7.30–15, Di–So 7.30–15, 18–24 Uhr (Sept.–Mai durchgehend geöffnet), Hauptgerichte ab ca. 10 €. Großes Restaurant mit inseltypischer Küche, z. B. *febras de porco* (Schweineschnitzel mit Scampis), *alcatra* (s. S. 70), oft auch Venusmuscheln *(amêijoas)* von São Jorge. Am Wochenende wird abends oft Fado präsentiert.

Aktiv

Abenteuer – **AvenTour:** Rua Nova 91, Tel. 295 41 64 24, www.aventur.pt. Im Hochsommer tgl. wechselndes Programm: Bootsfahrten, Schnorcheln, Wellenreiten, Seekajak, Jeepausflüge, Wandern, Radfahren und Canyoning in den steilen Schluchten an der Felsküste von São Jorge, das nirgendwo sonst auf den Azoren in dieser Form praktiziert werden kann. Außerdem Cascading: Abseilen durch Wasserfälle. Eigener Campingplatz.

Abends & Nachts

Open-Air – **Calhetense:** Travessa Amorim, Tel. 295 41 65 07, nur abends. Nette Bar mit einer luftigen Terrasse, Getränke und Snacks, am Freitag oder Samstag oft Livemusik für ein junges Publikum.

Festa de Santa Catarina: 25. Nov. Inbrünstig begangenes Patronatsfest mit feierlicher Messe in der Pfarrkirche und anschließender Prozession mit der blumengeschmückten Statue der hl. Katharina durch die Hauptstraße, die zuvor mit Blütenteppichen ausgelegt wurde. Ein Blasmusikorchester begleitet das Geschehen.

Der Inselosten

In der **Serra do Topo** (▶ 5, M 3/4) erreicht der zentrale Bergrücken von São Jorge noch einmal beachtliche Höhen und gipfelt im **Pico dos Frades** (942 m). Dann flacht das Gebirge allmählich ab und läuft in der Ostspitze bei Topo aus. Das Hochland wird sehr intensiv für die Weidewirtschaft genutzt. Hingegen ist die Steilküste großenteils unzugänglich. Nur hier und da hat sich eine schmale Küstenebene *(fajã)* gebildet. Die meisten dieser idyllischen, für den Wein- und Obstanbau genutzten Flecken sind nur zu Fuß zu erreichen.

Fajã dos Vimes ▶ 5, L 3/4

In den abgelegenen Ort (80 Einw.) führt eine landschaftlich besonders schöne Straße. Unterwegs laden Miradouros mit Picknicktischen zur Rast und zum Schauen ein. Fajã dos Vimes ist dank seines milden Klimas ein tropischer Garten. Neben den verschiedensten exotischen Obstbäumen gedeiht auch Kaffee, den das **Café Nunes** – der ultimative Dorftreff – manchmal ausschenkt. Im winzigen Sportfischerhafen besteht Bademöglichkeit.

Zu Fuß unterwegs

Wer sich Fajã dos Vimes lieber zu Fuß nähern möchte, kann auf einem alten Saumpfad, dem heutigen Wanderweg

Infos & Termine

Quiosque ART: 9850-039 Calheta, Rua José Mariano Goulart, Tel. 295 41 62 52, qit.calheta@artazores.com, http://pt.artazores.com, Juli–Sept. Mo–Sa i. d. R. 9.30–12, 13.30–15.30 Uhr, Okt.– Juni geschl. Informationsstelle der Organisation ART (s. S. 18).
Internet: www.cm-calheta.pt
Fähre: Personenfähre der Transmaçor (www.transmacor.pt) über Velas nach São Roque (Pico) und Horta (Faial) Juni–Sept. 2 x pro Woche; Tickets am Hafenschalter (Tel. 295 41 61 46).
Busse: Zentrale Haltestelle am Hafen. Nach Velas Mo–Sa 3 x tgl., nach Topo Mo–Sa 1 x tgl.
Taxis: Rua 25 de Abril (beim Rathaus), Tel. 295 41 61 74.
Mietwagen: Auto Turística Calhetense, Rua Domingos Oliveira, Tel. 295 41 64 47.

São Jorge

Mein Tipp

Picknick im Park
Oberhalb von Ribeira Seca (▶ 5, L 3) liegt der **Parque Florestal da Silveira**. Er erstreckt sich an einem Bach, an dem sich einst Mühlräder drehten. Im feuchten Talgrund gedeiht eine dschungelartige Vegetation mit Baumfarnen und mancherlei endemischen Pflanzen. Infrastruktur für ein geruhsames Picknick ist vorhanden (ab ER 2-2 ausgeschildert).

PR 2 SJO (2,5 Std., mittelschwer, rund 700 Höhenmeter Abstieg), die Steilküste hinablaufen. Er beginnt an der ER 2-3 unweit des Windenergieparks am **Piquinho da Urze** (711 m).

Einkaufen

Webarbeiten – **Casa de Artesanato:** Fajã dos Vimes, tgl. geöffnet. Die beiden Schwestern Alzira und Carminda Nunes sitzen in ihrem ›Kunsthandwerkerhaus‹ über dem Café Nunes an Webstühlen, wie in alten Zeiten (s. S. 78).

Lourais ▶ 5, M 4

Von einem **Miradouro** an der ER 2-2 ist Lourais gut zu überblicken. Die drei Ortsteile tragen praktischerweise – von West nach Ost – die Namen **Loural 1., 2. und 3.** und liegen an der Kante der Hochebene, südlich der Serra do Topo. Ca. 400 m unterhalb sind am Fuß der Steilküste mehrere schmale *fajãs* auszumachen. In Lourais arbeitet die einzige von Uniqueijo (s. S. 209) unabhängige Käsereigenossenschaft der Insel.

Einkaufen

Käse – **Cooperativa Agrícola e Lacticínios dos Lourais:** Lourais, Travessas, Tel. 295 41 63 58. Hier wird die Milch aus dem weitläufigen Hinterland gesammelt und zum bekannten *queijo Lourais* verarbeitet. Probe und Verkauf. Der Käse wird fluggepäcktauglich verpackt.

Fajã de São João ! ▶ 5, M 4

Eine windungsreiche, schmale Straße führt zu der klimatisch begünstigten, fruchtbaren Küstenebene hinab. Kaskaden stürzen die hinter dem Dorf aufragende Steilwand hinunter und sorgen für Wasserreichtum. Von diesen optimalen Bedingungen angezogen, ließen sich schon 1560 die ersten Siedler hier nieder. Nach dem verheerenden Erdbeben von 1757 wurde der Ort rasch wieder aufgebaut. Jahrhundertelang war Fajã de São João als Obstgarten der Insel bekannt. Bis heute kultivieren die Bewohner Ananas, Orangen, Feigen, Walnüsse und Edelkastanien, meist allerdings nur noch für den Eigenbedarf. Ähnlich wie in Fajã dos Vimes werden außerdem Kaffeesträucher angebaut. Und sogar Bananen gedeihen dank der windgeschützten, luftfeuchten Lage bestens. Früher unterhielten die führenden Familien aus Calheta hier ihre Sommersitze. Nach wie vor ist Fajã de São João ein bei Einheimischen und Emigranten beliebter Ferienort. Unterkünfte für Touristen gibt es nicht.

Topo ▶ 5, N 4

In dem heute recht isolierten Ort begann die Besiedelung von São Jorge. Hier ließ sich 1470 der Flame Wilhem van der Hagen mit seinen Gefolgsleuten nieder, durch die für die Landwirtschaft günstigen Geländeverhältnisse angelockt. Denn die Steilküste ist im äußersten Inselosten niedrig, die zentrale Ebene reicht fast ans Meer hinunter. Bis 1867 war Topo Verwaltungszentrum eines Landkreises, bevor es dem Rathaus von Calheta unterstellt wurde. Topo zeichnet sich durch eine für São Jorge ungewöhnliche Bauweise aus. Diese gilt als stark von Angra do Heroísmo auf Terceira beeinflusst, wohin dank der relativ kurzen Distanz früher rege Schiffsverbindungen bestanden.

Der Ort selbst mit seiner winzigen Kirche liegt etwa 100 m über dem Meer. Zum ehemaligen Walfängerhafen **Cais do Topo** führt eine abenteuerlich steile Straße hinab. Unten nagt die Brandung unablässig an den roten Küstenfelsen. Dem **Ponta do Topo** mit einem Leuchtturm ist der **Ilhéu do Topo** vorgelagert, ein flaches, unbewohntes Eiland, das als wichtiger Brutplatz für Seevögel unter Schutz steht.

Essen & Trinken

Nett familiär – **O Baleeiro:** São Pedro (ab ER 2-2 schon vor Topo ausgeschildert), Tel. 295 41 51 39, Mo–Sa 6.30–18 Uhr, Hauptgerichte um 8 €. Typische Regionalküche, etwa *bacalhau* oder *carne de porco à Alentejana*. Spezialität ist ein pikantes Ragout aus Huhn und Meeresfrüchten.

Die Nordküste

Im Norden ist die Küste noch unzugänglicher als weithin im Inselsüden. Die beiden größten Orte, **Norte Pequeno** und **Norte Grande** (▶ 5, K 2) liegen rund 500 m über dem Meer auf der von Weideland überzogenen Hochfläche. Winzige Ansiedlungen auf den charakteristischen kleinen Küstenebenen, den *fajãs,* sind nur über schmale Straßen oder steile Fußwege zu erreichen.

Wanderung über den Pico da Esperança nach Norte Grande

Dauer: 5 Std., mittelschwer, ca. 200 Höhenmeter Auf- und 700 Höhenmeter Abstieg; Anfahrt per Taxi (ab Velas ca. 16 €), Rückfahrt per Bus an manchen Tagen nachmittags möglich (vorher checken!)

Etwa am höchsten Punkt der ER 3-2 von Norte Grande nach Urzelina beginnt der attraktive Wanderweg **PR 4 SJO.** Er folgt dem zentralen, durch flache Vulkankuppen gegliederten Bergrücken und passiert zunächst kurz nacheinander den **Pico do Pedro** und den **Pico do Carvão** jeweils an deren Nordflanke. Dann geht es an weiteren Bergkuppen vorbei, bis ein Pfeil nach links den Abstecher zum Kraterrand des **Pico da Esperança** (1053 m) anzeigt. Dieser höchste Inselgipfel mit kleinem Kratersee bietet eine großartige Panoramasicht auf die anderen Inseln der Mittelgruppe. Weiter auf dem Hauptweg gelangt man zum **Pico do Pinheiro.** Hier schwenkt die Route nach links, um nach **Norte Grande** abzusteigen, wo die vorgeschlagene Tour endet. Zwar führt der PR 4 SJO weiter nach Fajã do Ouvidor, doch dort müsste man sich per Taxi abholen lassen.

Achtung: Die Gehzeit wird offiziell mit 4 Std. für den gesamten, 17 km langen PR 4 SJO angegeben, was aber nur von äußerst sportlichen Wanderern zu schaffen sein dürfte!

Rundwanderung zur Fajã de Além ▶ 5, J/K 2
Dauer: 3 Std., mittelschwer, 500 Höhenmeter Ab- u. Aufstieg ▷ S. 223

Auf Entdeckungstour: Romantische Küstenstreifen – fajãs im Inselnorden

Charakteristisch für São Jorge sind die fajãs – schmale Küstenebenen unterhalb der Steilküste. Eine Wanderung im wilden Norden der Insel berührt die besonders attraktive Fajã da Caldeira de Santo Cristo, in deren Lagune seltene Muscheln leben.

Reisekarte: ▶ 5, L 3
Dauer: ein halber Tag.
Planung: per Taxi auf der ER 2-2 Calheta-Topo an einem Windenergiepark vorbei bis zum bald folgenden Einstieg (ausgeschildert) in Wanderweg PR 1 SJO Richtung Fajã dos Cubres; mit dem Fahrer Abholzeitpunkt in Fajã dos Cubres (an der Kirche) verabreden.
Charakter: mittelschwere Wanderung (reine Gehzeit 2,5–3 Std., ca. 850 Höhenmeter im Abstieg) mit Einkehr in einem urigen Lokal.

Centro de Interpretação da Fajã da Caldeira de Santo Cristo: Tel. 295 40 38 60, http://parquesnaturais.azores.gov.pt, 15.6.–15.9. Mi–So 10–13, 14–16 Uhr, 15.5.–14.6. nur Sa/So, 16.9.–14.5. nur Sa, Eintritt frei

Die Tour beginnt an einem Gebirgspass inmitten der **Serra do Topo,** in fast 700 m Höhe über dem Meer. Ein üppig überwuchertes Tal, die **Caldeira de Cima,** zieht sich hinab bis zur Küste. Im oberen Teil ist es ungewöhnlich breit, daher die Bezeichnung *caldeira* (Kessel). Einen Vulkankrater gibt es hier aber nicht. Den Talgrund gliedern kleine Weideareale mit schwarz-weißen Rindern, Hortensienhecken, wasserreiche Bachläufe und abgeschliffene Felsen. Steil geht es auf einem alten, teilweise noch gepflasterten Saumpfad hinab, der nicht nur als Wanderweg **PR 1 SJO,** sondern auch als Pilgerroute anlässlich einer Wallfahrt im September bis heute rege genutzt wird.

Zu den Muschelsammlern
Mehrere Viehgatter sind unterwegs zu öffnen und wieder zu verschließen. An einer Steinbrücke im unteren Bereich des Abstiegs stehen die Hausruinen des verlassenen Weilers Caldeira de Cima. Wenig später weist ein Wanderschild nach links, hier könnte man eine Runde zurück zur Regionalstraße drehen. Davon sollte man sich nicht irritieren lassen, sondern sich auf dem unbeschilderten Weg weiter bergab halten. Dann läuft man durch dichtes Gebüsch an der Felsküste und erreicht nach insgesamt 1,5 Std. die **Fajã da Caldeira de Santo Cristo** mit ihrer salzhaltigen Lagune, in der Venusmuscheln *(amêijoas)* leben, die sonst nirgendwo auf den Azoren zu finden sind. Zwar stehen diese Muscheln nicht auf der Roten Liste der gefährdeten Tierarten, doch sind sie mancherorts selten geworden. Um ihnen Gelegenheit zur Vermehrung zu gönnen, besteht auf São Jorge von Mitte Mai bis Mitte August Sammelverbot.

Ein wundersamer Fund
Die Küstenebene verdankt ihren Namen einer Legende. Ein Hirte soll einst aus den Bergen, wo sein Vieh friedlich graste, zur Küste hinuntergestiegen sein, um in der Lagune Muscheln zu sammeln. Da erblickte er, auf dem Wasser treibend, eine aus Holz geschnitzte Christusfigur. Erfreut nahm er sie mit, um sie bei sich zu Hause aufzustellen. Doch über Nacht war sie verschwunden, auf wundersame Weise zur *fajã* zurückgekehrt, wie sich herausstellte. Noch mehrmals versuchten die Bergbewohner, die Statue zu sich heraufzuholen. Immer wieder jedoch kehrte sie zum Ort ihrer Auffindung zurück. Endlich begriffen die Gläubigen: Santo Cristo wollte auf der *fajã* bleiben. So errichteten sie ihm dort eine kleine Kirche. Ringsum entstand eine Siedlung, die jedoch nach dem Erdbeben von 1980 von den meisten Bewohnern verlassen wurde. Heute wohnt kaum noch jemand dauerhaft in dieser wie auch in anderen *fajãs*. Bei jungen Portugiesen vom Festland gilt es inzwischen als schick, eines der alten Natursteinhäuser als Zweitwohnsitz zu erwerben, zu restaurieren und mit Blumenbeeten zu umgeben. Angelockt wurden sie durch die idealen, allerdings nur für absolute Profis geeigneten Bedingungen für Wellensurfer an diesem Küstenabschnitt.

Spuren der Wallfahrer
Auf Höhe der **Ermida de Santo Cristo** (Caldeira de Santo Cristo) biegt man zu dieser im rechten Winkel ab. Seit 1835, als die Kirche geweiht wurde, ist sie alljährlich am ersten Sonntag im September Ziel einer populären Wallfahrt, der **Romaria de Santo Cristo.** Pilger von der ganzen Insel machen sich auf den Weg, um Gelübde zu erfüllen, beten unterwegs in Kirchen und Kapellen und erreichen schließlich – den letzten Abschnitt zu Fuß zurücklegend – die Fajã da Caldeira de Santo Cristo, wo sie einer Messe in der Ermida beiwohnen. Danach zieht eine Prozession mit der Figur des Santo Cristo durch die festlich geschmückten

Gassen der kleinen Siedlung. Anschließend erklingen traditionelle Lieder und es gibt ein Feuerwerk.

Jenseits der Kirche gewinnt man beim Erkunden der Lagune einen Eindruck von der Entstehung der *fajãs*. Es handelt sich um Schwemmfächer aus Sedimenten der Sturzbäche, die von der zentralen Hochebene herunterschießen. Dem geräumigen Tal Caldeira de Cima entspricht eine weitläufige Aufschüttung. Die meisten der fast 50 Küstenebenen rund um São Jorge sind weitaus kleiner. Dem Spiel der Wellen am Ufersaum verdankt der Strandwall aus grobem Geröll seine Entstehung. In der flachen Zone dahinter bildete sich die Lagune. Parallel zu deren linkem Ufer gelangt man zum Restaurant **O Borges** (Caldeira de Santo Cristo, Tel. 917 76 31 32, http://o_borges.tripod.com, tgl. 7–24 Uhr, Dez. geschl.), das *amêijoas* aus dem Salzsee anbietet (nur 14. Aug.–14. Mai, s. S. 221). Außerdem ist immer frischer Fisch vorrätig, dazu gibt es hausgebackenes Brot. Wer hier noch nicht einkehren möchte, geht an der Abzweigung zum Lokal vorbei und gelangt zurück zum Hauptweg. Am Südufer der Lagune lohnt nun noch der Besuch des in einem restaurierten, ehemals recht noblen Haus untergebrachten Besucherzentrums, das sich mit Geschichte und Natur der Fajãs befasst.

Ausklang in der Fischerkate

Die modernen Bewohner von Fajã da Caldeira de Santo Cristo marschieren nicht zu Fuß hierher, sondern fahren per Quad. Diesen robusten Spaßmobilen begegnet man im weiteren Wegverlauf hin und wieder. An der Küste entlang geht es zur kleineren, verlassenen **Fajã do Belo**. Dann folgt ein Anstieg von ca. 150 Höhenmetern. Anschließend senkt sich der Weg wieder auf Meereshöhe hinab, nach **Fajã dos Cubres**, wo ein breiter Fahrweg erreicht wird. Zehn Minuten später steht man an der Kirche des vorwiegend im Sommer bewohnten Dorfs, wo eine Straße beginnt.

Spätestens hier freut man sich über eine Einkehrmöglichkeit. Diese bietet die Snackbar **Costa Norte** (Fajã dos Cubres, Tel. 917 79 52 38, tgl. 7–2 Uhr. Snacks jeweils 3–5 €, Hauptgerichte ab ca. 8 €) in einer alten, aus Naturstein gemauerten Fischerkate. An den drei Tischen vor der Tür sitzt man angenehm unter Platanen und kann sich verschiedene kleine Gerichte schmecken lassen. Anspruchsvollere Speisen wie geschmorten Tintenfisch *(polvo assado)* oder Fischeintopf *(caldeirada de peixe)* gibt es nur auf Vorbestellung.

Achtung: Nach winterlichen Erdrutschen wird der Weg manchmal geschlossen. Bitte vor Antritt der Tour unter www.trails-azores.com oder bei einem der örtlichen Tourismusbüros über den aktuellen Stand informieren.

Die Nordküste

Wanderung über den Pico da Esperança nach Norte Grande

Ausgangspunkt des **PRC 5 SJO** ist die **Ermida de Santo António** im gleichnamigen Weiler an der ER 1-2, westlich von Norte Grande. Auf einem alten Pflasterweg mit vielen flachen Treppenstufen (bei Nässe rutschig!) geht es abwärts zur **Fajã de Além**, einer nur zu Fuß erreichbaren Küstenebene. Unterwegs bieten sich traumhafte Ausblicke. Dauerhaft wohnt unten niemand mehr. Es gibt ein paar Weinberge und *adegas* sowie eine alte Wassermühle. Auf einer anderen Route erfolgt der Wiederaufstieg zur Regionalstraße.

Fajã do Ouvidor ▶ 5, K 2

Eine Lavazunge hat sich unterhalb von Norte Grande weit ins Meer hinaus geschoben. Im Gegensatz zu den anderen Küstenebenen auf São Jorge ist die Fajã do Ouvidor also nicht durch Sedimentation entstanden. Ein paar enge Straßenserpentinen führen hinunter in das gleichnamige Dorf (50 Einw.). Das dunkle Vulkangestein eignet sich bestens für den Weinbau. Zwischen den winzigen Weinbergen stehen die typischen Winzerhäuser. An der Küste beim malerischen Hafen nagt die Brandung und bietet bei Nordwind ein bizarres Schauspiel. Schöne Badeplätze findet man weiter links: die natürlichen Felspools **Poça do Caneiro** und **Poça do Simão Dias** (beide ausgeschildert).

Essen & Trinken

Am Hafen – **O Amílcar:** Fajã do Ouvidor, Tel. 295 41 74 48, tgl. 12–15, 18–2 Uhr, Hauptgerichte ab ca. 7 €, hauptsächlich jedoch im Bereich 10 €. Terrasse in großartiger Lage, wo sich im Sommer auch das Nachtleben abspielt. Serviert Fisch aus eigenem Fang – auf inseltypische Art schmackhaft zubereitet.

Infos & Termine

Casa do Parque: Norte Grande, Estrada Regional s/n, Tel. 295 41 70 18, http://parquesnaturais.azores.gov.pt, 15.6.–15.9. tgl. 10–13, 14–18, sonst Di–Sa 14–17.30 Uhr. Infozentrum des Naturparks, Auskünfte zu Wanderwegen, Flora, Fauna und Sehenswürdigkeiten. Mit dem Ecomuseu da Ilha de São Jorge (Eintritt frei), das über das traditionelle Inselleben informiert, und Shop.

Das Beste auf einen Blick

Terceira

Highlight!

Angra do Heroísmo: Die wunderbare Renaissance-Stadt mit ihrem schachbrettförmigen Straßenraster war jahrhundertelang der bedeutendste Warenumschlagplatz im Atlantik. Vornehme Paläste und reich dekorierte Kirchen zeugen von jener Zeit. S. 226

Auf Entdeckungstour

Heiliggeisttempel auf Terceira: Das Heiliggeistfest wird auf Terceira besonders inbrünstig begangen. Eine wichtige Rolle spielen dabei die *impérios*. 68 dieser bunt bemalten Tempel gibt es auf der Insel. Eine Tour zu fotogenen Exemplaren rund um Angra macht mit der ganz eigenen Architektur dieser Bauten vertraut. S. 232

Lavahöhlen und heiße Dämpfe – vulkanische Phänomene: Vielerorts auf Terceira lassen sich Spuren des Vulkanismus entdecken. Abenteuer verspricht die Erkundung von Schloten, Lavaströmen und den Austrittsstellen schwefeliger Gase. S. 242

Kultur & Sehenswertes

Sé Catedral do Santíssimo Salvador: In Angra residiert seit fast 500 Jahren der Bischof der Azoren. Entsprechend prächtig ausgestattet ist die Kathedrale inmitten der Stadt. S. 227

Igreja de São Sebastião: Noch im Stil der Gotik, auf den Azoren eine Seltenheit, wurde die Pfarrkirche von São Sebastião errichtet. Sie birgt wertvolle Fresken. S. 245

Zu Fuß unterwegs

Wanderung am Monte Brasil: Angras Hausberg ist der Vulkankegel Monte Brasil. Ein beliebter Fußweg führt zu seinem Aussichtsgipfel Pico das Cruzinhas hinauf. S. 238

Wanderung zur Lagoinha: Zwei landschaftliche Besonderheiten der Insel sind ab Serreta zu erwandern: der idyllische Kratersee Lagoinha und das dschungelartige Tal der Ribeira do Além. S. 256

Genießen & Atmosphäre

Pátio da Alfândega: Angras alter Zollkai am Hafen mit dem dortigen Straßencafé ist genau der richtige Platz für eine gemütliche Pause. S. 227

São Mateus da Calheta: Das Fischerdorf mit riesiger Kirche ist nicht nur von Weitem schön anzuschauen. Es bietet auch am Hafen viel Flair und gute Fischrestaurants. S. 256

Abends & Nachts

Porto das Pipas: Rund um die alte Hafenmole und den neuen Jachthafen spielt sich das Nachtleben von Angra ab – in mehreren angesagten Open-Air-Bars. S. 227, 240

Historie und Landschaft

Die alte Azorenhauptstadt Angra do Heroísmo, von der UNESCO zum Welterbe erklärt, bietet viel Kultur. Hier quartieren sich die meisten Besucher ein. Dank wildromantischer Felsküsten und bizarrer Vulkanerscheinungen kommen auch Naturtouristen nicht zu kurz. Kleine Orte mit reichem ethnografischem Erbe lohnen Abstecher, so das Weinbauerndorf Biscoitos, der Fischerort São Mateus da Calheta oder São Sebastião mit seinem Heiliggeisttempel. Die lebhafte Stadt Praia da Vitória gefällt durch den langen Sandstrand.

Angra do Heroísmo! ▶ 4, C/D 3/4

Den Beinamen *heroísmo* (port. ›Heldenmut‹) trägt die Stadt erst seit 1837, nachdem König Pedro IV. von hier aus den Thronanspruch gegen seinen Bruder Miguel durchsetzen konnte, der in Portugal die Macht ergriffen hatte. Vorher hieß sie schlicht Angra (›Bucht‹), wegen ihres ausgezeichneten Naturhafens. Dieser machte sie bald nach ihrer Gründung im 15. Jh. zum wichtigsten Umschlagplatz im Atlantik, der sie bis ins 18. Jh. hinein blieb. Ab 1766 war Angra sogar Hauptstadt der Azoren und wartet daher unter den Azorenmetropolen mit den vielleicht interessantesten historischen Zeugnissen auf. 1534 wurde Angra Bischofssitz und zugleich erste *cidade* (etwa: Großstadt) des Archipels. Damit setzte eine rege Bautätigkeit im Stil der Renaissance ein, wobei regelmäßige, rasterförmige Straßenzüge entstanden, von vornehmen Palästen und Stadthäusern gesäumt.

Infobox

Touristeninformation
Büros der Azorenregierung am Flughafen und in Angra do Heroísmo. In Angra sowie in Praia da Vitória Infostellen der Organisation ART.

Anreise und Weiterkommen
Flughafen: Aeroporto Internacional das Lajes (TER) im Inselnorden, 3 km von Praia da Vitória, 17 km von Angra. Linienbus nach Praia alle 1–2 Std. (So nur 4 x tgl.), dort umsteigen nach Angra. Taxi nach Praia ca. 10 €, Angra ca. 22 €. Flüge nonstop nach Lissabon und zu den meisten Azoreninseln (s. S. 22). Fluginfos unter http://aerogarelajes.azores.gov.pt.

Fähre: Mit Atlânticoline ab Praia da Vitória im Sommer ca. 2–3 x pro Woche zu den Inseln der Mittel- und Ostgruppe. Weitere Infos s. S. 23.
Busse: Recht dichtes Liniennetz der EVT (Tel. 295 21 70 01, www.evt.pt). Die Strecke wischen Angra do Heroísmo und Praia da Vitória (Linie 2) wird etwa stündlich befahren (Sa/So seltener), Fahrpreis 2,45 €. Beide Städte sind Drehkreuze für weitere Verbindungen.
Taxis: Taxistände in Angra und Praia (Angra – São Mateus ca. 6 €, Angra – Algar do Carvão ca. 15 €).
Mietwagen: Mehrere Firmen im Ankunftsbereich des Flughafens. Weitere Anbieter in Angra.

Angra do Heroísmo

Ein schweres Erdbeben machte am 1. Januar 1980 innerhalb von elf Sekunden die ganze Pracht zunichte. Es gab etwa 100 Tote, 12 000 Menschen wurden obdachlos. Viele Häuser und Baudenkmäler waren zerstört oder einsturzgefährdet. Doch Angra entstand aus den Trümmern wieder. Die Vereinigten Staaten, die bei Lajes im Norden der Insel eine Militärbasis unterhalten, trugen mit großzügigen Finanzspritzen dazu bei. Heute stößt man nicht mehr auf Spuren des Erdbebens, alles wurde originalgetreu restauriert.

Sehenswert

Ein Rundgang durch die historische Innenstadt kann am **Porto das Pipas** beginnen, dem alten Hafenkai, der seine Bedeutung im 19. Jh. verlor, weil die Bucht für die immer größer werdenden Frachtschiffe nicht tief genug war. Damals begann der Aufstieg von Praia da Vitória zum wichtigsten Hafen von Terceira. Das **Castelo de São Sebastião** 1 (16. Jh., Rua do Castelinho) überragt den Porto das Pipas. In der Festung ist heute ein renoviertes Luxushotel der ehemals staatlichen Kette Pousadas de Portugal (www.pousadas.pt) untergebracht. Stadteinwärts schließt die moderne **Marina** an, deren lange Schutzmole am **Pátio da Alfândega** beginnt, dem ehemaligen Zollkai. Heute stehen hier die Tische eines Straßencafés, das einen privilegierten Blick über Hafen und Bucht bietet.

Igreja da Misericórdia 2
Rua Direita, Tel. 295 20 48 40, tagsüber meist geöffnet
Die blau-weiße Vorderfront der Kirche der Misericórdia (s. S. 66) aus dem 18. Jh. weist zum Meer. Im vergoldeten Retabel des Hauptaltars wird eine Figur des Stadtpatrons **Senhor Santo Cristo** hoch verehrt. Interessant und schaurig zugleich sind die Katakomben unter dem Kirchenraum. Sie dienten in früheren Jahrhunderten als Gräberstätte. Wahllos wurden die Toten übereinandergestapelt, wie dicke Schichten von Knochen bezeugen. Wann das geschah, weiß niemand. Der Überlieferung zufolge soll es sich um Piraten gehandelt haben. Sicherlich stammt das Massengrab aus einer Zeit, als hier noch ein Vorgängerbau der heutigen Kirche stand. Erst bei Restaurierungsarbeiten nach dem Erdbeben von 1980 wurde es wiederentdeckt.

Rua Direita
Die Prachtstraße von Angra säumen ehemalige Adelspaläste, in denen heute feine Geschäfte und Restaurants untergebracht sind. Unter den Palästen ragt die **Casa do Conde de Vila Flor** 3 (Haus Nr. 111–121) heraus, wo der siebte Graf von Vila Flor wohnte, António de Noronha (1792–1860), ein Vertrauter von König Pedro IV. und von diesem als Generalkapitän der Azoren eingesetzt. Später wurde ihm der Titel Duque da Terceira (›Herzog von Terceira‹) verliehen.

Landeinwärts mündet die Rua Direita in die **Praça Velha** (offiziell Praça da Restauração). Um diesen zentralen Platz gruppieren sich Rathaus, Banken, Geschäfte und ein Hotel. Das Freiluftcafé in der Mitte erfreut sich großer Beliebtheit. Alle westlich folgenden Straßenzüge verlaufen parallel zur Rua Direita. Die **Rua da Palha** ist Fußgängerzone, auch hier gibt es zwei viel besuchte Straßencafés.

Sé Catedral do Santíssimo Salvador 4
Rua da Sé, Tel. 295 21 78 50, Mo–Sa 8–18, So 8–12, 18–20 Uhr

Angra do Heroísmo

Sehenswert
1. Castelo de São Sebastião
2. Igreja da Misericórdia
3. Casa do Conde de Vila Flor
4. Sé Catedral do Santíssimo Salvador
5. Palácio dos Bettencourt
6. Palácio dos Capitães-Generais
7. Jardim Duque da Terceira
8. Alto da Memória
9. MAH – Museu de Angra do Heroísmo
10. Castelo de São João Baptista
11. Monumento ao Povoamento da Terceira
12. Ermida de Santo António
13. Forte da Quebrada
14. Vigia da Baleia
15. Império dos Inocentes da Guarita
16. Império do Outeiro
17. Museu Vulcanoespeleológico Machado Fagundes

Übernachten
1. Angra Garden Hotel
2. Terceira Mar
3. Hotel do Caracol
4. Quinta da Nasce Água
5. Beira Mar
6. Monte Brasil
7. A Ilha

Essen & Trinken
1. O Chico
2. As Nossas Ilhas
3. Casa do Peixe
4. O Pátio
5. Cervejaria Angrense

Einkaufen
1. Açorbordados
2. Mercado Duque de Bragança

Aktiv
1. Anfibius
2. Ocean Emotion
3. Aguiatur
4. Quinta do Galo

Abends & Nachts
1. Farol da Baía
2. Havanna Club
3. Centro Cultural e de Congressos de Angra do Heroísmo (CCCAH)
4. Teatro Angrense

Terceira

Markante Kulisse: Der Vulkankegel Monte Brasil ragt vor Angra do Heroísmo ins Meer

Die Rua da Sé, Hauptgeschäftsstraße und wichtigste Verkehrsarterie der Innenstadt, begrenzt die rechtwinkligen Renaissance-Straßenzüge im Norden. An ihr erhebt sich die Kathedrale der Azoren. Die Bezeichnung Sé leitet sich von lat. *sedes* (Bischofssitz) her. Ab 1570 trat der heutige Bau an die Stelle einer älteren, viel zu klein gewordenen Kirche aus der Zeit der Entdeckungsfahrer. Erst im 17. Jh. konnte er fertiggestellt werden. Später gab es verschiedene Veränderungen, doch diese wurden bei der Renovierung nach dem Erdbeben von 1980 rückgängig gemacht. Man richtete sich wieder exakt nach den ursprünglichen Plänen. Im Inneren ist der linke Seitenaltar einen speziellen Blick wert. Er wurde im 17. Jh. mit einem Relief aus gehämmertem Silber verkleidet. Besonders wertvoll ist auch das indo-portugiesische Notenpult aus Brasilholz mit Einlegearbeiten aus Elfenbein (ebenfalls 17. Jh.).

Neben dem Eingangsportal der Kathedrale steht eine Skulptur von Papst Johannes Paul II. Sie erinnert an seinen Besuch auf den Azoren 1991.

Palácio dos Bettencourt 5
Rua da Rosa 49, Tel. 295 21 26 97, Okt.–Juni Mo–Fr 9–19, Sa 9.30–12, Juli–Sept. Mo–Fr 9–17 Uhr
Der stattliche Palast (Ende 17. Jh.) hinter der Kathedrale gehörte der vermögenden Familie Bettencourt, die ursprünglich aus der Normandie stammte und Anfang des 15. Jh. bei der Erobe-

Angra do Heroísmo

14–18, Okt.–März Mo, Mi–Fr 10–13, 14–17.30, Sa 14–17.30 Uhr, Di u. So geschl., Eintritt frei

Ursprünglich errichtete der Jesuitenorden, der sich 1570 in Angra niedergelassen hatte, das geräumige Bauwerk. Darin befand sich ein Kolleg, also eine Oberschule für Knaben aus den Adelsfamilien. Nachdem der Orden 1759 in Portugal verboten worden war, mussten die Jesuiten den Gebäudekomplex aufgeben. Er ging in staatlichen Besitz über und wurde zur Residenz ausgebaut. Von 1766 bis 1831 nutzten die Generalkapitäne, also die Vertreter des Königs auf den Azoren, den Palast. König Pedro IV. bereitete darin zu Beginn des 19. Jh. seine Invasion auf dem Festland vor (s. S. 44 und König Carlos I. wohnte hier anlässlich seines Besuchs auf den Azoren 1901.

Heute ist der Palácio dos Capitães-Generais offizieller Sitz des Azorenpräsidenten. Die Repräsentationsräume mit königlichem Originalmobiliar und der Kreuzgang der Jesuiten sind zu besichtigen, sofern sie nicht gerade für Empfänge genutzt werden.

Nebenan, die Fassade dem Largo Prior do Crato zugewandt, steht die **Igreja do Colégio** (So 10–12 Uhr), die ehemalige Jesuitenkirche aus dem 17. Jh. Sie ist im Stil des Jesuitenbarocks (s. S. 67) üppig dekoriert. Die blau-weißen Fliesenbilder wurden im holländischen Delft gefertigt.

rung der Kanareninseln Lanzarote und Fuerteventura durch Kastilien eine große Rolle spielte. Über Madeira kam ein Familienzweig nach Terceira.

Das Portal ist außergewöhnlich reich mit Steinmetzarbeiten im Stil des portugiesischen Frühbarock verziert. Über dem Eingang zeugt ein Wappenstein von dem Adelsgeschlecht. Heute befinden sich die öffentliche Bibliothek und das Stadtarchiv in dem Gebäude. Besucher können einen Blick ins Treppenhaus werfen, wo Azulejos Szenen aus der Inselgeschichte abbilden.

Palácio dos Capitães-Generais 6
Rua do Palácio/Largo Prior do Crato, Tel. 295 21 36 71, www.azores.gov.pt, April–Sept. Mo, Mi–Sa 10–18, So

Jardim Duque da Terceira 7
Rua do Marquês, Juni–Aug. 8–24 Uhr, Mai/Sept. 8–22 Uhr, Okt.–April 8–18 Uhr, Eintritt frei; s. Lieblingsort S. 236

Alto da Memória (auch Outeiro da Memória) 8
Auf dem Hügel oberhalb der Innenstadt erhebt sich der **Obelisco da Memória,** den Königin Maria II. 1845 ▷ S. 235

Auf Entdeckungstour:
Heiligggeisttempel auf Terceira

Das Heiliggeistfest wird auf Terceira besonders inbrünstig begangen. Eine wichtige Rolle spielen dabei die impérios. 68 dieser bunt bemalten Tempel gibt es auf der Insel. Eine Tour zu fotogenen Exemplaren rund um Angra macht mit der ganz eigenen Architektur dieser Bauten vertraut.

Reisekarte: ▶ 4, B–E 3/4
Cityplan: S. 229
Dauer: ein ganzer Tag; **Start:** Angra do Heroísmo.
Charakter: Rundfahrt per Leihwagen; Mittags- und Badepause.

Die farbenprächtigen *impérios* (Heiliggeisttempel) sehen aus wie kleine Kapellen, dienen aber nicht einem offiziellen christlichen Kult, sondern den alljährlich zwischen Ostern und Pfingsten, teilweise auch bis in den Sommer hinein begangenen, äußerst populären Heiliggeistfesten (s. S. 69). Dieses mittelalterliche Brauchtum konnte sich in Portugal praktisch nur auf den Azoren halten. Wesentliche Bestandteile sind eine Armenspeisung und die Krönung des sogenannten Heiliggeistkaisers.

Heiliggeisttempel sind oft echte Volksarchitektur, gestaltet und finanziert von den Gemeindemitgliedern. Mit dem vielleicht schönsten Tempel von Angra do Heroísmo, dem **Império dos Inocentes da Guarita** 15 (Rua Guarita, links neben der Casa Santa Maria da Misericórdia; s. Abb.), verbinden sich allerdings bekannte Namen. Er wurde 1901 nach Plänen von João da Ponte erbaut, einem Architekten von São Miguel, der sich gerade wegen eines größeren Bauprojekts in Angra aufhielt. Eine Engelsfigur von Sá e Silva ziert die Spitze des Giebels. Die berühmten Festas da Guarita finden Ende Juli oder Anfang August statt.

Der Bau von *impérios* in großem Stil begann im 19. Jh. Sie ersetzten nach und nach die zuvor gebräuchlichen *teatros*, faltbare Tempel aus Holz, die je nach Bedarf auf- und abgebaut werden konnten. Der *teatro* aus der Rua Guarita von 1845 wurde nach Serra de Ribeirinha verkauft, wo er weitere zehn Jahre in Gebrauch war, bevor sich auch diese kleine Gemeinde nordöstlich von Angra einen festen Tempel gönnte.

Das Kronenwunder

Der ehrwürdigste Heiliggeisttempel von Terceira, der **Império do Outeiro** 16 (1670) steht im ältesten Stadtviertel von Angra. Man fährt am Krankenhaus vorbei, hält an der nächsten Kirche links und geht durch die Rua das Maravilhas, eine schmale, vor Ort nicht mit einem Straßenschild versehene Pflastergasse genau auf den Tempel zu. Der kleine Bau fügt sich nahtlos in eine einstöckige Häuserzeile. Seine Fassade wurde noch aus Natursteinen gemauert und nicht, wie bei jüngeren Bauten üblich, vollständig bemalt. Als 1761 der Pico de Santa Bárbara im Westen der Insel ausbrach, zogen die verschiedenen Bruderschaften mit ihren Heiliggeistkronen los, um den Vulkan zu besänftigen. Die Krone aus dem Império do Outeiro soll als erste eingetroffen sein und die Lava zum Stillstand gebracht haben. König José I. verfügte daraufhin, dass sie bei Prozessionen mit mehreren Heiliggeistkronen stets voranzutragen sei.

Knallig bunt

Der knallig bunt gehaltene **Império do Porto Judeu de Baixo** (1916, Estrada Regional 1–2) steht an der Hauptstraße von **Porto Judeu** (▶ 4, E 4) unweit der Igreja de Santo António. Verspielte Details wie etwa Kleeblattfenster oder winzige, schmiedeeiserne Balkone charakterisieren den Bau. Fenster erlauben einen Blick in den Innenraum, der – wie bei allen Tempeln – auf dem Altar birgt, auf dem die Heiliggeistkrone aufbewahrt wird. Schräg gegenüber erinnert ein Denkmal in Form eines Fischerboots an die Gefallenen in den portugiesischen Kolonialkriegen der 1960er- und 1970er-Jahre.

Üppige Motive

In **São Sebastião** (▶ 4, E 3) braucht man nur der Beschilderung »Império« zu folgen und gelangt ins Ortszentrum, wo sich der **Império de São Sebastião** (Rua da Igreja) erhebt. Er zeichnet sich durch seine wunderschöne Bemalung in sanften Erdtönen aus. Unter dem Erbauungsdatum 1918 stehen auf einem Spruchband die Anfangsworte der Pfingstsequenz, einer mittelalterlichen Dichtung, mit der die Gläubigen den Heiligen Geist um Beistand bitten: »Veni sanct espiritus« (Komm, Heiliger Geist). Bilder am Sockel repräsentieren die Speisen des Heiliggeistfestes. Sie zeigen Rindfleisch, Maisbrot, Weinfässer und Krüge. Auch hier fällt die Nähe zur Pfarrkirche auf. Obwohl die katholische Kirche lange versuchte, den Heiliggeistkult zu verbieten oder zumindest einzudämmen, waren und sind doch die örtlichen Pfarrer immer eingebunden. Ihnen obliegt es, das Brot für das Fest zu segnen und den *imperador* (›Heiliggeistkaiser‹) zu krönen.

Gemeinsam speisen

Auf der gut ausgebauten ER 1-1 umgeht man nun Porto Judeu und Angra do Heroísmo oberhalb und fährt weiter auf der Nebenstrecke ER 6-2 oberhalb von São Mateus da Calheta Richtung São Bartolomeu. Unterwegs passiert man hinter Angra den **Império do Cantinho** (Estrada Regional 6-2), einen ungewöhnlich breiten, in verschiedenen Blautönen gestrichenen Heiliggeisttempel von 1860. An der Fassade sind zwei Engel mit einem Spruchband dargestellt: »Em louvor do Divino Espto. Santo« (Zum Lob des göttlichen Heiligen Geistes), ist darauf zu lesen. Der Tempel gehört zu einem Ortsteil von São Mateus, dessen Bewohner früher von der Viehzucht lebten. Die hiesige Heiliggeistbruderschaft veranstaltete bis vor wenigen Jahrzehnten eine Dankesmahlzeit aus Stockfisch, Kartoffeln und Eiern für die Viehhalter, die Opfertiere für das Fest gespendet hatten. Wer kein eigenes Vieh hatte, konnte sich als *criador seco* ›trockener Viehhalter‹ am Kauf eines Tiers beteiligen.

In **São Bartolomeu** (▶ 4, C 3) steht der Heiliggeisttempel an der Hauptstraße, die sich zum zentralen Platz erweitert. Krone und Taube sitzen auf dem Dach des Tempels. Aufgemalte Blütenranken umgeben das Baujahr »1875« an der Fassade. Auch sonst ist der **Império de São Bartolomeu de Regatos** (Largo Doutor Corte Real e Amaral) farbenfroh bemalt und zudem mit schmiedeeisernen Gittern verziert. Ähnlich ist der Anbau rechter Hand gestaltet. Vielen Tempeln ist ein solcher Lagerraum angeschlossen, wo während des Heiliggeistfests Brot, Fleisch und Wein aufbewahrt werden.

Stickerei mit Tauben

Auch in **Santa Bárbara** (▶ 4, B 3) steht der Heiliggeisttempel genau gegenüber der Dorfkirche und zeigt auch eine ähnliche Farbgebung – weiß mit ockergelben Kanten und Rahmen. Ein Pflastermosaik vor dem Kirchenportal zeigt den Turm, das Attribut der hl. Barbara. Der **Império de Santa Bárbara** (1876, Largo da Igreja) weist an der Frontfassade drei spitzgiebelige Türen und eine Fensterrosette im damals aktuellen, neugotischen Stil auf. Eine Heiliggeistkrone mit der charakteristischen Darstellung einer Taube sitzt der Fassade auf. Dieses Motiv taucht auf den bestickten Türvorhängen wieder auf.

Zurück nach Angra geht es auf der ER 1-1. Man kann den Tag am beliebten Badeplatz von **Porto Negrito** (▶ 4, C 3; gute Infrastruktur, Strandbar) ausklingen lassen oder kehrt in eine Bar am Fischerhafen von **São Mateus da Calheta** (s. S. 256) ein.

Angra do Heroísmo

aufstellen ließ – in Erinnerung an ihren Vater Pedro IV., der 1832 von Angra aufgebrochen war, um seine Ansprüche auf den portugiesischen Thron gegen seinen jüngeren Bruder Miguel durchzusetzen. Bei dem Grundstein des Obelisken soll es sich um einen Stein der Kaimauer von Angra handeln, von der aus Pedro IV. sein Schiff betrat. Die Aussichtsterrasse vor dem Denkmal bietet einen schönen Blick über Angra.

Die Entdeckungsfahrer hatten an dieser exponierten Stelle eine Burg errichtet, die ihre Bedeutung durch den Bau der Festungen am Meer Ende des 16. Jh. verlor und von da an nur noch als Munitionslager diente. Sie wurde abgerissen, um dem Denkmal Platz zu machen. Unterhalb der Burg hatte Álvaro Martins Homem ab 1460 eine erste Siedlung an der **Ribeira dos Moinhos** (›Mühlenbach‹) gegründet. Er ließ 12 Mühlen entlang des wasserreichen Bachs bauen, die Getreide mahlten und an durchreisende Schiffe verkauften, außerdem Manufakturen für Lederverarbeitung und Leinenweberei. 1956 wurde die Ribeira dos Moinhos umgeleitet, um zwei Elektrizitätskraftwerke mit seiner Wasserkraft zu betreiben. Die **Rua do Pisão** und ihre Nachbargassen mit ihrer niedrigen Bebauung erinnern noch an diesen spätmittelalterlichen Kern von Angra.

MAH – Museu de Angra do Heroísmo [9]

Ladeira de São Francisco, Tel. 295 24 08 02, http://museu-angra.azores.gov.pt, Di–Fr 9.30–17, Sa/So 14–17 Uhr, Eintritt 2 €

Hauptsitz des Inselmuseums ist das ehemalige Franziskanerkloster **Convento de São Francisco.** In einem Vorgängerbau der zugehörigen **Igreja de Nossa Senhora da Guia** musste Vasco da Gama seinen Bruder Paulo begraben, der 1499 auf der Rückkehr von der Seereise nach Indien gestorben war. Im Inneren der heutigen dreischiffigen Barockkirche (Ende 17. Jh.) sind die tragenden Pfeiler und Bögen aufwendig bemalt. Beachtung verdienen die Steinmetzarbeiten in der Vorhalle, darunter gotische Bauelemente der ersten Kirche und – als ältestes Stück – ein Grabstein aus dem 15. Jh.

Die historische Sammlung des Museums, die Angra als Drehscheibe im Atlantik über die Jahrhunderte hinweg präsentiert, wird in der Langzeitausstellung »Do Mar da Terra« präsentiert. Außerdem finden stets interessante Wechselausstellungen statt. Im ehemaligen Refektorium (Speisesaal) des Klosters, das mit Azulejos aus dem 17. Jh. ausgekleidet ist, sind alte Kutschen zu sehen.

Castelo de São João Baptista [10]

Largo da Boa Nova, tgl. 9.30–12.30, 14–18 Uhr, Eintritt frei, Führungen stündlich

Die gewaltige Festung am Westrand der Bucht von Angra wurde während der Zeit der spanischen Herrschaft Ende des 16. Jh. unter König Philipp II. errichtet und hieß zunächst Castelo de São Felipe. Seinerzeit galt sie als eine der größten Verteidigungsanlagen Europas. Hier wurden die Gold- und Silberschätze aus Mittel- und Südamerika eingelagert, während die Transportschiffe in Angra Station machten, um Proviant und Mannschaften aufzustocken. An Bord der ankernden und damit manövrierunfähigen Galeonen wären sie leichte Beute für Korsaren gewesen, die damals die Gewässer der Azoren unsicher machten.

Als Portugal unter König João IV. wieder unabhängig wurde, erhielt die Burg ihren heutigen Namen. Zum Dank für die Vertreibung der Spanier errichtete man in ihrem Inneren ab 1645 die **Igreja de São João Baptista.**

Lieblingsort

Jardim Duque da Terceira [7] – Idylle in der Stadt

Exotische Büsche und Bäume blühen um die Wette, Vögel kreischen, Frösche quaken in Tümpeln und Wasserbecken. Angras Stadtgarten, eine der schönsten klassischen Parkanlagen der Azoren, wurde schon ab 1882 zwischen Jesuitenkirche und Franziskanerkloster angelegt. Zwei damals gepflanzte, heute gigantische Araukarien setzen Akzente. Formschnittbüsche nehmen gewagte Formen an, erinnern etwa an die berühmten Zwillingsschornsteine Terceiras. Dazwischen flanieren Einheimische und Besucher, ruhen auf lauschigen Sitzbänken aus und bewundern das Pflastermosaik der Wege, das Persönlichkeiten aus der Inselgeschichte, Blüten und Vogelmotive abbildet. Unternehmungslustige steigen über Terrassen, an Brunnen und Teichen vorbei, den Hang hinauf bis zum oberen Ausgang am Alto da Memória.

Terceira

In der Folgezeit wurden in der Festung immer wieder politische Gefangene untergebracht. Bis heute ist hier Militär stationiert. Soldaten führen Besucher durch die Anlage, die man durch einen Seiteneingang hinter einer Tordurchfahrt betritt. Zu besichtigen sind die Kirche und verschiedene Bollwerke, auf denen alte Bronzekanonen und Flak-Geschütze aus dem Zweiten Weltkrieg positioniert sind.

Das der Stadt zugewandte, repräsentative Hauptportal **Portão de Armas** ist stets verschlossen, lohnt aber wegen seiner reichen, frühbarocken Steinmetzverzierungen einen näheren Blick von außen. Beeindruckend sind auch die *bocas de lobo* (›Wolfsmäuler‹), Hindernisse im Burggraben, die Angreifern das Erstürmen der Festungsmauer erschweren.

Monte Brasil

Nur von Sonnenaufgang bis Sonnenuntergang zugänglich
Der äußere, 4 km lange Verteidigungswall des Castelo de São João Baptista umgibt den gesamten Monte Brasil (205 m), einen Vulkankegel am Westrand von Angra. Durch das Torhaus neben der Festung gelangt man auf die schmale Zufahrtsstraße zum Monte Brasil. Oben befindet sich ein am Wochenende stark frequentiertes Picknickareal.

Die Straße endet am **Pico das Cruzinhas** (168 m), einem Nebengipfel mit dem **Monumento ao Povoamento da Terceira** 11, einer Säule, gekrönt von einer Bänderkugel (Armillarsphäre, von antiken Seefahrern zur Standortbestimmung genutzt) und dem Kreuz des Christusritterordens. Beides sind ehemalige königliche Insignien und Symbole der portugiesischen Entdeckungsfahrten. Das Denkmal wurde 1932 am 500. Jahrestag der Besiedelung Terceiras eingeweiht. Von der Plattform zu seinen Füßen bietet sich ein hervorragender Blick über Angra.

Wanderung am Monte Brasil
Dauer: 2,5 Std., leicht
Der Rundweg **PRC 4 TER** erschließt auch die weniger bekannten, nur zu Fuß erreichbaren Seiten des Monte Brasil. Er beginnt an der Zufahrt zum Castelo de São João Baptista. Erstes Ziel ist die **Ermida de Santo António** 12 mit wunderbarem Blick über die Hafenbucht von Angra. Weiter führt der Weg zum **Pico do Facho** (205 m), der höchsten Erhebung des Vulkans, zum **Forte da Quebrada** 13 und zur **Vigia da Baleia** 14, einem alten Walfängerausguck. Vom Picknickplatz am Pico das Cruzinhas geht es zuletzt steil abwärts auf direktem Weg zum Ausgangspunkt zurück.

Heiliggeisttempel in Angra
15 *und* 16 *s. Entdeckungstour S. 232*

Museu Vulcanoespeleológico 17
S. Entdeckungstour S. 242

Übernachten

Für anspruchsvolle Stadtschwärmer –
Angra Garden Hotel 1: Praça Velha, Tel. 295 20 66 00, www.investacor.com, DZ ca. 100 €. 120 Zimmer, einige mit Balkon oder Blick über den direkt angrenzenden Jardim Duque da Terceira (s. Lieblingsort S. 230). Gut ausgestatteter Spa- und Fitnessbereich.

Großzügig – **Terceira Mar** 2: Portões de São Pedro 1, Tel. 295 40 22 80, www.bensaude.pt, DZ 85–120 € (über Veranstalter). Am Westrand von Angra am Meer gelegen, in bequemer Fußgängerentfernung zur Innenstadt. Mit allem Komfort eines 4-Sterne-Hauses.

Angra do Heroísmo

Komfortabel – **Hotel do Caracol** 3 : Silveira, Estrada Regional 1, Tel. 295 40 26 00, www.hoteldocaracol.com, DZ 85–120 € (über Veranstalter). Viersterner oberhalb der öffentlichen Badeanlage in der Baía da Silveira. Rundherum das grüne Villenviertel im Westen von Angra. Spa und Fitness.

Subtropischer Park – **Quinta da Nasce Água** 4 : Vinha Brava, Lugar de Nasce Água, Tel. 295 62 85 00, DZ 80–130 € (über Veranstalter). Vornehmes Anwesen (19. Jh.) mit 14 Zimmern und 2 Suiten, gepflegtem Garten und großem Pool in ländlicher Umgebung. Snackbar mit günstigen Tagesgerichten in unmittelbarer Nähe.

Klassischer Stil – **Beira Mar** 5 : Largo Miguel Corte Real 1–5, Tel. 295 21 51 88, www.hotelbeiramar.com, DZ 70–80 €. Überschaubares Stadthotel an der Meeresfront mit Frühstücksterrasse über dem Hafen und renommiertem Restaurant (tgl. 12–15, 18.30–22 Uhr, Hauptgerichte ab ca. 7 €).

Praktisch – **Monte Brasil** 6 : Alto das Covas 8/10, Tel. 295 21 24 40, DZ 50–65 €. Gepflegte Pension mit 32 Zimmern und gemütlichem Aufenthaltsraum.

Zentraler geht es nicht – **A Ilha** 7 : Rua Direita 24, Tel. 295 62 81 80, Fax 295 62 81 81, DZ 50–60 €. Ordentliche Hotelpension in einem Stadtpalast in der Prachtstraße von Angra, 12 Zimmer.

Essen & Trinken

Neue Bescheidenheit – **O Chico** 1 : Rua de São João 7, Tel. 295 33 32 86, Mo–Sa 12–15, 18.30–23, So 12–15 Uhr, Hauptgerichte 7–12 €, Tagesmenü 6 €. Mit günstigen Preisen und großen Portionen lockt das modernisierte, kleine Restaurant. Inseltypische Gerichte, etwa *alcatra*. Auch zum Mitnehmen.

Deftige Küche – **As Nossas Ilhas** 2 : Rua do Rego, im ersten Stock der Markthalle, eigener Eingang, Tel. 295 21 60 87, tgl. 12–15, 18–22 Uhr, Hauptgerichte ab 9 €, Buffet um 10 €. Geräumiges Lokal, der Markthalle angeschlossen. Auf Gegrilltes (Fleisch und Fisch) und Hühnchenspieße spezialisiert, dazu wird frisches Gemüse serviert. Schöne Terrasse mit Blick über die Stadt.

Jede Menge Fisch – **Casa do Peixe** 3 : Estrada Gaspar Corte Real 30, Tel. 295 21 76 78, Mi–Mo 12–15, 19–23 Uhr (Winter 11–15, 18.30–22 Uhr), Hauptgerichte ab etwa 10 €. Modernes Gebäude mit Panoramafenstern, minimalistisch eingerichtet. Verschiedene Formen von *telha* (wörtl. Dachziegel), einer inseltypischen Zubereitung von Fisch oder Meeresfrüchten (für 2 Pers. um 25 €).

Regionalküche – **O Pátio** 4 : Largo Prior do Crato, Tel. 295 21 61 39, Mo–Sa 11–15, 18.30–23 Uhr, So/Fei geschl., Hauptgerichte ab ca. 7,50 €. Schnörkelloses, familiär geführtes Lokal, in dem Tintenfisch, *cherne* (Wrackbarsch) oder Steak nach Art des Hauses auf den Tisch kommen.

Unkompliziert – **Cervejaria Angrense** 5 : Alto das Covas 22, Tel. 295 21 71 40, tgl. geöffnet. Geräumiges Restaurant in traditionellem Stil, mit Tischen vor der Tür. Wenig Auswahl, aber gutes Preis-Leistungs-Verhältnis. Hat was von einer Imbissstube. Wechselnde, deftige Tagesgerichte 6–7 € (inkl. Getränk).

Einkaufen

Stickereien – **Açorbordados** 1 : Rua da Rocha 50, Tel. 295 21 42 39, www.acorbordados.com. Verkaufsstelle einer Traditionsfirma, die bereits seit 1945 in Heimarbeit sticken lässt (s. a. S. 78).

Markthalle – **Mercado Duque de Bragança** 2 : Rua do Rego, Mo–Fr 7–16, Sa 7–14 Uhr. Beste Auswahl an einheimischem Obst, Gemüse, Fleisch und Fisch

Terceira

Nächtliche Beleuchtung
Auch nach Einbruch der Dunkelheit lohnt ein Spaziergang durch Angra. Dann sind die schönsten Baudenkmäler attraktiv angestrahlt, etwa die Kathedrale oder der Gebäudekomplex der ehemaligen Jesuitenniederlassung am Largo Prior do Crato.

sowie Brot, Gewürzen und Blumen. Im Obergeschoss Galerie mit Verkauf von Kunsthandwerk und Aussichtsterrasse. Restaurant As Nossas Ilhas, s. S. 239).

Aktiv

Tauchen – **Anfibius** 1 : Silveira, Estrada Regional 1, Tel. 912 59 65 41, pt.hoteldocaracol.com, Jan.–Nov. geöffnet. Tauchschule im Hotel do Caracol, auch für externe Teilnehmer. PADI-Kurse u. a. auf Englisch (Open Water Diver 280 €), Ausrüstungsverleih (auch digitale Unterwasserkameras). Getaucht wird am Hausriff, an diversen Spots rund um die Insel oder in der Bucht von Angra, die wegen etlicher Schiffswracks zum ›Archäologischen Unterwasserpark‹ erklärt wurde. Am Ostabhang des Monte Brasil liegt der Cemitério dos Âncoras (›Ankerfriedhof‹). Unzählige Schiffe kappten dort ihre Anker und ließen sie zurück, weil plötzlich der Wind drehte und gefährlicher Wellengang aufkam.
Whalewatching – **Ocean Emotion** 2 : Rua da Praia 49, Tel. 917 07 21 54, www.oceanemotion.pt. Vom Jachthafen läuft das geräumige Festrumpfboot »Ocean Emotion« zur Wal- und Delfinbeobachtung aus. Erw. 50 €, Kinder 3–12 J. 25 €. Schwimmen mit Delfinen gegen Aufpreis von 20 €. Mindestteilnehmerzahl sechs Personen.
Fahrräder, Seekajaks – **Aguiatur** 3 : Marina de Angra, Pontão C, Tel. 295 21 81 02, www.aguiaturazores.com. Verleih von Mountainbikes (20 €/Tag), Seekajaks (2 Pers. 12 €/Std.) und Motorrollern. Außerdem werden verschiedene organisierte Aktivitäten zu Land und zu Wasser angeboten.
Familienausflug und Reiten – **Quinta do Galo** 4 : Terra Chã, Fonte Faneca 75, Tel. 295 33 33 15, www.quintadogalo.pt. Der pädagogische Bauernhof richtet sich vor allem an einheimische Familien. Kinder erfahren hier, wie die traditionelle Landwirtschaft funktioniert und erleben allerlei Abenteuer. Erwachsene können Pferde für Ausritte ausleihen (30 € pro Std.). Nach Verabredung geführte Ausritte in die Berge Terceiras.

Abends & Nachts

Vielseitig – **Farol da Baía** 1 : Estrada Gaspar Corte Real, Tel. 295 21 82 81. Minimalistisch dekorierte Bar am Hafen. Mit *esplanada* (Terrassenbar) und zwei Sälen, in denen Musik – auch alternative Klänge – für ein jüngeres bzw. eher älteres Publikum gespielt wird. Häufig DJ-Events.
Sommertraum – **Havanna Club** 2 : Porto das Pipas, Tel. 968 30 66 56, am Wochenende bis 5 Uhr. Herausragende Lage am Jachthafen mit Super-Ausblicken von der Terrasse. Im Sommer Themenabende und kulturelle Events.
Kultur pur – **Centro Cultural e de Congressos de Angra do Heroísmo (CCCAH)** 3 : Canada Nova de Santa Luzia, Tel. 295 20 61 20, www.cm-ah.pt. Modernstes Kultur- und Veranstaltungszentrum der Azoren. Der extravagante Baustil ahmt eine Stierkampfarena nach. Theater, Konzerte, anspruchsvolle Filme, Ausstellungen. Das Centro beherbergt auch das Konzertcafé **Piano Bar** (tgl. 10.30–24 Uhr Uhr), auf dessen Bühne oft kleinere Events stattfinden.
Theater – **Teatro Angrense** 4 : Rua da Esperança 48–52, Tel. 295 62 87 21,

www.cm-ah.pt. Ein nostalgischer Bau (1860) in klassizistischem Stil. Oper, Operette, Ballett, Konzerte mit nationalen und internationalen Ensembles.

Infos & Termine

Delegação de Turismo da Terceira: 9700-066 Angra do Heroísmo, Rua Direita 74, Tel. 295 21 33 93, Fax 295 21 29 22, pt.de.ter@azores.gov.pt, www.visitazores.com, Mo–Fr 9–17.30, Sa 10–13 Uhr. Infobüro der Azorenregierung.
Quiosque ART: Alto das Covas, Tel. 295 21 85 42, qit.angra@artazores.com, http://pt.artazores.com. Informationskiosk der Organisation ART (s. S. 18).
Internet: www.cm-ah.pt
Festas Sanjoaninas: 24. Juni, www.sanjoaninas.com. In Angra feiert man das Johannisfest ausgiebig mit einem Kultur- und Sportprogramm. Höhepunkte sind der Stiermarkt sowie Stierkämpfe.
Angrajazz: drei oder vier Tage Anfang Okt., www.angrajazz.com. Jazzfestival mit Musikern von den Azoren, aus Europa und Nordamerika. Im Centro Cultural e de Congressos (s. S. 240), das sich dann allabendlich in einen Jazzclub mit Atmosphäre verwandelt.
Festa da Castanha: letztes Okt.-Wochenende. Terra Chã, der fruchtbare Landstrich oberhalb von Angra, gilt als bestes Anbaugebiet für die Edelkastanie. Auf dem Kirchplatz der Gemeinde werden gekochte Kastanien an die Besucher verteilt, dazu gibt es gegrillte Sardinen, Mais und Rotwein. An Ständen wird Backwerk aus Maronen verkauft. Folkloregruppen und Blasmusikanten sorgen für Unterhaltung.
Flugzeug: Stadtbüro der SATA, Rua da Esperança 2, Tel. 295 21 20 13, Mo–Fr 9–18 Uhr.
Überlandbusse: Busse der EVT (s. S. 226) in den Inselosten (Porto Judeu, Porto Martins, Praia) starten an der Praça Velha gegenüber dem Angra Garden Hotel, in den Inselwesten (São Mateus, Biscoitos) in der Rua do Marquês vor dem Eingang zum Jardim Duque da Terceira.
Stadtbusse: In die Außenbezirke von Angra fahren Busse der EVT.
Taxis: Praça Velha (Tel. 295 21 20 05), Alto das Covas (Tel. 295 21 30 88).
Mietwagen: Ilha Verde, Angra Garden Hotel, Praça Velha, Tel. 295 21 58 22, www.ilhaverde.com; Rentangra, Rua Direita 26, Tel. 295 54 39 99, www.rentangra.com.

Porto Judeu und Umgebung ▶ 4, E 4

Gleich nach der östlichen Ortseinfahrt weist rechts ein Schild zum Miradouro Cruz do Canário, einer großen Aussichtsterrasse mit Blick auf die Ilhéus das Cabras (Ziegeninseln). Dann zieht sich die Bebauung von Porto Judeu über mehrere Kilometer an der Küste entlang. Das kleine alte Zentrum markiert die Igreja do Santo António (Estrada Regional 1-2) mit einem hübschen Glockenturm. Etwas weiter zweigt meerwärts die Rua do Porto ab. Hier bietet sich ein kurzer Abstecher zum Fischerhafen an. Die wenigen verbliebenen Fischer frequentieren die beiden nahe gelegenen Bars.

Baía da Salga

Östlich grenzt der beliebte Badeplatz **Zona Balnear da Salga** an. Die Atmosphäre ist geradezu mediterran, wie kaum irgendwo sonst auf den Azoren. Eine in die Jahre gekommene Villa hinter dem grobkiesigen Strand zeugt von vergangenem Glanz. Um das Baden zu erleichtern, wurde ein durch Wellenbrecher geschütztes Becken geschaffen, in dem sich das Wasser bei Flut regelmäßig erneuert. Außerdem ▷ S. 245

Auf Entdeckungstour: Lavahöhlen und heiße Dämpfe – vulkanische Phänomene

Vielerorts auf Terceira lassen sich Spuren des Vulkanismus entdecken. Abenteuer verspricht die Erkundung von Schloten, Lavaströmen und den Austrittsstellen schwefliger Gase.

Reisekarte: ▶ 4, C/D 2–4
Cityplan: s. S. 229
Dauer: ein ganzer Tag.
Startpunkt: Angra do Heroísmo, Museu Vulcanoespeleológico.
Charakter: Rundfahrt per Mietwagen mit Besichtigungen; festes Schuhwerk.
Museu Vulcanoespeleológico: Angra, Rua da Rocha 8, Mo–Fr 9–12.30, 14–17.30 Uhr, Eintritt frei. Bei Redaktionsschluss wegen Renovierung geschlossen. **Gruta do Natal:** Mitte März–Mai und 1. Hälfte Okt. tgl. 15–17.30, Juni/Sept. 14.30–17.45, Juli/Aug. 14–18 Uhr, 5 €. **Algar do Carvão:** Zeiten wie Gruta do Natal, 5 €; Kombiticket für beide Höhlen 8 €, www.montanheiros.com.

Terceira hat das Glück, mit »Os Montanheiros« seit den 1960er-Jahren einen sehr rührigen Hobbygeologen- und Höhlenforscherverein zu besitzen. Liebevoll haben die Mitglieder das kleine **Museu Vulcanoespeleológico Machado Fagundes** 17 in Angra gestaltet, dessen Besichtigung am Vormittag ein informativer Einstieg in diese Tour ist. Es zeigt Reliefs der Azoreninseln mit den wichtigsten geologischen Formationen. Schautafeln erklären auch auf Englisch die vulkanologischen Sehenswürdigkeiten von Terceira und anderen Inseln. Außerdem sind jede Menge von den ›Montanheiros‹ zusammengetragene Gesteinsproben zu besichtigen.

Ein romantischer See

Mit Proviant aus der Markthalle von Angra eingedeckt, bietet sich anschließend der Abstecher zum wildromantischen Kratersee **Lagoa da Falcã** (▶ 4, C 2; auch Lagoa das Patas) an. Man fährt zunächst auf der ER 3-1 Richtung Biscoitos ins Bergland hinauf und biegt an der dortigen zentralen Kreuzung links nach Doze Ribeiras ab. Nach einer Abzweigung Richtung Viveiro do Falcã/São Bartolomeu folgt eine markante S-Kurve, hinter der sogleich linker Hand ein Parkplatz auftaucht.

Auf der gegenüberliegenden Straßenseite liegt dort der Kratersee in dichten Kryptomerienwald (s. S. 95) eingebettet, Hortensienbüsche säumen das Ufer. Exotisch-bunte Enten (port. *patas*) ziehen auf der Wasserfläche zwischen Seerosen ihre Kreise, Bänke und Rasenstücke am Ufer laden zur Rast ein. Am Westrand der Lagoa erhebt sich die **Ermida,** eine recht aufwendig gestaltete, dreischiffige Kapelle, die allerdings meist verschlossen ist.

Abenteuer im Tunnel

Um zur **Gruta do Natal** (▶ 4, C 2) zu gelangen, fährt man zur zentralen Kreuzung zurück und weiter auf der ER 3-1 Richtung Biscoitos. Kurz bevor sich die Regionalstraße gabelt, zweigt links die Zufahrt zur Gruta do Natal ab (ausgeschildert). Ihren Namen, Weihnachtsgrotte, verdankt die Lavaröhre der Tatsache, dass in ihr zur Eröffnung für das Publikum am 25. Dezember 1969 eine Messe gelesen wurde – ein Ereignis, das seither regelmäßig wiederholt wird.

Die Zufahrt endet an dem allmählich verlandenden Kratersee **Lagoa do Negro** (▶ 4, C 2) Dort informiert eine Tafel über die *mistérios negros,* junge, erst 1761 entstandene Lavaströme, die Richtung Westen auszumachen sind. Vier kleine Vulkane an der Südostflanke des Santa-Bárbara-Massivs sandten sie aus. Auch die 700 m lange Gruta do Natal entstand unter einem Lavastrom, allerdings unbekannten Alters.

In einem traditionellen Steinhaus mit dem typischen Zwillingsschornstein befindet sich an der Südseite der Lagoa do Negro der Eingang zur Gruta do Natal. Man bekommt einen Schutzhelm verpasst und darf den Vulkantunnel dann in eigener Regie erkunden (Plan an der Kasse). Die gesamte Besichtigung nimmt etwa 20 Min. in Anspruch. Es herrscht etwa Außentemperatur.

Man hält sich zunächst auf dem Hauptweg Richtung Norden durch die hier relativ breite Felsröhre. Auf Stricklava wandelnd gelangt man zu einem Steinaltar, wo die Messen gelesen werden. Linker Hand zweigt dort eine niedrige Seitenröhre ab. Wer hier hindurchkriechen möchte, muss Abenteuerlust mitbringen. Im Normalfall folgt man weiter dem Hauptgang. Nach rund 20 m tritt die Seitenröhre von links wieder hinzu. Erstarrte Gesteinstropfen hängen hier von der Decke. Das Ende des erschlossenen Höhlenteils ist erreicht, auf demselben Weg geht es zurück. Kurz vor Erreichen der breiten Zugangstreppe leitet links eine schmale Natursteintreppe hinauf zu einem etwas anspruchsvolleren kleinen Rundweg durch einen engeren Höhlenabschnitt. In dem hier sehr niedrigen Tunnel muss man oft gebückt gehen. Den Untergrund bildet scharfkantige AA-Lava, die Trittsicherheit voraussetzt.

Stinkende Schwefeldämpfe

Wieder geht es zur zentralen Kreuzung zurück und dort Richtung Osten, wo nach ca. 3 km eine kurze Stichstraße links zu den **Furnas do Enxofre** (›Schwefelhöhlen‹; ▶ 4, C 2) abzweigt. An einem Parkplatz beginnt ein kurzer, durch Geländer gesicherter und mit Informationstafeln (Port./Engl.) versehener Rundweg um das Fumarolenfeld. Dieser darf nicht verlassen werden, denn abseits des Weges droht Gefahr durch Löcher im Boden, aus denen kochend heißer Dampf quillt. Diese schwefelwasserstoffhaltigen Ausdünstungen haben durch stete Zersetzung des Gesteins eine Senke geschaffen, die man von mehreren Aussichtskanzeln betrachten kann.

Im unwirtlichen Umfeld der Fumarolen gedeihen nur Moose und Flechten. Rund 50 verschiedene Arten wurden gezählt, darunter einige recht seltene. Weiter entfernt erstreckt sich eine Heidelandschaft, wo im Spätsommer die Besenheide blüht. Auch wachsen hier Azoren-Heidelbeere, Adlerfarn, Fingerhut und die zarte blaue Land-Lobelie.

Ein unergründlicher Schlund

Beim benachbarten **Algar do Carvão** (▶ 4, C/D 2; wörtl. Kohlengrube, wegen des z. T. fast schwarzen Gesteins im Inneren) handelt es sich um den Schlot eines erloschenen Vulkans, der sich gegen Ende des letzten Ausbruchs in der Zeit vor etwa 1700 bis 2100 Jahren komplett entleerte. Zurück blieb ein fast 100 m tiefer Hohlraum. Selbst im Sommer bleibt es innen kalt und feucht. Auch in dieser Höhle dürfen sich Besucher in der Regel frei bewegen. Meist steht ein Führer von Os Montanheiros (s. S. 242) bereit. Auf Wunsch gibt er Erläuterungen auf Englisch.

Durch einen Fußgängertunnel betritt man den Vulkanschlot. Hoch oben ist der dicht bewachsene, natürliche Ausgang zu erkennen. Die Höhle erweitert sich nach unten und seitlich führt ein Abstecher in einen riesigen, blasenförmigen Hohlraum, die sogenannte Kathedrale. Wer Lust hat, steigt dann noch die steilen, rutschigen Treppenstufen hinab bis zu einem See am Grund der Höhle. In diesem Fall sind allerdings zurück zum Eingang rund 220 steile Stufen zu bewältigen.

An den Rezeptionen der Höhlen werden Getränke und Knabbereien verkauft, Einkehrmöglichkeiten gibt es im Bergland aber nicht. So lässt man den Tag am besten in Angra in einem Café am Hafen ausklingen.

erlaubt ein Steinkai den Einstieg ins Meer (im Sommer bewacht, Betonliegeflächen, sanitäre Einrichtungen, Strandlokal, kleiner Campingplatz).

Baía das Mós ▶ 4, E 4
Im weiteren Verlauf der Küstenstraße passiert man den Leuchtturm an der **Ponta das Contendas** und die malerische **Baía das Mós.** Die Bucht ist Teil von Natura 2000, dem EU-Netz besonderer Schutzgebiete zur Erhaltung der Artenvielfalt. Baden ist nicht möglich, dafür bietet sich ein fotogener Blick auf den **Ilhéu da Mina,** einen flachen Felsvorsprung, der die Baía das Mós begrenzt.

São Sebastião ▶ 4, E 3

Die Bewohner von São Sebastião verweisen stolz darauf, dass ihr Ort schon 1503 zur Vila erhoben wurde, also Stadtrechte erhielt. Der ganze Ort, in dem viel schöne alte Bausubstanz erhalten blieb, wirkt frisch herausgeputzt. Um die **Praça da Vila de São Sebastião,** den zentralen, autofreien Platz gegenüber der Kirche, gruppieren sich das Rathaus sowie ein paar schlichte Cafés und Snackbars.

Igreja de São Sebastião
Rua da Igreja São Sebastião
Die gedrungene, wehrhaft wirkende Pfarrkirche, ab 1455 errichtet und damit eine der ältesten Kirchen der Azoren, wurde in den vergangenen Jahren von Grund auf renoviert. Ihr Hauptportal mit der wuchtigen Fensterrosette darüber sowie das kleine Seitenportal repräsentieren noch die Atlantische Gotik (s. S. 65). Innen kamen später die Kapellen mit emanuelinischem Kreuzrippengewölbe und den Wappen der jeweiligen Stifterfamilien hinzu. Für die Azoren einmalige Fresken an den Seitenwänden zeigen verschiedene Heilige, etwa Maria Magdalena, Barbara, Martin, den Kirchenpatron Sebastian oder den Erzengel Michael. Hier stehen die Stifter als kleine Figuren in spätmittelalterlicher Kleidung mit im Bild. Die lange Zeit vernachlässigten Wandmalereien wurden professionell restauriert.

Largo da Fonte
Am Ostrand von São Sebastião erstreckt sich dieser weitläufige Platz mit dem **Chafariz de São Sebastião,** dem schönsten alten Brunnen weit und breit – eine Konstruktion aus dem 16. Jh. An den Zapfhähnen holten die Ortsbewohner ihr Wasser, das Becken diente als Viehtränke.

Essen & Trinken

Zentrales Gasthaus – **A Ilha:** Rua da Igreja São Sebastião 47, Tel. 295 90 41 66, Mi–Mo 12–15, 18–22.30 Uhr. Von außen unscheinbar, innen aber erstaunlich geräumig und gediegen. Spezialität ist *alcatra* (meist nur So). Wechselnde Tagesmenüs ab ca. 8 €.

Porto Martins ▶ 4, E 3

Von schönen Gärten umgebene Ferienvillen prägen den weitläufigen Ort. Wer hier ein Haus besitzt, gehört auf Terceira zu den Bessergestellten. Porto Martins bietet mit seinen **Piscinas naturais** (Naturschwimmbecken, Largo da Poça da Areia) die wohl komfortabelste Badegelegenheit der malerischen Südostküste: einen breiten Lavapool mit angrenzenden Betonliegeflächen sowie Einstiege ins Meer. Hier beginnt eine Strandpromenade, die nordwärts zur Kirche und einem Heiliggeisttempel (1902) führt. Unterwegs sieht man das eine oder andere traditionelle Fischerhaus, der alte Ortskern lässt sich aber nur noch erahnen.

Terceira

Übernachten

Landestypische Pension – **Branco do Porto Martins:** Estrada Santa Margarida, Tel. 295 51 60 75, www.residencial-branco.com, DZ 45 €. Einzige reguläre Unterkunft am Ort, nur wenige Schritte vom Meeresschwimmbecken.

Essen & Trinken

Strandlokal – **Búzios:** Piscinas naturais, Tel. 295 51 55 55, https://www.facebook.com/buziusazores, Di–So 12–14.30, 18–22 Uhr, Hauptgerichte ab ca. 12 €. Schickes, bei Amerikanern sehr beliebtes Restaurant mit windgeschützter Veranda. Spezialisiert auf *picanha* und anspruchsvolle italienische Küche. Wechselnde Speisekarte nach Marktlage, So/Fei oft Buffet.

Baía dos Salgueiros

▶ 4, E 3

Der flache Felsküstenabschnitt südlich von Porto Martins verdankt seine Entstehung Lavaströmen, die hier zungenförmig ins Meer geflossen sind. Ein Strand ist nicht vorhanden. Dafür gibt es ein künstlich geschaffenes Felsbadebecken, Einstiege über Treppen ins Meer und auch einen kleinen Campingplatz. Tamarisken säumen das brandungsumspülte Ufer, im Hinterland grenzen von niedrigen Steinmauern gesäumte Felder an.

Praia da Vitória

▶ 4, E 2

Hier begann 1450 die Besiedelung Terceiras, als sich der Flame Jácome de Bruges (Jacob van Brugge) mit Erlaubnis Heinrichs des Seefahrers an der weitläufigen Bucht mit guten Ankermöglichkeiten niederließ. Praia da Vitória (7000 Einw.) kann sich mit Angra hinsichtlich des Stadtbilds und der Sehenswürdigkeiten zwar nicht vergleichen. Der lebendige, gepflegte Ort profitierte allerdings jahrzehntelang wirtschaftlich von der Nähe der Militärbasis bei Lajes, auch wenn die Zahl der dort stationierten Amerikaner zuletzt stark reduziert wurde.

Auf Veranlassung der Amerikaner erfolgte der Ausbau des Hafens zum größten der Azoren. Die wesentlichen Hafeneinrichtungen befinden sich am Südrand der Bucht. Praia selbst bleibt davon unberührt, punktet vielmehr mit einer großzügigen Uferpromenade, vor der sich der lange, sehr gut zum Baden geeignete Sandstrand **Praia Grande** und ein Jachthafen erstrecken. Den Nordabschnitt der Promenade säumt eine moderne Häuserzeile mit Hotels, Restaurants und Bars. Südlich schließt das historische Zentrum an.

Praça Francisco Ornelas da Câmara

Den Mittelpunkt der Altstadt bildet die Praça Francisco Ornelas da Câmara mit einem Denkmal, das an die Seeschlacht von 1829 in der Bucht von Praia erinnert. Damals errang König Pedro IV. den entscheidenden Sieg gegen die Truppen seines Bruders und Widersachers Miguel. Praia wurde daraufhin mit dem Beinamen ›da Vitória‹ (des Sieges) geehrt. Am Platz erhebt sich das **Paços do Concelho** (Rathaus), ein Renaissancebau von 1596.

Rua de Jesus

Am Rathaus beginnt die Rua de Jesus, die als Fußgängerzone quer durch die Innenstadt führt, gesäumt von hübschen, zweistöckigen Stadthäusern

Praia da Vitória

Blickfang an der Hauptfassade der Igreja Matriz ist das emanuelinische Portal

mit Balkonen oder Gauben und roten Ziegeldächern. Ganz im Süden, wo diese Achse von Autos befahren wird, steht links der **Mercado Municipal**, die städtische Markthalle. Das Angebot ist nicht überwältigend, aber man kann hier gut frisches Obst und Gemüse sowie Fisch kaufen. Gegenüber lädt der **Jardim Silvestre Ribeiro** zur Rast unter hohen Araukarien ein. In der Mitte des Stadtgartens erhebt sich eine gewaltige Säule, gekrönt von einer Statue des Jozé Silvestre Ribeiro, der im 19. Jh. das Amt des Zivilgouverneurs von Angra do Heroísmo bekleidete.

Igreja Matriz de Santa Cruz
Rua Mestre de Campo, unregelmäßig geöffnet
Ein schattiger Platanenpark mit Bänken flankiert die Hauptkirche von Praia, die Jácome de Bruges 1456 gründete. Oft ist sie verschlossen und das barock dekorierte Innere nicht zu besichtigen. Doch ein Besuch lohnt schon wegen der emanuelinischen Marmorportale an der Vorderfront und an der Südseite. Sie wurden auf dem portugiesischen Festland angefertigt und 1577 von König Sebastião gestiftet, nachdem die Igreja Matriz schwere Erdbebenschäden erlitten hatte. An der Südfassade sind außerdem alte Grabsteine mit verwitterten Schriftzügen zu sehen.

Igreja da Misericórdia
Rua da Misericórdia
Passend zur gleichnamigen Kirche sind die Häuser in der Straße in den Farben Blau und Weiß gestrichen. In den zwei Schiffen des Gotteshauses werden, wie so oft bei der Misericórdia (s. S. 66), die Schutzpatrone

Terceira

Espírito Santo (Heiliger Geist) und Santo Cristo gleichberechtigt verehrt. Der ursprüngliche, im 15. Jh. gegründete Bau brannte 1921 ab und wurde drei Jahre später neu errichtet. Heute erstrahlt die renovierte Igreja da Misericórdia in frischem Glanz.

Cabo da Praia ▶ 4, E 3
Der südliche Ortsteil von Praia da Vitória bietet wenig. Aber nahebei in der Hafenzone steht die Festung **Forte de Santa Catarina** (Estrada de Santa Catarina) aus dem 16. Jh., die einzige erhaltene von insgesamt zwölf Festungen, die bis ins 19. Jh. hinein die Bucht von Praia gegen Piraten- und Korsarenüberfälle sicherten. Verbunden waren sie durch eine Wehrmauer, von der nur noch wenige Teile stehen. Die Zufahrt zum Forte de Santa Catarina ist an zwei Stellen ausgeschildert, man sollte die nördliche wählen. Es geht am Südrand des Hafenbeckens entlang bis zur großen Außenmole, an deren Beginn sich die frisch restaurierte Festung erhebt. Heute ist hier die Liga dos Combatentes untergebracht, eine Veteranenvereinigung. Der Bau ist nicht von innen zu besichtigen.

Übernachten

Zeitgemäßer Komfort – **Praia Marina:** Av. Beira Mar 1, Tel. 295 54 00 55, www.hotelpraiamarina.com, DZ ca. 85 €, Apartment für 2 Pers. ca. 130 €. Recht neues 4-Sterne-Haus hinter Strand und Jachthafen. Zimmer mit Balkon, Suiten mit Panoramaterrasse. Auch Ferienwohnungen mit Kochgelegenheit.
Modern – **Varandas do Atlântico:** Rua da Alfândega 19, Tel. 295 54 00 50, www.hotelvarandas.com, DZ ca. 80 €. In Weiß und Blau gehaltener Dreisterner, stadt- und strandnah. Zimmer mit Meerblick und Balkon.
Landhotel – **Quinta dos Figos:** Cabo da Praia, Rua das Pedras 34, Tel. 295 54 27 08, www.quintadosfigos.com, DZ 60–70 €, Apartment für 2 Pers. 75–85 €. Mit traditionellen Materialien sorgfältig restaurierter Gutshof mit zehn stilvollen Wohneinheiten. Eigener Obst- und Gemüseanbau, Haltung von Hühnern, Enten und Truthähnen.
Sympathisch altmodisch – **Salles:** Praça Francisco Ornelas da Câmara 2–6, Tel. 295 54 24 54, www.hotelsalles.com, DZ ca. 50 €. Stadthotel mit 24 ordentlichen Zimmern, viele mit Balkon. Möblierte Dachterrasse mit Meerblick.

Essen & Trinken

Brasilianisch – **Tropical Point:** Av. Beira Mar 11 A, Tel. 295 54 21 67, www.tropical-point.com, Di–So 10–2 Uhr (Küche bis 24 Uhr), Hauptgerichte ab ca. 12 €. Am Hafen, mit windgeschützter Veranda. Brasilianische Küche, z. B. tropisches Fischragout.
Frische Ware – **O Pescador:** Rua Constantino José 11, Tel. 295 51 34 95, Küche von 12–14.30 und 18–23 Uhr. Hauptgerichte ab 12, Tagesgerichte ab 6,50 €. Gehobenes Fischrestaurant, jedoch mit günstigen Tagesmenüs. Professionelles Küchen- und Serviceteam. Auch vegetarische Speisen.
Zentraler Treff – **Santa Cruz:** Praça Francisco Ornelas da Câmara. Unten beliebtes Café (Snacks), im Sommer Tische auf dem zentralen Platz. Oben Self-Service-Restaurant (Buffet um 8 €).

Aktiv

Wassersport – **Praiacores:** Cruz do Marco 106, Tel. 966 03 98 99. Vom Ritt auf dem Bananenboot über Tretbootverleih (1 Std. 12 €) und Wasserski bis hin zu Seekajak-Exkursionen zu den Ilhéus das Cabras wird vielerlei geboten.

Abends & Nachts

Mit Anspruch – **Etis Bar Cultural:** Rua de Jesus 26, Tel. 295 51 26 91. Junges Publikum und ein gewisser alternativer Touch. Ambitionierte kleine Kunst- und Fotoausstellungen. Mittags gibt es ein günstiges Tagesgericht, ansonsten Sandwiches und Kuchen. Die Gewinne des Lokals werden für soziale Zwecke verwendet.

Junger Club – **Up & Down:** Av. Beira Mar (Edifício Beira Mar, www.facebook.com/upanddownbar), tgl. geöffnet. Unten Bar mit Promenadenblick, oben am Wochenende Disco. Häufig Events mit azorenweit bekannten DJs.

Infos & Termine

Quiosque ART: Zona da Marina, Tel. 295 54 32 51, qit.praia@artazores.com, http://pt.artazores.com. Informationskiosk der Organisation ART (s. S. 18) am Jachthafen.
Internet: www.cmpv.pt
Festas da Praia: Anfang Aug. Das Stadtfest erinnert an die ruhmreiche Seeschlacht am 11. August 1829 (s. S. 246). In der Woche davor Segelregatten, Stierkämpfe am Strand, Umzüge, Gastronomiemesse, Kunsthandwerksausstellung. Dazu gibt es viel Musik und Tanz und als Finale ein großes Feuerwerk.
Fähre: Tickets der Atlânticoline online, am Hafenschalter (ab 1,5 Std. vor Abfahrt) oder in Reisebüros in Angra und Praia. Fähranleger am Südrand der Hafenbucht, in Cabo da Praia (Bus Linie 8 Richtung Porto Martins, Mo–Sa 5–6 x tgl.).
Überlandbusse: Zentrale Abfahrtsstelle am Nordrand der Stadt, nahe Largo Conde da Praia. Fahrpläne im Büro der EVT, Rua Padre Rocha Sousa.
Stadtbusse: Zwei Minibuslinien verkehren auf Rundkursen (zw. 7.30 und

Mein Tipp

Bioware direkt ab Hof
Avelino Ormonde hat seine Quinta in dem hübschen Bauerndorf Fontinhas (▶ 4, E 2) mit sehr viel Engagement auf organische Produktion umgestellt. Manchmal führt er selbst durch die Anlage. Unter dem Markennamen BioFontinhas verkauft er Salate, Kräuter und Obst. Meist sind auch Eier, Honig und Sonnenblumenbrot vorrätig (Rua das Fontinhas 57, nahe Via Rápida, Tel. 295 57 91 45, Sa vorm., nur wenn Einfahrtstor offen oder nach Vereinbarung).

18.30 Uhr), Einzelfahrt 0,20 €, Routen unter www.cmpv.pt
Taxis: Praça Francisco Ornelas da Câmara (Tel. 295 51 20 92).

Umgebung von Praia da Vitória

Wanderung im Biscoito das Fontinhas ▶ 4, D 2
Dauer: 2 Std., leicht, Anfahrt über VR Ausfahrt Fontinhas/São Brás nach Ladeira do Cardoso, dort Schildern »Zona de lazer« folgen

Der Rundweg und Naturlehrpfad **PRC 8 TER** beginnt und endet am **Parque de Merendas de São Brás,** einem Picknickplatz südlich von **Ladeira do Cardoso.** Zunächst geht es auf einem alten, in den 1990er-Jahren wiederentdeckten und freigelegten Karrenweg über den flachen Lavastrom Biscoito das Fontinhas. Tief haben sich die Fahrspuren der Ochsenwagen in das Gestein eingeschnitten. Die ältes-

Terceira

Ein Schachbrettmuster von Weiden und Äckern liegt der Serra do Cume zu Füßen

ten stammen aus einer Zeit vor 1820, als die Räder noch mit Nägeln beschlagen wurden. Auf der kargen, kaum verwitterten Lava hat sich eine ganz spezielle Flora entwickelt. Aus der **Fonte do Cão** (›Hundequelle‹) sprudelt ganzjährig Wasser. Hier durften die Hunde trinken, die den Karrenzug begleiteten. Der Rückweg führt auf einem breiten Erdweg an der **Ribeira dos Pāes** entlang.

Serra do Cume ▶ 4, D/E 2/3

Mit der Serra do Cume (546 m) blieb der Nordostrand eines rund 10 km breiten Riesenkraters perfekt erhalten. Am Rest dieser Caldeira hat schon der Zahn der Zeit genagt. Jüngere Vulkanausbrüche zerstörten ihren Westrand. Der Südrand versank im Meer, an ihn erinnern der Monte Brasil bei Angra und die Felsinselgruppe Ilhéus das Cabras vor Porto Judeu. Vom Aussichtspunkt auf der Serra do Cume blickt man Richtung Südwesten weit in den ehemaligen Kratergrund hinab, den ein Schachbrettmuster von Weiden und Äckern überzieht, voneinander abgegrenzt durch die für Terceira typischen, dunklen Lavasteinwälle.

Aktiv

Golf – **Ilha Terceira Golf:** Fajãs da Agualva, Tel. 295 90 24 44, www.terceiragolf.com. In eine bewaldete Seen- und Hügellandschaft zwischen Serra do Cume und dem zentralen Gebirge wunderschön eingebettete 18-Loch-Anlage. Azaleen und Hortensien säumen die Fairways. Greenfee 30–50 €.

Biscoitos ▶ 4, C 1

Hübsche Häuser säumen dicht an dicht die langgezogene Dorfstraße und verleihen Biscoitos ein fast urbanes Flair. An der Abzweigung der ER 3-1 Richtung Angra liegt das Zentrum mit Kirche, Heiliggeisttempel,

Biscoitos

ein paar Lokalen und Geschäften. An der 1 km langen Stichstraße zum Fischerhafen **Porto de Biscoitos** und zur legendären Felsbadeanlage (s. Lieblingsort S. 252) stehen Ferienvillen mit subtropischen Gärten zwischen Weinfeldern. Viele Bewohner von Biscoitos betreiben Weinbau – zumindest als Nebenerwerb – sowie den Anbau von Feigen. Diese empfindlichen Kulturen gedeihen auf dem dunklen, Wärme speichernden Gestein einer Lavazunge, die sich im 18. Jh. hier ins Meer ergoss. Erst danach wurde der Ort gegründet, der einem speziell hier vertretenen Gesteinstypus, der Biskuit-Lava, seinen Namen verdankt.

Museu do Vinho
Canada do Caldeiro (ER 3-1 Richtung Angra), Tel. 295 90 84 04, April–Sept. Di–So 10–12, 13–17.30, Mo geschl., Okt.–März Di–Sa 10–12, 13.30–16 Uhr, So/Mo geschl., 3. Sept.-Woche geschl., Eintritt frei
Das Privatmuseum ist Teil der **Casa Agrícola Brum,** eines bereits seit 1890 bestehenden, inzwischen in fünfter Generation geführten Weinguts. Es zeigt altes Winzergerät, Fotos und Dokumente. Familie Brum kämpft gemeinsam mit anderen Winzern für den Erhalt der Weinbauzone Biscoitos, für die Wiederbelebung der Produktion des klassischen Verdelho und gegen den Verkauf von Rebflächen als Bauland. Zur Zeit der Weinlese kann man im Erdgeschoss zuschauen, wie die Trauben verarbeitet werden. Nebenan im Verkaufsraum darf probiert werden.

Übernachten

Romantisch – **Quinta do Rossio:** Lugar do Rossio 20, Rua dos Boiões, Tel. 295 98 91 60, www.quintadorossio.com, DZ 80 €. Landhotel mit vier Zimmern, familiär geführt, liebevoll im historischen Stil eingerichtet. Meerwasserpool, Sauna, zum Badeplatz von Biscoitos 2,5 km. Traditionelles Frühstück, auf Wunsch und nach Anmeldung am Vortag auch Mittag- oder Abendessen (Tagesmenü 17,50 €).

Essen & Trinken

Viele einheimische Gäste – **O Pedro:** Junto à Igreja, Tel. 961 43 49 88, https://www.facebook.com/casadepastoopedro, Mo–Sa 12–15, 18–22 Uhr, Tagesgericht ca. 5,50 €, Hauptgerichte ab ca. 7 €. Ein kleines Restaurant bei der Kirche. Aus der Küche kommen gegrillte *lapas,* Tintenfischragout und andere Inselspeisen.

Strandlokal – **Bar do Abismo:** Piscinas naturais, im Sommer tgl. geöffnet, Snacks 3–4 €. Snackbar im amerikanischen Stil, Hamburger oder Cheeseburger mit Pommes. Tische im Freien mit schönem Küstenblick.

Aktiv

Baden – **Piscinas naturais:** s. Lieblingsort s. S. 252. Ein weiterer Fels-

Mein Tipp

Vorräte auspacken am Miradouro
Vier Flüsse – *quatro ribeiras* – münden beim gleichnamigen Dorf in die weitläufige **Baía das Quatro Ribeiras** (▶ 4, C 1). Am westlichen Ortsrand, an der Straße Richtung Biscoitos, weist ein Schild auf einen Miradouro hin. Er wurde als Picknickplatz auf dem Bergrücken der Ponta da Furna angelegt, mit schönem Blick nach Osten über die Bucht.

Lieblingsort

Biscoitos – Badevergnügen in den Felsen ▶ 4, C 1

Lavapools gibt es auf den Azoren viele, doch keine sind so schön wie die **Piscinas naturais** von Biscoitos. Eine natürliche Felsbarriere schirmt das innerste Becken vor der Brandung ab. Weiter draußen, wo die Wellen hineinschwappen, wird es abenteuerlicher. Bei ruhiger See wagen sich sportliche Menschen dennoch ins offene Meer. Deren Tatendrang sind allerdings Grenzen gesetzt. Eine Bojenkette hindert am allzu weiten Hinausschwimmen. Schmale, in die Felsen betonierte Nischen laden anschließend zum ausgiebigen Sonnenbaden ein (Piscinas naturais: frei zugänglich, in der Saison tagsüber bewacht, sanitäre Anlagen vorhanden, Duschen gebührenpflichtig).

Mein Tipp

Kleiner Sommermarkt
In der Badesaison stehen am Zugang zu den **Piscinas naturais** (s. S. 252) von **Biscoitos** (▶ 4, C 1) ein paar Marktstände mit Kunsthandwerk (geschnitzte Armreifen, Trachtenpuppen), Obst und Gemüse aus örtlicher Produktion, *tremoços* (Lupinensamen), pikant gewürztem Sauergemüse, Marmeladen und Backwaren (etwa *queijadas*). Wenn die Feigen im September reif sind, werden sie nicht nur hier, sondern auch in einigen Häusern an der Zufahrtsstraße angeboten (Schilder: »Se venden figos«).

---

badeplatz liegt, umgeben von bizarren Gesteinsformationen, östlich von Biscoitos in der **Baía das Quatro Ribeiras**.

Termine

Festa da Vinha e do Vinho dos Biscoitos: 1. Sept.-Wochenende. Die Weinlese ist Anlass für ein der Rebe *(vinha)* und dem Wein *(vinho)* gewidmetes Fest auf dem Gelände des **Museu do Vinho** (Eintrittsgebühr) – Gelegenheit, der Weinlese und dem Pressen der Trauben beizuwohnen und den frischen Most zu probieren; dazu Folkloremusik und Tanz. Traditionelle Speisen und der vorjährige Wein werden verkostet.

Altares ▶ 4, B 1

Der Bauernort (900 Einw.) gefällt durch den architektonischen Dialog zwischen Kirche und Heiliggeisttempel, die sich an der Durchgangsstraße gegenüber stehen. Letzterer stammt von 1903, ist im damals aktuellen Jugendstil verglast und darüber hinaus nicht – wie sonst üblich – bemalt, sondern komplett mit grünen und weißen Fliesen verkleidet.

Núcleo Museológico dos Altares
Largo Mons. Inocéncio Enes, Tel. 295 98 91 00, Mi–So 14–17 Uhr
In der alten Dorfschule von 1888 am Kirchvorplatz präsentiert heute ein winziges Museum alte Gerätschaften aus Haushaltung und Landwirtschaft sowie andere volkskundliche Exponate aus dem Ort. Darüber hinaus gibt es auch eine kleine Ausstellung zu Fauna, Flora und Ökologie der Insel.

Pico Matias Simão ▶ 4, C 1

Die markante Vulkankuppe (153 m) erhebt sich etwas abseits von Altares am Meer. Dank ihres besonders festen Lavagesteins trotzte sie der Erosion. Der *pico* lässt sich nur zu Fuß erkunden (mit Rückweg 30 Min.). In einer auffälligen Kurve der ER 1-1 an der östlichen Ortseinfahrt von Altares, wo man bei einem Straßenspiegel in die Canada do Pico einbiegt, geht es los. Am Gipfel hatten einst die Walfänger von Biscoitos ihren Ausguck, heute thront hier ein Kreuz. Zum Atlantik hin fällt die Küste steil ab.

Essen & Trinken

Gutbürgerlich – **Caneta:** Às Presas 13 (ER 1-1), Tel. 295 98 91 62, Di–So 12–15, 18–22 Uhr, Hauptgerichte ab ca. 8 €. In einem schön hergerichteten Gutshaus am westlichen Ortsrand, mit Patio und gepflegtem Speiseraum. Typische Regionalküche, etwa *alcatra* oder Tintenfisch vom Grill.

Mata da Serreta

▶ 4, B 1/2

Das ausgedehnte Waldgebiet, dessen exotische Vegetation von dem milden Klima in Meeresnähe profitiert, liegt zwischen **Raminho** und **Serreta**. Die 15 ha große Kernzone wurde von der Forstverwaltung zur **Reserva Florestal de Recreio da Serreta** gestaltet, einem Freizeitpark mit Spazierwegen, Aussichtspunkten, Picknicktischen und Kinderspielplatz. Unter den Neuseeländischen Weihnachtsbäumen, Kryptomerien und Eukalyptusbäumen, die einst hier aufgeforstet wurden, blühen heute Azaleen und Hortensien. Den Eingang markiert ein gewaltiger Barockbrunnen mit einer mythischen Greifvogelskulptur. Er sprudelte ursprünglich im Kreuzgang eines Klosters in Angra. Ein Folder mit dem Plan des Parks gibt es zum Herunterladen unter www.azores.gov.pt.

Miradouro do Raminho
ER 1-1 südl. von Raminho
Über Raminho und Altares hinweg schaut man von dem Aussichtspunkt weit nach Nordosten, bis zum Pico Matias Simão. Je nach Wetterlage sind im Westen bzw. Süden die Inseln Graciosa und São Jorge auszumachen, wobei Letztere allerdings von den immer höher werdenden Bäumen zusehends verdeckt wird. Das Pflastermosaik auf der Aussichtsterrasse zeigt eine Windrose. Es gilt als eines der schönsten Beispiele für die *calçada portuguesa* auf den Azoren, die typische portugiesische Pflastermosaikkunst.

Neben dem Miradouro do Raminho weist ein Schild zur **Vigia da Baleia,** einem ehemaligen Walfängerausguck, der auf einer 300 m langen Piste zu erreichen ist. Die um 1950 errichtete Hütte thront 153 m über dem Meer. Der Posten gab je nach Tageszeit mit Flaggen oder Feuer sowie über Funk Nachricht, sobald Wale in Sicht kamen. Im Umkreis der *vigia* befindet sich eine bewaldete Picknickzone. Von hier ist ein abenteuerlich steiler, von Anglern genutzter Pfad hinab zur Küste an der **Ponta do Raminho** ausgeschildert (mit Rückweg 20 Min.).

Ponta do Queimado

Am Südrand der Mata da Serreta weist von der ER 1-1 ein Schild Richtung **Farol.** An dem kleinen Leuchtturm vorbei schraubt sich die Nebenstraße zur felsigen Küste an der Ponta do Queimado hinab und endet nach 2 km an einem Betonparkplatz, wenige Meter oberhalb des Meeres. Einheimische Angler suchen diese Stelle wegen ihres Fischreichtums gern auf. Die Fahrt hierher lohnt wegen des großartigen Blicks entlang der Steilküste Richtung Norden sowie nach Süden zur Insel São Jorge.

Handgemachter Inselkäse ▶ 4, B 3
In Cinco Ribeiras lädt die Molkerei Queijo Vaquinha, Terceiras ältester Käsehersteller, zu Besichtigung, Probe und Kauf ein. Hier produzieren João Henrique Melo Cota und seine Mitarbeiter den *queijo da ilha* noch wie in alten Zeiten (**Queijo Vaquinha,** Cinco Ribeiras, Canada do Pilar 5, Tel. 295 90 71 38, www.facebook.com/queijovaquinha, Mo–Fr 10–22, Sa 15–22 Uhr).

Terceira

> ### Mein Tipp
>
> **Naturparkzentrum** ▶ 4, B 3
> An der ER 5 zwischen Doze Ribeiras und der Lagoa da Falcá, nahe der Abzweigung zum Gipfel der Caldeira de Santa Bárbara, informiert das Centro de Interpretação da Serra de Santa Bárbara über den Naturpark Terceira, der aus 20 Schutzgebieten besteht und fast ein Viertel der Insel umfasst (Tel. 295 40 38 00, http://parquesnaturais.azores.gov.pt, Mitte Juni–Mitte Sept. tgl. 10–18, sonst Di–Sa 9.30–12.30 Uhr, Eintritt frei; mit Ausstellung und Shop).

Wanderung zur Lagoinha
Dauer: 2,5 Std., mittelschwer, 400 Höhenmeter im Auf- und Abstieg; Anfahrt per Bus bis Abzweigung zum Farol, von dort 400 m auf der ER 1-1 südwärts, dann links einbiegen und 800 m bis zur Wandertafel aufsteigen
Der Rundweg **PRC 3 TER** erschließt den oberen Teil der Mata da Serreta, wo der exotische Forst allmählich in naturbelassene, einheimische Vegetation übergeht. Er beginnt an einer Wandertafel am Fahrweg **Canada das Fontes**, einem ehemaligen Viehauftriebsweg, der einen Bogen um den oberen Ortsrand von **Serreta** beschreibt (Anfahrt entspricht Anmarsch der ›Bus-Fahrer‹, s. o.). Nach 100 m auf Asphalt geht man links einen Hohlweg hinauf und erreicht etwa nach halber Gehzeit eine Abzweigung, wo ein kurzer Abstecher bergauf zur 777 m hoch gelegenen **Lagoinha**, einem romantischen Kratersee inmitten von Wacholdergebüsch, führt. Man läuft zurück zur Abzweigung, dort hangparallel weiter und dann rechts abwärts durch die Lorbeerwaldschlucht der **Ribeira do Além**. Auf rutschigem Untergrund quert man ein Waldgebiet am **Pico do Negrão** (640 m). Weideflächen und Hortensienhecken säumen das letzte Teilstück.

São Mateus da Calheta ▶ 4, C 3

Der Fischerort (4000 Einw.) gefällt durch die pittoreske Szenerie. Seine Silhouette wird von der imposanten Pfarrkirche **Igreja de São Mateus** beherrscht. Als sie nach relativ langer Bauzeit (1895–1911) endlich fertiggestellt war, vertraten einige Journalisten auf der Insel die Meinung, sie sei für das Dorf viel zu groß geraten und spiegle den Kontrast zwischen Arm und Reich allzu deutlich wider. In der Tat mussten viele Bewohner von São Mateus früher nach Amerika emigrieren, da der Fischfang zu wenig einbrachte. Inzwischen hat sich die finanzielle Lage im Dorf deutlich verbessert. Der Hafen wurde modernisiert und beherbergt eine große Trawlerflotte. Kühlwagen der Händler holen den meist morgens eingebrachten Fang in der modernen Fischmarkthalle ab. Mehrere Fischrestaurants und etliche Bars, in denen die Fischer ihre Freizeit verbringen, säumen das Ufer. An einer kurzen Promenade befinden sich Treppeneinstiege ins Meer, die relativ gefahrloses Baden im Hafenbecken ermöglichen.

Sehenswert

In einem ehemaligen Bootsschuppen ist der **Núcleo Museológico Casa dos Botes Baleeiros** (Porto de São Mateus, nachmittags i. d. R. geöffnet, Eintritt

São Mateus da Calheta

frei) untergebracht, dessen Attraktion drei restaurierte Walfangboote sind. Fotos dokumentieren, wie es früher am Hafen von São Mateus zuging, und Schautafeln zeigen die Funktionsweise des handwerklichen Fischfangs auf den Azoren.

Am Ostrand des Hafenbeckens ragen die wuchtigen Mauern des restaurierten **Forte Grande de São Mateus** (16. Jh., Estrada Regional 1) auf, einer von mehreren Festungen, die früher den Hafen und die angrenzende Küste sicherten. Sie beherbergt den **Núcleo Museológico do Mar** (Mo–Fr 9–17 Uhr) der Umweltorganisation Gê-Questa. Das kleine Museum mit Aquarien und wechselnden Ausstellungen befasst sich mit der Ökologie und dem Schutz der Meere.

Übernachten

Herrschaftlich – **Quinta do Martelo:** Canada do Martelo 24, Tel. 295 64 28 42, www.quintadomartelo.net, DZ 100 €, Ferienhaus für 2 Pers. 120 €. Landgut mit 12 Wohneinheiten, antiker Einrichtung und modernem Komfort. Tennisplatz, Pool, Minigolf, Fitnessraum, Sauna, Fahrradverleih.

Essen & Trinken

Gehoben regionaltypisch – **Quinta do Martelo:** s. o., Tel. 962 81 27 96, Do–Di 12–15, 18.30–22 Uhr, Hauptgerichte ab 12 €. Spezialität ist *alcatra,* hier auch mit Wildkaninchen oder Huhn. Die Restaurantgäste dürfen das angeschlossene ethnografische Museum besichtigen.

Ein Klassiker – **Beira Mar:** Canada do Porto 46, Tel. 295 64 23 92, Di–So 12–14.30, 19–22 Uhr, Hauptgerichte ab 10 €. Fangfrischen Fisch und Meeresfrüchte sucht man aus der Vitrine aus. Schlichter, zwangloser Rahmen. Windgeschützte Terrasse über dem Hafen.

Wie ein Fels in der Brandung: Die imposante Kirche ist das Zentrum von São Mateus

Das Beste auf einen Blick

Graciosa

Highlight!

Furna do Enxofre: Eine geologische Kuriosität stellt die Vulkanhöhle mit der geheimnisvollen Lagoa do Styx in ihrem Inneren dar. Sie zählt zu den Top-Natursehenswürdigkeiten ganz Portugals. S. 264

Kultur & Sehenswertes

Igreja Matriz de Santa Cruz: Die Hauptkirche der Insel wurde um 1500 im emanuelinischen Stil errichtet und birgt Tafelbilder eines bekannten portugiesischen Renaissancemalers. S. 261

Museu da Graciosa: In einem alten Weinhändlerhaus und einem trendigen Neubau vermittelt das Inselmuseum in Santa Cruz alles Wissenswerte über Graciosa. S. 261

Zu Fuß unterwegs

Rundwanderung um die Caldeira: Der eindrucksvolle Riesenkrater im Osten der Insel lädt zu einer Panoramatour ein. Vom Kraterrand fallen die Blicke auf die Küstenlandschaft wie auch ins bewaldete Innere des Kessels. S. 265

Wanderung durch die Serra Branca: Das »weiße« Gebirge bietet vom Vulkan Caldeirinha und bei der Durchquerung der Insel von West nach Ost großartige Aussichten auf ganz Graciosa. S. 267

Genießen & Atmosphäre

Terra do Conde: Das Traditionsweingut produziert einen azorenweit bekannten Tropfen. In der Probierstube werden verschiedene Sorten und Qualitäten ausgeschenkt. S. 262

Termas do Carapacho: Wellness wird im renovierten Kurhaus aus dem 19. Jh. großgeschrieben, ob im angenehm temperierten Indoorbereich mit Pool und Sauna oder draußen im Meeresschwimmbad. S. 266

Abends & Nachts

Grafil Coffee Bar: Die Music-Bar Nr. 1 auf der Insel bietet am Wochenende oft Livemusik im Zentrum von Santa Cruz S. 262

Inselleben ganz entspannt

Mit Santa Cruz besitzt Graciosa eine der schönsten Azorenstädte überhaupt. Hier wie auch anderswo auf der Insel, die von der UNESCO zum Biosphärenreservat erklärt wurde, geht es sehr beschaulich zu. Weitere touristische Anziehungspunkte sind die Caldeira mit der gigantischen Vulkanhöhle Furna do Enxofre und der nostalgische Thermalkurort Carapacho mit seinem zum Wellnesstempel ausgebauten Badehaus. Ein neues Komforthotel in Santa Cruz lockt immer mehr Urlaubsgäste nach Graciosa. Dennoch wird die Insel ein Ziel für Individualreisende bleiben, die Ruhe und Ursprünglichkeit suchen.

Santa Cruz da Graciosa ▶ 3, B 1

Das Leben auf Graciosa spielt sich vorwiegend im Hauptort Santa Cruz (1800 Einw.) ab. Ihre zentrale **Praça Fontes Pereira de Melo** mit dem Rathaus nennen die Bewohner liebevoll **Rossio,** nach dem weitaus berühmteren Vorbild in Lissabon. Immerhin handelt es sich um den weitläufigsten Stadtplatz der Azoren. Hohe Araukarien stehen Spalier neben zwei großen Wasserbecken am Nordrand des Platzes – Resten einer einstmals natürlichen Süßwasserlagune. Diese war den frühen Siedlern, die sich um 1475 hier niederließen, auf der ansonsten eher wasserarmen Insel mehr als willkommen. Der Südteil des Rossio ist allgemeiner Treffpunkt. Gewaltige Neuseeländische Weihnachtsbäume, einige davon schon im 19. Jh. gepflanzt, spenden Sitzbänken Schatten. Abends sorgen nostalgische Laternen für stimmungsvolle Beleuchtung und bei Volksfesten spielt auf dem offenen Pavillon die Musikkapelle.

Wassermangel war übrigens der Grund, warum der fruchtbare Bo-

Infobox

Touristeninformation
Büro der Azorenregierung und Kiosk der Organisation ART in Santa Cruz. Am Flughafen keine Touristeninformation.

Anreise und Weiterkommen
Flughafen: Aeródromo da Graciosa (GRW), 1,5 km westl. von Santa Cruz. Keine Linienbusse. Taxi in die Stadt ca. 6 €. Flüge nonstop nach Terceira, Ponta Delgada, Horta (Details s. S. 22). Fluginfos: www.sata.pt.
Fähre: Fährhäfen ist Praia. Mit Atlânticoline im Sommer ca. 2–3 x pro Woche zu den Inseln der Mittel- und Ostgruppe. Weitere Infos s. S. 23 u. S. 264.
Busse: Auf zwei Rundkursen ab Santa Cruz geht es mehrmals tgl. (Sa eingeschränkt, So keine Busse) zu den wichtigsten Orten des Inselostens bzw. Inselwestens.
Taxis: Taxistand in Santa Cruz. Preisbeispiele: zur Furna do Enxofre ca. 9 €, nach Carapacho ca. 10 €.
Mietwagen: Mehrere Anbieter am Flughafen, jedoch nur bei Ankünften geöffnet. Zwei dieser Firmen unterhalten Stadtbüros in Santa Cruz (s. S. 263).

Santa Cruz da Graciosa

den rings um die Stadt – anders als auf einigen anderen Inseln – für den Weinbau genutzt wurde und nicht für bewässerungsintensive Orangenkulturen. Doch auch mit dem Weinexport ließ sich Geld verdienen, vor allem Ende des 18. bis Mitte des 19. Jh. Aus dieser Zeit stammen die vornehmen Adels- und Bürgerhäuser, die das Gesicht der inzwischen unter Denkmalschutz stehenden Innenstadt prägen.

Igreja Matriz de Santa Cruz
Rua da Misericórdia
Der ursprüngliche Siedlungskern befand sich auf einer Anhöhe östlich der Lagune. Dort steht noch immer die Hauptkirche von Santa Cruz. Sie wurde um 1500 im emanuelinischen Stil errichtet, was im Inneren anhand von Steinmetzarbeiten noch gut erkennbar ist. Auch besitzt sie aus der Gründungszeit eine Serie meisterhafter Tafelbilder im Hauptaltar, auf denen die Passion Christi dargestellt ist. Vermutlich stammen sie aus der Lissabonner Werkstatt von Cristóvão de Figueiredo, der zwischen 1515 und 1543 aktiv und einer der bekanntesten portugiesischen Renaissancemaler war. Um 1700 kamen die Barockfassade und die handbemalten, blau-weißen Azulejos hinzu.

Ein paar Schritte weiter wurde nur wenige Jahre nach der Igreja Matriz die zweite charakteristische Kirche von Santa Cruz errichtet, die **Igreja da Misericórdia** (auch Igreja de Santo Cristo). Ihr war schon 1510 ein Hospital angeschlossen. Im Hauptaltar birgt sie eine Statue des **Senhor Santo Cristo dos Milagres** (19. Jh.), die beim größten Inselfest die Hauptrolle spielt (s. S. 262).

Museu da Graciosa
Rua das Flores 2, Tel. 295 71 24 29,
Mo–Fr 9.30–12.30, 14–17.30 Uhr,
Juli/Aug. auch Sa/So 14–17 Uhr,
Fei geschl., 1 €

Das Inselmuseum in der Nähe des Hafenkais Fontinhas zeigt im früheren Wohn- und Geschäftshaus eines Winzers und Weinexporteurs eine *adega* mit Weinpresse und anderem Originalgerät. Im angrenzenden neuen, avantgardistisch gestylten Trakt informiert eine ständige Ausstellung über verschiedene Aspekte der Insel: Geologie, Landwirtschaft, Bewässerungssysteme, traditionelles Handwerk, Musik, Karneval und Heiliggeistfeste.

Dem Museum angeschlossen ist der **Barracão das Canoas Baleeiras** (Rua do Mar), ein alter Bootsschuppen mit dem Original eines Walfängerboots.

Monte da Ajuda

Der 129 m hohe Vulkankegel südlich der Stadt ist der Hausberg von Santa Cruz. Ihn krönen drei Wallfahrtskirchen, von denen die erste auf dem Weg um den Kraterrand, die **Ermida de Nossa Senhora da Ajuda,** die bemerkenswerteste und zugleich älteste ist. Errichtet wurde sie – so die Legende – nachdem auf dem Monte da Ajuda auf wundersame Weise eine Marienfigur aufgefunden wurde. Der festungsähnliche Bau bildet mit der angrenzenden Pilgerherberge einen recht großzügigen Komplex. Meist sind alle drei Ermidas verschlossen. Der Aufstieg (ab Innenstadt mit Rückweg ca. 1 Std.) lohnt aber wegen des großartigen Blicks über Stadt und Meer.

Übernachten

Extravagant gebaut – **Graciosa Resort Hotel:** Porto da Barra, Tel. 295 73 05 00, www.graciosahotel.com, info@graciosahotel.com, DZ 80–110 € (über Veranstalter). Noch recht neuer Viersterner, 54 Zimmer, an einem kleinen Hafen 3 km östlich der Stadt. Flachbauweise mit Lavasteineinfassaden,

Graciosa

innen komfortabel, großer Pool; Halbpension 23 €/Pers.
Gehobene Pension – **Ilha Graciosa:** Av. Mousinho de Albuquerque 49, Tel. 295 71 26 75, DZ ca. 90 € (über Veranstalter). 16 Zimmer in traditionellem Landhauskomplex am Stadtrand, klassisch eingerichtet, familiär geführt. Gemütlicher, möblierter Garten.
Zentrumsnah – **Residencial Santa Cruz:** Largo Barão de Guadalupe 9, Tel. 295 71 23 45, http://residencialsantacruz.pt, DZ 55–70 €. Nette Pension in einem gepflegten Stadthaus, 19 funktional eingerichtete Zimmer.

Essen & Trinken

Bunte Mischung – **Apolo 80:** Rua D. João IV 8, Tel. 295 71 26 60, tgl. 12–14.30, 19–23 Uhr, Hauptgerichte ab ca. 6 €. Nüchtern eingerichtet, aber man wird ordentlich satt. Werktags Mittagsbuffet (6,50 €). Abends azorianische Speisen à la carte, etwa *morcela com feijão* (Blutwurst mit Bohnen).
Feiner Fisch – **Costa do Sol:** Largo da Calheta 2–4, Tel. 295 71 26 94, tgl. 12–15, 19–24 Uhr, Hauptgerichte ab ca. 9 €. In Hafennähe. Auf der Karte stehen Fischgerichte (Muräne, Tintenfisch), aber auch *carne assada* (Rinderschmorbraten) oder *costoleta de porco* (Schweinekotelett). Wechselnde Tagesgerichte um 6 € (nur mittags).

Einkaufen

Inselwein – **Terra do Conde:** Av. Mouzinho de Albuquerque (hinter der Pension Ilha Graciosa), Tel. 295 71 21 64, Mo–Fr 8–17 Uhr. Probierstube eines der bekanntesten Weingüter der Azoren. Weiß- und Rotwein, Aperitifwein, Brandy *(aguardente)*. Letzterer wird außerhalb von Graciosa als Rarität gehandelt. Die Trauben stammen aus den Weinbergen der Firma bei Vitória.

Aktiv

Radfahren und mehr – **Nautigraciosa:** Rua Corpo Santo 11, Tel. 295 73 28 11, www.divinggraciosa.com. Neben Fahrradverleih allerlei organisierte Aktivitäten: Wanderungen, Vogelbeobachtung an Land und auf dem Meer, Inselrundfahrten per Boot, Whalewatching, Tauchen, Seekajakverleih.

Abends & Nachts

Trendig – **Grafil Coffee Bar:** Largo Conde de Simas 4, Tel. 295 71 21 44, www.facebook.com/grafilcoffeebar. Musikkneipe unter neuer Leitung. Am Wochenende oft Livemusik oder DJ-Events.

Infos & Termine

Posto de Turismo da Graciosa: 9880-355 Santa Cruz da Graciosa, Rua Castilho 7, Tel. 295 71 25 09, Fax 295 73 24 46, pt.gra@azores.gov.pt, www.visitazores.com, Mo–Fr 9–12.30, 14–17 Uhr. Infobüro der Azorenregierung.
Internet: www.cm-graciosa.pt
Quiosque ART: Praça Fontes Pereira de Melo, Tel. 295 71 28 88, qit.graciosa@artazores.com, http://pt.artazores.com. Informationskiosk der Organisation ART (s. S. 18).
Carnaval: Die Maskenbälle von Santa Cruz sind legendär. Höhepunkte sind die »Nacht der Phantasien« (Fr) und der Umzug der Karnevalsgruppen aus allen Teilen der Insel (So).
Festas do Senhor Santo Cristo dos Milagres: 2. So im Aug. Populärstes Inselfest. Prozession mit der Figur des Wundertätigen Christus aus der Igreja da Misericórdia; Stierkämpfe im Krater des Monte da Ajuda und Folklore-Musikveranstaltungen.
Flugzeug: Stadtbüro der SATA, Rua João de Deus Vieira 1, Tel. 295 73 01 61, Mo–Fr 9–17.15 Uhr.

Älteste der drei Kapellen auf dem Monte da Ajuda: Ermida de Nossa Senhora da Ajuda

Busse: Zentrale Haltestelle in der Rua da Boavista. Fahrplan im Posto de Turismo oder bei der Empresa de Transportes Colectivos da Ilha Graciosa, Rua da Boavista, Tel. 292 73 23 63.
Taxis: Praça Fontes Pereira de Melo (Rossio), Tel. 295 71 23 42.
Mietwagen: Medina & Filhos, Rua da Misericórdia 9, Tel. 295 71 20 94, www.medinarent.net; Graciosa, Largo de Santo António 138, Tel. 295 71 22 74, www.rentacargraciosa.com.

Praia (São Mateus)

▶ 3, C 2

Der offizielle Name der Stadt (900 Einw.) lautet São Mateus. Häufiger wird aber der historische Name Praia (oder Vila da Praia) benutzt. Hier befindet sich der Fährhafen der Insel. Einen schönen Anblick bieten die restaurierten Windmühlen in Hafennähe. Nebenan grenzt an die Uferstraße die sandige **Praia de São Mateus,** vor der die ersten Siedler einen sicheren Ankerplatz fanden. So war Praia vermutlich um 1470 die früheste Ortsgründung auf Graciosa. Sie verlor allerdings schnell an Bedeutung gegenüber Santa Cruz, weil sich die Böden im Norden der Insel als fruchtbarer erwiesen.

Als höchste Kirche von Graciosa beherrscht die **Igreja de São Mateus** das Stadtbild. Sie geht auf das 16. Jh. zurück, erhielt ihre spätbarocke Fassade aber erst Ende des 19. Jh. Im Inneren ist sie reich mit vergoldeten Barockaltären ausgestattet.

Ilhéu da Praia ▶ 3, C 2
Vor der Stadt liegt eine kleine Felsinsel, die erodierte Ruine eines ehemaligen Vulkans. Wegen ihrer azorenweit herausragenden Bedeutung als Vogelbrutplatz steht sie unter Naturschutz.

Graciosa

Mein Tipp

Der schönste Hafenblick
Die beste Aussicht auf Praia bietet der Platz vor der Ermida Nossa Senhora da Saúde. Die im Jahr 1910 erbaute Wallfahrtskirche an der Nordostflanke des Monte da Saúde (193 m), eines Vulkankegels südlich der Stadt, ist über eine schmale Zufahrtsstraße zu erreichen, die in Santa Quitéria von der ER 2 Richtung Luz abzweigt.

Nur hier kommt der erst vor wenigen Jahren entdeckte, endemische Monteiro-Wellenläufer vor. Im Sommer können Birdwatcher per Boot ab Praia hinüberfahren (2–5 €/Pers.), der Zugang ist allerdings beschränkt. Auch werden Beobachtungsexkursionen ab Santa Cruz durchgeführt (s. S. 262).

Übernachten

Vom Feinsten – **Casa das Faias:** Rua Infante Dom Henrique 10, Tel. 295 73 25 30, DZ ohne Verpflegung 75 €, Suite 85 €. Äußerlich schlichtes Natursteinhaus, innen schickes Boutiquehotel. Sieben Zimmer, eine Suite mit Whirlpool. 200 m vom Hafenstrand gelegen. Gratis-WLAN.

Originell – **Moinho de Pedra:** Rua dos Moinhos de Vento 28, Tel. 295 71 25 01, www.moinho-de-pedra.pt, Apartment für 2 Pers. 70 €. 4 Ferienwohnungen im komfortablen Landhausstil, in restaurierter Windmühle nördlich vom Hafen.

Essen & Trinken

Am Hafen – **José João:** Rua Fontes Pereira de Melo 148, Tel. 295 73 28 55, tgl. 12–15, 19–23 Uhr, Hauptgerichte ab ca. 8 €. Inselküche mit Fisch, aber auch Fleisch *(cataplana, alcatra* u. a.) sowie Pasta. Urig dekoriert.

Einkaufen

Kleine Käsekuchen – **Pastelaria Queijadas da Graciosa:** Rochela, Canada Nova 34–36, Tel. 295 71 29 11, http://queijadasdagraciosa.webnode.pt, Mo–Fr 9–17 Uhr (falls geschl., im Nachbarhaus fragen). Am Nordrand der Stadt stellt diese Groß-Konditorei *queijadas* – süße Käsepasteten – her, für die Graciosa gerühmt wird. Verkauf in Zwölferkartons. Die Pastelaria ist bei Facebook.

Infos

Fähre: Tickets der Atlânticoline online, am Hafenschalter (ab 1,5 Std. vor Abfahrt) oder in Reisebüros.

Caldeira ▶ 3, C 2

Der landschaftlich schönste Teil von Graciosa ist das Bergmassiv im Südosten mit der zentralen Caldeira, deren Kraterrand bis zu 405 m aufragt und damit die höchste Erhebung der Insel bildet. Eigentlich handelt es sich um zwei vor rund 12 000 Jahren entstandene Einsturzkrater, die zu einem elliptischen Kessel verschmolzen sind. Dieser misst in Längsrichtung 1600 m, in Querrichtung nur 800 m. Steil fallen die dicht bewaldeten Seitenwände zum Kratergrund ab.

Furna do Enxofre !

Tel. 295 73 00 40, http://parquesnaturais.azores.gov.pt; Besucherzentrum, Caldeira da Graciosa, 1. Mai.–14. Juni Di–Fr 9.30–13, 14–17.30, Sa 14–17.30, 15. Juni–15. Sept. tgl. 10–18,

Caldeira

16. Sept.–30. April Di–Sa 14–17.30 Uhr, 2,50 €; Führungen durch die Höhle nur 2–3 x tgl.

Mit der ›Schwefelhöhle‹ birgt die Caldeira eines der größten Naturwunder der Azoren. Ähnlich wie beim Algar do Carvão auf Terceira (s. Entdeckungstour S. 244) handelt es sich um einen ehemaligen Vulkanschlot, dessen Lavaspiegel gegen Ende der Eruption stetig sank und schließlich unter einer riesigen Basaltkuppel eine 95 m tiefe, bis zu 130 m breite Höhle hinterließ.

Durch einen Tunnel im Kraterrand führt eine Stichstraße ins Innere der Caldeira bis zur Furna do Enxofre. Über einen kurzen Fußweg gelangt man zunächst zum **Besucherzentrum,** wo eine Ausstellung ausführlich über die geologische Situation informiert. Der Zugang zur Höhle erfolgt dann durch eine dicht zugewucherte, natürliche Öffnung in der Basaltkuppel. Hier stieg 1879 der begeisterte Naturforscher Albert I. von Monaco (s. S. 158) auf einer Strickleiter hinab. Um auch weniger risikofreudigen Menschen die Besichtigung zu ermöglichen, wurde in den 1930er-Jahren ein 37 m hoher Turm mit Wendeltreppe eingebaut. Ein Führer begleitet die Besucher in kleinen Gruppen bis zu einer Stelle, wo man zur geheimnisvollen **Lagoa do Styx** blickt, deren Wasser den Höhlengrund ausfüllt. Bezeichnenderweise wurde der See nach dem Fluss benannt, der in der griechischen Mythologie die Grenze zwischen der Welt der Lebenden und der Unterwelt markiert.

Ein Fumarolenfeld an der Höhleninnenwand stößt ständig Schwefelwasserstoff und andere toxische Gase aus. Daher ist der Abstieg bis zum See nicht mehr erlaubt. Je nach Intensität der Emissionen muss die Höhle manchmal sogar komplett gesperrt werden.

Rundwanderung um die Caldeira
Dauer: 2 Std., leicht

Ausgangspunkt des **PRC 2 GRA** ist eine Wandertafel an der ER 2-2 in **Canada Longa** (▶ 3, C 2). Es geht zunächst bis zu einer Straßengabelung. Dort könnte man links zum Kratertunnel gelangen und einen Abstecher zur Furna do Enxofre unternehmen (zusätzl. inkl. Besichtigung ca. 2,5 Std.). Ansonsten hält man sich aber rechts zum Kraterrand hinauf, der im Uhrzeigersinn auf einer abschnittsweise asphaltierten Erdpiste umrundet wird. Schon bald führt rechts ein kurzer Treppenweg zur **Furna da Maria Encantada,** einem 56 m langen natürlichen Vulkantunnel. Der **Miradouro** am anderen Ende bietet Einblick ins Innere des Kessels. Die Route verläuft anschließend am äußeren, flachen Abhang der Caldeira mit Ausblicken auf die Küstenlandschaft. Zunächst schaut man nach Nordosten Richtung Fenais, später auf die zerklüftete Südostspitze Ponta da Restinga mit einigen vorgelagerten Felsinseln. Schließlich rückt der Kurort Carapacho ins Blickfeld. Bei Canada Longa trifft man wieder auf die vom Hinweg bekannte Trasse.

Rundwanderung um die Caldeira

Graciosa

Der Inselsüden

Größte Ortschaft im Süden ist das Bauerndorf **Luz** (900 Einw.; ▶ 3, C 2). Weiter unten an der Küste liegt der **Porto da Folga**, ein kleiner Fischerhafen mit beliebtem Restaurant (s. u.). Der Hafen ist auch auf dem markierten, aussichtsreichen Wanderweg **PR 3 GRA** (1 Std., leicht) zu erreichen, der in Luz am Heiliggeisttempel beginnt.

Ein Besuchermagnet an der Südküste ist das **Thermalbad Carapacho** (▶ 3, C 2). Das hiesige schwefel- und salzhaltige, alkalische Quellwasser gilt als wirksam gegen Rheuma, Knochenerkrankungen und Hautirritationen. Es entstammt einer Gesteinsspalte, die Verbindung zur Furna do Enxofre hat. Um 1750 begann die Nutzung des Heilwassers für Badekuren. Vor allem im 19. Jh. zog es wohlhabende Azorianer von allen Inseln hierher. Ihre Sommervillen machen noch heute den besonderen Charme von Carapacho aus.

Übernachten

Oase der Ruhe – **Quinta da Gabriele:** Carapacho 52, Tel. 295 71 43 52, www.azoren-gesundheitsurlaub.com, Ferienhaus für 2 Pers. 40–65 €. Zwei restaurierte Häuser für bis zu fünf Personen auf einem Bauernhof unter deutscher Leitung. Wunderbarer Meerblick, blühender Garten, eigener Obst- und Gemüseanbau. In Kombination mit einem Ferienaufenthalt werden Therapien gegen Burnout, ADS und andere Zivilisationsübel angeboten.

Essen & Trinken

Fischerambiente – **Estrela do Mar:** Porto da Folga 12, Tel. 295 71 25 60, Di–So 12–15, 19–21.30 Uhr, Hauptgerichte ab ca. 6 €. Eigentlich eine Bretterbude, aber es gibt Fisch, gebraten oder als *caldeirada*, und eine kleine Terrasse mit Meerblick. An Sommerwochenenden empfiehlt es sich zu reservieren.

Ausflugslokal – **Dolphin:** Carapacho 181, Tel. 295 71 20 14, tgl. 12–15, 18–22 Uhr, Hauptgerichte ab ca. 6 €. Modernes Restaurant mit großer Meerblickterrasse und frischem Fisch, gern als *cataplana* oder *espetada*. Außerdem oft *caldeirada de cabrito* (Zickleineintopf). An Sommerwochenenden Buffet. Auch schön für einen Drink oder Snack (Cheeseburger u. a.).

Aktiv

Wellness-Thermalbad – **Termas do Carapacho:** Rua Dr. Manuel de Menezes, Tel. 295 71 42 12, www.graciosahotel.com, Di–Fr 9.30–18.30, Sa/So 14–19 Uhr. Zur Wohlfühloase modernisiertes altes Kurhaus. Indoor-Pool, Jacuzzi, Sauna, Dampfbad, Ruhezone sowie Außenbereich mit Meerwasserbecken, Liegefläche und Café. Auch Wannenbäder und verschiedene Anwendungen. Stufen führen ins Souterrain, wo die Heilquelle mit 35–40 °C aus dem Fels sprudelt.

Der Inselwesten

Den weniger besuchten, flacheren Westteil Graciosas prägen Weinberge und Viehweiden. **Guadalupe** (▶ 3, B 1) und **Vitória** (▶ 3, B 1) sind große Bauerndörfer. Ein Abstecher lohnt zum **Porto Afonso** (▶ 3, B 1), dem alten Naturhafen von Vitória, aus dem noch ein paar Boote zum Fischfang auslaufen. Am Wochenende sitzen Angler an der nahen Felsküste und in der Sommersaison tummeln sich einheimische Badegäste in der Bucht.

Der Inselwesten

Tag für Tag verändern sich Graciosas Küsten unter dem Einfluss der Brandung

Wanderung durch die Serra Branca
Auf den Caldeirinha: mit Rückweg 30 Min.; nach Praia: 2,5 Std., leicht
Bei **Ribeirinha** (▶ 3, B 2) beginnt die **Serra Branca**. Ihre höchste Erhebung, der Vulkan **Caldeirinha** (360 m), liegt 500 m östlich der ER 1 Richtung Luz bei einem Windenergiepark (Parque Eólico). Man kann auf dem ersten Abschnitt des **PR 1 GRA** dorthin laufen und den flachen Kraterrand, der einen engen Schlund umgibt, erklimmen. Er bietet einen großartigen Ausblick über Graciosa und zu den anderen Inseln der Mittelgruppe. Wer per Taxi gekommen ist, kann auf dem PR 1 GRA über die Caldeirinha hinaus auf alten Viehauftriebswegen bis Praia wandern. Unterwegs genießt man vom **Cruz de Barro Branco** einen Panoramablick zur Nordküste von Graciosa.

Übernachten

Im Natursteinhaus – **Quinta dos Frutos**: Vitória, Lugar da Vitória 10, Tel. 295 71 25 57, Haus 2 Pers. 35–45 €, für 4 Pers. 50–60 €. In einem traditionellen Bauernhofkomplex werden drei hübsch eingerichtete Natursteinhäuser vermietet. Ringsum erstrecken sich Apfelplantagen und Weideland.

Essen & Trinken

In einem Gutshaus – **Quinta das Grotas**: Ribeirinha, Caminho das Grotas 28, Tel. 295 71 23 34, tgl. 12–14 und ab 19 Uhr, Hauptgerichte ab 10 €. Regionalküche mit gehobenem Anspruch. Am Wochenende werden nach klassischer Manier im Holzofen Brote gebacken und Schmorgerichte zubereitet.

Das Beste auf einen Blick

Flores und Corvo

Highlight!

Corvo: Die kleinste Azoreninsel besteht nur aus einer 400-Einwohner-Stadt und einem riesigen Vulkankrater. Die UNESCO hat das Kleinod zum Biosphärenreservat erklärt.
S. 283

Auf Entdeckungstour

Zu den Sete Lagoas – eine Rundfahrt über die Seenplatte: Das Hochland von Flores ist eine richtige Seenplatte, gegliedert durch zerfurchte Gebirgszüge und ebenmäßige Vulkankegel. Eine Rundfahrt zeigt, dass es in puncto Flora und Fauna der sieben Kraterseen durchaus Unterschiede gibt.
S. 278

Kultur & Sehenswertes

Igreja Matriz Nossa Senhora da Conceição: Eine der schönsten Kirchen des Archipels glänzt in Santa Cruz mit ihrer beeindruckenden Fassade. S. 271

Rocha dos Bordões: Zu den Naturwundern der Azoren zählt die gigantische Felsformation mit Orgelpfeifen aus Basalt. Die besten Fotos gelingen vom gleichnamigen Miradouro. S. 276

Zu Fuß unterwegs

Wanderung von Lajedo nach Fajã Grande: Ein alter Verbindungsweg an der Westküste führt von Lajedo über die idyllischen Dörfer Mosteiro und Fajãzinha durch abwechslungsreiche Landschaft in stetem Auf und Ab. S. 277

Wanderung von Ponta Delgada nach Fajã Grande: Für alle, die sich per pedes auf Flores bewegen, ist der abenteuerliche Saumpfad durch die schroffe Steilwand zwischen Ponta Delgada und Fajã Grande eine Herausforderung. S. 282

Genießen & Atmosphäre

Caffé Buena Vista: Kein wirklich aufregender Szenetreff, aber Anlaufstelle für die Stadtjugend von Santa Cruz ist das rundum verglaste Lokal am Felsbadeplatz. S. 272

Poço do Bacalhau: Flores ist die Insel der Wasserfälle. Eine der schönsten und wasserreichsten Kaskaden ergießt sich in einen idyllischen Badeteich bei Fajã Grande. S. 276

Abends & Nachts

Sonnenuntergang: An der westlichsten Küste Europas, z. B. im Lokal Pôr-do-Sol, zu erleben, wie die Sonne hinter dem Horizont versinkt, und sich Amerika ganz nah zu fühlen, das hat etwas. S. 281

Flores

Die Inseln der Westgruppe liegen seit einigen Jahren bei Naturtouristen im Trend, auch weil sie beide von der UNESCO zum Biosphärenreservaten erklärt wurden. Im größten, allerdings recht verschlafenen Ort auf Flores, Santa Cruz, gibt es die meisten Unterkünfte. Wanderer zieht es an die Westküste, nach Fajã Grande. Das Inselinnere prägen Kraterseen, Hortensienhecken und Wacholdergebüsch. Wasserfälle stürzen die schroffen Küstenfelsen hinab. Taucher und Bootsausflügler erkunden Brandungsgrotten von See her.

Santa Cruz das Flores ▶ 1, C 2

Santa Cruz (1800 Einw.) ist der älteste Ort auf Flores. Nachdem die ersten Siedler im 15. Jh. die Insel wieder verlassen hatten, kam es 1508 zu einem erneuten Besiedlungsversuch und zur Gründung der Stadt. Mönche des Franziskanerordens motivierten die Menschen zum Durchhalten auf diesem entlegenen Außenposten Europas. Sie sorgten für Seelenheil, Krankenpflege und Schulbildung. Mit dem Walfang kam im 19./20. Jh. der Aufschwung. Seit dieser 1981 eingestellt und 1993 auch noch die drei Jahrzehnte zuvor eingerichtete französische Fernmeldestation geschlossen wurde, fiel die Stadt in einen Dornröschenschlaf, aus dem sie trotz bescheidener Ansätze von Tourismus bisher nicht wirklich wieder erwacht ist.

Malerisch liegt Santa Cruz über der Felsküste, die hier reich gegliedert ist und die stadtnahe Felsbadeanlage **Piscina Natural** sowie mehrere natürli-

Infobox

Touristeninformation
Büro der Azorenregierung in Santa Cruz, im Juli/Aug. auch bei Ankünften am Flughafen von Flores.

Anreise und Weiterkommen
Flughafen: Aeroporto das Flores (FLW) am Stadtrand von Santa Cruz. Taxi ins Zentrum 3–4 €, Linienbus mehrmals tgl., zu Fuß 500 m (ca. 10 Min.). Flüge nonstop nach Corvo, Horta, Ponta Delgada, Terceira (s. S. 22). Fluginfos: www.ana.pt.
Fähre: Ab Lajes das Flores mit Atlânticoline im Hochsommer ca. 1 x pro Woche nach Horta (Faial), dort Anschluss zu anderen Inseln. Nach Corvo ab Santa Cruz das Flores mit Personenfähre der Atlânticoline an zwei bis vier Tagen pro Woche. Weitere Infos s. S. 23, S. 273, S. 276, S. 283.
Busse: Mit Bussen der UTC von Santa Cruz nach Lajes 3 x tgl. (Sa/So eingeschränkt), außerdem nach Fajã Grande (über Lajes, im Sommer auch 2 x tgl. direkt) und Ponta Delgada.
Taxis: Taxistand in Santa Cruz das Flores, kein zentraler Taxiruf, Tel.-Nummern von Taxifahrern in den Tourismusbüros und auf www.azoren-online.com. Preisbeispiele: nach Lajes ca. 13 €, nach Fajã Grande oder Ponta Delgada je ca. 15 €.
Mietwagen: Mehrere Anbieter in Santa Cruz das Flores (Flughafen und Stadt).

Santa Cruz das Flores

Starts und Landungen in Sichtweite der Igreja Matriz Nossa Senhora da Conceição

che Hafenbuchten bietet. Im stadtnahen **Porto das Poças** startet die Fähre nach Corvo. Den **Porto Velho** (›alter Hafen‹) nutzen nur noch ein paar Fischerboote. Weiter nördlich liegen der ehemalige Walfängerhafen **Porto do Boqueirão** und – in Verlängerung der Landebahn des Flughafens – der winzige **Porto de São Pedro.** An den beiden Letztgenannten gibt es weitere, kleinere Felsbadeplätze.

Igreja Matriz Nossa Senhora da Conceição
Rua da Conceição, i. d. R. nur zu Messen geöffnet
Mit einer voluminösen, durch Basaltsteinpfeiler vielfach unterteilten Fassade, die trotz der späten Bauzeit (Mitte 19. Jh.) Formen des Barockstils aufweist, besticht die Hauptkirche von Santa Cruz. Sie thront etwas erhöht auf einem sorgfältig mit Pflastermosaik ausgelegten Podest und ist fast von jedem Punkt der Stadt aus zu sehen. Das Innere ist nicht mit Barockaltären dekoriert, wie so oft auf den Azoren. Vielmehr sind die Retabel des Hauptaltars und der Seitenaltäre im Stil des Klassizismus gehalten.

Museu das Flores
Largo da Misericórdia, Tel. 292 59 21 59, Di–Fr 9–12, 14–17, Juni–Sept. zusätzlich Sa/So 14–17 Uhr, 1 €
Das Inselmuseum hat derzeit nur eine temporäre Ausstellung in der Kirche des **Convento de São Boaventura,** des ehemaligen Franziskanerklosters, das nach seiner Auflösung 1834 lange als Hospital diente. Bald sollen in den Klosterräumen wieder landwirtschaftliches Gerät, Hausrat etc. aus alten Zeiten zu sehen sein. Eine Außenstelle wird demnächst in der Fabrik am alten Walfängerhafen **Porto do Boqueirão** im Norden der Stadt den Walfang dokumentieren.

Centro de Interpretação Ambiental do Boqueirão
Porto do Boqueirão, Tel. 292 54 24 47, http://parques naturais.azores.gov.pt, 15. Juni–15. Sept. tgl. 10–13, 14–18, sonst Di–Sa 14–17.30 Uhr, 2,50 €

Flores und Corvo

Das Besucherzentrum des Naturparks von Flores informiert mit einer modernen Ausstellung zu den verschiedensten Aspekten der Flora, Fauna und Geologie der Insel und gibt mit virtuellen Aquarien einen Einblick in die Unterwasserwelt vor der Küste.

Übernachten

Am alten Hafen – **Inatel Flores:** Zona do Boqueirão, Tel. 292 59 04 20, www.inatel.pt, DZ 60–100 €. Am alten Walfängerhafen etwas abseits gelegen, 26 gut ausgestattete Zimmer, Pool. Dem recht neuen Hotel fehlt es vielleicht noch etwas an Flair, dafür bietet es für Inselverhältnisse relativ großen Komfort.

Zweisterner – **Ocidental:** Av. dos Baleeiros, Tel. 292 59 01 00, www.hotelocidental.com, DZ 45–95 €. An der Felsküste, 36 Zimmer, fast alle mit Meerblick und windgeschütztem Balkon. Abendessen nur auf Vorbestellung. Eigenes Tauchzentrum, Ausrüstung und Tauchgänge auf Anfrage.

Freundliche Pension – **Hospedaria Maria Alice Pereira:** Rua Nossa Senhora do Rosário 3, Tel. 292 59 23 09, https://pt-br.facebook.com/hospedariamariaalice, DZ 30 €. Alle Zimmer mit Privatbad, auf der Südseite auch mit Balkon.

Essen & Trinken

Modern – **Restaurante Hotel Café:** Av. dos Baleeiros (im Hotel Ocidental), Tel. 292 54 20 83, So geschl, Hauptgerichte um 10 €. Zeitgemäß gediegener Stil. Einheimische veranstalten hier gerne Familienfeiern. Besonderheiten wie Fisch aus dem Ofen auf Vorbestellung.

Familiär – **Rosa:** Rua da Conceição, Tel. 292 59 21 62, tgl. 7–24 Uhr, Hauptgerichte ab 7 €. Fisch und Meeresfrüchte, etwa Spieß mit Krabben oder Thunfisch. Auch Auswahl an Fleischgerichten. Gemütlicher kleiner Speiseraum.

Inseltypisch – **Sereia:** Rua Dr. Armas da Silveira 30, Tel. 292 59 22 29, Mo–Sa 12–15, 18.30–22 Uhr, Hauptgerichte ab ca. 7 €. Einfaches Lokal nahe Porto das Poças. Fisch je nach Fang, Tintenfischragout, Brathähnchen.

Aktiv

Bootsausflüge – **João Cardoso:** Rua Dr. Armas da Silveira 30, Tel. 292 59 22 20 und 960 17 43 90. Mit dem Hartboden-Schlauchboot »Lua Cheia« (Vollmond) zu den Brandungshöhlen **Gruta dos Enxaréus** und **Gruta do Galo** (ca. 15 €). Auch Inselrundfahrten (ca. 40 €) und bei Bedarf nach Corvo (ca. 30 €). Buchbar im Restaurant Sereia. Ähnliche Programme über Hotel Ocidental mit Carlos Mendes (www.hotelocidental.com) und Malheiros Serpa (www.malheiros.net).

Abends & Nachts

Kleiner Treff – **Caffé Buena Vista:** Piscina Natural, Tel. 292 54 22 48, tgl. bis spätabends. Je nach Wetter und Wind im modernen Glasbau oder auf der Terrasse treffen sich zum Sonnenuntergang die jüngeren Stadtbewohner auf eine Cola oder ein Bier. Auch Snacks (um 3 €) und Gerichte (ca. 8,50 €).

Disco Number One – **Hotel Café:** Av. dos Baleeiros (beim Hotel Ocidental), hotel_cafe@hotmail.com, Mo–Sa 20–4 Uhr. Nur am Wochenende ist hier richtig was los. Dann verwandelt sich die Snackbar gegen Mitternacht in eine Disco mit Themenabenden, DJ-Events oder Livemusik. Unter »Hotel Café Ilha das Flores« auf Facebook zu finden. Dort auch aktuelle Ankündigungen zu Events.

Lajes das Flores

Infos

Posto de Turismo das Flores: 9970-331 Santa Cruz das Flores, Rua Dr. Armas da Silveira, Tel./Fax 292 59 23 69, pt.flo@azores.gov.pt, www.visitazores.com, Mo–Fr 9–12.30, 14–17.30 Uhr. Informationsstelle der Azorenregierung. Mit Büro am Flughafen (nur Juli/Aug. Mo–Sa 12–13.30, 16–17.30 Uhr, kurzfristige Änderungen möglich).
Internet: www.cmscflores.pt
Flugzeug: Stadtbüro der SATA, Rua Senador André Freitas 5, Tel. 292 59 03 50, Mo–Fr 9–17.15 Uhr.
Fähre: Personenfähre »Ariel« (Atlânticoline) ab Porto das Poças an 2–4 Tagen pro Woche je 2 x nach Corvo (Fahrzeit 40 Min., *oneway* 10 €). Nur 12 Plätze, daher rechtzeitig buchen; Infos: Tel. 962 37 48 88 oder im Posto de Turismo; Ticketverkauf, auch für die Fährschiffe der Atlânticoline ab Lajes, im Posto de Atendimento ao Cidadão (Bürgerbüro), Praça Marquês de Pombal, Mo–Fr 9–12, 13–16.30 Uhr.
Busse: Fahrplan im Posto de Turismo. Linienbusse nach Lajes, Fajã Grande und Ponta Delgada drehen in der Stadt eine Runde mit verschiedenen Haltepunkten (u. a. im Zentrum vor dem Rathaus und am Flughafen).
Taxis: Praça 25 de Abril, Tel. 292 59 25 98.
Mietwagen: Autatlantis, Rua do Aeroporto (am Flughafen), Tel. 296 54 22 78, www.autatlantis.com.

Lajes das Flores ▶ 1, B 3

Die Kleinstadt (1500 Einw.) ist Verwaltungszentrum der Inselsüdhälfte und der Haupthafen von Flores. Richtung Norden geht die sich beiderseits der Küstenstraße erstreckende Bebauung fast nahtlos in die Nachbarorte **Fazenda das Lajes** (▶ 1, C 3) und **Lomba** über.

Museu das Lajes
Av. do Emigrante 4, www.cmlajesdasflores.pt, Ausstellungen (meist Mo–Fr) und Events zu wechselnden Zeiten
Mit dem brandneuen Stadtmuseum besitzt Lajes jetzt einen wichtigen kulturellen Anziehungspunkt. Allein schon wegen seiner ungewöhnlichen Architektur ist das auf Stelzen errichtete, mit hohen, verspiegelten Glaswänden versehene Gebäude mehr als einen Blick wert. Außer einem Saal für Wechselausstellungen beherbergt es auch ein Auditorium, eine Bibliothek und eine Bar.

Wanderung zur Fajã de Lopo Vaz ▶ 1, B 3

Dauer: 2 Std., mittelschwer, Schwindelfreiheit erforderlich
Die Fajã de Lopo Vaz, eine schmale Küstenebene im Süden von Flores, ist ein kleines, autofreies Paradies mit mildem Klima und Süßwasserquelle. Hier gedeihen Wein und tropisches Obst, z. B. Bananen. Auch gibt es zwei wunderschöne Strände, an denen Baden aber nur bei absolut ruhiger See angeraten ist. Ausgangspunkt des markierten **PRC 4 FLO** ist der rund 250 m über dem Meer gelegene **Miradouro da Fajã de Lopo Vaz** (mit Picknickplatz; Stichstraße ab ER 1-2a vom westlichen Ortsausgang von Lajes). Steil führt der alte Verbindungsweg die Felsküste hinab – hier auf mögliche Steinschlag achten! Unten kann man die Fajã beliebig erkunden, bevor es zurück zum Miradouro geht.

Übernachten

Privatquartier – **Hospedaria Casa da Fazenda:** Fazenda das Lajes, Tel. 292 59 33 26, www.hospedariatelmasilva.com, DZ mit/ohne Bad ca. 30 €. Telma Silva bietet in hübschem Haus 3 Gästezimmer; Gemeinschaftswohnraum und -küche.

Lieblingsort

Viel Grün – Reserva Florestal de Recreio Luís Paulo Camacho
▶ 1, C 2
Eingebettet in ein wasserreiches Tal liegt der romantische Freizeitpark nördlich von Santa Cruz oberhalb des Dorfes Fazenda. 1968 legte die Forstbehörde hier eine heute nostalgisch anmutende Forellenzucht mit Teichen und Wassertreppen an, um Jungfische heranzuziehen und zu Angelzwecken in einigen Seen und Bächen der Insel auszusetzen. Später kamen lauschige Picknick- und Grillstellen hinzu. Spazierwege winden sich zwischen subtropischen Bäumen und Sträuchern von allen Kontinenten, passieren Tiergehege und Vogelvolieren. In der **Casa do Guarda,** dem Wärterhaus, widmet sich eine Fotoausstellung der Inselflora. Am oberen Parkrand blickt man vom **Miradouro Belvedere** auf einen Stausee mitten im Wald (Fazenda de Santa Cruz, Mai–Okt. tgl. geöffnet, genaue Zeiten ändern sich monatlich, Tel. 292 59 23 54, Eintritt frei, Folder mit Parkplan auf www.azores.gov.pt).

Flores und Corvo

Mein Tipp

Wasserfall mit Badeteich
Einer der zahlreichen Wasserfälle auf Flores, die spektakuläre **Cascata do Poço do Bacalhau** (▶ 1, B 2) stürzt 90 m senkrecht die Steilwand hinab in den Poço do Bacalhau, einen idyllischen Naturpool mit erfrischendem Wasser. Die Kaskade wiederum speist sich aus der Ribeira das Casas, einem der wasserreichsten Wildbäche von Flores, der an der Westflanke des höchsten Inselgipfels Morro Alto (914 m) entspringt (ab Fajã Grande 15 Min. zu Fuß, zunächst nach Norden Richtung Ponta da Fajã, dann bei einer Brücke rechts auf schmalem, beschildertem Pfad).

Essen & Trinken

Oft gelobt – **Casa do Rei:** Rua Peixoto Pimentel 33 (Straße Richtung Fajã Grande), Tel. 292 59 32 62, www.restaurantcasadorei.com, tgl. 18–21.30 Uhr, Hauptgerichte, auch Edelfische, ab 12 €, vegetarische Gerichte ab 8 €. Die Casa do Rei zählt zu den Spitzenlokalen der Insel. Vom Grill kommen Hai und andere Fischarten wie auch Fleisch. Große Salate, gute vegetarische Auswahl. Viele Zutaten kommen aus eigenem Anbau oder aus der Region.

Deftige Fleischküche – **O Forno Transmontano:** Fazenda das Lajes, Tel. 292 59 31 37, tgl. 12–14.30, 19–22 Uhr, Hauptgerichte ab ca. 9 €. In rustikalem Rahmen gibt es den Eintopf *feijoada*, *enchidos* (Würste) und *cabrito* (Zicklein), garniert mit allerlei Gemüse. Essen nur nach Vorbestellung am Vortag!

Aktiv

Bootsausflüge – **Florespesca:** Porto das Lajes, Tel. 963 69 69 90. Vom Kapitän kommentierte Inselrundfahrten (4 Std. je nach Seegang mit Besuch von Brandungsgrotten) oder Ausflüge nach Corvo, jeweils 50 € pro Person (mind. 4, max. 10 Teilnehmer).

Infos & Termine

Im Internet: www.cmlajesflores.com
Festa do Emigrante: Mitte Juli. Bei dem viertägigen Fest feiern Emigranten auf Heimatbesuch ihr Wiedersehen mit Freunden und Verwandten. Mit Trachtenumzügen, Folkloretanz, traditionellem Essen und viel Musik.
Fähre: Tickets für die Fährschiffe der Atlânticoline am Hafenschalter (1 Std. vor Abfahrt) oder im Posto de Atendimento ao Cidadão (Bürgerbüro), Av. do Emigrante 8, Mo–Fr 9–12, 13–16.30 Uhr.

Die Westküste

Besonderen Genuss bietet die Panoramafahrt von **Lajedo** (▶ 1, B 3) Richtung Norden. Der Blick schweift über steile Küstenhänge, die von einem Mosaik aus Weiden und Wäldern überzogen sind, unterbrochen von unzähligen Hortensienhecken, die sich im Sommer in leuchtendes Blau hüllen. Oft kommen orangerote Tupfer von Montbretien hinzu. Hier macht Flores seinem Namen (wörtl. Blumen) alle Ehre. Ein Stopp am **Miradouro Rocha dos Bordões** ist geradezu Pflicht, um den gleichnamigen, schroff aus der grünen Umgebung herausragenden Felsklotz in Ruhe auf sich wirken zu lassen. Berühmt wurde er durch die breite und bis zu 28 m hohe Basaltsäulenformation an seiner Flanke, die selbst im internationalen Vergleich zu den gewaltigsten ihrer Art zählt.

Flores: die Westküste

Wanderung von Lajedo nach Fajã Grande

Dauer: 4 Std., mittelschwer, Anfahrt per Linienbus oder Taxi

In stetem Auf und Ab erschließt der recht gute Kondition erfordernde **PR 2 FLO** die Westküste, führt durch offenes Weideland und schattiges Gebüsch. Er beginnt in **Lajedo** (▶ 1, B 3) in der Nähe der Kirche. Im stillen Bauernort **Mosteiro** (1 Std.) lädt der hübsche Dorfplatz zu einer ersten Rast ein. **Fajãzinha** (2 Std.) liegt in einem fruchtbaren Talkessel, umgeben von Terrassenfeldern.

Ab Fajãzinha ist der Küstenweg seit 2013 unterbrochen, da die alte Brücke über die **Ribeira Grande** eingestürzt ist. Eine gut ausgeschilderte Umgehung wurde eingerichtet. Sie führt zur Regionalstraße hinauf, die bei einer historischen Wassermühle erreicht wird. Man überquert den Fluss auf der Straßenbrücke. Dann bietet sich rechts ein 800 m langer Abstecher zur idyllischen **Poça das Patas** an, einem kleinen Kratersee, in den über eine üppig grün überwucherte Felswand mehrere Wasserfälle plätschern. Zurück auf der Regionalstraße führt schon bald eine zweite Brücke über die **Ribeira do Ferreiro**. Dann geht es rechts in einen Asphaltweg hinein, der nach 700 m in einen alten Pflasterweg überleitet. Auf diesem wird, an kleinen Feldern vorbei, schließlich **Fajã Grande** erreicht.

Fajã Grande ▶ 1, A 2

Die Bewohner von Fajã Grande verweisen stolz darauf, im westlichsten Ort Europas zu leben. Bei Touristen erfreut sich das angenehme Natursteindorf immer größerer Beliebtheit als Standquartier. An Sommerwochenenden gesellen sich einheimische Ausflügler dazu.

Wanderung von Lajedo nach Fajã Grande

Fajã Grande blickt auf eine Vergangenheit als wichtiger Walfangort zurück. Repräsentative Wohnhäuser aus dem 18. und 19. Jh. zeugen vom damaligen Wohlstand. Heute liegen im Hafen nur noch ein paar kleine Sportfischerboote. Ansonsten dient er als Badestelle. Eine weitere Bademöglichkeit an dem felsigen Küstensaum sind die **Piscinas naturais** (rund 500 m vom Ort entfernt, ausgeschildert). ▷ S. 281

Auf Entdeckungstour: Zu den Sete Lagoas – eine Rundfahrt über die Seenplatte

Das Hochland von Flores ist eine richtige Seenplatte, gegliedert durch zerfurchte Gebirgszüge und ebenmäßige Vulkankegel. Eine Rundfahrt zeigt, dass es in puncto Flora und Fauna der sieben Kraterseen durchaus Unterschiede gibt.

Reisekarte: ▶ 1, B 2/3
Dauer: ein ganzer Tag.
Startpunkt: Santa Cruz das Flores.
Charakter: Fahrt per Mietwagen oder Taxi; mittelschwere Wanderung (1 Std.) über oft nassen Boden, Mittagspause mit Badegelegenheit; evtl. weiterer leichter Spaziergang (1,5 Std.).

Zur Einstimmung auf die Sete Lagoas (›sieben Seen‹), wie die Kraterseegruppe genannt wird, bietet sich ein Abstecher zur **Lagoa da Lomba** an. Sie liegt etwas abseits im östlichen Teil der Hochebene von Flores. Auf manchen Karten heißt sie **Caldeira da Lomba** nach dem Vulkankrater, den sie ausfüllt. Auch die anderen sechs Lagoas, die später auf dem Programm stehen, werden oft als Caldeiras bezeichnet. Sie alle entstanden wie die Eifel-Maare bei phreatomagmatischen Explosionen, also durch Kontakt heißen Magmas mit Grundwasser.

Zwiespältiges Angelvergnügen

Zunächst folgt man der ER 2 Richtung Fajã Grande. Auf der Hochebene ist die Lagoa da Lomba nach links ausgeschildert, sie ist etwa 2 km von der Regionalstraße entfernt. Das kleine, von dichtem Hortensiengebüsch umgebene Gewässer erweist sich als bereits ziemlich verlandet. Dennoch wird es zu Angelzwecken genutzt. Die Forstbehörde setzt hier Regenbogenforellen aus der Zuchtstation bei Fazenda (s. Lieblingsort S. 274) ein, ebenso wie in manche Bäche der Insel. Diese Praktik ist nicht unumstritten, denn von Natur aus gibt es auf den Azoren keine Süßwasserfische – einmal abgesehen von Aalen, die noch auf Flores, São Jorge, São Miguel und Santa Maria in die Unterläufe der Bäche hineinwandern – und die Stoffwechselausscheidungen der Forellen tragen zur Eutrophierung des Sees bei, d. h. zur übermäßigen Ansammlung organischer Substanzen. Dadurch beschleunigt sich der natürliche Verlandungsprozess. Das Dickicht aus Wasserpflanzen in der Lagoa da Lomba zeugt unmissverständlich davon.

Auf Vogelbeobachtung

Zurück auf der ER 2 geht es etwa 2 km weiter nach Westen. Eine Gruppe von vier Kraterseen liegt dort nördlich der Straße, wunderschön eingebettet in eine flachwellige Landschaft. Zur **Lagoa Comprida** und zur **Lagoa Negra** (auf manchen Karten auch als Lagoa Funda bezeichnet), führt eine kurze Stichstraße (ausgeschildert). Mit 105 m ist die Lagoa Negra die tiefste See auf Flores. Dieser Tatsache verdankt sie auch ihren Namen (›Schwarzer See‹), obwohl die Wasseroberfläche eigentlich nicht schwarz, sondern eher in dunklerem Türkisgrün schimmert. Da die beiden Seen steile Ufer haben, halten sich hier kaum Wasservögel auf – ganz im Gegensatz zu den beiden benachbarten Lagoas.

Letztere lassen sich auf dem ersten Abschnitt des markierten Wanderwegs **PR 3 FLO** zu Fuß erkunden. Die Straße endet zwischen Lagoa Comprida und Lagoa Negra am sogenannten **Miradouro das Lagoas.** Kurz davor, bei einer Informationstafel, geht der Fußweg los. Er führt südlich um die **Lagoa Comprida,** die in ihrer heutigen Form vor 950 Jahren entstanden ist, herum und anschließend zur **Lagoa Seca** (›trockener See‹), in der sich meist wenig Wasser befindet. Ihr Kraterboden ist vielmehr ein Moor, wo die seltene Unheilvolle Wolfsmilch *(Euphorbia stygiana)* gedeiht, die ansonsten fast nur noch auf Faial und Pico zu finden ist (s. S. 52). Hier sind oft die mit den Stockenten verwandten, aus Amerika stammenden Dunkelenten zu Gast.

Nur 2 m tief ist die nun folgende **Lagoa Branca.** Sie verwandelt sich im Sommer, wenn die Sonne für starke Verdunstung sorgt, in einen Sumpf, in dem sich zahlreiche Vögel auf Nahrungssuche tummeln – ein Eldorado für Birdwatcher. Hier lässt sich immer wieder der Kanadareiher blicken, der als Zugvogel aus Amerika kommt und dem Graureiher recht ähnlich sieht. Auch die Bekassine und der Bruchwasserläufer halten sich hier regelmäßig auf. Am Rand des Sees wurde ein Beobachtungsstand errichtet. Außerdem leben hier jede Menge Frösche, deren Gequake je nach Jahreszeit unüberhörbar ist. Es handelt sich um den Iberischen Wasserfrosch, der vermutlich im 19. Jh. auf den Azoren eingeführt wurde, um Mücken zu bekämpfen. An der Lagoa Branca, die nach etwa 40 Min. erreicht ist, empfiehlt es sich umzukehren, denn der nun folgende Abschnitt des PR 3 FLO erfordert Schwindelfreiheit und Trittsicherheit und ist oft wegen Steinschlaggefahr oder Erdrutsch gesperrt (Informationen im Tourismusbüro von Santa Cruz oder unter www.trails-azores.com).

Wer sich jetzt eine Mittagspause gönnen möchte, verbringt diese am schönsten in **Fajã Grande** (S. 277). Dort bestehen sowohl Einkehrmöglichkeit wie auch Badegelegenheit im Meer. Anschließend fährt man zurück zur Regionalstraße (ER 1) und folgt dieser südwärts auf ihrem wohl attraktivsten, großartige Ausblicke bietenden Abschnitt.

Unter Naturschutz

Bei **Lajedo** biegt die Straße Richtung Osten ab. Dann ist es nicht mehr weit bis zum Abzweig zur **Lagoa Funda**, der ca. 1 km nördlich der ER 1 liegt.

Die Uferabhänge dieses besonders reizvollen, 22 m tiefen Sees sind mit Kryptomerien bewachsen. Das Ambiente erinnert ein wenig an den Schwarzwald. Unten gibt es einen kleinen Strand, aber der Abstiegspfad, der an der Parkbucht mit Blick auf den See beginnt, ist steil, recht zugewachsen und nicht wirklich zu empfehlen. Ein Wasserfall füllt die Lagoa Funda immer wieder auf und gleicht so den Verlust durch Versickerung und Verdunstung aus. Dies ist eher die Ausnahme als die Regel. Die meisten anderen Seen speisen sich nur aus dem winterlichen Regenwasser.

Leichter zugänglich ist die kleinere, 16 m tiefe **Lagoa Rasa** nebenan, deren flache Umgebung von niedrigem Gebüsch überwuchert ist. Dorthin kann man auf der Forstpiste weiterfahren, alternativ läuft man auf der Piste zu Fuß, wofür man mit Rückweg rund 1 Std. benötigt.

Lagoa Funda und Lagoa Rasa stehen wegen ihrer außergewöhnlichen landschaftlichen Schönheit gemeinsam unter Naturschutz. Das Gebiet wurde als Reserva Natural (Schutzgebiet der Kategorie 1) in den 2011 gegründeten Naturpark Flores einbezogen. In Zukunft soll die einheimische Lorbeer- und Wacholdervegetation rund um die Seen gefördert werden. Die eingeführten ›exotischen‹ Pflanzenarten, etwa Hortensien, will man dagegen unter Kontrolle halten (s. a. S. 54). Ganz möchte man diese allerdings nicht verbannen, denn sie sind willkommene Farbakzente im grünen Teppich der ursprünglichen Azorenflora.

An der Lagoa Rasa endet die Rundfahrt über die Seenplatte von Flores. Über Lajes gelangt man auf der Regionalstraße ER 1 zurück nach Santa Cruz das Flores.

Übernachten

Feriendorf der besonderen Art – **Aldeia da Cuada:** Cuada, Tel. 292 59 00 40, www.aldeiadacuada.com, Haus für 2 Pers. 65–80 €. Die Bauernhäuser eines schon vor Jahren verlassenen Weilers wurden in liebevoll eingerichtete Ferienhäuser für max. 4 Personen verwandelt. Ca. 2 km von Fajã Grande entfernt.

Ambitioniert – **Argonauta:** Fajã Grande, Rua Senador André de Freitas 5, Tel. 292 55 22 19, www.argonauta-flores. com, DZ je nach Saison und Ausstattung 50–90 €, Suite für 2 Pers. ca. 125 €. Der Italiener Pierluigi Bragaglia, ein Insel-Urgestein, vermietet drei schöne Zimmer und zwei Suiten. Aufenthaltsraum mit Bibliothek und Internet, offener Patio zum Relaxen.

Perfekte Landidylle – **Casa Tenente/Boi da Junta:** Fajãzinha, Rua do Pico Redondo 2, Tel. 292 55 20 50, www.fajazinha.com, Haus für 2 Pers. 35–55 € plus Endreinigung, Mindestaufenthalt 2–7 Tage. Zwei alte Natursteinhäuser am Ortsrand von Fajãzinha wurden von Meinhard und Maria Erlacher in nette Nichtraucher-Gästehäuser verwandelt. Zeitgemäße Einrichtung, deutsche TV-Programme, Leihbibliothek. Im Außenbereich Sitzgruppen, Grillmöglichkeit, Schwimmteich mit Rutsche. Ein drittes Haus (barrierefrei) kommt demnächst hinzu.

Essen & Trinken

Viele Ausflügler – **Balneário:** Porto de Fajã Grande, Tel. 292 55 21 70, tgl. 12–14.30, 19–22 Uhr, Hauptgerichte ab ca. 10 €. Beim Badeplatz gelegen, sehr geräumig. Am Wochenende genießen hier einheimische Familien regionale Spezialitäten in Riesenportionen, etwa Tintenfisch oder Fischspieß.

Italienisch – **Casa da Vigia:** Fajã Grande, Caminho da Vigia, Tel. 292 55 22 17, www.facebook.com/casadavigia, nur Mai–Okt. geöffnet, Hauptgerichte ab ca. 9 €. Liebevoll restauriertes Dorfhaus am Ortseingang. Alles ist hausgemacht, nach Möglichkeit mit Bioprodukten. Auch vegetarisches Essen, Kuchen, Eis. Eher übersichtliche Portionen.

Stimmungsvoll zum Sunset

In einem alten Gehöft unterhalb von Fajã Grande logiert in Meeresnähe das Restaurant **Pôr-do-Sol.** Es hält, was sein Name verspricht: Die inseltypische Küche, z. B. *morcela con inhame,* genießt man mit Blick auf den Sonnenuntergang (Praia de Fajãzinha, ausgeschildert, Tel. 292 55 20 75, Juni–Aug. Di–So mittags und abends geöffnet, Sept.–Mai nur am Wochenende geöffnet, fangfrischer Fisch ca. 14 €).

Der Inselnorden

Die aussichtsreiche ER 1-20 erschließt den sehr ursprünglichen Nordosten und Norden der Insel. Immer wieder lohnt unterwegs der Halt an einem der Miradouros. Ein Abstecher führt in die **Baía da Alagoa** (▶ 1, C 2) mit Picknickgelände hinter einem Kiesstrand. Der Küste vorgelagert ist die fotogene Felsinselgruppe **Ilhéus da Alagoa,** ein wichtiges Brutgebiet der Rosenseeschwalbe.

Hat man das ruhige Dorf **Cedros** (150 Einw.) hinter sich gelassen, verläuft die Straße hoch über der zerklüfteten, brandungsumtosten Nordküste. Ein Abstecher auf einer schmalen Nebenstraße (3 km) führt hinunter

Flores und Corvo

Wanderung von Ponta Delgada nach Fajã Grande

nach **Ponta Ruiva** (▶ 1, C 2), einem winzigen Dorf im Windschatten eines Felskaps.

Ponta Delgada und Umgebung ▶ 1, B 1

Das weitläufige Dorf Ponta Delgada (400 Einw.), der einzige größere Ort im Norden, wurde schon im 16. Jh. gegründet und ist damit eine der ältesten Siedlungen auf Flores. Richtige Sehenswürdigkeiten gibt es aber nicht. In der malerischen Hafenbucht liegen ein paar Fischerboote und bei gutem Wetter besteht dort Bademöglichkeit.

Farol do Albarnaz ▶ 1, B 1

An der Nordwestspitze der Insel, der **Ponta do Albarnaz,** steht ein eleganter Leuchtturm hoch über den Klippen. Er wurde 1925 errichtet, als es noch keine Straßenverbindung nach Ponta Delgada gab, und weist seither Schiffen den Weg zwischen Flores und Corvo. Mit 22 Seemeilen hat er die größte Reichweite aller Leuchttürme der Azoren. Von seiner Südseite bietet sich ein wunderbarer Blick zur Felsinsel **Ilhéu de Monchique,** dem – je nach Definition – westlichsten Punkt Europas. Richtung Norden schaut man bis Corvo.

Wanderung von Ponta Delgada nach Fajã Grande

Dauer: 3,5 Std., mittelschwer, je ca. 400 Höhenmeter im Auf- und Abstieg; Trittsicherheit und Schwindelfreiheit erforderlich; Anfahrt per Bus oder Taxi

Der **PR 1 FLO,** absolutes Highlight unter den Wandertouren auf Flores, erschließt die schroffe Nordwestküste. Am westlichen Ortsrand von **Ponta Delgada** geht es bei einer Infotafel los, auf der Straße Richtung Farol do Albarnaz. Später links in einen asphaltierten Fahrweg einbiegen. (Mit dem Taxi kann man sich hier noch fahren lassen und spart damit 1 Std. Gehzeit.)

Als Hohlweg zweigt ein alter, teilweise gepflasterter Saumpfad rechts von dem Fahrweg ab, steigt zu einer Hochebene mit Rinderweiden an, folgt dann der Kante über dem Steilabbruch zum Meer und quert Bäche, deren schmale Talmulden dicht mit Wacholder- und Lorbeer oder Hortensien zugewuchert sind. Zuweilen fällt der Blick auf die **Quebrada Nova,** eine durch Bergsturz entstandene, unbewohnte Küstenebene, und auf die Felsinsel **Ilhéu Maria Vaz.** Dann beginnt ein Abstieg durch die Felswand hinab zur Küste (bei Regenwetter sehr rutschig). Schließlich wird der winzige Ort **Ponta da Fajã** erreicht. Auf der Straße gelangt man, am Abzweig zum Poço do Bacalhau (s. S. 276) vorbei, nach **Fajã Grande.**

Übernachten

Kleines Paradies – **Georg & Helga Schneider:** Cedros, Rua da Igreja, Tel. 292 54 21 43, www.cedros-flores-azoren.de, Ferienhaus für zwei Pers. 63 €, 50 € im Mai und Sept. Zwei Kinder bis 11 J. frei, Okt.–Mai geschl. Zwei komfortable Ferienhäuser mit weitem Atlantikblick sind unter deutscher Leitung, mit kleinem Garten.

Essen & Trinken

Fangfrischer Fisch – **O Pescador:** Ponta Delgada, Rua da Terra Chã, Tel. 292 59 26 92, meist tgl. geöffnet, Hauptgerichte ab ca. 8 €. Maritim dekoriert. Seafood, auch Zicklein und Lamm.

Corvo!

Die Insel Corvo wird meist von Flores aus auf einem Tagesausflug besucht, es gibt aber auch Übernachtungsmöglichkeiten. In Vila Nova, dem einzigen Ort, geht das Leben einen ruhigen Gang. Ausflüge führen zum einsamen Riesenkrater im Zentrum des Eilandes, dem Caldeirão. 2007 wurde Corvo von der UNESCO zum Biosphärenreservat erklärt. Seither hat sich einiges getan. An vielen Häusern von Vila Nova sind bereits Solarpanele zu sehen, ein Regierungsprojekt machte es möglich. Bald soll sich die kleine Insel komplett aus erneuerbaren Energien mit Strom und warmem Wasser versorgen.

Infobox

Touristeninformation
Posto de Turismo do Corvo: 9980-039 Corvo, Vila Nova, Avenida Nova, Tel. 292 59 60 45, turismo.corvo@gmail.com, www.cm-corvo.pt. Städtische Informationsstelle.

Anreise und Weiterkommen
Flughafen: Aeródromo do Corvo (CVU) bei Vila Nova. SATA-Büro Caminho dos Moinhos, Tel. 292 59 03 10. Per Sammeltaxi/zu Fuß ins Zentrum. Flüge nonstop nach Flores, Horta (Faial), Ponta Delgada (s. S. 22). Infos: www.sata.pt.
Fähre: Personenfähre »Ariel« (Atlânticoline) an 2–4 Tagen pro Woche je 2 x von und nach Santa Cruz das Flores (Fahrzeit 40 Min., *oneway* 10 €). Nur 12 Plätze, daher rechtzeitig buchen. Ticketverkauf auf Corvo im Posto de Atendimento ao Cidadão (Bürgerbüro), Rua do Jogo da Bola, Mo–Fr 9–19 Uhr. Weitere Infos s. S. 23.
Busse: kein Busverkehr (vgl. Taxis).
Taxis: Die Funktion von Linienbussen übernehmen Großraumtaxis, die bei Bedarf Sammeltransporte vom Hafen/Flughafen in die Stadt sowie mit Fährankunft vom Hafen zum Caldeirão durchführen (ca. 6 € pro Person). Kontakte: Carlos Reis (Tel. 292 59 61 41 oder 964 57 77 65), João Mendonça (Tel. 917 76 30 29).
Mietwagen: keine.

Flores und Corvo

Fischer mit ihrem Fang im Hafen von Vila Nova

Vila Nova ▶ 2, B 2

In Vila Nova (400 Einw.), dem einzigen Ort auf der kleinsten Azoreninsel, kennt jeder jeden. Die Bewohner leben in kleinen Natursteinhäusern und treffen sich auf dem zentralen Largo do Outeiro oder in der dortigen Bar. Bei Fährankünften und wenn Fischerboote einlaufen, geht es im Hafen umtriebig zu. Landet ein Flugzeug, verlagert sich das Geschehen zum kleinen Flughafen.

Einen guten Überblick bietet der **Miradouro do Portão** 150 m über der Stadt an der Straße zum Caldeirão (Spaziergang mit Rückweg ca. 45 Min.). Gebadet wird im **Porto Novo**, dem ehemaligen Walfängerhafen südlich des Flughafens, oder – am westlichen Ende der Landebahn – an der **Praia da Areia** (auch städtisches Campinggelände).

Centro de Interpretação Ambiental e Cultural
Canada de Graciosa, Tel. 292 59 02 00, http://parquesnaturais.azores.gov.pt, Mitte Juni–Mitte Sept. tgl. 10–13, 14–18, sonst Di–Sa 14–17.30 Uhr, Eintritt frei

In einem Komplex traditioneller Steinhäuser informiert ein Besucherzentrum über die besondere Inselnatur, die vor allem für Vogelbeobachter jede Menge Beobachtungsgelegenheiten bereithält. Es gibt auch einen Museumsshop.

Wanderung von der Cova Vermelha nach Vila Nova
Dauer: 2,5 Std., mittelschwer
Den Ausgangspunkt des **PR 1 COR** an der **Cova Vermelha** kennen die Taxifahrer. Auf alten, von Mauern gesäumten Viehauftriebswegen geht es in ca. 20 Min. zur Westküste, wo an der Steilküste mit einiger Fantasie die Felsformation **Cara do Índio** (›Indianergesicht‹) auszumachen ist. Von hier verläuft der PR 1 COR stetig abwärts bis **Vila Nova**, wobei unterwegs alte Hirtenunterstände, interessante geologische Formationen und schöne Exemplare des Kurzblättrigen Wacholders zu sehen sind. Schließlich geht es durch den Ort hindurch und dann im Bogen südlich des Flugfeldes an den Küstenklippen entlang zur **Praia da Areia**.

Corvo: Caldeirão

Übernachten

Angenehm – **Guest House Comodoro:** Caminho do Areeiro, Tel. 292 59 61 28, www.guesthousecomodoro.webnode.com, DZ ca. 60 € (über Veranstalter). Einzige professionell geführte Unterkunft der Insel, sieben gut ausgestattete Zimmer, Aufenthaltsraum und Gemeinschaftsküche. Außerdem vier Apartments. Gratis-Transport zum Hafen/Flughafen und auch zum Caldeirão sind inklusive. Wenn alles belegt ist, werden, sofern verfügbar, Privatzimmer vermittelt. Das Guest House Comodoro ist bei Facebook.
Privatvermieter s. a. www.cm-corvo.pt

Essen & Trinken

Erstes Haus am Platz – **O Caldeirão:** Caminho dos Moinhos, Tel. 292 59 60 18, tgl. 7–21 Uhr, Tagesgericht inkl. Getränk 7 €, ansonsten Hauptgerichte ab 8 €. Neben dem Flughafen. Inseltypische Küche, etwa *cherne* (Wrackbarsch) oder gefüllter *bacalhau*.
Fischerflair – **Traineira:** Rua da Matriz, Tel. 292 59 62 07, Mo–Sa 8–22 Uhr, Hauptgerichte ab ca. 6 €. Einfaches Lokal am Hafen, Fischsuppe aus frischem Fisch nach Art des Hauses. Auch geschmortes Schweinefleisch, *alcatra* und Steak. Besser vorbestellen!

Aktiv

Bootsfahrten – **Nauticorvo:** Caminho da Horta Funda, Tel. 917 76 30 65. Inselrundfahrten per Boot, Überfahrten nach Flores und Tauchexkursionen. Alles nach Verabredung.

Termine

Festival dos Moinhos: vier Tage um den 15. Aug. Ein in das Kirchweihfest **Nossa Senhora dos Milagres** integrierte Kulturevent mit Folkpop und jungem Theater.

Caldeirão

Hauptattraktion der Insel ist der zentrale, ca. 1–2 Mio. Jahre alte Einsturzkrater. Seine Umrandung gipfelt im Süden im **Morro dos Homens** (718 m) und im Norden im **Serrão Alto** (663 m). In die Nähe von Letzerem führt von Vila Nova eine 7 km lange Stichstraße durch Weidelandschaft, an deren Ende man vom **Miradouro do Caldeirão** 150 m in die Tiefe schaut, auf einen Kratersee in Form einer Acht. Die winzigen Inseln und Halbinseln in dieser Lagoa gelten als Miniaturausgaben der großen Azoreninseln. Man gelangt zum Miradouro do Caldeirão per Taxi (s. S. 283) oder läuft auf der Zufahrtsstraße hinauf (mit Rückweg ca. 4 Std.).

Wanderung zum Kraterboden des Caldeirão
Dauer: 2,5 Std., mittelschwer
Am Miradouro do Caldeirão beginnt der Wanderweg PR 2 COR, der zunächst von dem ca. 550 m hohen Aussichtspunkt abwärts in den Kessel hineinführt. Unten folgt man an einem großen Felsblock der Beschilderung rechts Richtung See und umrundet den ca. 400 m über dem Meeresspiegel gelegenen Kraterboden entgegen dem Uhrzeigersinn und orientiert sich großenteils am Ufer des Gewässers. Bei Nebel gilt es, genau auf die Markierungen zu achten, da einige feuchte Stellen zu umgehen sind. Der Weg am Südrand verläuft mit einigem Abstand zum See entlang mehrerer flacher Kuppen und einem Sumpfgebiet rechts. Anschließend erfolgt von dem markanten Felsblock der Wiederaufstieg zum Miradouro do Caldeirão auf schon bekannter Route.

Sprachführer

Ausspracheregeln
Die Betonung liegt im Portugiesischen im Allgemeinen auf der vorletzten Silbe.

ão	wie nasales au
c	vor a, o, u wie k; vor e, i wie ss
ç	wie ss
-em/-im/-om	am Wortende nasal gesprochen
es	am Wortanfang wie isch
g	vor a, o, u wie g; vor e, i wie sch
h	wird nicht gesprochen
j	wie sch
lh	wie lj
nh	wie nj
o	wenn unbetont, dann wie u
s	vor Konsonant wie sch; vor Vokal wie s

Allgemeines

Guten Morgen	bom dia
Guten Tag	boa tarde (ab mittags)
Gute Nacht	boa noite
Hallo!	olá!
Auf Wiedersehen	adeus, até logo
bitte	faz favor
danke	obrigado (als Mann) obrigada (als Frau)
ja/nein	sim/não
Entschuldigen Sie!	desculpe!
Wie bitte?	como?

Unterwegs

Haltestelle	paragem
Bus / Auto	autocarro / carro
Straßenbahn	eléctrico
Zug	comboio
Ausfahrt, -gang	saída
Tankstelle	posto de gasolina
rechts	à direita
links	à esquerda
geradeaus	em frente
Auskunft	informação
Telefon	telefone
Postamt	correios
Bahnhof	estação
Flughafen	aeroporto
Stadtplan	mapa da cidade
Eingang	entrada
geöffnet	aberto
geschlossen	fechado
Stadtzentrum	centro da cidade
Kirche	igreja
Museum	museu
Brücke	ponte
Platz	praça/largo
Strand	praia

Zeit

Stunde	hora
Tag	dia
Woche	semana
Monat	mês
Jahr	ano
heute	hoje
gestern	ontem
morgen	amanhã
morgens	de manhã
mittags	ao meio-dia
abends	à tarde/à noite
früh	cedo
spät	tarde
Montag	segunda-feira
Dienstag	terça-feira
Mittwoch	quarta-feira
Donnerstag	quinta-feira
Freitag	sexta-feira
Samstag	sábado
Sonntag	domingo

Notfall

Hilfe!	socorro!
Polizei	polícia
Arzt/Zahnarzt	médico/dentista
Apotheke	farmácia
Krankenhaus	hospital
Unfall	acidente
Schmerzen	dor
Panne	avaria

Übernachten

Hotel	hotel
Pension	pensão
Einzelzimmer/	quarto individual/
Doppelzimmer	com duas camas
mit/ohne Bad	com/sem casa de banho
Toilette	casa de banho
Dusche	duche
mit Frühstück	com pequeno almoço
Halbpension	meia-pensão
Gepäck	bagagem
Rechnung	factura

Einkaufen

Geschäft	loja
Markt	mercado
Lebensmittel	alimentos
Bank	banco
Kreditkarte	cartão de credito
Geld	dinheiro
Geldautomat	caixa automático
teuer/billig	caro/barato
Größe	tamanho
bezahlen	pagar

Zahlen

1	um/uma	17	dezassete
2	dois/duas	18	dezoito
3	três	19	dezanove
4	quatro	20	vinte
5	cinco	21	vinte-e-um
6	seis	30	trinta
7	sete	40	quarenta
8	oito	50	cinquenta
9	nove	60	sessenta
10	dez	70	setenta
11	onze	80	oitenta
12	doze	90	noventa
13	treze	100	cem, cento
14	catorze	101	cento e um
15	quinze	150	cento e cinquenta
16	dezasseis	1000	mil

Die wichtigsten Sätze

Allgemeines

Sprechen Sie Deutsch/Englisch?	Fala alemão/inglês?
Ich verstehe nicht.	Não compreendo.
Ich spreche kein Portugiesisch.	Não falo português.
Ich heiße …	Chamo-me …
Wie heißt Du/heißen Sie?	Como te chamas/se chama?
Wie geht es Dir/Ihnen?	Como estás/está?
Danke, gut.	Bem, obrigado/-a.
Wie viel Uhr ist es?	Que horas são?

Unterwegs

Wie komme ich zu/nach …?	Como se vai para …?
Wo ist …?	Onde está …?
Könnten Sie mir bitte … zeigen?	Pode-me mostrar … , faz favor?

Notfall

Können Sie mir bitte helfen?	Pode me ajudar, faz favor?
Ich brauche einen Arzt.	Preciso de um médico.
Hier tut es mir weh.	Dói-me aqui.

Übernachten

Haben Sie ein freies Zimmer?	Tem um quarto disponível?
Wie viel kostet das Zimmer pro Nacht?	Quanto custa o quarto por noite?
Ich habe ein Zimmer bestellt.	Reservei um quarto.

Einkaufen

Wie viel kostet …?	Quanto custa?
Ich brauche …	Preciso …
Wann öffnet/schließt …?	Quando abre/fecha …?

Kulinarisches Lexikon

Zubereitung

assado	gebraten, Braten
cozido	gekocht
doce	süß
estufado	geschmort
frio	kalt
frito	frittiert
grelhado/na brasa	gegrillt
guisado	geschmort
no forno	im Ofen
quente	warm, heiß
recheado	gefüllt

Suppen und Vorspeisen

azeitonas	Oliven
caldo verde	grüne Kohlsuppe
canja da galinha	klare Hühnersuppe mit Reis
creme de marisco	(cremige) Meeresfrüchtesuppe
manteiga	Butter
pão	Brot
presunto	(roher) Schinken
queijo	Käse
sopa de legumes/peixe	Gemüse-/Fischsuppe

Fisch und Meeresfrüchte

amêijoa	Teppichmuschel
atum	Thunfisch
bacalhau	Stockfisch
besugo	Meerbrasse
camarão	Krabbe, kl. Garnele
cherne	Silberbarsch
espardarte	Schwertfisch
lagosta	Languste
lula	Kalmar
pargo	Seebrasse
peixe espada	Degenfisch
tamboril	Seeteufel

Fleisch

bife	Steak, Schnitzel
borrego	Lamm
cabrito	Zicklein
figado, iscas	Leber
frango	Hähnchen
galinha	Huhn
lombo	Lende/Rückenstück
pato	Ente
peru	Pute
porco	Schwein
vaca	Rind
vitela	Kalb, Färse

Gemüse und Beilagen

alho	Knoblauch
arroz	Reis
batatas cozidas/fritas	Salzkartoffeln/Pommes frites
cebola	Zwiebel
cenoura	Karotte
cogumelos	Champignons
couve-flor	Blumenkohl
espinafre	Spinat
ervilhas	Erbsen
favas	Saubohnen
feijão (verde)	(grüne) Bohnen
massas	Nudeln
pepino	Gurke
pimento	Paprikaschote
salada (mista)	(gemischter) Salat

Nachspeisen und Obst

ameixa	Trockenpflaume
ananás/abacaxi	Ananas
arroz doce	Milchreis
bolo/torta (de amêndoa)	(Mandel-)Kuchen
cereja	Kirsche
figo	Feige
gelado	Eis
laranja	Orange
leite creme	karamellisierter Eierpudding
limão	Zitrone
maçã assada	Bratapfel
meloa/melão	Melone
morango	Erdbeere
pêra	Birne

pêssego	Pfirsich	cataplana	Schmorgericht aus einem typischen Kupfer- oder Eisentopf; verschiedenste Zutaten, meist Fisch oder Meeresfrüchte
pudim flan	Karamellpudding		
uvas	Weintrauben		
salada de fruta	Obstsalat		

Getränke

água com/sem gás	Mineralwasser/ stilles Wasser	chouriço com ovos	Knoblauchwurst vom Schwein mit Rührei
aguardente (velho)	(alter) Branntwein	cozido (s. a. S. 131)	Eintopf aus Fleisch, Wurst, Kartoffeln und Gemüse
bagaço	Tresterschnaps		
café/bica	Kaffee (Espresso)		
café com leite	Milchkaffee	espetada	Spieß, gern mit Krabben oder Thunfisch, manchmal mit Fleisch
caneca	großes Fassbier		
cerveja	Flaschenbier		
chá (preto/verde)	Tee (schwarzer/grüner)	feijoada	Eintopf aus roten Bohnen, Speck und Wurst, meist mit Reis
galão	Milchkaffee im Glas		
imperial	kleines Fassbier	morcela	Blutwurst, oft mit Ananas, Bohnen oder *inhame* (Taro)
macieira	Weinbrand		
sumo de laranja	Orangensaft		
vinho (branco/tinto)	(Weiß-, Rot-) Wein	polvo guisado	in Wein geschmorter Tintenfisch (Krake)

Azorianische Spezialitäten

alcatra (s. S. 70)	Heiliggeistspeise	queijadas	Käsetörtchen aus Kuhmilch-Frischkäse, Eiern, Zucker, Butter und Weizenmehl
arroz de mariscos	üppiger Reiseintopf mit Meeresfrüchten		
caldeirada	Fischeintopf mit Kartoffeln, Zwiebeln und Tomaten	telha	›Dachziegel‹, würzige Zubereitung von Fisch oder Meeresfrüchten, in einer Tonform im Ofen gegart
carne de porco à Alentejana	geschmortes Schweinefleisch mit Venusmuscheln		

Im Restaurant

Ich möchte einen Tisch reservieren.	Queria reservar uma mesa.	Tagesgericht	prato do dia
		eine halbe Portion	meia dose
Die Speisekarte, bitte.	A ementa, faz favor.	Gedeck	talher
Weinkarte	lista dos vinhos	Messer/Gabel	faca/garfo
Guten Appetit!	Bom apetite!	Löffel	colher
Es war sehr gut.	Estava óptimo.	Glas/Flasche	copo/garrafa
Die Rechnung, bitte.	A conta, faz favor	Salz/Pfeffer	sal/pimenta
Vorspeise/Suppe	entradas/sopa	Öl/Essig	azeite/vinagre
Hauptgericht	prato principal	Zucker/Süßstoff	açúcar/adoçante
Nachspeise	sobremesa	Kellner/Kellnerin	Senhor/Senhora

Register

Achadinha 135
Água d'Alto 122
Água de Pau 120
Aktivurlaub 28
Algar do Carvão 244
Almagreira 145
Altares 254
Amerika 74
Ananasanbau 101
Angra 233, 236
Angra do Heroísmo 226
Angrajazz 241
Anjos 151
Anreise 8, 22
Apotheken 34
Architektur 63, 65
Arte indo-portuguesa 68
Ärztliche Versorgung 34
Auswanderung 71
Autonomie 74
Azorenhoch 20
Azulejos 67

Baden 9, 20, 28
Baía da Alagoa 281
Baía da Salga 241
Baía das Mós 245
Baía das Quatro Ribeiras 251
Baía dos Salgueiros 246
Banhos Férreos 132
Barock 66
Barreiro da Faneca 151
Baumheide 52
Behinderte 36
Bergführer 203
Bevölkerung 41
Biosphärenreservat 283
Bioware 249
Biscoito das Fontinhas 249
Biscoitos 250, 252
Blumenteppiche 93
Bolo Lêvedo 129
Bootsausflüge 28, 98, 214, 272, 276
Busfahren 23

Cabeço Vigia 170
Cabrito 201
Cais Agosto 200
Cais do Mourato 201
Caldeira da Lomba 278
Caldeira das Sete Cidades 102
Caldeira de Pêro Botelho 132
Caldeira (Faial) 178
Caldeira (Graciosa) 264
Caldeira Grande 132
Caldeirão 285
Caldeiras da Lagoa das Furnas 131
Caldeiras da Ribeira Grande 115
Caldeiras das Furnas 132
Caldeira Velha 112
Caldera 48
Calheta 215
Calheta de Nesquim 195
Caloura 120
Camping 26
Capela de Nossa Senhora das Vitórias 131
Capelas 106, 108
Capelinhos 46
Carapacho 266
Carnaval 262
Carnaval) 32
Casa do Cantoneiro 178
Casas do Campo (CC) 25
Cascata do Aveiro 149
Cascata do Poço do Bacalhau 276
Castelo Branco 177
Cavalhadas de São Pedro 114
Cedros (Faial) 170
Cedros (Flores) 281
Centro de Monitorização e Investigação das Furnas (CMIF) 131, 134
Cerrados 64
Chá Gorreana 118
Chaminés de mãos 63
Chá Porto Formoso 117
Colchas 78
Corvo 14, 268, 283
Costa e Silva, Renato 68
Criação Velha 185
Currais 64

Daten und Fakten 40
Dinis I. 69
Diplomatische Vertretungen 34
Direcção Regional de Turismo 18
Drachenbaum 52

Einreisebestimmungen 22
Elektrizität 34
Emanuelstil 66
Emigration 71
Entdeckungszeit 42
Erdbeben 45
Erdwärmekraftwerke 49
Ermida de Monserrate 150
Ermida de Nossa Senhora da Paz 125
Ermida de Nossa Senhora de Fátima 150
Ermida de São João 178
Ermida de São Pedro 190
Ermida dos Anjos 151
Escamas de peixe 79
Espigueiros 63
Essen und Trinken 26

Fährverbindungen 23
Faial 14, 152
Fajã da Caldeira de Santo Cristo 220
Fajã das Almas 214
Fajã de Além 219
Fajã de Lopo Vaz 273
Fajã de São Joã 218
Fajã do Ouvidor 223
Fajã dos Vimes 217
Fajã (Faial) 174
Fajã Grande 277, 280, 282
Fajãs 220
Farol da Ribeirinha 170
Farol de Manhenh 195
Farol do Albarnaz 282
Farol do Arnel 137
Feiertage 34
Feigenmarktkunst 78
Festa da Castanha 241
Festa da Vinha e do Vinho dos Biscoitos 254
Festa de Santa Catarina 217
Festa do Emigrante 276
Festa do Espírito Santo 69
Festa do Pescador 121
Festa do Santo Padroeiro 32
Festa do Senhor Bom Jesus Milagros 189
Festa do Senhor dos Enfermos 133
Festa do Senhor Santo Cristo dos Milagre 100
Festas da Praia 249
Festas de Santa Maria Madalena 188
Festas Sanjoaninas 241
Feste und Unterhaltung 32
Festival dos Moinhos 285
Festival Maré de Agosto 148
Festkalender 33
Feteira 177
Fischschuppenkunst 79
FKK 35
Flagge 40
Flamengos 169
Fledermäuse 53
Flora 172
Flora und Fauna 50, 278

Register

Flores 14, 268
Flughäfen 22
Flugverbindungen 22
Fontinhas 148
Fornos de Lava 211
Fossilien 48
Franziskaner 69
Frühstück 27
Furna de Frei Matias 186
Furna do Enxofre 264
Furnas 128
Furnas do Enxofre 244
Furtado, Nelly 72

Gärten 92, 172
Geld 35
Gentlemen farmers 92
Geografie und Natur 40
Geschichte 43
Geschichte und Kultur 40
Getränke 27
Ginetes 31, 105
Golf 29, 107, 133, 250
Graciosa 15, 258
Gruta das Torres 185
Gruta do Natal 243
Guadalupe 266

Handys 37
Heiliggeistfeste 69
Heiliggeistspeise 70
Heiliggeisttempel 232
Heinrich der Seefahrer 42
Höhlen 49
Horta 154
Hortensien 54

Ilhéu da Praia 263
Ilhéu de Vila Franca 125
Império de São Sebastião 233
Império do Cantinho 234
Império do Outeiro 233
Império do Porto Judeu de Baixo 233
Informationsquellen 18
Internet 18, 100

Jardim António Borges 93
Jardim Botânico da Ribeira do Guilherme 136
Jardim Botânico do Faial 172
Jardim do Palácio de Sant'Ana 93
Jardim do Paraíso 107
Jardim Duque da Terceira 236
Jardim José do Canto 94
Johannisfest 32
Jugendherbergen 25

Karneval 32
Käse 60, 218, 255
Käsereien 61
Keramik 78, 119, 195
Kinder 35
Kleidung 21
Kolonie 74
Kolumbus, Christoph 42
Korsaren 43
Krankenhäuser 34
Kraterseen 103, 203, 278
Krocket 127
Kulinarisches Lexikon 288
Kunst 65
Kunsthandwerk 77, 97, 176, 189, 210, 214
Kunsthandwerksschule 197

Lagoa 119
Lagoa Azul 103
Lagoa Branca 279
Lagoa Comprida 279
Lagoa da Falcã 243
Lagoa da Lomba 278
Lagoa do Caiado 203
Lagoa do Capitão 204
Lagoa do Fogo 115, 122
Lagoa do Negro 243
Lagoa Funda 280
Lagoa Negra 279
Lagoa Rasa 280
Lagoa Verde 103
Lajedo 276
Lajes das Flor 273
Lajes do Pico 189
Lajido 201
Landbesitzer 92
Ländliche Quartiere 25
Lavahöhlen 242
Lesetipps 18, 55
Lomba da Fazenda 135
Lomba da Maia 134
Lomba da Pedreira 138
Lombega 177
Lorbeerwald 50
Lourais 218
Luz 266

Madalena 182
Maia (Santa Maria) 149
Maia (São Miguel) 134
Maios 126
Manadas 214
Manhenha 195
Manuel I. 66, 107
Manuelinik 66
Märkte 97, 107, 144, 167, 239, 254

Mata da Serreta 255
Medien 35
Meerwasserbecken 16, 28
Mietwagen 24
Milagres 262
Miolo de figueira 78
Miradouro da Fajã de Lopo Vaz 273
Miradouro da Lagoa de Santiago 103
Miradouro da Macela 147
Miradouro da Pedra Rija 149
Miradouro da Ponta da Madrugada 139
Miradouro da Ponta do Sossego 138
Miradouro da Ribeira Funda 171
Miradouro das Fontinhas 148
Miradouro das Lagoas 279
Miradouro do Cabouco 179
Miradouro do Caldeirão 285
Miradouro do Caminho Novo 102
Miradouro do Cerrado das Freiras 103
Miradouro do Espigão 149
Miradouro do Pisão 121
Miradouro do Raminho 255
Miradouro do Salto da Farinha 135
Miradouro do Santo António 106
Miradouro dos Picos 148
Miradouro Pico do Milho 133
Miradouro Ribeira das Cabras 171
Miradouro Rocha dos Bordões 276
Miradouro Terra Alta 198
Mistério da Prainha 198
Montanha do Pico 201
Monte Brasil 238
Monte da Ajuda 261
Monte da Espalamaca 169
Monumento aos Baleeiros 194
Monumento ao Toiro 68
Mosteiros 105
Museu Vulcanoespeleológico Machado Fagundes 242

Nachtleben 33
Naturschutz 138
Nelkenrevolution 45
Niemeyer, Oscar 68
Nordeste 136
Norte Grande 219

291

Register

Norte Pequeno 219
Notruf 36

Öffnungszeiten 36
Orangenbarone 44
Outdoorsport 216

Parque Endémico do Pelado 135
Parque Florestal da Prainha 198
Parque Florestal da Silveira 218
Parque Florestal das Sete Fonte 212
Parque Florestal de Cancela de Cinzeiro-Pedreira 138
Parque Matos Souto 197
Parque Natural da Ribeira dos Caldeirões 135
Parque Terra Nostra 128, 131
Patronatsfeste 32
Peter Café Sport 156, 168
Pico 14, 180
Pico Barrosa 115
Pico das Éguas 102
Pico da Vara 137
Pico do Carvão 102
Pico do Ferro 133
Pico Matias Simão 254
Piedade 195
Pinhal da Paz 95
Piscinas naturais 105, 114, 200, 245, 252
Planalto Central 203
Plantação de Ananases Augusto Arruda 101
Poça da Dona Beija 131
Politik 74
Ponta da Ferraria 105
Ponta da Ilha 195
Ponta Delgada (Flores) 282
Ponta Delgada (São Miguel) 84
Ponta do Castelo 149
Ponta do Queimado 255
Ponta dos Rosais 213
Ponta Garça 126
Ponta Ruiva 282
Porto Afonso 266
Porto da Boca da Ribeira 170
Porto da Folga 266
Porto do Cachorro 201
Porto Judeu 233, 241
Porto Martins 245
Porto Negrito 234
Porto Pesquero 137

Portugiesische Küche 26, 289
Portugiesisches Tourismusbüro 18
Post 36
Povoação 139
Praia da Vitória 246
Praia de Santa Bárbara 111
Praia Formosa 145
Praia (São Mateus) 263
Prainha do Norte 198
Procissão de São Miguel 127

Queijo São João do Pico 61
Quinta das Rosas 186
Quiosque ART 211, 262

Rabo de Peixe 106
Radfahren 29, 98, 144, 168, 240, 262
Rauchen 36
Reblaus 58
Reiseinfos 34
Reisekosten 11, 24, 35
Reisezeit 10, 20
Reiten 29, 105, 151, 174, 195, 240
Religion 41, 64, 69
Renaissance 66
Reserva Florestal de Recreio da Serreta 255
Reserva Florestal de Recreio Luís Paulo Camacho 274
Restauration 43
Ribeira Chã 122
Ribeira Grande 107, 115, 116
Ribeira Quente 134
Ribeira Seca 111
Rosais 211
Ruta da Tronqueira 138
Ruta dos Vulcões 177

Salgado, Manuel 68
Salto do Cavalo 134
Santa Bárbara (Santa Maria) 149
Santa Bárbara (Terceira) 234
Santa Casa de Misericórdia 66
Santa Cruz da Graciosa 260
Santa Cruz das Flores 270
Santa Luzia 201
Santa Maria 15, 140
Santa Maria Blues 151
Santo Amaro 197
Santo António 106
Santo Espírito 148
São Bartolomeu 234
São João 189
São João da Vila 127

São Jorge 14, 206
São Lourenço 149
São Mateus da Calheta 256
São Mateus (Graciosa) 263
São Mateus (Pico) 188
São Miguel 15, 82
São Pedro 150
São Roque do Pico 199
São Sebastião 233, 245
Schnellüberblick 14
Schornsteine 63
Scrimshaws 79
Seekabel 44
Seekajaks 29, 240
Segeln 127
Semana Cultural de Velas 211
Semana do Mar 169
Semana dos Baleeiros 191
Serra Branca 267
Serra do Cume 250
Serra do Topo 217
Sete Cidades 104
Sete Lagoas 278
Sicherheit 36
Souvenirs 11, 37, 77
Spa 106
Spezialitäten 289
Sprache 41, 76
Sprachführer 287
Staat und Politik 41
Steckbrief Azoren 41
Stickerei 78, 239
Stierkämpfe 32

Tauchen 29, 127, 150, 168, 214, 240
Taxis 23
Teeanbau 116
Teefabrik 116
Telefonieren 37
Telegrafie 164
Terceira 15, 224
Thermalbäder 119, 176, 266
Thermalquellen 105, 130
Tier- und Pflanzenführer 18
Topo 218
Touradas à corda 32
Tourismus 41
Touristeninformation 142, 260, 270, 283
Triatlo Peter Café Sport 168
Trinkgeld 37
Turismo de Habitação (TH) 25
Turismo de Portugal 18
Turismo Rural (TR) 25

Übernachten 24
Überseekabel 164

Register

Umgangsformen 37
UNESCO 45, 57, 260, 283
Uniqueijo 209
Urzelina 213

Vale das Furnas 130
Varadouro 176
Velas 208
Velho Cabral, Gonçalo 42
Verkehrsmittel 8, 23
Vigia da Baleia 149
Vigia da Queimada 194
Vila da Praia 263
Vila do Porto 142
Vila Franca do Campo 123
Vila Nova 284
Vitória 266
Vögel 53
Vogelbeobachtung 52, 138, 262, 279
Vorratsspeicher 63

Vulcão dos Capelinhos 174
Vulkane 102, 130, 160, 174, 177, 201, 203, 242, 265
Vulkanismus 46
Vulkantunnel 185

Walfabrik 158
Walfang 44, 108, 192
Walfängerfest 191
Walfangkunst 79
Walindustrie 199
Wal-Logo 78
Wal- und Delfinbeobachtung 28, 98, 127, 168, 188, 191, 240
Wandern 9, 20, 30, 102, 122, 126, 130, 133, 136, 139, 148, 176, 179, 185, 186, 198, 202, 203, 219, 220, 238, 249, 256, 265, 267, 273, 277, 278, 282, 284

Wandteppiche 78
Wasser 37
Wassermühlen 64
Wasserpark 127
Wassersport 248
Weihnachten 32
Wein 56, 262
Weinbau 45, 185, 201, 251
Weinmuseum 184
Weinproben 57
Wellness 31, 133
Westküste 105
Wetter 20
Windmühlen 64
Winzergenossenschaft 184
Wirtschaft 41
Wolfsmilch 52

Zollvorschriften 22
Zona de Adegas 201

Das Klima im Blick

Reisen bereichert und verbindet Menschen und Kulturen. Wer reist, erzeugt auch CO_2. Der Flugverkehr trägt mit einem Anteil von bis zu 10 % zur globalen Erwärmung bei. Wer das Klima schützen will, sollte sich für eine schonendere Reiseform (z. B. die Bahn) entscheiden – oder die Projekte von *atmosfair* unterstützen. *Atmosfair* ist eine gemeinnützige Klimaschutzorganisation. Die Idee: Flugpassagiere spenden einen kilometerabhängigen Beitrag für die von ihnen verursachten Emissionen und finanzieren damit Projekte in Entwicklungsländern, die dort den Ausstoß von Klimagasen verringern helfen. Dazu berechnet man mit dem Emissionsrechner auf *www.atmosfair.de,* wie viel CO_2 der Flug produziert und was es kostet, eine vergleichbare Menge Klimagase einzusparen (z. B. Berlin – London – Berlin 13 €). *Atmosfair* garantiert die sorgfältige Verwendung Ihres Beitrags. Klar – auch der DuMont Reiseverlag fliegt mit *atmosfair!*

Notizen

Notizen

Autorin/Abbildungsnachweis/Impressum

Die Autorin: Susanne Lipps studierte Geografie, Geologie und Botanik. Seit Jahren reist sie regelmäßig auf die Azoren, leitet dort Studien- und Wanderreisen, erkundet Wege und Abstecher, besichtigt Bekanntes und Neues und hält sich über das Geschehen auf dem Laufenden. Als Reiseschriftstellerin hat sich die Autorin auf den portugiesisch- und spanischsprachigen Raum spezialisiert. Für den DuMont Reiseverlag schrieb sie u. a. Reiseführer über Madeira, La Palma, La Gomera, Andalusien und Mallorca.

Abbildungsnachweis

Oliver Breda, Duisburg: S. 6, 232, 296
f1-online, Frankfurt a. M.: S. 13 o. re., 252/253 (Tips Images)
Huber-Images, Garmisch-Partenkirchen: S. 7, 13 u. li., 13 u. re., 16/17, 20, 43, 50/51, 54, 83 li., 112/113, 130, 137, 140, 204/205, 206 re., 212/213, 220, 247, 268 li., 269 li., 278, Umschlagklappe vorn (Gräfenhain)
iStockphoto, Calgary (Kanada): S. 82 re., 124 (Andrews); 250 (Foodpics); 230/231 (Jacobs); 78, 152 li. (JurgaR); 62 (Nunes)
laif, Köln: Titelbild (Amme); S. 180 re., 198 (Gohier); 80/81, 181 li., 202 (Heuer); 11, 58/59, 75, 224 li., 225 li., 257 (Le Figaro Magazine/Martin); 69 (Troncy)
Susanne Lipps, Duisburg: S. 12 o. li., 108/109, 207 li., 209
Look, München: S. 12 o. re., 77, 82 li., 110/111, 152 re., 153 li., 162/163, 178, 180 li., 183, 184/185, 224 re., 236/237, 242, 268 re., 284 (Stankiewicz)
Mauritius Images, Mittenwald: S. 30/31 (Dirscherl); 48 (imagebroker/Lenz); 258 li., 259 li., 263, 267 (imagebroker/Renckhoff); 53, 258 re. (Oxford Scientific)
picture-alliance, Frankfurt a. M.: S. 56 (Arco Images/Sutter); 73 (de Cardenas)
Thomas Stankiewicz, München: S. 8, 12 u. li., 12 u. re., 13 o. li., 19, 25, 38/39, 46/47, 60, 65, 67, 71, 88/89, 92, 98/99, 101, 116, 118, 141 li., 143, 146/147, 156/157, 164, 170/171, 172, 174/175, 192, 206 li., 216/217, 271, 274/275

Kartografie

DuMont Reisekartografie, Fürstenfeldbruck
© DuMont Reiseverlag, Ostfildern

Umschlagfotos

Titelbild: Blick auf Lajes do Pico
Umschlagklappe vorn: Typisches Inselhaus bei Santo Espirito auf Santa Maria

Hinweis: Autorin und Verlag haben alle Informationen mit größtmöglicher Sorgfalt geprüft. Gleichwohl erfolgen alle Angaben ohne Gewähr. Bitte schreiben Sie uns! Über Ihre Rückmeldung und Ihre Verbesserungsvorschläge freuen wir uns: **DuMont Reiseverlag,** Postfach 3151, 73751 Ostfildern, info@dumontreise.de, www.dumontreise.de

3., aktualisierte Auflage 2016
© DuMont Reiseverlag, Ostfildern
Alle Rechte vorbehalten
Redaktion/Lektorat: E. E. Schmitz, Nadja Gebhardt
Grafisches Konzept: Groschwitz/Blachnierek, Hamburg
Printed in China